스터디
민사소송법

김상수 저

박영사

이 책은 민사소송법을 알기 쉽게 설명한 교과서이다. 저자가 민사소송법을 공부한 지도 어느덧 33년이 흘렀다. 그간 민사소송법을 연구하고 교육하며 얻은 지식을 이렇게 피력할 수 있는 것은 저자에게 큰 기쁨이 아닐 수 없다. 무엇보다도 저자에게 많은 영감과 자극을 준 국내외 선학의 가르침에 힘입은 바가 크다.

이 책은 초학자에게 민사소송법을 흥미롭게 배울 수 있게 도움을 주려는 목적으로 집필되었다. 그러한 교과서라는 특성을 살리기 위해 내용을 심플하고 콤팩트하게 구성하였다. 초학자들을 절망하게 하는 팽대한 분량이 되지 않도록 내용을 압축하면서 평이한 표현을 추구하였고 틈틈이 도표를 사용하여 입체적인 설명을 시도하였다. 이러한 저자 나름의 실효성을 좇는 과정에서 판례는 충분히 소개한 반면 선학의 업적을 인용하지 못하게 되었다. 이 점 많은 양해를 바라는 바이다.

최근의 법학교육에서 판례의 중요성은 두말할 필요가 없다. 물론 민사소송법에서도 마찬가지이다. 이 책에서도 판례를 충분히 인용하였고, 특히 저자의 자매서인 "Case Note 민사소송법"의 해당 항목을 쉽게 참조할 수 있도록 표시하였다. 관련 판례의 이해를 통해 민사소송법에 관한 지식 향상도 상승효과를 발휘할 것이다. 또한 민사소송법에 관한 어려운 부분이나 특이한 내용은 박스 형태로 묶어 그때그때 본문과 구별하여 볼 수 있게 하였다. 이 부분과 앞의 "Case Note 민사소송법" 해당 항목은 1회독을 통해 어느 정도 민사소송법의 이해도를 높인 후에 읽는다면 더 큰 효과를 올릴 수 있을 것으로 생각된다. 아무쪼록 초학자가 이 책을 통해 민사소송법을 흥미롭게 배울 수 있기를 기원한다.

이 책이 출판되기까지는 민사소송법의 선학자들 이외에 많은 분들의 도움을 받았다. 저자가 한국 대학으로 부임 후 지금까지 많은 지도를 받았고 이 책의 집필도 권유하신 심희기 교수님, 저자에게 항상 격려와 응원을 하여 주는 소속 법학전문대학원 동료 교수님들, 이 책이 출판되도록 심혈을 기울여 주신 박영사(특히 조성호 이사님, 윤혜경 님 등), 초고 단계에서 알기 쉬운 내용이 되도록 조언을 해 준 소속 법학전문대학원 원생들(김용진, 이승훈, 전한슬)에게 사의를 표한다.

2019년 7월
저자

(1) 민사소송법은 법명 없이 인용하였다. 2002년 6월 30일 전면개정 전까지 시행된 법을 필요에 따라 구법이라고 하고, 현행법을 이 구법과 비교하기 위해 필요에 따라 법 또는 신법으로 인용하였다.

(2) 민사소송법이 아닌 법명 중 자주 인용하는 법명은 다음과 같은 약어를 사용하였다.
민법 − 민, 상법 − 상, 민사집행법 − 민집, 채무자 회생 및 파산에 관한 법률 − 채무자회생, 민사소송규칙 − 규칙.

(3) 조문의 인용은 1조1항1호를 1 I ①로 인용하였다.

(4) 본문에 인용된 판례에 'Case Note [1−1] 참조'란, 저자의 별저인 "Case Note 민사소송법"(박영사, 2019)의 항목을 말한다.

CON
TEN
TS 목 차

제9장 ─────────────────────────── 기판력

제10장 ──────── 소의 객관적 병합 – 복수청구소송

서 장 **민사소송법 총론**

서장에서는 이 책을 통해 민사소송법을 공부하는 독자에게
민사소송법의 개략적인 부분, 다른 제도와의 관계
그리고 비송과 신의칙을 다룬다. 민사소송법이 필요한 이유,
민사소송이 갖는 의미 등 입문적인 부분을 다룬다.

서장 민사소송법 총론

I. 민사소송법의 세계로

민사소송과 민사소송법

민사소송법은 민사소송을 규율하는 법이다. 민사소송은 법원이 민사분쟁을 처리하는 가장 기본이 되는 재판을 말한다. 민사소송이라는 재판절차를 어떻게 운영해야 하는지 정하고 있는 것이 바로 민사소송법이다. 민사소송법이 중요한 것은 모든 재판절차의 기본법이기 때문이다. 그러나 어떻게 보면 법원의 재판이라는 특수한 상황을 대상으로 한 법이고, 거기에서 사용되는 용어는 대부분 일상적으로 접하기 어렵다. 이러한 점이 민법과는 다른 민사소송법의 특수성이고 민법보다 배우기 어렵게 하는 요인이 되고 있다.

민사소송법의 역사

우리나라에 근대적인 민사소송제도와 민사소송법이 들어 온 것은 구한말 갑오경장 때이다. 그 후 일제강점기를 거쳐 1960년에 독자적인 민사소송법을 제정하였고 2000년대 초반의 전면개정을 거쳐 현재에 이르고 있다. 우리 민사소송법의 모태가 된 것은 로마법연구에서 시작한 서구의 민사소송법이다. 우리는 서구의 민사소송법을 일본을 통해 받아들였고 그 후 수정해 가며 독자의 모델을 구축해 가고 있다.

민사소송법과 민법

민사분쟁을 처리하는 재판에서 가장 필요한 법 2가지를 든다면 민법과 민사소송법이다. 서구에서는 18세기까지 민법과 민사소송법이 분리되지 않고 단순히 민법이라고 불리기도 하였다. 근대적인 법전이 만들어지면서 분리된 것이다.

민사분쟁의 대부분은 상대(피고)에게 돈을 달라고 하는 분쟁이다. 예를 들어 甲이 乙에게 100만 원을 빌려주고 1년 후에 이자와 함께 돌려받기로 약속하였는데, 1년 후 약속한 날에 乙이 甲에게 원금과 이자를 주지 않아 甲이 乙을 상대로 민사소송을 한다고 생각해 보자. 이 소송에서는 甲이 원금과 이자를 돌려받을 권리가 있고 그에 상당하는 의무가 乙에게 있는지 판단해야 하는데, 이것을 민법을 적용하여 판단하게 된다. 민법은 甲에게는 돈을 받을 권리가 있는지 판단하는 법(재판규범)으로서 실체법이라고 부른다. 민사소송법은 이 소송에서 소장을 제출하는 것을 비롯하여 甲과 乙이 자신에게 권리가 있거나 의무가 없음을 어떻게 주장하고 증명해야 하며 법원은 어떻게 판결을 내려야 하는지를 다루는 법이다. 재판의 절차진행과 관련된 점에서 민사소송법을 절차법(소송법)이라 부른다.

민법은 일상에서 경험할 수 있는 일도 있으므로 그만큼 접하기 쉽지만, 민사소송법은 실제로 민사소송을 경험하기 어려워 생소하게 느껴진다. 민법은 일상생활에서 벌어지는 수많은 거래를 대상으로 하고 그에 따라 발생하는 수많은 권리·의무를 다루게 되어 분량이 많다. 민법은 일반적으로 권리와 의무를 나열하고 있고 특별한 총칙적인 규정을 제외하면 하나하나 이해해 가면 된다. 민사소송법은 민사소송이라는 하나의 무대가 대상이고 민사소송의 시작부터 끝까지의 과정을 이해해 가게 된다. 따라서 민사소송의 전체상을 보면서 하나의 문제가 절차의 전체적 흐름에서 어떠한 의미가 있는지를 고려하며 이해할 필요가 있다. 민사소송의 전체적 흐름을 항상 염두에 두어야 하는 이유이다. 전체적인 소송절차의 흐름은 다음의 <도표 1>과 같다.

민사소송법의 삼면성 또한 민사소송법은 민법에서 나오는 채권자와 채무자가 원고와 피고라는 당사자로 등장하고, 여기에 더하여 민법에서는 거의 나오지 않는 법원이 등장하여 당사자 쌍방과 함께 삼면관계를 맺게 된다. 민법에서는 채권자와 채무자라는 당사자 간의 법률관계가 문제되지만, 민사소송법에서는 당사자 간의 관계만이 아니라 당사자와 법원의 관계도 문제되는 것이다. 법원은 민사소송을 운영하는 국가기관으로서 공익적인 입장을 갖고 있는데, 이러한 점에서 민사소송법은 민사소송을 엄격한 절차로 진행하게 하고 있다.

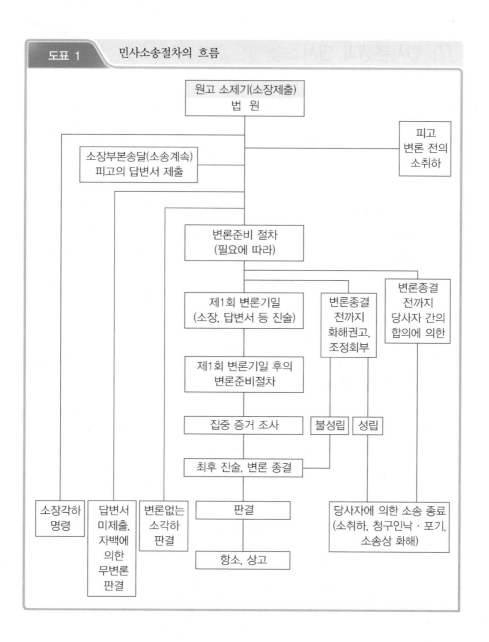

II. 민사분쟁과 민사소송

민사분쟁의
해결과 재판
민사소송은 법원이 나서서 민사분쟁을 처리하는 재판절차를 말한다. 재판이라는 공권력을 통한 분쟁처리제도가 만들어진 것은 분쟁의 해결을 각 당사자의 자력구제에 맡기는 것은 적합하지 않기 때문이다. 자력구제는 원시적인 약육강식의 사회라면 있을 수 있지만, 국가라는 형태의 통치구조가 확립되어 감에 따라 재판제도로 발달하였다.

민사소송은 법관이 법을 적용하여 민사분쟁을 해결하는 것으로, 분쟁을 일도양단하여 말하자면 당사자를 승자와 패자로 나누는 점에 특징이 있다. 국민은 헌법상 재판을 받을 권리가 있기 때문에 원고가 되어 법원에게 민사소송을 통한 분쟁의 해결을 요구할 수 있고, 원고의 선택으로 피고가 된 자는 이에 응해야 한다. 만일 피고가 응하지 않으면 민사소송에서 패소한다는 불이익을 입게 된다.

1. 민사소송과 ADR

그러나 민사분쟁의 해결을 꼭 소송으로만 해야 하는 것은 아니다. 실제로 분쟁이 발생했을 때 민사소송을 하기 전에 당사자 사이에 합의를 시도하는 일이 보통이다. 이와 같이 당사자 사이에 합의를 통한 분쟁해결을 유도하기 위해 고안된 것이 소송(재판)에 갈음하는 분쟁처리(Alternative Dispute Resolution)이고, 현재 많은 각광과 관심을 받고 있다. ADR의 분쟁처리형태로는 다음의 3가지가 있다.

화해
첫 번째로 화해가 있다. 이것은 당사자 간의 합의에 의해 분쟁을 해결하는 방법을 말한다. 다른 분쟁처리형태와의 차이는 제3자가 중간에 서지 않고 당사자들이 스스로 분쟁을 해결하는 점이다. 화해가 성립하면 사법상의 화해계약(민731)으로 처리되거나, 재판상으로 제소전 화해나 소송상 화해로서 처리된다. 재판상의 화해가 조서에 기재되면 그것은 확정판결과 동일한 효력을 갖는다(220).

조정
두 번째로 조정이 있다. 이것은 제3자(조정위원이라고 부른다)가 중간에 서서 당사자에게 화해를 권고하고, 당사자가 그

권고안(조정안)을 받아들임으로써 분쟁을 해결하는 것을 말한다. 제3자의 권고안에는 강제력이 없다는 점에서 다음에서 보는 중재와 차이가 있고, 제3자가 개입하는 점에서 화해와 차이가 있다. 조정은 민간의 분쟁처리기관이나 행정기관에서 이용되는 경우가 있고, 법원이 관여하는 민사조정 또는 가사조정제도도 많이 이용된다. 민사분쟁을 해결하는 법원의 조정에 대해서는 민사조정법이 제정되어 있는데, 조정이 성공하면 조정조서가 작성되고 이것은 앞의 화해조서와 같이 확정판결과 동일한 효력을 갖는다(민사조정법29조). 또한 당사자가 권고안을 받아들이지 않아 조정이 실패해도, 조정위원은 조정에 갈음하는 결정을 내릴 수 있다. 이 결정에 대해 당사자가 이의를 제기하지 않으면 조정조서와 동일한 효력을 갖는다(민사조정법34조).

중재

세 번째로 중재가 있다. 이것은 제3자가 중간에 서서 당사자 간의 분쟁을 법관처럼 해결하는 것을 말한다. 제3자가 관여하는 점에서 화해와 차이가 있고, 제3자의 판단(중재판정이라고 한다)이 판결과 같이 강제적 효력을 갖는 점에서 조정과 차이가 있다. 역사적으로 상인들의 거래분쟁 해결에 이용되고, 국제상사분쟁의 처리에 중요한 역할을 담당하고 있다. 중재는 중재판정이 소송에서의 판결과 거의 같다는 점(중재법35조)에 특징이 있는데, 이러한 이유로 중재를 시작하려면 당사자 모두가 반드시 중재로 분쟁을 처리한다는 합의(중재합의)를 해야 한다.

2. 민사소송 이외의 민사재판절차

민사재판에는 협의의 민사소송절차('판결절차'라고도 부른다) 이외에도, 부수적인 절차와 특별절차가 마련되어 있다. 광의의 민사소송절차라고 할 때는 이러한 모든 절차를 포함하는 의미로 사용된다. 먼저 부수절차는 민사소송절차에 의해 인정된 권리의 실현을 돕는 절차인데, 여기에는 다음과 같은 것이 있다.

민사집행절차

판결에 의해 인정된 권리(청구권)를 강제적으로 실현하는 절차와 담보권의 실행을 위한 절차를 민사집행절차라고 부른다. 원래 강제집행절차는 민사소송법에 포함되어 있었지만,

그 후 담보권의 실행절차를 포함시키는 민사소송법의 개정을 거쳐 단일법으로 민사집행법이 제정되었다.

민사보전절차는 판결절차와 민사집행절차의 중간에 서는 절차를 말한다. 판결을 거쳐 강제집행을 하려면 많은 시간이 걸릴 수 있는데, 이 도중에 채무자가 재산을 은닉하거나 멸실하면 강제집행의 실효성이 없어질 우려가 있다. 이에 대한 대책으로 소제기 전 또는 소제기 후에 채권자의 신청에 의해 채무자의 재산을 동결하거나(가압류), 채무자에게 일정한 행위를 명하는 또는 채권자에게 일정한 법률관계 등을 임시로 인정하는(가처분) 잠정적 처분을 하는 것이 민사보전절차이다. 민사보전절차는 민사집행법이 규율하고 있다.

채무자가 재산이 부족하여 채무이행을 할 수 없게 되는 경우, 그런 채무자에 대한 다수의 채권자가 공평한 만족을 얻을 수 있도록 하는 절차가 도산처리절차이다. 여기에는 파산, 회생, 회사정리라는 3가지 절차가 있고 과거에는 각각의 절차를 담당하는 독립된 법률이 있었지만, 이를 하나의 법률로 통합하는 '채무자회생 및 파산에 관한 법률'이 제정되었다. 도산처리절차에서는 채무자를 회생시킬 가망이 있는지 아니면 청산을 위한 파산선고를 할지 법원이 재판한다.

3. 특별절차

민사소송은 일반적인 재판절차인데, 특정한 권리의무에 대해서는 그 권리의무의 특성을 고려하여 민사소송과는 다른 특별한 재판절차가 만들어져 있다. 이러한 절차를 특별절차라 부른다. 특별절차에서도 일반적으로 민사소송법을 준용하고 있지만, 민사소송과는 다른 특별한 소송으로서의 절차적 특징을 갖고 있다.

독촉절차는 일정한 청구를 간이신속하게 처리하기 위한 절차이다. 민사소송법이 규율한다. 대상이 되는 청구는 금전, 그 밖의 대체물이나 유가증권의 일정한 수량의 지급을 목적으로 하는 청구이다. 독촉절차에서는 법원이 채권자의 신청에 따라 청구를 인정하면 지급명령을 내리는데, 이 지급명령은 채무자를 심문하지 않고 한다. 그 대신 채무자에게는 지급명령에 대한 이의권을 보장하여 이의를 하면 민사소송절차로 이행한다. 이의신청이 없거나 이의신청의 취하 또는 각하결정이 확정되면 지급명령은 확정판결과 같은 효력이 있다(474).

소액사건절차 소액사건절차는 일정한 소액사건을 간이신속하게 처리하기 위한 절차로서 소액사건심판법이라는 특별법이 규정하고 있다. 그 대상이 되는 청구는 제소한 때의 금액이 3,000만 원을 초과하지 아니하는 금전 기타 대체물이나 유가증권의 일정한 수량의 지급을 목적으로 하는 청구이다. 소액사건절차는 원고와 피고로서 소송을 진행하는 점에서 독촉절차보다는 민사소송절차에 가깝지만, 이행권고결정을 할 수 있는 등 민사소송절차와는 다른 특별한 절차가 인정된다. 실제로 법원에 제기되는 많은 민사사건이 소액사건절차에 의해 해결되고 있다.

가사소송절차 가사소송절차는 가사분쟁의 원만한 해결을 위해 가사소송법이 규정하는 절차를 말한다. 가사소송법은 가사분쟁의 획일적 처리, 진실발견, 조정전치주의 등의 특별한 절차에서 보듯이 민사소송절차와는 다른 특별한 절차가 규정되어 있다.

행정소송절차 행정소송절차는 행정청이 한 행정행위의 효력을 다투는 분쟁의 해결을 위한 절차이다. 행정소송법이 규율하고 있고, 행정행위가 갖고 있는 특수성에 착안하여 민사소송절차와는 다른 특별한 절차가 마련되어 있다.

III. 소송과 비송

1. 비송의 의의

민사소송은 민사분쟁의 해결을 목적으로 하지만, 법원은 모든 민사분쟁을 소송으로 해결하지 않는다. 특별한 민사분쟁은 소송이 아닌 재판절차로 처리하고 이것을 소송과 대비하여 소송이 아니라는 의미에서 비송이라 부른다. 즉, 민사분쟁이라도 그것을 소송으로 처리할지 아니면 비송으로 처리할지 구별할 필요가 있다. 이러한 비교는 보통 민사소송법학 처음 부분에서 다루는데, 비송과 소송을 비교하며 소송의 의미를 좀 더 부각시키기 위한 부분에 해당된다. 소송과 비송은 결국 민사분쟁 중에는 개인과 개인이 대등한 관계로 당사자가 되어 절차를 진행하는 소송으로 처리하는 것이 적합하지 않고 그와 반대되는 형태로, 즉 비송으로 처리해야 할 민사분쟁이 있다는 것을 의미한다.

2. 민사분쟁의 다양성과 소송의 특징

비송사건의 예

예를 들면 특정인의 성년후견개시의 심판(민9) 등에 관한 분쟁, 부재자의 재산관리인(민22)·실종선고(민27)에 관한 분쟁, 법인 해산시의 청산인 임명에 관한 분쟁(민83) 등을 생각해 보자. 이러한 사건에서는 법원이 당사자를 피성년후견인으로 해야 하는지, 또는 당사자를 위한 특별한 대리인을 선임해야 하는지를 신속히 처리해야 한다. 따라서 당사자의 책임으로 절차를 진행하게 하지 않고 그것을 법원의 재량에 맡겨 법원이 주도적으로(후견인처럼) 처리하게 하는 것이다. 비송사건은 보통 그것이 비송의 대상이 되는 것이라고 법에 규정되어 있고, 그러한 기본적인 법으로 비송사건절차법, 가사소송법이 있다.

소송절차의 특징

소송뿐만 아니라 비송도 필요한 이유는 소송이 갖는 절차상의 특징으로 말미암아 소송으로 처리하기 적합하지 않은 사건이 있기 때문이다. 대략 소송의 특징은 주로 당사자의 자기책임을 가리키는 변론주의에서 나오는 것으로, ① 서로 대립하는 당사자가 있어야 한다는 분쟁의 쟁송성(爭訟性), ② 법원이 당사자의 주장과 증명을 바탕으로 요건사실의 확정을 통해 권리의무에 대한 법적 판단을 해야 하는 점, ③ 변론주의·공개주의 등에 입각한 절차의 원칙과 필수적 소의 제기·필요적 변론·엄격한 증명 등의 절차방식에 따라야 하는 점, ④ 특별한 효력이 발생하는 판결로 재판해야 하는 점, 그리고 ⑤ 항소와 상고로 상소를 제기해야 하는 점이다.

3. 비송의 특징

　　그러나 비송은 법원이 후견적으로 개입하여 분쟁을 신속히 해결할 목적으로 그 절차의 특징이 소송과는 정반대로 되어 있다. 즉, 앞서 본 소송의 특징에 대응하여, ① 반드시 대립하는 당사자가 없어도 되어 분쟁이 쟁송성을 갖지 않는 경우가 있는 점, ② 법원이 요건사실의 확정을 할 필요가 없이 권리의무에 대한 재량적 판단을 통해 분쟁을 해결하는 점, ③ 직권탐지주의 · 비공개주의 등의 절차원칙과 임의적 신청사건 · 심문절차 · 자유로운 증명 등의 절차방식에 따르는 점, ④ 사정변경에 의한 취소나 변경이 가능한 결정으로 재판하는 점, 그리고 ⑤ 항고와 재항고라는 상소를 취하는 점이다.

○ 소송과 비송의 구별 – 비송화의 한계

　　사회경제의 변화와 더불어 모든 비송사건을 법으로 규정하는 것은 불가능하다. 그렇다면 비송으로 법정되지 않은 사건은 모두 소송으로 처리해야 하는지(비송화의 한계) 문제된다. 판례(대결 1984.10.5, 84마카42)는 기본적으로 분쟁의 해결에 있어 법원의 합목적적 재량을 필요로 하고, 또 경제 사정을 감안하여 유효적절한 조치를 강구해야 하는 것이 비송사건이라고 하며, 회사정리절차의 개시결정절차를 비송사건이라고 판단하였다. 또한 과거의 양육비 청구사건도 비송으로 처리해야 한다고 판단하였다(대결 (전) 1994.5.13, 92스21. Case Note[1-1] 참조). 그러나 투병 중인 아들의 병원비 등을 부담한 어머니가 아들의 배우자인 며느리를 상대로 부양료에 대한 구상청구(부양료의 상환청구)를 하는 것은 비송이 아닌 소송이라고 하였다(대판 2012.12.27, 2011다96932).
　　소송과 비송의 구별은 구체적 사건처리에서 비송의 한계는 어디인지 밝히기 위한 것이다. 비송사건은 개인(자연인과 법인을 포함)의 계속적 생활관계의 유지 · 진행에 적합한 법원의 재량적이고 후견적 판단이 신속히 요구되는 사건이라고 정리할 수 있다.

IV. 민사소송의 목적과 이상

1. 민사소송의 목적론

민사소송은 왜 존재하는지, 민사소송은 어떻게 운영해야 하는지 민사소송의 목적론이라는 제목으로 논의된다. 목적론은 소송관의 차이를 반영하는 것이고 소송에서 등장하는 각 제도를 해석·운영할 때 미묘한 차이를 발생시키는 경우도 있지만, 논쟁의 실익은 크지 않다. 미국의 민사소송법학은 거의 이러한 논쟁을 하지도 않는다. 목적론에 관한 학설의 주장을 간단히 살펴보면, 권리구제설(재판제도가 자력구제를 금지하고 공권력에 의한 해결을 목적으로 하므로 국민의 권리[사권]를 구제하는 점에 목적이 있다), 사법질서유지설(국가의 입장에서 사법질서를 유지한다는 점에 민사소송의 목적이 있다), 분쟁해결설(민사소송이란 민사분쟁의 해결에 목적이 있다), 다원설(위와 같은 모든 목적을 가지는 것이 민사소송이다), 그리고 절차보장설(민사소송은 당사자에게 다툴 기회[절차권]를 보장해 주는 점에 목적이 있다)이 있다.

2. 민사소송의 이상

민사소송은 적정, 공평, 신속 그리고 경제에 맞게 운영되어야 한다(1 I 참조). 이러한 4가지 목표를 민사소송이 추구해야 할 이상 또는 이념으로 부르고, 민사소송법의 해석에 중요한 지침이 되기도 한다.

적정은 진실에 합치한 재판, 공평은 당사자에게 주장이나 증명의 기회를 평등하게 보장하는 재판, 신속은 소송을 신속하게 진행하여 빨리 끝내는 재판, 그리고 경제는 저렴한 비용으로 이용할 수 있는 경제적인 재판을 각각 의미한다. 적정과 공평은 구체적 정의로, 그리고 신속과 경제는 법적 안정성으로 연결되는데, 법원과 당사자는 각각의 이상이 조화롭게 실현되도록 노력해야 한다.

V. 소송상의 신의칙

1. 의 의

신의성실의 원칙을 의미하는 신의칙은 민법 특히 채권법에서 발달한 법칙이다. 차츰 민사소송의 영역에서도 적용되어 소송상의 신의칙으로 불리고 법에 명문으로 규정되기에 이르렀다(1Ⅱ). 상대방의 절차권 보장과 법원의 공정한 소송운영을 담보하기 위한 규정이다.

설명적 개념과 실천적 개념 소송상의 신의칙은 직접적으로 당사자가 하는 소송상 권리행사를 허용하지 않는 실천적인 의미를 갖는다. 따라서 당사자는 신의칙에 따라 소송을 수행해야 하고 동시에 그에 위반한 소송수행은 당사자가 의도한 본래의 효력을 갖지 못한다. 법에는 신의칙을 그대로 반영한 것으로, 법149조의 '실기한 공격·방어방법의 각하', 법349조의 '당사자의 문서부제출의 효과' 등이 있다. 이와 같이 신의칙은 명문의 규정이 있는 경우라면 그 필요성을 뒷받침하는 도구(설명적 개념)로서의 의미를 갖는다. 반대로 명문의 규정이 없는 경우에는 직접 적용되는 도구(실천적 개념)로서 보충적인 의미를 갖는다.

예를 들어 채권자가 변제를 받기 위해 제3자의 부동산을 채무자에게 명의신탁을 하도록 한 다음, 그 부동산에 대해 법원에 강제집행을 신청하는 것은 신의칙에 위반된다(대판 1981.7.7, 80다2064. Case Note[1-2] 참조). 채권자가 원한 강제집행신청이라는 행위의 효력이 부정된 것이다. 그 밖에 신의칙 이외에도 권리남용이 있고 협의의 신의칙은 그와 구별되지만, 보통 광의의 신의칙으로 권리남용을 포함하여 사용된다.

2. 신의칙의 발현형태

신의칙이 적용되는 모습은 학설상 다음과 같은 4가지로 발현형태로 구분되는 것이 일반적이다. 신의칙이 구체적으로 적용되는 모습을 설명하기 위한 방법이다.

(1) 소송형태의 부당형성의 배제

소송형태의 부당형성의 배제는 당사자 중의 일방이 부당하게 자신에게 유리한 소송형태를 만들어 소송법규의 적용 또는 회피를 목적으로 하는 행위를 허용되지 않는 발현형태이다. 위의 예에서 본 채권자가 채권을 확보하기 위해 제3자의 부동산을 채무자에게 명의신탁하도록 하고 그 부동산에 대하여 강제집행을 신청하는 것도 여기에 해당된다.

관할원인의 부당형성

또한 관할원인을 부당하게 만들어 자기에게 유리한 법원에 소를 제기하는 경우도 마찬가지이다. 예를 들어 병합청구의 재판적(후술[제1장Ⅱ3(4)②]하는 관련재판적)을 발생시킬 목적만을 위해 본래 소송을 할 생각이 없는 청구를 병합하는 행위(법률전문가인 甲이 乙에 대한 성공보수금청구소송을 제기하면서 실제로 피고로 할 의도가 없던 乙의 대표단체인 丙을 단지 丙의 주소지를 관할하는 서울중앙지방법원에 관할권을 생기게 하려고 丙도 공동피고로 하는 행위)는 관할선택권의 남용으로서 신의칙에 위반하여 허용될 수 없다 (대결 2011.9.29, 2011마62).

(2) 금반언

금반언은 소송경과 중에 일정한 주장을 하거나 태도를 취하고 이를 상대방이 신뢰했음에도, 그 후 그러한 주장이나 태도와 모순되는 행위를 허용하지 않는 발현형태이다. 예를 들어 부적법한 당사자추가신청을 하였지만 이를 법원이 받아들여 제1심 첫 변론기일부터 새로운 원고와 피고 사이에 변론이 진행되어 판결이 선고된 후 당사자추가신청의 적법 여부를 문제 삼는 행위가 그러하다. 또 다른 예로는 자신의 친딸로 하여금 그 소유의 대지상에 건물을 신축하도록 승낙한 사가 위 건물이 친딸의 채권자에 의한 강제경매신청에 따라 매각되자 매수인에 대하여 그 철거를 구하는 행위가 여기에 해당된다(대판 1991.6.11, 91다9299). 판례에서 신의칙이 적용된 사례를 보면 금반언과 다음에서 보는 소송상 권능의 남용 금지가 대부분이다.

(3) 소송상의 권능의 실효

소송상 권능의 실효는 당사자가 권리를 장기간 행사하지 않고 상대방도 권리를 행사하지 않는 것으로 신뢰하게 된 후에 비로소 하는 소송상의 권리행사를 허용하지 않는 발현형태이다. 다만, 판례는 아직 이러한 신의칙을 인정한 예가 없다.

(4) 소송상 권능의 남용 금지

소송상 권능의 남용 금지는 당사자가 정당한 이유 없이 재판의 지연을 목적으로 기피권을 남용하거나 소권을 남용하는 등 권리의 남용을 허용하지 않는 발현형태이다. 소권을 남용하는 경우가 주된 대상이다. 예를 들어 노동조합가입을 이유로 해임된 교사가 해고무효확인을 구하는 소를 제기했다가 취하한 후 정부의 구제방침에 따라 그 조합을 탈퇴하고 교사로 신규 임용되었음에도, 그 후 다시 동일한 해고무효확인의 소를 제기하는 경우가 그러하다(대판 1996.10.15, 96다12290).

제1장 법원과 관할

제1장에서는 재판을 담당하는 법원을 다룬다.
법원의 의의와 재판권, 법원구성원을 특정 재판에서 배제하는 방법,
각 법원의 관할 그리고 다른 법원으로의 소송의 이송을 검토한다.

I. 법원과 재판권

1. 법원의 의의

(1) 수소법원·수명법관·수탁판사

법원은 원고와 피고의 다툼인 민사사건을 심판(심리와 판결)한다. **특정 민사 사건을 처리하는 법원을 수소법원이라 하고, 많은 법원 중에서 수소법원을 어디로 해야 하는지를 정하는 것이 넓은 의미의 관할**이다. 합의부 재판장은 합의부를 구성하는 법관 1인에게 법정 사항의 처리를 위임할 수 있고(139), 그 위임된 법관을 수명법관이라 한다. 또한 수소법원은 법정 사항의 처리를 자신이 아닌 다른 법원에 촉탁할 수 있고, 그 처리를 담당하게 되는 법관을 수탁판사라고 부른다(145, 313).

사법보좌관　그 밖에 법원의 업무폭증으로 법관의 업무 부담이 과다하게 되자 사법 인력을 보다 효율적으로 활용하기 위해, 실질적 쟁송에 해당하지 않는 부수적인 사법업무와 공증적 성격을 갖는 사법업무 등은 사법보좌관이 처리한다(법원조직법54조. 민사소송법상 사법보좌관이 담당하는 사무로는 소송비용액·집행비용액 확정결정절차, 독촉절차, 공시최고절차에 관한 법원의 사무가 있다).

(2) 재판기관으로서의 법원

법원은 사법권을 행사하는 국가기관이다(헌법101조). 여기서 말하는 사법은 재판을 의미하고, 따라서 사법권을 행사하는 법원을 재판기관으로서의 법원이라고 부른다(법원조직법8조 등). 이러한 법원의 개념 이외에도, 실정법상으로는 법원행정처로 대표되는 사법행정상의 관서 또는 관청으로서의 법원(법원조직법9조 등)이 있고, 이것은 재판기관으로서의 법원과는 달리 법관 이외에 법원사무관등 법원의 직원을 포함한다. 재판기관으로서의 법원은 관서로서의 법원 안에 설치된다.

2. 법원구성원의 제척·기피·회피

(1) 제도의 목적

재판의 적정과 공평을 담보하기 위해, 법관은 일정한 자격을 갖춰야 하고 헌법상 그 독립이 보장되어 있다(헌법103조). 또한 구체적인 사건에 따라 사건의 당사자나 사건의 내용에 특별한 관계를 갖고 있는 법관의 관여, 즉 직무집행을 배제하는 제도가 마련되어 있다. 이것을 제척·기피·회피라고 한다. 제척·기피·회피는 법원사무관등 법관이 아닌 법원구성원에게도 준용되지만(50), 보통 법관의 경우가 문제된다.

(2) 제 척

① 제척이유

제척은 법관이 당연히 직무집행에서 배제되는 것이다. 이 점에서 당사자의 신청에 의해 배제되는 기피나, 법관 스스로 직무집행에서 탈퇴하는 회피와 차이가 있다. 제척이 되려면 법관에게 법41조 각호가 규정하는 제척이유가 있어야 한다. 제척이유는 직무집행의 배제라는 제척의 성격과 기피사유와의 관계에서 볼 때 예시적이 아닌 한정열거적인 것이다.

당사와 관련된 제척이유 중, 법41조1호 내지 3호는 법관이 사건 당사자와 관
제척이유 계가 있는 사유이다. 여기서 말하는 당사자로는 직접 재판의 영향(효력)을 받는 소송담당에서의 피담당자와 보조참가인을

포함하지만, 대리인은 포함되지 않는다(41④ 참조). 자연인은 물론 법인에게도 유추 적용할 수 있다.

사건과 관련된 제척이유 법41조4호와 5호가 규정하는 제척이유는 법관이 사건의 심리에 관계를 갖고 있는 사유이다. 특히 같은 조5호가 규정하는 불복사건의 이전심급(전심) 재판에 관여한 때라는 제척이유는, 동일한 법관에게 불복신청을 판단하게 하면 심급제도가 유명무실해질 수 있기 때문에 인정되었다. 다만, 다른 법원으로부터 촉탁을 받고 전심에 관여하였다면 제척이유가 되지 않는다(41조⑤ 단서).

② 전심관여의 구체적 내용

전심이란 무엇인가 법41조5호가 규정하는 전심이란, 일반적으로 직접·간접의 하급심을 말한다(상고심에서 보았을 때 항소심은 직접적인 하급심이고, 제1심은 간접적인 하급심이다). 중간판결이나 불복할 수 있는 종국판결 전의 재판도 포함된다. 따라서 2개의 절차가 동일한 소송절차에 해당하지 않는 전심의 재판은 제외된다. 예를 들면 각각 청구이의소송과 그 대상이 된 집행권원에 해당하는 재판, 본안소송과 그에 앞선 보전소송에서의 재판, 조정절차와 그것이 성공하지 못해 제기된 소송 등이다. 파기환송·이송(436 Ⅰ)에 의해 다시 심리하게 되면 원판결이 동일 심급의 판단이므로 전심관여에 해당하지 않지만, 예외적으로 선입견을 갖은 원판결에 관여한 법관을 배제하고 있다(436Ⅲ). 한편, 재심소송과 그 대상이 된 확정판결을 한 소송은 전심이 아니라고 판례(대결 1978.7.6, 78마147)는 해석한다. 그러나 재심은 불복신청수단으로서 상소와 실질적으로 동일한 점에서 전심이라고 해석해야 할 것이다(재심에도 상소로서 불이익변경금지의 원칙이 적용된다고 한 판례[대판 2003.7.22, 2001다76298]와 비교할 필요가 있다).

관여란 무엇인가 다음으로 전심에 관여했다는 의미는 실질적으로 재판을 하였다고 할 수 있는 평결과 재판서의 작성에 관여한 것을 말한다(대판 1962.7.12, 62다225. Case Note[2-3] 참조). 따라서 특정 사건의 재판장에 대한 기피신청사건 재판에 관여한 법관이 해당 사건에 관여한 경우(대결 1991.12.27, 91마631), 판결의 선고만 관여한 경우, 변론준비절차나 증거조사만을 한 경우, 그 밖에 평결에 관여하지 않는 법원사무관의 경우에는 문제되지 않는다.

③ 제척의 효과

제척이유가 있는 법관은 수탁판사로서 직무를 수행하는 것을 제외하고(41⑤ 단서), 당해 사건에서 당연히 배제된다. 당사자 주장의 유무, 당사자나 법관이 알고 있는지 여부, 이의권 상실은 문제되지 않는다.

○ 제척의 재판

제척이유가 있는 법관이 사건에 관여하게 되어 당사자의 신청이나 법원의 직권에 의해 결정으로 제척의 재판을 하면, 이 재판은 확인적인 것이다. 만일 제척신청이 각하되면 즉시항고가 인정되지만(47Ⅱ), 특정 법관의 선택을 방지하기 위해 제척신청을 인용하는 결정에 대해서는 불복할(다툴) 수 없다(47Ⅰ). 제척신청이 각하되면 그 재판이 확정되기 전이라도 직무집행을 할 수 있다(48 단서). 또한 종국판결을 선고하거나 긴급을 요하는 행위는 제척신청이 있어도 가능하다. 그러나 이러한 재판이 없더라도 제척이유가 있는 법관이 한 소송행위는 무효이고 그 판결은 상고(424Ⅰ②)·재심(451 Ⅰ②)의 대상이 된다.

---

(3) 기 피

① 의 의

기피는 제척이유 이외의 사유로 인해 공정한 재판을 기대할 수 없을 때, 당사자의 신청에 의해 해당 법관이 재판(직무집행)에서 배제되는 것을 말한다(43). 기피의 당부를 판단하는 재판은 형성적이고 소급효가 없으며, 확정해야 효력이 발생하는 점에서 제척과 차이가 있다. 따라서 종국판결이 내려지기까지 기피신청을 할 수 있지만, 종국판결이 내려진 후라면 기피에 의해 판결의 효력이 달라지는 것은 아니므로 상소 등에 의해 기피이유를 주장할 수 없다.

② 기피이유

법관도 인간으로서 특정한 가치관을 갖고 이것은 법관의 양심으로서 보호

받지만(헌법103조), 당사자나 사건 내용에 따라 공정한 재판을 기대할 수 없는 경우가 있다. 따라서 그러한 경우의 대책인 기피는 그 이유가 공정한 재판을 기대하기 어려운 사정이라는 추상적 기준으로 규정되어 있다(43 I). 즉, 개별 사건의 내용에 의해 법관의 직무집행을 배제하려는 목적으로 존재하는 것이 기피이다. 법43조1항이 규정하는 공정한 재판을 기대하기 어려운 사정이란, 통상인의 판단으로서 법관과 사건과의 관계로 보아 불공정한 재판을 할 것이라는 의혹을 갖는 것이 합리적이라고 인정될 만한 객관적인 사정이 있는 때를 말하고, 당사자가 불공평한 재판이 될지도 모른다고 추측할 만한 주관적인 사정이 있는 때를 말하지 않는다(대결 1992.12.30, 92마783). 그러나 실제로 기피신청을 해도 받아들여진 실례는 찾기 힘들다.

③ 기피의 재판

기피신청 기피는 제척과 달리 당사자의 신청이 필요하지만, 당사자가 기피이유가 있음을 알고 본안에 관해 변론하거나 변론준비 절차에서 변론하면 기피신청을 할 수 없다(43 II). 기피신청은 기일에 직접 구술로 하는 경우가 아닌 한, 서면으로 그 이유를 밝혀 당해 법관이 소속하는 법원에 해야 한다(44 I , 161). 또한 당사자는 신청한 날로부터 3일 이내에 기피이유의 소명방법을 서면으로 제출해야 한다(44 II).

기피신청에 대한 재판 기피신청은 해당 법관이 합의부의 법관이라면 그 소속법원, 수명법관·수탁판사 또는 단독판사라면 해당 법관에게 이유를 밝혀야 한다(44 I). 기피신청에 대한 재판은 당해 법관의 소속법원 합의부에서, 그 소속법원이 합의부를 구성하지 못하는 경우에는 직근 상급법원이 각각 결정으로 한다(46 I , III). 기피신청을 당한 법관은 아래에서 보는 간이각하를 하지 않는 한, 기피신청에 대한 의견서를 제출해야 하고(45 II), 그 재판에는 관여할 수 없지만 의견을 진술할 수 있다(46 II). 기피신청이 이유 있다고 하는 결정에 대해서는 불복신청을 할 수 없고, 이유 없다고 하는 결정에 대해서는 즉시항고를 할 수 있다(47 I , III).

④ 기피신청과 소송절차의 정지

기피신청이 제출되고 그 가부가 결정되기까지 시간이 소요되는데, 그 사이에 해당 법관이 소송절차를 진행하면 기피신청의 의의가 상실될 수 있다. 따라서 기피신청이 있으면 그 재판이 확정될 때까지 소송절차를 정지하게 된다(48). 예를 들어 기피신청에 대한 각하결정 전에 이루어진 변론기일의 진행은 절차상 흠결이 있고, 특별한 사정이 없는 한 그 후 당해 기피신청을 각하하는 결정이 확정되었다는 사정만으로 절차 위반의 흠결이 치유되지 않는다(대판 2010.2.11, 2009다78467,78474). 이 때 기피신청을 한 당사자는 상소·재심에 의해 해당 판결의 취소를 구할 수 있다(424②, 451 I ①). 다만, 기피신청이 각하된 때 또는 종국판결을 선고하거나 긴급행위(예를 들면 증거보전, 집행정지명령, 보전명령 등)를 하는 것은 위와 같은 제한이 없다(48 단서).

한편, 소송절차가 정지되지 않는 것으로 규정(48)된 '기피신청이 각하된 때'라는 부분은 아래에서 보는 간이각하가 대상이라고 풀이되므로 군이 규정할 필요는 없는 부분이다. 원래 기피신청에 대한 간이각하라면, 그 성질상 신청을 받은 법관이 바로 재판하는 것이므로 신청부터 각하재판까지 소송절차의 정지는 문제되지 않는다. 또한 간이각하의 취지를 살린다면, 간이각하재판에 대한 즉시항고에 집행정지효(즉시항고의 대상이 된 재판의 효력발생을 저지하는 효력으로 기피의 대상인 법관이 관여하는 소송절차[본안절차]가 진행되는 것을 정지시키는 효력)를 부여하지 않는 것이 타당하고 그와 같이 규정되어 있다(47 III).

반대로 기피신청에 대해 간이각하를 하지 않는다면, 그 재판은 기피신청을 받은 법관이 소속법원 합의부 또는 상급법원이 하므로 소송절차의 정지 여부가 문제되고, 간이각하가 아니라는 점에서 소송절차의 정지가 의미를 갖는다. 또한 간이각하가 아닌 기각결정 또는 각하결정에 대해 즉시항고를 제기한다면, 소송절차의 정지효에서 보았듯이 집행정지효가 발생한다고 해석해야 한다(447 및 47 III의 반대해석). 기피신청에 대한 간이각하가 아닌 통상의 각하결정에 대한 즉시항고에 집행정지효를 부여하지 않는 해석도 물론 가능하지만, 간이각하가 아니라는 점에서는 집행정지효를 부여해야 할 것이다. 그렇다면 법48 단서에서 '기피신청이 각하된 때'라는 부분은 간이각하를 가리키는 것으로 해석해야 하고 간이각하의 경우에는 그러한 취지가 이미 규정되어 있으므로, 굳이 규정할 필요는 없을 것이다.

○ 기피신청에 대한 각하와 기각의 재판

참고로 기피신청 등에서 보듯이 소가 아닌 당사자의 신청을 받아들이지 않는 재판(결정)에 대해 법은 기각결정이라고 하거나(68Ⅵ, 243Ⅰ 등), 각하라고 하거나(149Ⅰ, 230Ⅰ 등), 명확히 표시하지 않거나(47Ⅱ, 73Ⅱ, 348 등) 또는 각하와 기각을 같이 규정하는 경우(예를 들면 민집281Ⅱ)가 있다. 판례는 결정에 실체법상 권리의무를 확정하는 효력이 없기 때문에 각하와 기각을 엄격히 구별할 이유가 없다고 한다(대결 1960.7.21. 4293민항137). 우리가 모델로 한 일본 민사소송법에서는 신청각하로 통일되어 있는데, 우리는 1960년 민사소송법 도입 시 규정에 따라 신청에 대한 기각이라는 용어를 사용하게 되었다. 신청에 대한 각하결정이나 기각결정은 실무상 그 용어를 구별할 필요가 있을 테지만, 실질적으로는 그 차이가 없다.

기피신청 중의 행위와 하자의 치유가능성

기피신청이 제기된 후 법원은 긴급행위(48 단서)가 아니면 항상 본안절차를 정지해야 하는지, 아니면 추후에 있을 기피신청기각 또는 각하결정이 확정되면 그 하자가 치유되는지가 문제된다. 기피신청이 이유 있다고 받아들여지면 물론 법관이 관여해서는 안 될 행위를 한 것이므로, 그러한 행위가 위법하고 치유될 수 없음은 당연하다. 문제는 반대일 때 하자의 치유가능성이다. 판례는 특별한 이유 없이 하자가 치유된다고 해석하고 있다(대판 1978.10.31. 78다1242. 기피신청을 당한 법관이 그 기피신청에 대한 재판이 확정되기 전에 한 판결은 효력은 그 후 그 기피신청이 이유 없는 것으로서 배척되고 그 결정이 확정되는 때에 유효한 것으로 된다고 판단하였다). 기피신청권 남용에 대한 대책으로 재판의 공정보다도 절차의 신속을 위해 종국판결을 한 것이므로, 판례와 같이 기피신청이 이유 없다는 재판의 확정에 의해 하자가 치유된다고 해석해야 할 것이다.

기피신청에 대해 재판을 하지 않은 경우

또한 법원이 기피신청을 받았음에도 소송절차를 정지하지 않고 변론을 종결하여 판결선고기일을 지정하였다면, 기피신청자에게는 어떠한 불복방법이 인정되는지 문제된다. 이에 대해 판례는 별도로 항고를 제기하는 것은 인정되지 않고 해당 판결에 대한 상소로써 다툴 수 있다고 해석한다(대결 2000.4.15, 2000그20). 기피신청에 대해 재판을 하지 않는다면 이것은 재판의 거부로서 문제가 있겠지만, 기피신청 후 바로 심리를 종결할 것으로 예상되므로 항고의 대상인 재판이 없다는 점에서 판례와 같은 결론이 될 것이다.

⑤ 기피신청의 간이각하

간이각하의 취지

과거 당사자가 기피신청을 하면 그 신청에 대한 재판(결정)이 내려질 때까지 절차가 중단되어 소송절차 지연의 목적으로 기피권을 남용하는 일이 많았다. 이러한 기피신청남용에 대해 실무적 차원에서 채택된 대책이 간이각하이다. 기피신청의 대상인 법관이 바로 그러한 기피신청을 각하하는 간이각하를 판례가 인정하였고(대결 1979.5.31, 79마93), 이것이 그 후 직접 법에 규정되었다(45 I). 이와 같이 간이각하라는 기피권의 남용에 대한 대책이 인정되는 근거는 소송상 권능의 남용금지라는 신의칙이다.

간이각하의 요건

간이각하를 하려면 신청방식을 준수하지 않은 경우 이외에, "오직 소송의 지연 내지 재판의 저해를 목적으로 하고 있음이 분명한 경우"이어야 한다(45 I). 이것은 소송지연을 목적으로 한 경우라고 할 수 있는데, 그 구체적인 예로 특별한 기피사유 없이 기피신청을 반복하는 경우(대결 1981.2.26, 81마14. Case Note[2-4] 참조), 이미 한 기피신청과 같은 내용으로 다시 한 기피신청(대결 1991.6.14, 90두21)이 있다. 또한 직근 상급법원이 없는 대법원에 계속 중인 사건에 관해 대법원판사 전원에 대한 기피(대결 1966.3.15, 64주1) 또는 대법원이 그 제척 또는 기피신청에 대하여 재판할 법원조직법 제7조 제1항 본문으로 정한 합의체를 구성할 수 없는 수의 대법원판사를 동시에 제소 또는 기피하는 신청(대결 1966.6.2, 64주2)의 경우에도 그 자체가 소송지연을 목적으로 함이 명백하므로 간이각하를 할 수 있다.

간이각하의 효력

간이각하에 대해서는 즉시항고가 인정되지만, 이 즉시항고에는 집행정지효가 없으므로(47Ⅲ), 통상의 기피신청 각하와는 달리 소송절차가 정지되지 않는 점에 차이가 있다. 통상의 기피신청이라면 그 재판이 확정될 때까지 절차가 정지되고(48) 해당 재판에 대해 즉시항고를 하면 집행정지효가 있다. 따라서 기피신청이 있어도 간이각하를 할 수 있다면 소송절차는 정지되지 않고, 이 점이 간이각하를 인정한 중요한 이유이다.

(4) 회 피

회피는 제척이유나 기피이유가 있는 법관이 이를 스스로 인정하여 자발적으로 직무집행에서 이탈하는 것을 말한다. 법관의 회피가 인정되려면 감독권 있는 법원의 허가가 필요하다(49). 이 허가는 사법행정상의 처분에 불과하고 제척이유나 기피이유가 있음을 확정하는 것은 아니다. 제척이유나 기피이유가 있어도 당해 법관에게는 소송법상 회피의무가 부과되는 것은 아니지만, 법관으로서 당해 사건을 회피해야 할 윤리상의 의무가 부과된다.

3. 민사재판권

(1) 의 의

법원이 구체적 민사사건을 처리할 수 있는 권리를 총체적으로 민사재판권이라 부른다. 재판권은 판결을 비롯하여 재판 이외의 송달이나 증거제출을 명하는 등의 권한을 포함한다. 재판권의 존재를 전제로 개개의 법원에게 부여된 재판권행사의 권한을 관할권이라고 한다. 이와 같이 재판권은 사법권행사를 위한 기본적 요건에 해당하므로 재판권의 면제특권자에게는 송달을 해도 본래의 효력이 없고 소제기 사실을 통지한 것에 불과하다. 또한 재판권이 없는 사건을 대상으로 하는 소는 소송요건이 없는 것으로 각하되고, 재판권의 흠결을 간과하고 내려진 판결은 당연무효이다.

(2) 인적 범위

① 원 칙

민사재판권은 우리의 주권의 범위와 일치하고 국내에 있는 모든 사람에게 미친다. 그러나 외국국가, 외교관, 국제기관이나 그 직원 등은 국제법상 민사재판권이 면제된다(그 밖에 한미행정협정에 의해 일부 재판권이 면제되는 공무집행 중 불법행위를 한 주한미군 및 내국인이 아닌 고용원이 있다). 국제법에 의한 제약이 필요한 이유는 국제관행상 일정한 배려가 요구되기 때문이다. 따라서 외국국가 등에 대한 민사재판권의 유무는 현재의 국제관행 또는 국제법에 의해 결정되고 과거의 재판례에 의해 결정되는 것은 아니다.

② 외국국가

19세기에는 외국국가에 대한 재판권면제(주권면제)가 인정되었고, 이러한 원칙을 특별한 예외(면제특권의 포기, 조약의 다른 규정 그리고 법정지소재지의 부동산에 관한 소송)를 제외하고는 재판권이 면제된다는 점에서 절대면제주의라고 부른다. 그러나 20세기에 들어와 국가가 사적 거래의 일방당사자가 되는 일이 증가하고, 국가의 그러한 행위에 대해서는 재판권면제를 인정하지 않는 제한면제주의로 이행되었다. 현재는 이러한 제한면제주의가 국제적 관습이고, 판례도 기존의 입장을 변경하여 제한면제주의를 취하였다(대판(전) 1998.12.17, 97다39216. Case Note[2−1]).

외국국가의 사법행위 그렇다면 외국국가의 사적 거래행위의 구체적 범위가 문제되는데, 예를 들어 2004년 12월에 채택된 "국가 및 그 재산의 재판권으로부터의 면제에 관한 국제연합조약"(UN국가면제조약)에서는 상업적 행위(10조), 고용계약(11조), 인신의 손해와 재산의 손해(12조), 재산권(13조), 지식재산권(14조), 기업체의 구성원으로서의 지위(15조), 국유선박(16조), 중재합의가 있는 경우(17조)에 관하여 재판권면제가 인정되지 않는다고 정하고 있다.

(3) 물적 범위 − 국제재판관할권

민사재판권의 물적 범위란 특정 사건에 대한 재판권의 범위를 말한다. 국제재판관할권이라고도 부른다(법률상의 쟁송을 여기서 다루는 경우가 많지만 소의 이익인 권리보호의 이익에서 다루는 것이 적당하다). **국제재판관할권은 하나의 사건에 대해 외국의 법원도 관할권을 갖고 우리 법원도 갖게 되는 관할권**을 의미한다. 특히 섭외적 사건(일반적인 예로 당사자가 외국인인 사건)에 대한 국내관할권의 한계로서 어느 나라의 법원이 재판권을 행사해야 하는지 논란이 된다. 이에 대해서는 국제적으로 확립된 기준이 없어 해석상 다툼이 있다.

① 역추지설

역추지설은 특정 국제사건에 대해 국내의 법규에 따라 관할권이 발생한다면 그에 대해 국내법원도 관할권을 갖는다고 주장한다. 특히 국내법원이 민사소송법에 의해 해당 국제사건에 대한 토지관할의 유무를 판단하는, 즉 역으로 국제관할을 추지해 나가는 점에서 역추지설로 부르게 되었다(이러한 입장을 취한 판례로 대판 1972.4.20, 72다248). 사실상 국제관할과 국내관할을 구분하지 않는 해석이다.

② 관할배분설

관할배분설은 법원의 이익, 당사자의 이익 등을 고려하여 해당 국제사건에 대한 국내법원의 관할권 유무를 판단(관할을 배분)해야 한다고 해석한다(이러한 입장을 취했다고 볼 수 있는 판례로 대판 1992.7.28, 91다41897). 국제적 기준에서 토지관할의 분배 문제를 고찰해야 한다는 이론이다.

③ 수정역추지설

역추지설을 기초로 하면서 관할배분설에 의한 고려를 한다는 해석으로 수정역추지설이 있다. 그러나 역추지설이나 관할배분설의 경계 자체가 애매해지고 있고, 수정역추지설은 관할배분설에 의하는 것과 차이가 없으므로 별도로 수정역추지설이라는 개념을 만들 필요는 없을 것이다.

④ 판 례

판례는 관할배분설적 입장을 취하고 있는 것도 찾을 수 있고, 반대로 역추지설의 입장에서도 전혀 예외를 인정하지 않는 것이 아닌 조리를 통한 합리적인 결론을 도출하려는 입장이다. 따라서 판례의 입장을 역추지설인지 관할배분설인지 명확하게 구분하는 것은 타당하지 않다.

⑤ 국제사법과 실질적 관련성

위와 같이 국제재판관할의 유무를 정하는 기준이 명확하지 않았지만, 국제사법2조(대략 법원은 국내법의 관할 규정을 참작하고 국제재판관할배분의 이념에 부합하는 합리적인 원칙에 따라, 당사자 또는 분쟁이 된 사안이 대한민국과 실질적 관련이 있는 경우에 국제재판관할권을 가진다고 규정하고 있다)가 도입됨으로써 그 유무를 결정하는 기준으로 '실질적 관련성'이 규정되었다. 실질적 관련성의 유무를 판단할 때 사용되는 구체적인 고려요소에 대해 판례는 다음과 같이 해석한다(대판 2008.5.29, 2006다71908,71915. Case Note[2-2] 참조). 즉, 실질적 관련성의 유무는 당사자 간의 공평, 재판의 적정, 신속을 기한다는 기본

이념에 따라 조리에 의해 결정되는 점이다. 이러한 고려요소는 또한 지금까지 판례가 만들어 온 법리이기도 하다.

II. 관 할

1. 서

(1) 의 의

재판권을 가진 법원 중 어느 법원이 재판권을 행사하는지 정한 것이 관할이다. 관할에 따라 법원이 재판권을 행사할 수 있으면 관할권을 갖는다고 한다. 관할은 법원의 사무분담이고 사법정책에 의해 정해진다. 관할권을 가진 법원을 관할법원이라고 부른다.

(2) 종 류

관할은 보통 다음과 같이 분류한다.

관할의 발생이유에 따른 분류

관할의 발생이유에 따른 분류로서 법정관할, 지정관할, 합의관할, 변론관할이 있다. 법정관할은 법률에 의해, 지정관할은 직근 상급법원의 지정에 의해, 그리고 합의·변론관할은 당사자의 합의와 피고의 변론(응소)에 의해, 각각 관할이 발생한다.

법정관할의 분류

법정관할은 관할을 정하게 된 원인에 따라 다시 직분관할, 사물관할, 토지관할로 구분된다. 직분관할은 법원의 역할분담에 관한 것이고 보통 판결절차를 다루는 수소법원의 관할, 그리고 집행절차를 다루는 집행법원의 관할을 직분관할이라 한다. 또한 제1심법원은 어디이고, 상소를 제기할 수 있는 법원이 어디인지를 정하는 심급관할도 직분관할에 해당된다. 다음으로 사물관할은 원래 제1심 사건을 직분으로 하는 지방법원과 간이법원 사이의 관할 구분에 관한 것인데, 우리나라에서는 제1심 사건을 다루는 지방법원의 합의부와 단독판사의 구분에 관한 개념으로 사용된다. 토지관할은 특정 사건에 대해 관할권을 갖는 여러 지역의 복수 법원 사이의 사무분담을 정한 관할이다.

전속관할과
임의관할

법원과 당사자에 대한 구속력의 차이로 분류하는 관할이 전속관할과 임의관할이다. 전속관할은 공익을 감안하여 법정관할 중 당사자의 의사에 의해 다른 법원에 관할을 발생시킬 수 없는 관할이다. 예를 들면 직분관할은 법원의 직무분담이라는 공익적인 사항에 관련된 것이므로, 전속관할이라는 규정이 없더라도 원칙적으로 모두 전속관할이다(예를 들어 심급관할도 직분관할로서 그러하지만 예외적으로 비약상고가 인정되는 한도에서는 임의관할이다[422 II, 390 I 단서]). 법정관할에 속하는 사물관할과 토지관할은 법규에 특별한 규정이 있는 경우에 한해 전속관할이 된다(지방법원합의부의 사물관할은 전속관할이 아니다[대판 2001.12.28, 2001다61838]). 한편, 임의관할은 당사자의 사익을 위한 것으로 법정관할 중 전속관할이라는 규정이 없는 사물관할과 토지관할이 여기에 해당되고, 당사자에 의해 선정되는 합의관할과 변론관할도 임의관할이어야 가능하다.

소송법상 전속관할과 임의관할의 구별은 중요하다. 전속관할이 있는 소라면 관련재판적, 합의관할 그리고 변론관할이 인정되지 않는다(31). 또한 전속관할이라면 관할의 경합이 발생하지 않고 이송이 불가능하며(34 IV, 35 단서), 전속관할위반은 상소이유(411 단서, 424 I ③)가 된다. 반대로 임의관할위반은 판결의 취소사유가 되지 않는다(411).

2. 사물관할

(1) 의 의

사물관할은 제1심 소송사건을 어느 법원의 담당으로 하는지 정하는 관할이다. 외국에서는 보통 지방법원과 간이법원의 구별에 관한 관할이지만, 간이법원이 없는 우리나라에서는 그 의미가 외국과는 약간 차이가 있다. 즉, 우리나라에서는 지방법원으로서 제1심 사건을 담당하는 것이 합의부인지 단독판사인지 구별하는 관할이다. 다만, 법률에 의해 대법원이나 고등법원이 제1심 관할을 갖는 사건이 있지만, 모두 통상의 민사소송사건이 아니다. 지방법원의 하나인 시군법원도 특별한 사물관할로서 제1심 소송사건을 다룬다(법원조직법34조).

(2) 지방법원 합의부의 사물관할

지방법원 합의부는 다음과 같은 사건을 사물관할로 한다.

① 재정관할사건

원래는 합의부의 관할에 속하지 않더라도 사건의 내용에 따라 합의부가 스스로 심판하기로 정한 사건이다(법원조직법32조1항1호. 34Ⅲ). 단독판사도 그 관할에 속하는 사건을 합의부로 이송할 수 있는데(34Ⅱ), 이 경우에도 재정관할사건으로 합의부가 담당한다.

② 소송목적의 값에 따른 사건

소송목적의 값이 2억 원을 초과하는 사건은 합의부가 심판한다(민사 및 가사소송의 사물관할에 관한 규칙2조). 다만, 다음과 같은 예외가 있다(같은 조 단서). 즉, 수표금·약속어음금 청구사건, 금융기관이 원고인 대여금·구상금·보증금청구사건, 자동차손해배상보장법에 의한 특별한 손해배상청구사건과 이에 관한 채무부존재확인사건, 그리고 재정관할로서 단독판사가 심판할 것을 합의부가 정한 사건은 단독판사가 심판한다.

③ 민사소송등인지법 2조4항의 민사사건

먼저 비재산권에 관한 소가 여기에 해당한다. 예를 들면 신분상의 지위에 관한 법률관계, 인격권, 회사 등 단체 결의의 효력에 관한 소이다. 다음으로 재산상의 소이지만 소송목적의 값을 산출할 수 없는 사건이다. 예를 들면 유지청구소송, 무체재산권에 관한 소송, 주민소송 등이 있다.

④ 견련청구

소의 병합에 따른 견련청구(반소, 중간확인의 소, 또는 독립당사자참가 등)도 본소가 합의부의 관할에 속하면 견련청구는 그 금액에 관계없이 합의부의 관할에 속한다.

⑤ 법률에 의한 사건

정정보도청구사건(정기간행물등록 등에 관한 법률19조), 회생사건 및 파산사건 (채무자회생3조) 등은 합의부의 관할에 속한다.

(3) 지방법원 단독판사의 사물관할

다음으로 지방법원 단독판사는 다음과 같은 사물관할을 갖는다.

① 소송목적의 값에 따른 사건

소송목적의 값이 2억 원 이하의 사건이다(원래 1심 단독판사가 다룬 사건 중, 제2심으로 고등법원에 항소할 수 있는 사건은 8,000만 원을 초과하는 사건이어야 한다는 규정[민사 및 가사소송의 사물관할에 관한 규칙4조1호]이 있었지만, 관할의 기준을 제1심 관할과 통일[1심 합의부 사건만이 고등법원에 항소할 수 있다]한다는 점에서 삭제되었다). 다만, 3,000만 원 이하의 사건 중, 금전 기타 대체물이나 유가증권의 일정한 수량의 지급을 목적으로 하는 민사사건은 소액사건심판법의 적용을 받는다(소액사건심판규칙1의2).

② 예외적인 사건

전술((2)②)하였듯이 합의부가 심판하지 않는 예외적인 사건이다.

③ 견련청구

합의부의 경우와 반대되는 것으로, 본소가 단독판사의 관할사건이라면 견련청구가 합의부의 관할사건이라도 단독판사의 관할이 된다.

(4) 소송목적의 값의 산정

산정방법

사물관할의 기준이 되는 것은 위에서 보았듯이 기본적으로 소송목적의 값이다. 이것은 소장에 첨부할 인지액의 기준이 되는 점에서도 중요한 의의를 갖는다. 그 구체적 값은 원고가 소로 주장하는 이익을 토대로 산정된다(26 I. 구체적 기준은 민사소송 등 인지규칙에 정해져 있다). 여기서 말하는 이익이란 소제기시를 기준으로 원고가 소송물에 대해 전부승소판결을 얻었을 때의 객관적 이익을 말한다. 가액을 산정할 수 없을 때에는 '민사소송 등 인지법'에 의한다(26Ⅱ). 소송목적의 값의 산정에 대한 이의는, 만일 그에 따른 관할의 문제라면 이송의 재판에 대한 불복신청(39)에 의해, 금액에 관한 문제라면 소장각하에 대한 불복신청(254Ⅲ)에 의한다.

산정하기 곤란한 경우

소송목적의 값의 산정에 대해서는 다음과 같은 2가지 문제가 있다. 첫째로 산정할 수 없는 경우에 관한 점이다. 비재산상의 청구(가사관계에 관한 청구권, 인격권, 회사소송 등에서의 결의의 효력에 관한 청구)라면 물론 산정할 수 없다는 점이 명확하다. 그러나 재산상의 청구이면서도 가액산정이 불가능한 경우가 있을 수 있는지 문제된다. 법에는 단순히 "가액을 산정할 수 없는 때"라고만 규정되어 있다(26Ⅱ). 이에 대해서는 특히 소송목적의 값의 산정이 곤란한 경우라도 가능한 한 그 값을 산정해야 하는 것으로 이해하는 것이 타당하다. 법원은 모든 사정을 고려하여 재량으로 소송목적의 값을 산정해야 한다(대결 1969.12.30, 65마198. Case Note[2-5] 참조).

청구가 병합된 경우

둘째로 청구를 병합했을 때 소송목적의 값의 산정에 관한 점이다. 기본적으로는 병합된 청구의 소송목적의 값을 합산한다(27Ⅰ). 이 병합에는 소의 객관적 병합 이외에 주관적 병합을 포함한다. 전부승소에 따라 원고는 합산된 이익을 얻게 되기 때문이다. 또한 원고가 제기한 청구의 병합에 한하고, 피고에 의한 병합(반소나 중간확인의 소)이나 법원에 의한 변론의 병합의 경우에는 합산하지 않는다.

그러나 청구가 병합되더라도 결과적으로 얻을 수 있는 이익이 공통된 경우, 예를 들면 인도청구와 대상청구의 병합, 보증인과 주채무자 또는 복수의 연대채무자의 병합의 경우에는 합산되지 않는다. 또한 소송의 부대목적이 되는 과실, 손해배상(지연배상만을 의미[대결 1992.1.7, 91마692]), 위약금 또는 비용의 청구는 보통 소액이므로 간명하게 소송목적의 값을 산정한다는 점에서 산입되지 않는다(27Ⅱ).

3. 토지관할

(1) 의 의

지역을 달리 하는 관할법원이 복수 존재하는 경우, 어느 법원에 사건처리를 분담시키는지 정하는 관할이다. 각각의 법원에는 자신의 직무집행 범위를 정하는 관할구역이 설정되어 있다. 예를 들어 서울중앙지방법원이라면 서울특별시 종로구·중구·강남구·서초구·관악구·동작구가 해당된다('각급 법원의 설치와 관할구역에 관한 법률'이 정한다). 토지관할은 원고와 피고의 주소가 다르고 당사자 사이의 이해관계와 밀접하게 관련되어 있기 때문에, 당사자의 이익을 중심으로 그 관할발생의 원인(관할원인)이 법에 규정되어 있다. 이러한 토지관할은 사건에 관한 재판적의 소재지를 관할구역으로 하는 법원에 발생하게 되므로, 먼저 재판적의 의의를 이해할 필요가 있다.

(2) 재판적

재판적은 사건과 관련된 특정의 지점을 가리킨다. 예를 들면 당사자의 주소, 소송물인 부동산의 소재지 또는 의무(채무)의 이행지 등이 있고, 피고의 주소지(재판적)가 서울특별시 종로구에 있다면 종로구를 관할하는 서울중앙지방법원이 토지관할을 갖게 된다. 하나의 사건에 복수의 재판적이 있을 수 있기 때문에 재판적의 수만큼 토지관할도 발생하고 복수의 법원에 토지관할이 경합적으로 발생할 수 있다.

종류 재판적에는 일반적이고 원칙적인 보통재판적과 특별한 종류의 사건에만 한정되며 보통재판적과 경합적으로 인정되는 특별재판적이 있다. 특별재판적은 다시 독립재판적과 관련재판적으로 구분된다. 재판적의 유무에 대해 당사자 간에 다툼이 발생하면 원고가 그 존재를 증명해야 한다.

(3) 보통재판적

피고의 주된 생활지는 어느 경우에나 관할권을 발생시키고 그 생활지를 보통재판적이라 한다(2). 보통재판적은 응소가 강요되는 피고의 이익을 고려해야 한다는 로마법 이래의 원칙에 따른 것이다. 그러나 다음에서 보는 바와 같이 다수의 특별재판적이 존재하기 때문에 보통재판적을 통한 피고의 이익 보호에는 한계가 있다.

자연인의 보통재판적은 주소, 거소 또는 최후의 주소이다(3). 법인의 경우에는 주된 사무소, 영업소 또는 주된 업무담당자의 주소, 외국법인이라면 우리나라에 있는 위와 같은 곳이 보통재판적이다(5). 국가의 보통재판적은 국가를 대표하는 관청 또는 대법원의 소재지이다(6). 그 밖에 대·공사의 보통재판적에 관해서는 법4조가 규정한다.

(4) 특별재판적

① 독립재판적

취지

독립재판적에는 여러 종류의 재판적이 있는데 일반적으로 당사자, 특히 원고의 편의를 위해 인정된 것이다. 법7조에서 법24조까지 독립재판적에 관한 규정이 열거되어 있다. 그 중 중요한 것은 의무이행지의 재판적과 불법행위지의 재판적이다.

의무이행지

의무이행지를 독립재판적으로 인정한 것은, 채무자는 이행지에서 이행제공을 해야 하므로 보통 피고가 되는 채무자가 이행지에서 응소하는 것은 불공평하다고 할 수 없기 때문이다. 그러나 민법에서는 채무의 이행에 대해 지참채무를 원칙으로 하고 있으므로(민467), 보통재판적에 관계없이 일반적으로 원고가 되는 채권자는 항상 자신의 주소에서 소를 제기할 수 있게 되어 채무자인 피고에게는 부당하다는 문제점이 있다.

불법행위지

불법행위지의 특별재판적(18)은 증거자료의 수집 등 심리의 편의와 보통 원고가 되는 피해자의 이익을 보호하기 위해 인정된 것이다. 여기서 말하는 불법행위에 관한 소는 모든 위법행위에 의한 손해배상청구, 유지청구, 원상회복 등이 포함되고, 채무불이행에 의한 손해배상의 경우에도 위와 같은 취지를 살린다는 점에서 동일하게 해석해야 한다. 또한 불법행위지는 불법행위를 구성하는 요건사실이 발생한 곳으로,

보통 가해행위나 손해가 발생한 결과발생지가 모두 인정된다.

지식재산·
국제거래분쟁의
경우 지식재산권(특허권 등은 제외)이나 국제거래를 둘러싼 분쟁과
같이 전문지식이나 거래실무가 심리의 주요 내용이 되는 특
정한 유형의 소에 대해서는, 그에 관한 전문 재판부가 설치
된 고등법원 소재지 지방법원(서울고등법원이면 서울중앙지방
법원)에도 특별재판적이 인정된다(24). 전문지식과 거래실무에 대한 이해가 필요
하며 재판기준의 통일이 필요한 사건은 그 수도 비교적 적고, 이를 중소규모의
법원에서 처리한다면 자료부족 등 이유로 심리가 원활하지 못할 우려가 있다.
이에 따라 고등법원소재지 지방법원에 특별재판적을 인정함으로써, 전문재판부
가 지식재산권이나 국제거래 등에 관한 사건을 적정하고 능률적으로 처리할 수
있도록 특별히 도입된 것이다.

② 관련재판적

의의 **수개의 청구를 병합한 경우, 하나의 청구에 관한 재판적은**
나머지 청구에 대해서도 재판적이 되는데, 이렇게 인정되는
재판적을 관련재판적이라고 한다(25). 즉, 하나의 청구에 대
한 재판적이 있고 그에 따라 관할권을 갖는 법원은 원래는 재판적이 없는 나머
지 청구에 대해서도 관련재판적에 의해 토지관할권을 갖는다. 이와 같이 관련재
판적을 인정하는 이유는 소송의 일회적 해결이라는 원고의 제소편의와 소송자료
나 증거자료의 공통이용이라는 사건처리의 합리성이 인정되기 때문이다.

피고의 보호 그러나 관련재판적을 통한 원고 이익의 보호만큼 피고의 이
익도 고려해야 한다. 이에 대해서는 관련재판적이 인정되는
청구의 병합을 2가지 형태로서 후술(제10장, 제11장)하는 객
관적 병합(25 I)과 주관적 병합(25 II)으로 나누어 대응한다.

객관적 병합의
경우 먼저 소의 객관적 병합이라면 청구만이 병합되고 피고는 동
일하므로 어차피 피고도 관할법원에서 응소해야 하는 점에
서(원고가 피고에게 A청구와 B청구를 갖고 있고 그 2개의 청구에
관한 재판적이 다르다 하여도 피고는 어차피 적어도 어느 한 곳에서는 응소할 필요가 있으

므로), 병합된 다른 청구에 관한 관련재판적을 인정하는 것은 피고에게 부당한 불이익이 되지 않는다. 또한 관련된 청구를 한 번에 해결할 수 있는 점에서 한 번의 응소만 하면 되는 피고에게도 나름대로 이익이 된다. 따라서 소의 객관적 병합에서 관련재판적도 인정되는 점에는 특별한 문제가 없다.

주관적 병합의 경우

한편, 소의 주관적 병합이라면, 예를 들어 원고가 피고 A와 피고 B를 병합하여 A에 대해서만 재판적이 있는 법원에 소를 제기하고, 이로써 소의 객관적 병합에서와 같이 관련재판적에 의해 피고 B에 대해서도 관할권을 인정하게 되면, 피고 B는 원래 관할권이 없는 법원에 응소를 해야 한다는 문제가 발생한다. 이 점에서 주관적 병합의 경우에는 객관적 병합과는 피고의 이해관계에 큰 차이가 있다.

주관적 병합의 경우, 어디까지 관련재판적을 인정할 수 있는지 학설에 대립이 있었지만, 법은 주관적 병합으로서 각 공동피고에 대한 청구가 실질적으로 관련된 경우에 관련재판적이 인정된다고 규정하였다(25Ⅱ). 이것은 공동피고의 불이익을 고려하면서도 주관적 병합에서 관련재판적을 인정하지 않으면 사실상 공동소송이 불가능해진다는 문제를 해결하기 위해 규정된 것이다. 여기서 관련재판적이 인정되는 주관적 병합은 법65조 전단을 말하고, 같은 조 후단은 제외된다. 법65조 전단에서 말하는 주관적 병합은, 예를 들어 공동피고가 보증인과 주채무자의 경우, 환어음의 배서인과 인수인의 경우, 약속어음의 발행인과 인수인의 경우를 들 수 있다(자세히는 제11장Ⅰ3(1)(2) 참조).

4. 지정관할

지정관할은 법률의 규정이나 당사자의 합의로도 관할이 명확하지 않을 때에 지정되는 관할이다(28). 이때 관할 지정을 하지 않으면 당사자의 재판을 받을 권리가 침해되기 때문에 인정되는 것이다. 관할 지정은 당사자 또는 관계법원의 신청에 의해 그 직근 상급법원이 결정으로 하고, 이와 같이 결정된 관할을 지정관할이라 부른다. 관할을 지정하는 결정에 대해서는 불복신청을 할 수 없다(28Ⅱ). 관할의 지정은 관할법원이 법률상 또는 사실상 재판권을 행사할 수 없는 때(28Ⅰ①), 법원의 관할구역이 분명하지 아니한 때(28Ⅰ②)에 한다. 전자로는, 예를 들어 제척 등의 사유라는 법률상의 이유와 천재지변 등의 사유라는 사실상의 이유가 있다. 후자로는, 관할구역의 경계가 명확하지 않은 경우 또는 경계가 명확하지만 재판적이 명확하지 않은 경우 등이 있다.

5. 합의관할

(1) 의 의

합의관할은 당사자 간의 합의에 의해 제1심에 한정하여 특정한 법원에 부여된 관할을 말한다(29). 당사자 간의 합의로 관할을 정하는 것이므로 사건의 내용이 합의할 수 있는 사항이어야 한다. 즉, 전속관할이 아닌 임의관할의 경우에만 인정된다. 보통 관할의 합의가 이루어지는 예는 토지관할로서의 법정관할을 당사자 간의 합의에 의해 변경하는 경우이다. 당사자가 합의할 수 있는 사항이라는 점에서 보듯이 법원의 이익이라는 공익적 요구보다는 당사자의 편의를 도모한다는 점에 합의관할의 목적이 있다.

(2) 요 건

합의관할은 법정관할의 변경을 초래하는 소송법상 효과의 발생을 주요목적으로 하는 소송행위라 말할 수 있다. 이러한 관할의 합의는 앞서 보았듯이 임의관할의 경우에 가능하다는 점 이외에 다음과 같은 요건이 필요하다.

(a) 합의관할은 제1심 관할에 한해 인정된다.
(b) 합의관할은 법정관할의 변경이므로 제소 전에 해야 한다(33).
(c) 합의관할은 일정한 법률관계에 관한 합의이어야 한다. 일정한 법률관계란 특정된 법률관계에서 발생하는 분쟁(적어도 특정 계약에서 발생하는 모든 분쟁)을 의미하고, 무작정 당사자 간의 모든 분쟁에 합의한다는 것은 인정되지 않는다.
(d) 합의관할은 서면으로 해야 한다(29Ⅱ). 서면이 요구되는 것은 요식행위로서 중대한 효과를 발생시키기 때문이다.
(e) 합의관할에서는 관할법원을 특정해야 한다. 관할법원의 특정은 모든 법원을 관할법원으로 한다는 등, 피고에게 불이익을 가하는 합의관할을 방지하기 위해서이다. 따라서 최소한 법정관할 중의 하나라는 등의 특정이 필요하다.

(3) 효력이 미치는 범위

① 승계인에 대한 효력

관할합의의 효력은 합의 당사자가 아닌 제3자에게 미치지 않는다(대판 1988.10.25, 87다카1728). 그러나 포괄적으로 합의 당사자의 권리의무를 승계한 제3자(상속이나 합병 그 밖에 파산관재인 등)에게는 당사자와의 동일성을 인정할 수 있으므로 합의의 효력이 미친다. 문제가 되는 것은 합의의 대상이 된 권리의무관계를 특정적으로 승계한 제3자이다. 이에 대해서는 다음과 같이 해석된다(대결 1994.5.26, 94마536. Case Note[2-6] 참조). 즉, 제3자가 승계한 권리의무관계가 채권관계인지 물권관계인지에 따라 구분하는 해석이다.

② 채권을 승계한 경우

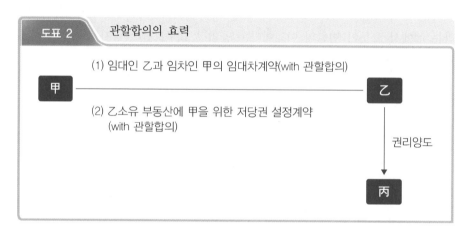

도표 2   관할합의의 효력

(1) 임대인 乙과 임차인 甲의 임대차계약(with 관할합의)

甲 ——————————————————— 乙

(2) 乙소유 부동산에 甲을 위한 저당권 설정계약
(with 관할합의)

권리양도

丙

<도표 2>의 (1)에서 보듯이 제3자 丙이 승계한 권리의무관계가 관할합의가 부착된 乙의 甲에 대한 차임채권이라면, 그 권리의무의 내용을 당사자가 자유로이 정할 수 있고 승계인 丙도 관할합의라는 의무가 부착된 권리의무를 승계한 것으로 해석할 수 있으므로, 관할합의의 효력이 미친다(민451 참조. 대결 2006.3.2, 2005마902). 즉, 승계인은 관할합의가 부착된 유효한 채권을 승계한 이상 그 권리의무를 감수해야 한다.

③ 물권을 승계한 경우

반대로 제3자 丙이 승계한 것이 관할합의가 부착된 물권(<도표 2>의 (2)에서 보듯이 乙의 부동산소유권)이라면, 물권의 내용은 법으로 정형화되어 있고 그 권리의무의 내용을 당사자가 자유롭게 변경할 수 없다. 물권은 절대권으로서 관할합의라는 의무가 부착된 물권을 당사자가 자유로이 정하는 것이 불가능하기 때문이다(민185 참조). 마찬가지로 설사 채권이라도 그 권리의 내용이 정형화되어 있다면 동일하게 보아야 할 것이다. 예를 들어 권리의 내용이 정형화되어 있는 어음채권이 있다. 즉, 수취인의 특정승계인이 아닌 어음의 피배서인에게는 발행인과 수취인 간의 관할합의의 효력이 미치지 않는다.

(4) 관할합의의 해석

전속적 합의인가 부가적 합의인가

당사자가 특정 관할법원을 명확히 합의하지 않으면 그것을 전속적 합의로 볼 것인지 또는 부가적 합의로 볼 것인지 문제된다. 이 논쟁은 약관 등에 정해진 관할합의의 효력과 관련하여 문제되었다. 즉, 약관에는 A지방법원이 제1심 관할법원으로 되어 있었지만, 소비자의 이익을 위해 B지방법원으로 이송하는 것이 타당하다면, 해당 관할합의를 부가적인 것으로 보아 A법원에서 B법원으로 쉽게 이송할 수 있게 된다. 따라서 부가적으로 보려는 견해는, 가능한 관할합의의 효력을 유효한 것으로 보면서 당사자 간의 이익형량을 통해 이송을 인정하려는 입장이다. 반대로 전속적으로 보려는 견해는, 특별한 사정이 없는 한 관할합의를 했다는 당사자 의사를 고려하여 전속적인 관할합의를 한 것으로 보면서, 당사자 간의 불평등은 관할합의 자체를 무효로 함으로써 해결하려는 입장이다.

○ 합의된 관할은 전속적인가 부가적인가?

모든 관할 합의를 포함하여 일반적으로 고찰하면, 특별한 사정이 없는 한 관할합의는 전속적인 것이라고 해석해야 할 것이다. 당사자가 일부러 관할합의를 했다면 당사자 사이의 별도 합의가 없는 한, 어느 특정 관할을 정한 것으로 보는 것이 타당하기 때문이다. 반대로 당사자에게 일방적으로 불리한 관할합의(약관에 의한 관할합의 등)는 약관의 규제에 관한 법률 등으로 무효로 처리할 수 있기 때문이다.

판례(대결 2008.12.16, 2007마1328)는 사업자와 고객 사이에 사업자의 영업소를 관할하는 지방법원으로 전속적 관할합의를 하는 약관조항의 효력을 다음과 같이 해석한다. 즉, 그러한 약관조항이 고객에 대해 부당하게 불리하다는 이유로 무효가 되려면, 그 약관조항이 고객에게 다소 불이익하다는 점만으로는 부족하고, 사업자가 그 거래상의 지위를 남용하여 이러한 약관조항을 작성·사용함으로써 건전한 거래질서를 훼손하는 등 고객에게 부당하게 불이익을 주었다는 점이 인정되어야 한다. 그리고 고객에게 부당한 불이익을 주는 행위인지 여부는, 그 약관조항에 의해 고객에게 생길 수 있는 불이익의 내용과 불이익 발생의 개연성, 당사자들 사이의 거래과정에 미치는 영향, 관계 법령의 규정 등 제반 사정을 종합하여 판단해야 한다는 해석이다(판례는 결과적으로 의뢰인과 변호사 사이에 체결된 위임계약에 변호사사무소가 위치하는 지방법원을 관할법원으로 하는 합의는 의뢰인에게 부당하게 불이익을 주는 약관조항에 해당되지 않는다고 판단하였다).

(5) 국제재판관할의 합의

① 의 의

국제재판관할의 합의는 우리나라 법원이 아닌 외국 법원(또는 국제사건의 경우 외국 법원이 아닌 우리나라 법원)을 관할법원으로 하는 합의이다. 국제거래에서 많이 이용되고 관할합의와 유사한 중재합의가 폭넓게 인정되고 있는 점에서도 그 효력이 인정된다. 다만, 국내 관할 합의와 동일하다고 할 수 없고 구체적으로 어떠한 요건으로 인정되는지 문제된다.

② 특 성

국제적인 관할합의는 국제적이라는 점에서 국내관할과는 차이가 있다. 외국 법원의 관할을 합의하는 것이므로 외국의 법원이 자국의 법률에 따라 관할을 인정할 필요가 있고, 또한 합의의 효력이 부당한지 여부를 판단하기 위한 고려요소로서 법정지와 사건과의 합리적인 관계가 필요하다.

③ 유효요건

판례(대판 1997.9.9, 96다20093. Case Note[2-7] 참조)와 통설은 국제관할합의의 유효요건으로서 다음과 같은 점을 들고 있다.

(a) 합의의 대상인 사건이 대한민국 법원의 전속관할에 속하지 않아야 한다.

(b) 합의로 지정된 외국법원이 그 외국법상 당해 사건에 대해 관할권을 가져야 한다.

(c) 해당 사건과 그 외국법원 사이에 합리적인 관련성이 있어야 한다. 예를 들어 당해 합의가 현저하게 불합리하고 불공정해서는 안 된다는 것은 이 합리적 관련성의 하나의 구체적인 예이다.

○ 국제적 관할합의와 합리적 관련성

국제적 관할합의의 요건으로 판례가 말하는 합리적 관련성은 어떻게 보면 매우 막연하다고도 할 수 있다. 그러나 국제거래에서 발생하는 합의의 형해화(경제적 강자에 의한 법정지의 독점)를 방지하고, 국제적 규모에서의 재판거절을 방지하기 위해 일정한 제한이 필요하다. 그러한 제한으로서 합리적 관련성이라는 요건을 통해 구체적 사건의 내용에 따라 규율하는 판례의 입장은 타당하다. 판례는 구체적인 판단요소로서 사건의 발생지, 당사자의 주된 사무소의 소재, 증거의 소재, 법정지법의 내용, 소송목적의 값을 고려하여 합리적 관련성 유무를 판단한다.

6. 변론관할

(1) 의 의

변론관할은 피고의 응소, 즉 피고가 관할위반의 항변을 제출하지 않고 본안에 관해 변론하거나 변론준비절차에서 진술함으로써 발생하는 관할이다(30. 신법에 의해 명칭이 '응소'관할에서 '변론'관할로 변경). 합의관할과 유사한 것으로 전속관할이면 인정되지 않지만, 임의관할(주로 토지관할과 사물관할)이면 당사자의 이익을 고려한 것이기 때문에 인정할 수 있다.

(2) 요 건

① 변론관할은 제1심에 한해 인정된다(30).

② 피고가 관할위반의 항변을 제출하지 않고 본안에 대해 변론해야 한다.

여기서 말하는 관할위반의 항변은 방소항변(소각하를 구하는 항변으로 부제소합의나 중재합의)이 아닌 실질적으로 이송을 구하는 항변이어야 한다. 따라서 관할위반의 항변이 있어도 소를 각하하지 않고 본안의 심리를 할 수 있지만, 관할에 관한 문제를 유보한 상태로 본안의 심리가 진행되어도 관할위반을 다투고 있으므로 변론관할은 발생하지 않는다.

또한 "본안에 대한 변론"에서 말하는 본안은 소송물인 권리관계를 말하고, 이에 대해 피고가 구술로 변론절차나 변론준비절차에서 변론한 것을 말한다. 따라서 진술간주에 의해 변론관할이 발생하지 않고(대결 1980.9.26, 80마403), 소송요건을 이유로 한 소 각하신청, 법관의 기피신청, 기일변경의 신청은 본안에 포함되지 않는다. 한편, 단순히 원고의 청구기각을 구하는 피고의 진술도 실질적으로 본안의 심리에 응하지 않았다는 점에서 본안에 해당하지 않는다고 해석할 수도 있지만, 청구기각이라는 청구권의 부존재를 주장하는 이상은 본안에 해당된다고 해석해야 한다(통설).

7. 관할의 조사

(1) 필요성과 그 방법

관할의 존재는 소송요건의 하나이고 법원이 그 유무를 직권으로 조사할 수 있다. 전속관할이라면 상급심에서도 조사해야 하지만(411, 424 I ③), 임의관할이라면 당사자가 다투어야만 제1심에 한해서 조사의 대상이 된다(411). 한편, 관할의 유무를 직권으로 조사해야 한다고 했을 때, 그 증거를 어떻게 수집해야 하는지 문제되는데 법원은 이에 관해 직권으로 조사할 수 있다(32). 보통 직권조사사항에 대해서는 직권탐지주의라는 직권증거조사가 이루어지고 공익성이 강한 전속관할에 관한 사항이라면 그러하지만, 공익성이 강하다고 할 수 없는 임의관할에 관한 사항에 대해서는 증거의 제출을 당사자에게 맡기는 변론주의가 적용되어야 한다(제5장Ⅲ7 참조).

관할의 유무를 조사한 결과, 관할이 없다고 판단하면 다음에서 보는 이송결정을 한다. 반대로 관할이 있다고 판단하면, 법원은 그것을 중간판결로 하는지,

종국판결의 이유 중에 설시하는지, 아니면 이송에 관한 판단으로서 결정으로 판단하는지 문제된다. 당사자의 불복권을 고려한다면 이송신청에 대한 각하라는 결정으로 처리하는 것이 타당하다.

(2) 관할의 기준시

관할은 제소시를 표준으로 정한다(33). 절차의 안정을 위해 관할을 고정할 필요가 있기 때문이다. 제소시란 소장을 제출한 때를 말한다. 따라서 제소 후 피고의 주소가 바뀌거나 소의 병합 등에 의해 소송목적의 값이 바뀌어도 관할에 영향을 미치지 않는다. 다만, 제소 후 신소의 제기로 간주되는 중간확인의 소, 반소라면 원래의 제소시가 아닌 당해 신소의 제소시를 표준으로 관할이 결정된다.

III. 소송의 이송

1. 서

| 의의 | **소송의 이송은 법원이 계속된 소송을 이송결정을 통해 다른 법원으로 옮기는 재판**을 말한다. 상급심이 하급심으로 사건을 환송하는 것도 이송의 하나이다. 그러나 법원 내부의 사무분배로서 당사자에게 신청권이 없는 이부(移部)는 소송의 이송이 아니다. 소송의 이송에는 아래에서 보듯이 관할위반 또는 재량에 의한 이송, 손해나 지체회피를 위한 이송이라는 2가지가 있다. |

관할이 없다는 이유로 소를 각하하면 원고는 다시 소를 제기해야 하고 그만큼 불이익을 받게 된다. 이러한 불이익을 방지하기 위해 인정되는 것이 소송의 이송이다. 즉, 소를 각하하기보다는 관할권이 있는 법원에서 소를 처리하게 하는 것이 소송경제나 소송촉진 등에 이바지하고, 법원이나 당사자에게도 불이익하지 않기 때문이다. 특히 원고는 재소에 따른 수수료나 소송비용을 면할 수 있고, 기간의 준수나 시효

중단의 이익을 그대로 유지할 수 있다. 반면 원고가 아닌 피고라면 정당한 관할법원에서 심판을 받는 것이므로 이송에 의해 부당한 불이익을 받게 되는 것은 아니다. 또한 법원도 관할이 경합하면 적절한 심리를 위해 이송이 필요한 경우가 있다.

2. 관할위반 또는 재량에 의한 이송

(1) 의 의

사물관할위반 또는 토지관할위반이 있거나 지방법원에 제기해야 할 소를 고등법원에 제기하는 등의 직분관할위반이 있을 때 이용된다. 관할위반은 소송요건의 흠결이지만, 다른 소송요건의 경우와는 달리 소를 각하하지 않고 이송한다. 즉, 법원은 소송의 전부 또는 일부가 그 관할에 속하지 아니함을 인정하면 결정으로 관할법원에 이송한다(34 I).

당사자의 신청권 유무　한편, 판례(대결 1993.12.6, 93마524)는 조문에 규정이 없음을 근거로 또한 실무의 편의 등을 고려하여 관할위반에 의한 이송을 요구하는 당사자의 신청권을 인정하지 않는다. 그러나 실무의 편의만이 아닌 당사자의 편의도 감안해야 하는 이송제도의 취지에서 본다면, 또한 아래에서 보는 지체회피에 의한 이송에서는 당사자의 신청권이 인정되듯이, 당사자에게도 신청권을 인정하는(당사자의 이송신청에 대해 법원은 재판으로 답해야 하는) 것이 타당하다.

재량이송　또한 지방법원 단독판사는 자신에게 관할권이 있는 사건에 대해 상당한 경우에 직권 또는 당사자의 신청에 따른 결정으로 소송의 전부 또는 일부를 같은 지방법원 합의부에 이송할 수 있다. 이러한 이송을 재량에 따른 이송이라고 한다(34 II. 소액사건이라도 이에 의해 지방법원 합의부로 이송할 수 있다[대결 1974.8.1, 74마71]). 지방법원 합의부도 상당한 경우에 직권 또는 당사자의 신청에 따라 결정으로 자신에게 관할권이 없는 소송의 전부 또는 일부를 스스로 심리·재판할 수 있다(34 III).

(2) 심급관할 위반 등의 경우

관할위반에 의한 이송에 있어 보통 문제가 되는 것은 심급관할위반이나 소송사건과 비송사건 간의 이송 가능성이다.

심급관할 위반과 이송 심급관할위반에 대해서는, 판례(대판(전) 1984.2.28, 83다카1981; 대결(전) 1995.1.20, 94마1961)와 통설은 심급관할에 위반되어 제기된 상소에 대해 원칙대로 상소를 각하하면 상소인에게 불이익이 발생하게 되므로 소송의 이송을 인정한다.

소송과 비송 간의 이송 소송과 비송 사이의 이송에 대해서도, 판례는 가정법원에 제기해야 할 소를 지방법원에 제소하였다면 그 지방법원은 법34조1항에 의해 가정법원으로 이송해야 한다고 해석한다 (대결 1980.11.25, 80마445). 비송사건의 경우, 과거의 판례(대판 1956.1.12, 4288민상 126)는 이송을 인정하지 않지만, 앞의 가사사건과 동일하게 해석해야 할 것이다 (행정사건에 관해서는 행정소송법7조 참조).

3. 손해나 지체회피를 위한 이송

취지 관할위반이 아닌 관할이 경합하여도, 법원은 소송의 진행에 따라 발생할 수 있는 현저한 손해나 지연을 피하기 위해 직권 또는 당사자의 신청에 의해 다른 관할법원으로 이송할 수 있다(35). 물론 전속관할이 있는 소라면 불가능하다(35 단서). 손해의 유무는 당사자 사이의 불이익을 비교하여 결정되고(대결 1966.5.31, 66마337), 지연은 심리의 지연으로서 공익적인 요소를 의미한다. 그러나 이러한 이송을 인정한 실례는 찾기 힘들다.

전문재판부로의 이송 지식재산권 등에 관한 소는 직권 또는 당사자의 신청으로 당해 관할 법원에 이송할 수 있다(36. 반대로 전문재판부에 제기된 소를 다른 관할법원으로 이송하는 것도 가능하다). 이것은 전문재판부가 설치되고 특별재판적으로 인정된 이상(24), 일반적인 이송절차와는 달리 간편한 방법으로 해당 재판부로의 직권이송을 가능하게 한 것이다.

4. 이송재판의 효과 - 이송결정의 구속력

(1) 의 의

이송을 받은 법원이 그 사건을 자신이 처리하는 것은 적합하지 않다고 다시 이송한다면 계속 이송이 반복될 염려가 있다. 이것은 소송의 촉진을 위해 이송을 한다는 제도 취지와 모순된다. 이러한 이유로 이송결정은 일정한 구속력을 갖고 이송을 받은 법원은 다른 법원에 다시 소를 이송(전송)할 수 없다(38). 이 효력을 이송결정의 구속력이라고 한다. 이송결정의 구속력이 인정됨으로써 일단 이송이 결정되면 그것이 설사 전속관할에 위반되어도, 이송 받은 법원은 당사자가 원하는 신속한 소송의 진행을 위해 재판해야 한다(대결 1995.5.15, 94마1059,1060). 물론 이송결정 확정 후에 새로운 사유에 의해 재이송하는 것은 가능하다.

(2) 불복신청

이송결정과 이송신청각하결정에 대해서는 즉시항고를 제기할 수 있다(39). 다만, 판례와 같이 관할위반을 이유로 한 당사자의 이송신청권을 인정하지 않는다면 특별항고는 불가능하고(대결 1985.4.30, 84그24), 따라서 즉시항고도 불가능하다. 이송결정이 확정되면 소송은 처음부터 이송을 받은 법원에 계속한 것이 된다(40 I). 또한 이송결정을 한 법원의 법원사무관은 소송기록에 이송결정의 정본을 첨부하여 이송을 받은 법원에 송부해야 한다(40 II).

(3) 구속력의 유무 - 심급을 달리 하는 이송결정

① 상급심에 대한 구속력

이송결정의 구속력은 상급심에게도 미치는지, 예를 들면 지방법원이 대법원에 이송을 하였을 때에도 구속력이 발생하는지 문제된다. 이송결정의 구속력을 그대로 인정하면, 당연히 대법원이 다시 다른 법원으로 전송하지 않고 그대로 심판해야 한다는 결론이 된다. 이것은 최상급심이며 법률심인 대법원의 성격에서 보아 타당하다고 할 수 없다. 이러한 이유로 판례(대결 1995.5.15, 94마1059,1060. Case Note[2-8] 참조)는 전속관할에 위반되는 이송결정에도 구속력은 인정되지만, 상급심에 구속력은 미치지 않는다고 해석한다. 판례는 다수의 학설의 입장을 반영한 것이고, 또한 사실적인 측면으로 우리나라는 동일한 소송법규에 의해 재판이 진행되는 점, 동일한 임용요건과 근무지를 대상으로 하는 법관에 의해 재판이 진행된다는 점, 당사자의 심급의 이익(3심제의 보장)과 대법원이라는 점에서 비롯되는 당사자의 절차권의 보장이 충분하지 않다는 점을 고려한 것으로 타당한 해석이다.

② 하급심에 대한 구속력

한편, 판례는 이송결정의 구속력이 상급심에는 미치지 않지만 하급심에는 미친다는 해석을 한다(앞의 94마1059,1060 판례). 판례와 달리 하급심에도 상급심과 마찬가지로 구속력이 없다고 해야 한다는 해석도 생각할 수 있다. 그러나 설사 상급심이 잘못하여 하급심으로 이송결정을 하더라도(이러한 사태가 실제로 발생할 가능성은 희박하겠지만) 심급제도가 존재하는 이상 심급제도에 의해 상급심의 판단에 하급심이 따를 수밖에 없어 구속력이 미치게 될 것이다.

5. 이송 전의 소송행위의 효력

(1) 재량이송의 경우

이송 전의 소송행위의 효력은 이송 후에도 그대로 효력을 유지하는지 문제된다(물론 시효중단이나 기간준수의 효력은 그대로 유지된다). 먼저 재량이송이라면 이송 전후의 법원이 모두 그 사건을 다룰 수 있었으므로 효력을 유지한다. 임의관할위반이라면 재량이송과 동일하게 해석할 수 있다(물론 관할위반을 주장하지 않는다면 변론관할이 발생하므로 애당초 이송에 따른 문제는 발생하지 않는다).

(2) 전속관할위반의 경우

한편, 전속관할위반에 의한 이송이라면 이송 전후의 법원에 일체성이 인정되고, 이송결정을 한 법원도 긴급처분을 할 수 있으므로(37), 효력이 유지된다고 해석하는 것이 통설이다. 그러나 이러한 근거는 원래 관할권이 없는 법원이 한 심리에 이송을 받은 법원이 구속되어야 한다는 이유로서 타당하지 않다. 전속관할은 공익적인 요건이고 당사자의 합의로도 변경할 수 없으며, 나아가 이러한 사유는 상소심에서의 판결취소사유가 되는 이상, 관할권을 가질 수 없는 법원이 한 행위로서 실효된다고 풀이해야 할 것이다.

제2장　　소의 제기

제2장에서는 소송의 개시를 말하는 소의 제기를 비롯하여
소의 의의와 종류, 소의 대상인 청구(소송물), 소장의 작성,
소장에 대한 법원의 처리 그리고 소제기에 의해
발생하는 실체법과 소송법의 효과를 다룬다.

제2장 소의 제기

I. 소의 의의

1. 서

소는 원고가 법원에게, 피고에 대해 갖고 있는 권리(소송상의 청구)를 주장하며 그에 대한 심판(심리와 판결)을 요구하는 것(소송행위)이다. 소가 갖고 있는 이러한 내용을 나누어 설명하면 다음과 같다.

법원에 대한 심판의 요구 소는 법원에 대한 심판의 요구이다. 따라서 원고의 피고에 대한 권리주장을 가리키는 소송상 청구와 구별해야 한다(27 I, 253 등 참조). 소송상의 청구는 심판의 대상을 가리키는 소송물이라고도 불린다.

명확한 권리의 주장인 소 법원은 원고가 제기한 소에 대해서만 판결을 할 수 있으므로(처분권주의), 원고는 무엇을 법원에 요구하는지 명확히 해야 한다. 즉, 상대방이 누구이고, 심판의 대상인 청구가 무엇이며, 나아가 청구에 대해 어떠한 내용의 판결을 요구하는지 명확히 해야 한다.

피고에 대한 청구 소에서 심판의 대상이 되는 것은 피고에 대한 청구이므로, 소는 다른 한편으로 피고에게 방어의 대상을 알려주는 것이다.

원고가 소를 통해 얻으려는 것은 청구의 당부('본안'이라고
한다)에 대한 판단이다. 소에 대해 법원은 그 당부를 판단하
여 본안판결로서 청구인용(인정) 또는 청구기각(불인정)의 판
결을 하게 된다. 그러나 법원이 본안판결을 하기 위해서는 소 자체가 일정한 요
건을 갖추어야 한다. 이 요건을 소송요건이라 하고, 이를 갖추지 못하면 본안판
결이 아닌 소각하라는 소송판결이 내려진다.

2. 소송물론

(1) 의 의

소는 위에서 보았듯이 소송상의 청구를 가리킨다. 이때 '청구'란 구체적으
로 무엇을 말하는지, 민법에서 말하는 '청구'와는 어떻게 다른지, 민사소송법학
에서는 지금까지 소송물론이라는 형태로 매우 과도하게 논의되어 왔다.

소송물론은 원고의 피고에 대한 청구 개수(個數) 또는 이동(異
同)을 정하는 기준(소송물)은 어떻게 결정되는지에 관한 논쟁
이다. 소송물론은 소송물이라는 민사소송법의 기본개념에
관한 논의로서 19세기 후반에 독일에서 등장하여, 1930년경
에는 독일에서 1950년경에는 일본에서 큰 논쟁을 불러일으켰다. 소송물은 원래,
소송법 전체를 체계적으로 구성할 중대한 역할을 갖고 있었고(이러한 이유로 소송
물을 '체계개념'이라고 부른다), 그것이 어떻게 정해지는지 소송물론이라는 형태로
논쟁이 과열되었던 것이다.

(2) 일반적인 예

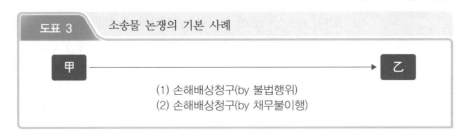

도표 3   소송물 논쟁의 기본 사례

甲 → 乙

(1) 손해배상청구(by 불법행위)
(2) 손해배상청구(by 채무불이행)

소송물에 관한 논쟁 초기에 자주 등장하는 예는 전차사고의 사례이다. <도표 3>에서 보듯이 甲이 乙 회사의 전차에 탑승했으나 주행 중에 운전자의 과실로 인한 사고로 중상을 입고(甲은 전부 1천만 원의 손해를 입은 것으로 한다), 乙을 피고로 손해배상청구소송(다음[3(2)]에서 보는 이행소송)을 제기한 사례를 생각해 보자.

> **청구권의 경합**
>
> 甲에게는 실체법상 불법행위에 기한 손해배상청구권(민750, 756)과 채무불이행에 기한 손해배상청구권(민390, 상148)이 인정된다. 실체법에서는 어느 쪽으로도 손해배상청구권을 주장할 수 있지만 실제로 배상을 받을 수 있는 금액은 1천만 원이라는 것이 판례·통설의 해석이다('청구권경합설'이라고 한다). 甲이 실체법상 인정되는 청구권의 합인 2천만 원의 배상을 받을 수 있다면 아무런 문제가 없지만, 청구권경합으로 1천만 원 한도의 배상을 받을 수 있다는 점에서 소송법에서는 甲의 소송상 청구의 개수·이동을 어떻게 구별해야 하는지 문제된다.

(3) 4개의 시금석을 통한 학설의 주장

소송물론에 관한 견해는 제각각의 기준을 제시하고, 그와 같이 정해진 기준에 의해 특히 소송의 개별적 부분, 즉 중복제소의 금지(259), 소의 병합(253), 소의 변경(262) 및 기판력의 객관적 범위(216)라는 4가지 부분에서 통일적으로 소송물을 정하려고 한다. 이를 보통 소송물론에서의 4개의 시금석(試金石)이라고 한다.

① 실체법설

> **소송물의 기준**
>
> 청구의 개수, 이동을 실체법에서 인정하는 청구권을 기준으로 판단하는 것이 (구)실체법설(구소송물론, 이하 구설)이다(판례도 같다). 즉, 실체법이 인정하는 권리(청구권)마다 하나의 소송물이 된다는 입장이다. 앞서 본 기본 사례에서 甲에게 인정되는 실체법에 의한 청구권마다 복수의 서로 다른 소송물이 성립된다는 것을 말한다.

> **적용의 결과**
>
> 따라서 구설은 4개의 시금석에 대한 해답으로, 위 사례에서 甲이 ㉠ 양 청구권을 서로 다른 소송으로 제기해도 중복제소가 되지 않고, ㉡ 하나의 소에서 양 청구권을 모두 주장

하면 소의 병합이 되고, ⓒ 하나의 청구권만을 주장하는 소에서 다른 하나를 추가적 또는 교환적으로 주장하면 소의 변경이 되며, ⓔ 하나의 청구권을 주장한 소에서 패소하고 그 판결이 확정되어도 다른 청구권을 전소 확정판결의 기판력에 관계없이 후소에서 다시 주장할 수 있다고 해석한다.

② 소송법설

소송물의 기준

소송법설(신소송물론, 이하 신설)은 구설과는 달리 청구의 개수, 이동의 기준을 실체법이 아닌 소송법에서 찾는 견해이다. 즉, 소장에서 원고가 주장하는 청구취지(신청)나 청구원인(사실관계)을 기준으로 소송물을 정한다(특히 청구취지만을 기준으로 하는 견해를 일지설[一肢說], 청구취지만이 아니라 청구원인도 기준으로 하는 견해를 이지설[二肢說]이라 부른다).

적용의 결과

신설에 의하면, 위의 사례에서 甲은 한 번의 급부를 받을 수 있다는 수급권 또는 법적 지위를 가지므로 소송물은 1개이고, 실체법상 인정되는 2개의 청구권은 이를 뒷받침하는 법적 관점(공격방어방법)에 불과하다고 해석한다. 따라서 소송물은 1개가 되고, 상기한 4개의 시금석에서 구설과는 정반대의 결론에 이르게 된다. 즉, ㄱ 양 청구권을 서로 다른 소송으로 제기하면 중복제소가 되고, ㄴ 하나의 소에서 양 청구권을 모두 주장하여도 소의 병합이 되지 않고, ㄷ 하나의 청구권만을 주장하는 소에서 다른 하나를 추가적 또는 교환적으로 주장하여도 소의 변경이 되지 않으며, ㄹ 하나의 청구권을 주장한 소에서 패소하고 그 판결이 확정된 후 다른 청구권을 후소에서 주장하는 것은 전소의 확정판결의 기판력에 저촉된다.

③ 신실체법설

소송물의 기준

한편, 시기적으로 제일 늦게 등장한 신실체법설은 기본적으로 구설을 바탕으로 구설의 문제점을 보완하는 입장에서, 소송물의 기준을 실체법에 의해 통합된 또는 통일된 청구권에서 찾는다(이러한 이유에서 '신실체법설'이라고 부른다). 실체법상 경합되는 청구권을 하나로 통합 또는 통일한다는 견해이고, 등장 초기에는 소송법학자에게 많은 주목을 받았다. 신실체법설에 의해 청구권의 경합 자체가 해소되면 원칙적으로 소송법상 '소송물론'이 갖는 의미는 상당 부분 상실되기 때문이다.

적용의 결과 신실체법설에 의하면, 위의 사례에서 甲이 갖는 실체법상의 청구권은 하나로 통일되므로, 4개의 시금석에서도 결국 신설에서와 같은 결론이 된다. 그러나 신실체법설은 실체법에 의한 청구권의 통합 또는 통일은 매우 어렵다는 문제에 봉착하였다. 이러한 문제가 해결되지 않자 신실체법설에 대한 소송법학자의 관심은 거의 없어지게 되었다. 이하에서는 신설과 구설을 대비하며 소송물론의 대립이 갖는 의미를 검토하여 보도록 하겠다.

위 각설을 알기 쉽게 비교하면 다음의 <도표 4>와 같다.

〈도표 4〉 소송물론에 관한 견해의 비교

	실체법	소송법 = 소송물	4개의 시금석			
			소의 병합	소의 변경	중복 제소	기판력과 재소
구실체법설	2개 법규에 의한 2개 청구권	2개의 소송물	가능	가능	아님	가능
소송법설	2개 법규에 의한 2개 청구권 → 2개 법적 관점 → 1개의 수급권	1개의 소송물	아님	아님	해당	불가능
신실체법설	2개 법규의 규범통합 → 1개 청구권	1개의 소송물	아님	아님	해당	불가능

(4) 구설과 신설의 차이

① 구설에 대한 신설의 비판

구설은 판례의 입장이다. 신설은 구설의 모순점을 신랄하게 비판한다. 신설은, 앞의 전차사고의 예에서 보듯이 하나의 사실(사건)에서 발생하고 하나의 급부(청구권의 만족)를 요구하며 하나의 당사자에게 청구하는 것임에도, 구설에 따라 실체법에 의해 2개의 청구권이 인정된다고 해서 2개의 소가 제기·계속된다거나, 일부판결의 가능성이 있는 소의 병합 또는 변경을 인정하는 것이 되어 타당하지 않다고 비판한다. 이와 같이 구설의 문제점은 4개의 시금석 중 기판력의 객관적 범위를 제외한 부분에서 명백하게 나타나고, 이론상으로는 신설이 타당하다고 말할 수 있다. 그러나 구설(판례)의 입장을 신랄하게 비판하고 있는 신설이 전적으로 옳다면, 구설은 치명적인 결함을 가지고 있는 것이 되어 이미 그 이론 자체에 파탄이 발생되었어야 함에도 사실상 그렇지 않은 것이 현실이다.

② 구설의 대응

이것은 구설에 실제상 그리 큰 문제가 없다는 결론을 암시한다. 구설은 기본적으로 선택적 병합이라는 소송법적 기법을 사용하여 신설이 제기한 문제점에 대처하기 때문이다. 구설은 선택적 병합이라는 기법을 이용하여 청구권이 경합된 경우에 다음과 같이 처리한다.

선택적 병합 | 앞의 기본 사례에서 甲은 2개의 청구권에 기한 소송을 선택적으로 병합한 것으로 보고, 법원은 하나의 청구권만을 임의로 선택하여 청구인용판결을 하면 된다. 이때 승소한 甲이 심리·판단되지 않은 나머지 청구권으로 후소를 제기하는 것은 청구권이 이미 만족되어 소의 이익이 없다는 이유로 인정되지 않는다(소가 각하된다). 반대로 법원이 청구기각판결을 하려면 2개의 청구권 모두에 대해 심리·판단해야 한다.

이러한 선택적 병합에 대해, 신설은 조건에 의해 결과가 좌우된다든지, 당사자가 명백한 의사로 선택적 병합을 부정하는 경우에도 인정할 수 있는지 등의 문제가 있다고 비판한다. 그러나 선택적 병합에 이론상 문제가 없지 않다고 하여도, 그것을 인정함으로써 당사자나 법원에게 특별한 불이익을 주는 것이 아니므로, 실질적으로 선택적 병합 자체에는 큰 문제점이 없다고 해석해야 할 것이다.

(5) 소송물론의 통일성과 상대성

① 통일성이란

위와 같은 소송물론에서 주장되는 견해는 대략 체계성을 강조하는 소송물론의 통일성에 입각하고 있다. 이러한 통일적 소송물론은 소의 제기에서 소의 종료까지 적용되는 소송물은 모두 동일해야 한다고 주장한다. 그러나 소송은 절차의 연속으로 각각의 단계에서 여러 가지 사정이 변화함에도, 소송개시 때의 소송물을 소송종료 때까지 일관되게 고수해야 한다는 통일성론은 타당하지 않다. 오히려 소송물도 소송의 진행에 따라 변할 수 있어야 한다는 상대적 소송물론을 받아들일 필요가 있다.

② 소송물론의 상대성

상대적 소송물론은 어떤 방법으로 소송을 실효적으로 처리할 수 하는지, 당사자가 어떻게 공격방어방법을 제출했는지, 어떻게 소송수행을 했는지 등, 개별 사안에 따라 각 제도(예를 들면 4개의 시금석)의 존재이유에 입각하여 상대적으로 소송물을 판단해야 한다는 이론이다. 통일론에 비하면 소송물이 절대적인 것이 되지 않고 소송물이 갖는 의미는 상대적으로 작아진다.

소송물론의 필요성 그렇다고 상대적 소송물론에 의하면 소송물론 자체의 필요성이 현저히 상실된다는 것은 아니다. 소장의 작성이라든지, 관할의 문제라든지, 소가 계속된 후 법원과 당사자는 어떻게 소송을 진행해 나가야 하는지, 그 전제가 되는 소송물이 무엇인지 특정할 필요가 있다. 더 나아가 상대적 소송물에 의할 때 신설과 구설을 비교하여 보면, 이론적인 정합성에 비추어 신설이 타당하다. 앞서 보았듯이 구설의 문제점은 선택적 병합을 통해 은폐되는 것에 불과하기 때문이다.

③ 형성소송·확인소송의 경우

형성소송과 소송물 위에서 본 것은 주로 이행소송을 대상으로 한 소송물론이다. 형성소송도 이행소송과 동일하게 이해할 필요가 있다.

예를 들어 이혼소송의 소송물이 무엇인지에 대해, 민법840조가 규정하는 각각(6개)의 이혼사유마다 소송물이 된다는 해석도 가능하다. 그러나 같은 조문이 규정하는 이혼사유를 그 6호로 보고 같은 1호 내지 5호는 6호의 예시적인 사유로 해석함으로써(상대적 이혼주의라고 부른다), 이혼소송의 소송물은 그 6호 사유 하나라고 해석하는 신설이 타당하다. 그 밖에 채권자취소소송에서 채권자가 보전하고자 하는 채권(피보전채권)을 달리하며 동일한 법률행위의 취소 및 원상회복을 구하는 채권자취소소송을 제기해도 그 소송물은 동일하다(대판 2012.7.5, 2010다80503). 즉, 채권자취소소송의 소송물은 사해행위취소권 그 자체이고 개개의 피보전채권마다 발생하는 것이 아니라 채권자 1명에 대해 1개의 사해행위취소권이 인정되는 것이다.

확인소송과
소송물

확인소송에서는 확인을 구하는 권리의무 또는 법률관계 그 자체가 소송물이 된다. 즉, 판례와 통설은 원고가 요구한 확인청구 자체가 소송물이 된다는 점에서 별도로 확인소송에서의 소송물을 특별히 논할 필요는 없다고 해석한다. 논자에 따라서는 신설에서의 이지설을 확인소송에도 적용하여, 소송물을 세분화하려는 입장이 있지만 찬성하기 어렵다. 이는 위에서 본 중복제소금지를 통해 쉽게 이해할 수 있다.

소유권확인
소송의 경우

예를 들면 甲은 乙을 피고로 하여 부동산의 소유권확인소송을 제기하였다. 이때 이지설에 의해 이 소송의 소송물이 매매, 상속, 취득시효에 기한 소유권확인청구권으로서 3개가 성립된다면, 甲은 乙에 대해 3개의 소송을 중복해서 제기할 수 있고, 각각의 판결에서 서로 다른 결론이 나올 수 있다는 문제가 있다. 또한, 변론종결시를 기준으로 하여 소유권자는 1인이어야 한다는 실체법이 규정하는 1물1권주의의 원칙에 어긋난다. 따라서 소유권확인소송에서의 소송물은 1개의 소유권확인청구권이고, 이것이 바로 판례와 통설의 입장이다.

3. 소의 종류

(1) 분류방법

소는 여러 형태로 분류할 수 있다. 첫째, 제소형태에 따라 1인의 원고가 1인의 피고에게 하나의 청구를 주장하는 소는 단일의 소, 당사자가 복수(주관적 병합)이거나 복수의 청구(객관적 병합)를 주장하는 소는 병합의 소로 나뉜다. 둘째, 제소시를 기준으로 새롭게 소송절차를 개시시키는 소는 독립의 소, 이미 개시된 소송절차에서 병합하여 심리할 것을 요구하는 소는 계쟁중의 소(소의 변경, 중간확인의 소, 반소, 당사자참가 등)로 분류된다. 셋째, 소의 가장 중요한 분류로서, 원고가 요구하는 권리보호(판결의 내용)의 형식에 따라 이행의 소, 확인의 소 그리고 형성의 소라는 3가지 유형으로 나뉜다.

(2) 이행의 소

이행의 소는 원고의 청구가 이행청구권(급부청구권)이고 피고에게 그 의무를 이행할 것을 요구하는 소를 말한다. 가장 오래된 유형의 소이고, 현재 법원에서 다루는 대부분의 소가 이행소송이다. 이행청구권에는 금전청구와 비금전청구가 있고 그것이 채권에 의하든 물권에 의하든(물권적 청구권) 관계없다. 이행의 소는 다시 변론종결시를 기준으로 이행기가 이미 도달한 경우라면 현재이행의 소로, 아직 도래하지 않은 경우라면 장래이행의 소로 구분된다.

이행의 소를 인용하는 청구인용판결은 피고에게 원고에 대한 이행을 명하는 이행판결이 된다. 이행판결이 내려지고 그것이 확정되었음에도 피고가 임의로 이행을 하지 않으면, 원고는 이행판결에 의해 강제집행을 신청할 수 있다. 이러한 효력(집행력)을 얻으려는 점에 이행의 소의 주목적이 있다. 또한 이행판결이 확정되면 집행력 이외에 이행청구권의 존재가 기판력에 의해 확정된다. 반대로 이행소송에서의 청구기각판결은 기판력으로 이행청구권의 부존재를 확정시킨다(이행판결이 아닌 다음에서 보는 확인판결이 된다).

(3) 확인의 소

확인의 소는 원고의 청구가 특정의 권리 또는 법률관계(이하 '법률관계'라 한다)의 존부(존재 또는 부존재)에 관한 주장이고, 이러한 법률관계의 확인을 구하며 제기하는 소를 말한다. 확인의 소는 권리의식의 고양에 따라 19세기 후반에 이행소송에서 분리되어 독립한 소의 유형으로 등장하였다. 확인의 대상이 되는 법률관계로는 주로 물권, 고용 등의 계속적 법률관계 또는 친자관계 등의 가사관계가 있다. 사실에 관한 확인의 소는 예외적으로 인정된다(250). 자신에게 권리가 존재한다는 확인을 구하는 경우를 적극적 확인의 소, 상대방에게 권리가 존재하지 않는다는 확인을 구하는 경우를 소극적 확인의 소라 한다.

확인의 소에서는 확인판결인 청구인용판결 또는 청구기각 판결에 의해 법률관계의 존부가 기판력으로 확정된다. 확인의 소는 법률관계 존부의 관념적 확정에 의해 분쟁을 해결한다는 점에서, 사후의 파생적 분쟁의 발생을 예방하는 기능을 갖고 있다(후술 [제4장Ⅱ5]하는 '확인의 소의 이익'에서 상술).

(4) 형성의 소

① 서

형성의 소는 원고의 청구가 일정한 요건(형성권·형성원인·형성요건)**에 의한 특정 법률관계의 변동**(발생·변경·소멸)**을 주장하는 것이고, 이를 선언하는 판결을 구하는 소송을** 말한다. 형성소송에 의해 법률관계를 변동시키는 효력을 창설효(창설적 효력)라고도 한다. 형성의 소에 해당되는 것은 가사소송이나 회사소송의 경우가 대부분이고, 재산관계 소송에서는 찾기 힘들다. 형성의 소는 이에 해당되는 소(예를 들어 이혼소송)가 개별적으로 인정되다가 20세기 초반에 독립된 소의 유형(이혼소송은 형성소송이라는 것)으로 인정되기에 이르렀다.

당사자의 임의에 의한 법률관계의 형성이나 당사자의 형성권 행사에서 보는 바와 같이, 형성권은 이를 주장하는 일방적 의사표시에 의해 법률관계가 형성된다. 그럼에도 굳이 형성소송을 제기하여 법률관계를 형성해야 하는 이유는, 가사소송이나 회사소송에서 보듯이 다수인 간의 권리관계의 획일화와 법률관계의 안정이 필요하기 때문이다. 즉, 법은 법률관계의 변동에 대해 일정한 요건(형성원인 또는 형성요건)을 규정하여 그것이 인정될 때 법원의 판결에 의해 법률관계의 변동을 선언하도록 하고 있다. 따라서 원칙적으로 법에 규정이 있는 경우에 형성소송이 인정된다(대판 2000.5.26, 2000다2375 참조). 또한 법규에 규정된 소가 비록 확인의 소라는 표현이 있어도, 위에서 본 형성의 소의 특징으로서 법률관계의 획일적 변동의 요청이 강하다면 형성의 소로 인정해야 한다.

형성의 소에서의 청구인용판결은 형성원인(또는 요건)의 존재를 기판력으로 확정시키는 형성판결이다(대판 1981.3.24, 80다1888,1889). 또한 형성판결의 확정을 통해 법률관계를 변동시키는 형성력이 발생한다. 따라서 당사자는 형성판결이 확정될 때까지 법률관계의 변동을 전제로 한 주장을 할 수 없다. 예를 들어 이혼소송을 제기해도 이혼판결이 확정되기까지는 이혼을 전제로 한 주장을 할 수 없다는 이치를 말한다. 반대로 청구기각판결은 형성원인의 부존재를 기판력으로 확정시키는 확인판결이다.

한편, 형성판결이 갖는 형성력은 소급효를 갖는지 문제된다. 이혼판결을 보면 잘 알 수 있듯이 소급효를 인정하면 법적 안정성을 해치게 된다. 따라서 소급효를 인정해야만 하는 특별한 경우로서 법에 규정이 있거나(민860의 인지판결 등), 해석에 의해 법률관계의 성질상 소급효를 인정해야 하는 경우(친생자부인판결 등)가 아니면 소급효가 발생하지 않는 것이 원칙이다.

② 종 류

형성소송에는 실체법상의 형성의 소, 소송법상의 형성의 소 그리고 형식적 형성소송이라는 3가지가 있다. 형식적 형성소송은 다른 2가지와 그 취지를 달리하므로 항을 바꾸어 설명하기로 한다.

실체법이 인정하는 형성소송으로는, 특별소송으로 가사관계(이혼[민840], 혼인취소[민815, 816], 파양[민905], 인지[민860] 등)소송이나 회사관계(설립무효·취소[상184], 합병무효[상236], 주주총회결의의 취소[상376] 등)소송, 그 밖에 행정처분의 취소소송(항고소송)이 있다. 즉, 실체법이 정하는 법률관계의 변동을 목적으로 하는 소를 말하고, 재산관계에 관한 통상의 민사소송에서는 거의 찾을 수 없다.

소송법에서 정하는 권리관계의 변동을 목적으로 하는 형성의 소에는 일반적으로 다음과 같은 것이 있다. 정기금판결변경의 소(252), 재심의 소(451), 중재판정취소의 소(중재법36조), 그 밖에 청구이의의 소(민집44. 대판 1971.12.28, 71다1008), 제3자이의의 소(민집48) 등이 소송법상의 형성의 소로 분류된다.

(5) 형식적 형성소송

① 의 의

형성소송의 대상이 되는 법률관계는 그 구체적 기준(형성요건)이 법률에 규정되어 있다. 그러나 법률관계의 형성을 위해 소의 제기와 그에 따른 판결이 필요함에도 법률에 형성요건에 관한 규정이 없다면(소송물인 형성원인 또는 형성권의 부존재), 법원은 형성요건의 존부를 재량적으로 판단하여 형성판결을 내릴 수밖에 없다. 즉, 소의 제기는 있지만 소송상의 청구 또는 소송물을 관념할 수 없는 경우이다. **형식적 형성소송이란, 형식은 (형성)소송이지만 실질은 권리관계의 형성이 법원의 재량에 맡겨져 있는 비송을 말한다.** 원래 정책적으로 형성해야 하는 법률관계가 중요하기 때문에 형식은 비송절차가 아닌 형성소송이라는 소송절차가 된 것이다.

② 형식적 형성소송에 해당하는 예

형식적 형성소송에는 보통 경계확정소송, 공유물분할소송(민269), 부(父)를 정하는 소송(민845), 그 밖에 법정지상권이 성립된 경우에 그 지료를 결정하는 소송(민366 단서. 대판 2001.3.13, 99다17142)이 있다. 다만, 경계확정소송은 형식적 형성소송이 아니라는 견해도 있다. 즉, 소유권의 범위를 정하려는 사인 간의 다툼으로 소유권확인의 소라는, 또는 소유권의 범위확인을 포함하는 특수한 형태의 소라는 견해를 말한다. 그러나 공법상의 토지 경계는 소유권의 범위와는 별개의 기준에 따라야 하는 법률관계이고 소유권과는 별개로 확정할 필요가 있는 이상, 형식적 형성소송이라고 해석하는 것이 타당하다. 여기서는 형식적 형성소송의 대표격인 경계확정소송을 중심으로 형식적 형성소송의 특징을 설명하기로 하겠다.

③ 형식적 형성소송의 특징 - 경계확정소송의 경우

제소가능성

경계확정소송은 인접한 토지의 경계가 사실상 불분명하여 다툼이 있는 경우에 재판에 의해 그 경계를 확정하여 줄 것을 요구하는 소이다(대판 1993.11.23, 93다41792,41808. Case Note[3-1] 참조). 토지소유권 범위의 확인을 목적으로 하는 소유권확인소송과는 달리, 인접하는 토지의 경계가 불분명하여 그 소유자들 사이에 다툼이 있을 때 인정된다. 따라서 사적자치의 영역에 속하는 건물소유권 범위의 확정은 소유권확인소송에 의해야 하고, 공법상 경계를 확정하는 경계확정소송의 대상이 아니다(대판 1997.7.8, 96다36517).

소송의 목적

경계확정소송에서 법원은 판결로서 1필의 토지와 1필의 토지의 경계(지번의 경계)를 구체적으로 정한다. 그 결과 토지의 경계가 확정되고 이로써 소유권의 범위도 사실상 확정되지만, 앞서 보았듯이 소유권 범위의 확인은 목적이 아니다. 따라서 직접적으로 토지경계의 확정과 관련이 없는 취득시효 항변의 성부는 문제되지 않는다(대판 1993.10.8, 92다44503). 또한 경계확정소송의 당사자적격(후술[제4장 Ⅲ]하는 당사자가 될 수 있는 자격)은 취득시효 성부와는 분리하여 결정할 수 있다. 즉, 인접하는 토지의 소유관계가 인정되는 한 당사자가 될 수 있다.

토지소유권과의 관계

물론 원고가 경계확정에 따른 소유권의 확인을 구하는 청구를 병합하면 그 확인도 동시에 다루어지고, 승소판결을 받으면 소유권의 범위에 대해 기판력이 발생한다. 예를 들어 원고가 소유권에 기하여 인접지 사이의 경계를 확정하여 달라고 하고 동시에 그 경계선 내의 토지소유권 범위도 확정하여 달라는 소를 제기하면 그 확정판결의 기판력은 소유권의 범위에까지 미치고, 피고도 반소를 통해 소유권의 확인을 청구할 수 있다(대판 1970.6.30, 70다579).

④ 소송절차상의 특징

처분권주의·
변론주의의 예외

원고는 청구의 취지로서 단순히 인접 토지의 경계를 확정하여 달라는 판결을 구하면 된다. 특정 경계선을 제시할 필요도 없다. 당사자 쌍방이 제각기 특정 경계선을 주장해도 법원은 거기에 구속되지 않는다(처분권주의의 예외. 대판 1996.4.23, 95다54761). 앞서 보았듯이 소송물인 권리관계가 존재하지 않기 때문에 처분권주의와 변론주의도 적용되지 않는 것이다. 토지의 경계는 공법적 성격을 갖고 당사자의 합의에 의해 변동하는 것이 아니므로, 그러한 합의만으로 경계를 확정할 수 없다. 따라서 당사자의 자백, 소송상의 화해, 청구의 포기·인낙도 불가능하다.

법률관계를 기초 짓는 요건사실이 존재하지 않고 그 진의불명도 있을 수 없기 때문에 법원은 토지경계선이 불분명하다고 하여 청구기각판결을 내릴 수 없다. 법원은 구체적인 사안에 따라 상식적으로 보아 가장 타당한 경계선을 합리적으로 판단하여 경계를 확정해야 한다. 일반적으로는 지적공부에 등록된 각 필지와 관련된 그 토지의 소재, 지번, 지목, 지적, 경계는 지적공부등록으로 특정되므로, 기술적 착오로 잘못 작성되었다는 등의 특별한 사정이 없는 한 지적도가 정하는 경계에 의한다(대판 1969.5.27, 69다140).

일정한 경계를 확정하는 제1심판결에 대해 항소가 제기되면, 항소심에서는 불이익변경금지의 원칙(415)이 적용되지 않는다. 따라서 독자적으로 제1심판결에서보다 항소인에게 불리한 새로운 경계를 확정할 수도 있다.

II. 소제기의 방식

1. 소장의 제출

(1) 제출방법

소의 제기는 소장을 법원에 제출함으로써 한다(248). 예외로 소액사건은 구술제소가 가능하고(소액사건심판법4조), 제소전 화해의 신청(388)이나 독촉절차의 신청(472)은 그 절차가 소송으로 이행하면 원래 신청한 때에 소가 제기된 것으로 취급된다. 소장은 소송서류의 하나로서 간결한 문장으로 분명하게 작성해야 하고(규칙4 I), 아래에서 보듯이 특별한 형식을 갖추어야 한다. 소장에는 원고나 대리인이 기명날인 또는 서명한다(다만, 기명만 있고 날인이 없어도 원고 본인의 제출이 인정되면 적법한 소장이다[대판 1974.12.10, 74다1633]). 또한 소장은 법원에 제출할 뿐만 아니라 피고에게 송달해야 하므로 피고의 수만큼 소장부본도 제출해야 하고, 소장에는 수수료로서 소송목적의 값에 상응한 인지를 첨부해야 한다.

소장을 제출할 때에는 원고 본인이나 그 대리인이 직접 할 필요는 없고, 사자에 의한 제출이나 우편에 의한 제출이 인정된다. 한편, 소장을 접수하는 법원직원은 소장의 보완에 관한 필요한 사항을 지적하고 보정을 권고할 수 있지만, 하자가 있더라도 정당한 이유 없이 접수를 거부할 수 없다(규칙5). 소장은 접수인이 날인됨으로써 정식으로 수리된다.

(2) 첨부서류

당사자가 소송능력이 없는 자(미성년자 등의 제한능력자)이면 법정대리인, 법인이면 대표자, 법인 아닌 사단이나 재단이면 그 대표자 또는 관리인의 자격을 증명하는 서면을 소장에 첨부해야 한다(규칙63 I). 실무의 기준인 민사사건관리방식에서는, 피고가 다투면 서면에 의한 쟁점정리절차에 들어가고 그 단계에서 증인신문을 제외한 모든 주장·증명이 완료되는 것을 원칙으로 하고 있는 관계로, 소장 접수 단계에서부터 원고는 청구원인을 명확히 하고 증명자료를 함께 제출해야 한다.

○ 전자소송

2010년에 제정된 '민사소송 등에서의 전자문서이용 등에 관한 법률'은 소송절차에서 전자문서를 제출할 수 있도록 한 특별법이다. 전자통신·인터넷 분야의 획기적 기술 발전으로 전자문서 이용이 증가함에 따라 당사자의 편의를 증진시키고 분쟁 해결의 효율성을 높이는 전자소송제도의 도입을 의미한다. 현재는 소장의 제출부터 판결정본의 수령까지 하나의 소송이 전자소송으로 이루어지고 있고, 그 편리성으로 인해 활용도가 급격히 상승하고 있다.

민사소송에서 당사자, 소송대리인 등은 대법원규칙으로 정하는 바에 따라 사용자등록을 할 수 있고, 사용자등록을 하면 법원에 제출할 서류를 원칙적으로 전자문서로 제출해야 한다(같은 법 제5조, 6조, 8조). 소장을 포함 제출된 전자문서는 전산정보처리시스템에 전자적으로 기록된 때에 접수된 것으로 보고, 법원은 전자문서가 접수되면 제출자에게 접수사실을 전자적으로 통지해야 한다(같은 법 제9조). 인지대 등도 동시에 인터넷으로 결제함으로써 납부하게 된다. 법관 또는 법원사무관등도 재판서·조서 등의 서류를 전자문서로 작성하거나 변환하여 전산정보처리시스템에 등재해야 하고, 법원사무관등은 전자문서가 아닌 형태로 제출된 서류를 전자문서로 변환하여 등재해야 하며, 이때 등재된 전자문서는 원래의 서류와 동일한 것으로 본다(같은 법 제10조). 그 밖에 전자적 송달 또는 통지(같은 법 제11조, 12조)와 증거조사(같은 법 제13조)에 관한 특례가 마련되어 있다.

2. 소장의 기재사항

(1) 필요적 기재사항

① 의 의

소장에 필요적으로 기재될 사항은 법정되어 있다(249). 이 필요적 기재사항에 누락이 있으면 보정되지 않는 한 소장은 각하된다(254). 필요적 기재사항은 소의 필수적 부분인 당사자로서의 원고, 피고 그리고 원고의 청구인 소송물을 특정하는 점에 그 목적이 있다. 또한 규칙62조에 의해 그 밖의 관련사항도 소장에 기재할 필요가 있다. 다만, 규칙이 요구하는 사항을 기재하지 않아도 법원은 법254조에 의해 소장을 각하할 수 없다. 소장을 각하할 수 있는 사유는 아니지만 당사자의 절차상 의무로서 강제되는 부분이다.

② 당사자 및 법정대리인의 표시

소장에는 당사자인 원고 및 피고를 특정하여 기재해야 한다. 보통 자연인이라면 성명과 주소로 특정되고 보다 정확을 기하기 위해 주민등록번호나 한자명도 기재한다. 법인이라면 법인등기의 법인명과 주소를 기재한다(외국법인이라면 외국어에 의한 명칭 전체를 한글로 표시한 뒤 해당 외국문자를 괄호 안에 병기한다). 소송담당자라는 특별한 자격을 근거로 당사자가 되는 경우에는, 판결의 효력이 미치는 범위를 명확히 하기 위해 그 자격(예를 들면 "파산자 A의 파산관재인 B"라는 형식으로)을 기재해야 한다(다만, 후술[제4장 III 3 (2)]하는 채권자대위소송 등 병존형 소송담당에서는 단순히 채권자가 원고임을 표시하고 소송담당관계를 당사자 표시란에 기재하지 않는 것이 실무이다). 당사자가 소송무능력자이면 법정대리인을, 법인이면 그 대표자를 각각 표시해야 한다. 실제로 소송을 수행하는 자를 명확히 하기 위한 조치이다.

소송대리인(변호사)은 다음에서 보는 임의적 기재사항이지만 소장에 기재하는 것이 관행이다. 또한 민사사건관리방식에 의하면, 소장의 당사자표시에는 주민등록번호, 주소뿐만 아니라 전화번호(특히, 집 전화번호 이외에도 일과 중 전화가 가능한 사무실 전화번호 또는 휴대폰 번호), 팩스번호, E-mail 주소를 필수적으로 기재해야 한다.

③ 청구취지

의의

청구취지는 원고가 청구를 특정하여 어떤 내용의 판결을 얻고 싶은지 간결하게 표시한 부분이다. 따라서 청구취지는 청구인용판결 주문에 대응하는 형태로 기재된다. 예를 들어 이행소송이라면, "피고는 원고에게 금000 원을 지급하라", 확인소송이라면, "별지목록 기재의 건물에 대해 원고가 소유권을 가짐을 확인한다", 그리고 형성소송이라면, "원고와 피고는 이혼하라"라고 기재한다. 확인소송에서는 청구취지 그 자체로 청구가 특정되지만, 이행소송이나 형성소송에서는 소송물론의 영향으로 반드시 청구취지만으로 특정되지 않는다.

구체적 기재방법

청구취지가 금전청구라면 그 구체적인 금액과 부대금액의 발생기간과 비율 등을 명시해야 하고(다만, 차용금인지 손해배상금인지, 부대금액이 이자인지 지연손해금인지 기재할 필요는 없다), 특정물인도청구라면 목적물을 명확히 표시해야 한다. 그렇지 않으면 피고의 방어방법, 사물관할이나 인지액, 강제집행의 대상이 명확해지지 않기 때문이다. 또한 청구취지에는 원칙적으로 기한을 붙일 수 없다. 그러나 장래이행의 소에서는 그 소의 이익이 인정되는 한 예외적으로 기한을 붙인 청구취지가 된다. 마찬가지로 청구의 특정을 해치지 않는 예비적 청구 또는 대상청구도 조건부 청구취지의 예이다. 만일 청구취지가 법률적으로 부당하거나 청구원인과 모순된 경우라면, 법원은 원고의 진정한 목적이 무엇인지 석명하여 청구취지를 바르게 기재하도록 해야 한다(대판 2001.11.13, 99두2017).

④ 청구원인

의의

청구원인은 권리의 내용, 권리의 발생원인 등 원고의 청구를 특정하기 위해 필요한 사실을 말한다. 청구원인을 기재할 때, 청구를 이유 있게 하는 모든 사실을 기재해야 한다는 입장(사실기재설 또는 이유기재설)이 있었지만, 지금은 청구를 특정할 수 있는 범위의 사실 기재로 충분하다는 입장(식별설)이 일반적이다. 두 입장의 차이는, 소유권확인소송에서 전자는 소유권의 취득원인사실도 기재해야 한다는 점, 후자는 청구원인의 기재가 필요하지 않다는 점에 있는 정도이다. 이러한 (식별설이 요구하는) 한도에서 청구원인은 청구의 특정을 위해 필요하므로, 소장의 필요적 기재사항으로서 재판장의 소장심사 대상으로 되어 있다. 물론 반드시 기재해야 되는 청구원인이 아닌 것도 있지만, 가능한 당사자의 절차상 의무로서 소장에 기재하는 것이 바람직하다.

구체적 기재방법 청구원인으로 기재되는 개개의 구체적 사실로서 소송물의 특정에 필요한 사실을 청구원인사실(또는 협의의 청구원인)이라고 부른다(249 I 의 청구원인). 청구원인사실을 어느 정도 기재하면 청구가 특정되는지 소송물론에 의해 차이가 발생한다. 구소송물론에 의하면 권리의 발생원인인 구체적 사실을 청구원인으로 기재할 필요가 있다. 반대로 신소송물론(신실체법설 포함)에 의하면 청구취지에 의해 법적 지위가 명확해지면 충분하므로 원칙적으로 청구원인의 기재는 불필요하다. 다만, 금전이나 대체물의 일정한 수량의 급부를 청구하는 이행소송이라면, 소송물론에 관계없이 청구원인사실에 의한 청구의 특정이 필요하다. 그러하지 않으면 동일한 당사자 사이에 동일한 내용의 청구가 이중으로 성립할 가능성이 있기 때문이다.

(2) 임의적 기재사항

필요적 기재사항 이외에도 규칙 등에서는 소장에 기재할 사항을 규정하고 있다. 소송의 조기단계에서 쟁점과 증거를 정리함으로써 변론의 충실을 기하기 위해 요구되는 것이다.

III. 소제기와 법원의 처리

1. 사무분배

소장을 접수한 법원(법원사무관)은 소장에 접수일 등을 기재하고 사건기록을 작성한 다음, 사무분배에 관한 규정에 따라 단독판사 또는 합의부에 사건을 배부한다.

2. 소장의 심사와 송달

(1) 소장의 심사

사건의 배부를 받은 재판장(단독판사 또는 합의부의 재판장[135])은 소장의 형식요건인 필요적 기재사항과 인지를 심사하고, 그 불비가 있으면 상당한 기간(실무상 5일 내지 7일)을 정하여 보정을 명한다(254 I. 재판장은 이 보정명령을 법원사무관등으로 하여금 하게 할 수 있다). 결과적으로 소장이 형식적 요건을 갖추거나 보정되면 소장이 송달된다. 소장심사는 소장의 형식적 요건만을 심사하는 것이 원칙이고 소송요건(대결 1973.3.20, 70마103)이나 청구의 당부는 그 대상이 아니다.

보정명령

한편, 보정명령에서 보정기간을 정하지 않으면 위법한 명령이 된다(대결 1980.6.12, 80마160). 보정기간은 불변기간이 아니므로 법173조는 적용되지 않고 후술[제5장 I 3(3)]하는 추후보완은 인정되지 않는다(대결 1978.9.5, 78마233). 만일 원고가 보정명령에 응하지 않아 소장이 보정되지 않으면 명령으로 소장을 각하한다(254 II). 이 명령은 원고에게만 송달하고 그 정본을 고지하는데, 원고는 이 소장각하에 대해 즉시항고를 할 수 있다(254 III). 소장의 적법 여부는 소장각하명령시가 기준이 되기 때문에, 즉시항고를 하고 예를 들어 보정 대상인 부족한 인지를 추가해도 흠은 보정되지 않는다(대결 1996.1.12, 95두61). 반대로 보정명령에 대해서는 독립하여 불복할 수 없다(대결 1967.11.30, 67마1096). 보정명령 이외에도 재판장은 필요에 따라 원고에게 청구하는 이유에 대응하는 증거방법을 기재하여 제출할 것 또는 소장에 인용한 서증의 등본 또는 사본을 첨부하지 않으면 그것을 제출할 것을 명할 수 있다(254Ⅳ).

보정권고 | 민사사건관리방식에서는 소장심사단계에서 보정을 하지 않더라도 소장각하명령을 할 수 없는 사항의 흠결(예를 들어 기본적 서증이 첨부되지 않은 경우)이라면, 재판장의 '보정명령'이 아니라 참여사무관(담당 법원사무관) 명의의 '보정권고' 형식으로 흠결사항에 대한 보정권고가 이루어진다.

○ 소송계속 후의 소장 흠결

소장심사를 거쳐 소장에 적힌 피고의 주소로 소장부본을 송달하려고 했지만, 불가능하면 상당한 기간(대결 1991.11.20. 91마620 참조)을 정하여 주소보정을 명하고, 보정되지 않으면 소송이 계속된 것이 아니므로 소를 각하하지 않고 명령으로 소장을 각하한다(254Ⅱ). 또한 소장심사 단계가 아닌 소송계속 후에 소장의 흠결이 발견되고 (보정명령은 시간적 제한이 없으므로 변론개시 후라도 가능하다[대판 1969.12.26. 67다1744,1745,1746]) 그러한 흠결이 보정되지 않으면, 이제는 소장각하가 아닌 법219조에 의해 판결로써 소를 각하해야 한다.

---

(2) 송 달

① 의 의

소장부본의 송달 | 소장심사를 거치면 법원은 소장의 부본을 피고에게 송달해야 한다(255Ⅰ). 송달은 송달실시기관에 의한 송달보고서가 작성된다는 점(193)에서 공증작용을 갖는다. 통상의 송부나 고지와 다른 점이다. 실제로 송달업무를 담당하는 참여사무관은 소장송달시 소장부본과 함께 소송절차안내서를 동봉하여 피고에게 송달하게 된다. 만일 소장부본이 피고에게 송달되지 않으면, 재판장 명의의 주소보정명령과 함께 주소보정안내 팸플릿을 동봉하여 원고에게 송달하게 된다(255Ⅱ. 또한 규칙46 참조). 소장부본과 동봉하는 소송절차안내서에는 30일의 제출기한을 정하여 피고에게 답변서를 제출하도록 요구하는 내용이 있는데, 피고의 답변서제출 여부, 피고의

답변 내용에 따라 이후의 절차 내용이 달라진다.

송달은 법원이 직권으로 한다(174[직권송달주의]. 수명법관 및 수탁판사와 송달하는 곳의 지방법원판사도 송달에 관한 재판장의 권한을 행사할 수 있다[197]). 송달은 법원의 직권에 의하지만, 실무상 실제로 송달업무를 하는 송달실시기관은 원칙적으로 우편집배원 또는 집행관이고(176), 법원사무관등은 예외적으로 스스로 송달할 수 있다(177). 즉, 우편집배원이 교부송달의 원칙에 따라 송달을 실시하고, 이러한 송달은 아래에서 보는 '우편에 의한 송달'과 구분된다. 한편, 송달의 대상은 소장부본만이 아니라 그 밖의 소송서류를 포함한다. 송달하는 소송서류는 보통 부본이지만(규칙48), 소환장은 원본(167), 판결은 정본이라고 부른다(210Ⅱ). 송달료는 당사자의 부담이고 당사자는 송달료를 예납해야 한다.

② 송달의 방법

먼저 송달방법을 알기 쉽게 정리하면 다음의 <도표 5>와 같다.

〈도표 5〉 송달방법의 비교

	송달 유형	송달방법
통상송달	교부송달	당사자에게 직접 전달
	보충송달	교부 장소에 송달 받을 사람이 없으면 상당한 자에게 교부
	유치송달	송달 수령 거부시에 송달 장소에 서류를 유치
	우편에 의한 송달	위 방법이 불가능할 때 등기우편 송달(발송시 송달됨)
	근무장소 송달	송달받을 사람의 주소 등을 모를 때 근무장소로 송달
	송달함 송달	법원에 설치된 송달함으로의 투입에 의한 송달
특별송달	공시송달	송달장소를 알 수 없을 때 법원게시판에 게시

송달은 송달실시기관이 송달을 받을 자의 주소, 거소 또는 영업소(송달받을 사람의 영업 또는 사무가 일정 기간 지속하여 행해지는 중심적 장소로서, 한시적 기간에만 설치되거나 운영되는 곳이라도 그곳에서 이루어지는 영업이나 사무의 내용, 기간 등에 비추어 볼 때 어느 정도 반복해서 송달이 이루어질 것이라고 객관적으로 기대할 수 있는 곳이다[대판 2014.10.30,

2014다43076])에서 직접 교부하는 방법으로 한다는 교부송달이 원칙이다(178). 당사자·법정대리인 또는 소송대리인은 주소 등 이외의 장소(대한민국안의 장소로 한정)를 송달받을 장소로 정하고 또는 추가적으로 송달영수인을 정하여 법원에 신고할 수 있다(184). 신고한 송달장소를 변경할 때에는 바로 그 취지를 법원에 신고해야 하고, 그 신고를 하지 아니하면 송달할 서류는 달리 송달할 장소를 알 수 없는 경우 종전에 송달받던 장소에 규칙51조가 정하는 방법(등기우편)으로 할 수 있다(185). 신고한 송달장소로의 송달은 발송한 때에 송달된 것으로 본다(189). 그 밖에 송달장소 이외에서 송달받을 사람을 만났을 때 송달서류를 교부하여 행하는 송달을 '조우송달'이라고 한다.

보충송달 교부하여야 할 장소에 송달받을 자가 없을 때 상당한 자에게 송달서류를 교부하는 것을 보충송달이라고 한다(186 I). 송달장소에서만 가능한 송달이다.

유치송달 교부송달을 받을 자 또는 보충송달에서 수령인이 수령을 거부하면 송달장소에 서류를 유치하는 것을 유치송달이라고 한다(186 III).

우편에 의한 송달 보충송달도 유치송달도 모두 불가능한 경우에, 법원사무관 등이 소정의 장소 앞으로 등기우편을 이용하여 송달하는 것을 우편에 의한 송달이라고 한다(187). 제한적·보충적으로만 허용되는 송달방법이다. 우편에 의한 송달에서는 당해 우편이 실제로 상대방에게 도달했는지 여부를 묻지 않고 발송한 때에 송달된 것으로 본다(189. 발송송달이라고도 부른다).

특별한 송달방법 또한 신법에 의해 다음의 2가지 송달방법이 추가되었다. 첫째로, 송달받을 사람의 주소·거소·영업소 또는 사무소를 모르면, 근무장소(고용·위임 그 밖에 법률상 행위로 취업하고 있는 다른 사람의 주소 등)로도 송달할 수 있다(183 II). 만일 그러한 주소 등 또는 근무장소가 국내에 없거나 알 수 없는 때에는 그를 만나는 장소에서 송달할 수 있고(183 III), 주소 등 또는 근무장소가 있는 사람이라도 송달받기를 거부하지 않으면 만나는 장소에서 송달할 수 있다(183Ⅳ). 근무장소에서 송달받을 사람을 만나지 못한 때에는, 법183조2항의 다른 사람 또는 그 법정대리인이나 피용자 그 밖의 종업원으로서, 사리를 분별할 지능이 있는 사람이 서류의 수령을 거부하지 아니하면 그에게 서류를 교부할 수 있다(186Ⅱ. 근무장소에서의 보충송달). 다만, 근무장소에서 하는 송달은 보충적이고 부차적인 송달방법이고, 소장에 기재된 주소 등의 장소에 대한 송달을 하지 않은 채 바로 근무장소로 한 송달은 위법하다(대결 2004.7.21, 2004마535).

둘째로, 법원 구내에 송달함을 설치하여 미리 이용허가를 받은 변호사나 기업 등에 대한 송달은, 법원사무관 등이 송달서류를 송달함에 투입하는 방법으로 하고 투입 후 3일이 경과되면 송달의 효력이 발생한다(188). 그 밖에 변호사에 대한 송달은 휴대전화 문자전송으로도 가능하다(규칙46).

공시송달 송달장소가 불명이고 통상의 방법을 이용해도 그것을 알 수 없는 경우, 또는 외국에서 해야 할 송달에 관해 법191조의 촉탁송달 규정에 따를 수 없거나 이것을 해도 효력이 없을 것으로 인정되는 경우, 직권이나 당사자의 신청에 의해 마지막 수단으로 이용하는 것이 공시송달이다(194). 법원사무관등은 공시송달처분을 한다(194Ⅰ). 재판장은 소송의 지연을 피하기 위해 필요할 때에 공시송달을 명할 수 있고(194Ⅲ), 법원사무관등의 공시송달처분을 취소할 수 있다(194Ⅳ). 공시송달은 송달할 서류를 법원사무관이 보관하고 그 사유를 법원게시판에 게시하거나 그 밖에 규칙에 의한 방법으로 한다(195). 첫 공시송달의 효력이 발생하는 것은 게시 후 2주가 지난 날(같은 당사자에게 하는 그 뒤의 공시송달은 다음 날)이고(196Ⅰ. 외국에서 할 송달이라면 2월[196Ⅱ]), 이러한 기간은 신축할 수 없다(196Ⅲ).

③ 송달의 하자

송달의 상대방이나 방식에 오류가 있으면 송달은 무효이다. 다만, 정당한 상대방이 추인할 수 있고 방식오류의 하자도 이의권의 포기·상실에 의해 치유된다(하자가 없어진다). 원고가 피고의 주소 등을 알고 있었음에도 모른다고 하여 고의로 공시송달을 신청하고 이에 따라 절차가 진행되어 피고 패소의 판결이 확정되면, 피고는 재심의 소를 제기하여 구제받을 수 있다(451Ⅰ⑪).

(3) 답변서의 제출의무와 무변론판결

공시송달 이외의 방법으로 소장부본의 송달을 받은 피고는, 그 송달수령일로부터 30일 이내에 답변서를 제출해야 한다(256. 그 기재사항은 규칙65). 이 기간 내에 피고가 아무런 답변을 하지 않거나, 또는 피고가 원고의 주장사실을 모두 인정하는 취지의 답변서를 제출하고 따로 항변을 하지 않으면, 피고가 청구의 원인이 된 사실에 대해 자백한 것으로 보고 법원은 변론 없이 판결(원고승소[청구인용]판결)할 수 있다(257 I 본문, II). 이러한 무변론판결은 원고의 기일출석부담을 줄이고 소송을 신속히 진행시키기 위해 도입된 제도이다. 다만, 소 자체가 소송요건을 갖추지 않은 경우, 또는 피고가 판결을 선고할 때까지 원고의 청구를 다투는 답변서를 제출한 경우에는 무변론판결을 할 수 없다.

IV. 소제기의 효과

1. 개 설

소장부본이 피고에게 송달되면 법원, 원고 및 피고 사이에 소송법률관계가 발생한다. 이 상태를 소송계속이라 한다. 소송계속이 되면 소송법상의 효과로서 소송참가, 소송고지가 가능하고 관련재판적이 발생하며, 가장 중요한 효과로는 중복제소의 금지가 있다. 한편, 소제기에 대해 일정한 효과를 실체법 등이 부여하고 있는 경우가 있고, 이를 소제기에 따른 실체법상의 효과라고 한다. 실체법상의 효과는 반드시 소송계속을 전제로 하는 것이 아니고, 그러한 효과를 인정한 각각의 제도와 규정의 취지에 따라 판단한다.

2. 실체법상의 효과 - 시효중단

(1) 의 의

소제기에 의한 소송법상의 효과와는 별도로 민법 등의 법률이 인정하는 효력으로서 시효의 중단(민168, 민170), 기간(출소기간 또는 제척기간)의 준수(민204Ⅲ, 민205Ⅲ, 823, 상328 I 등), 선의점유자의 악의 간주(민197Ⅱ. 제도의 취지상 소장이 피고에게 송달된 때에 그 효과가 발생한다), 어음상의 상환청구권 시효의 진행(어음법 70조3항 등) 등이 있다. 이러한 효과 중 가장 중요한 것은 시효중단이다.

(2) 시효중단의 효과

① 서

소의 제기에 의해 시효가 중단되는 실체법상의 효과가 발생한다(265, 민168). 시효중단효가 발생하는 이유는 소제기가 권리의 재판상 청구에 해당되기 때문이다. 시효중단효는 제소시에 소급하여 발생하고(민170 I) 소각하나 소의 취하에 의해 소멸한다. 지급명령 신청이 각하된 후 6월 내에 다시 소를 제기한 경우, 민법170조2항이 적용되어 최초 지급명령을 신청한 때에 소멸시효가 중단된 것으로 본다(대판 2011.11.10, 2011다54686. 지급명령 사건이 채무자의 이의신청으로 소송으로 이행되는 경우에도 같다[대판 2015.2.12, 2014다228440]). 또한 채권자대위권 행사의 효과는 채무자에게 귀속되므로 채권자대위소송의 제기로 인한 소멸시효 중단의 효과 역시 채무자에게 미친다(대판 2011.10.13, 2010다80930).

시효중단은 기본적으로 소제기에 의해 소송물로서 주장된 권리관계에 미친다. 그러나 반드시 이에 국한되는 것은 아니다.

② 어음채권과 원인관계채권의 관계

원인관계채권에 의한 제소와 시효중단 판례는, 원인관계채권만을 이유로 소를 제기해도 아직 소가 제기되지 않은 어음채권의 소멸시효는 중단되지 않는다고 한다(대판 1967.4.25, 67다75 등). 그 이유는 두 개의 채권은 별개의 권리이고, 원인관계채권의 행사가 바로 어음채권의 행사로 볼 수 없기 때문이다. 마찬가지로 동일한 목적으로 복수의 채권을 갖고 있는 甲이 예를 들어 乙을 상대로 부당이득반환청구의 소를 제기해도, 甲의 乙에 대한 채무불이행으로 인한 손해배상청구권의 소멸시효는 중단되는지 않는다(대판 2011.2.10, 2010다81285). 손해배상청구권을 행사한 것으로 볼 수 없기 때문이다.

어음채권에 의한 제소와 시효중단 반대의 경우, 즉 어음채권만을 이유로 소를 제기하면 원인관계채권의 소멸시효도 같이 중단된다고 해석하는 것이 판례이다(대판 1999.6.11, 99다16378. Case Note[3-7] 참조). 판례는, 어음채권은 원인관계채권을 실현하기 위한 것이라는 점, 그리고 어음관계채권에 의한 제소시에 원인관계채권의 소멸시효를 중단시킬 실제상의 필요가 있다는 점을 이유로 한다. 어음이 따로 존재함에도 군이 원인관계채권을 주장하는 것은 별개의 채권으로서 사용 가능한 권리를 행사하지 않는 것이므로 어음채권의 시효중단을 도출할 필요는 없다. 반대로 어음채권이라면 그 권리의 실현이 어차피 원인채권의 실현에 있는 것이므로, 어음채권의 행사는 결국 원인관계채권에 기한 권리의 행사를 포함하는 것으로 풀이할 수 있다. 이러한 판례의 해석은 소송물에 국한하지 않고 폭넓게 시효중단효가 발생하는 점을 의미한다. 두 개의 권리의 성격에 의해 소송물이 아닌 권리에도 시효중단효가 미치는 것이다.

다만, 이미 어음채권의 소멸시효가 완성된 후에 시효로 소멸된 어음채권을 청구채권으로 하여 채무자의 재산을 압류하더라도, 이를 어음채권 내지는 원인채권을 실현하기 위한 적법한 권리행사로 볼 수 없고, 그 압류에 의해 그 원인채권의 소멸시효가 중단되는 것은 아니다(대판 2010.5.13, 2010다6345).

③ 선결적 또는 파생적 권리의 시효중단

당사자가 소송물로 주장하는 권리와 선결적 또는 파생적인 관계가 되는 권리에도 시효중단효가 미친다는 것이 판례(대판 1978.4.11, 77다2509[파면처분의 효력정지가처분신청 및 무효확인의 소의 제기에 따른 보수금청구채권의 시효중단을 인정한 예])와 통설이다. 따라서 소유권이전등기청구권이 발생한 기본적 법률관계에 해당하는 매매계약을 기초로 하여 건축주명의변경을 구하는 소는 해당 소유권이전등기청구권의 소멸시효도 중단시킨다(대판 2011.7.14, 2011다19737). 또한 동일한 이치로 소유권 시효취득의 중단사유로는 시효취득의 대상인 목적물의 인도 내지는 소유권존부확인이나 소유권에 관한 등기청구소송이 있고, 이에 더하여 소유권 침해를 이유로 하는 방해배제 및 손해배상 또는 부당이득반환 청구소송도 소유권 시효취득의 중단사유가 된다(대판 1979.7.10, 79다569).

④ 피고의 응소와 시효중단

피고가 소송에서 적극적으로 권리를 주장하고 그것이 받아들여지면 소제기와 마찬가지로 그러한 응소에도 시효중단효가 발생한다(대판(전) 1993.12.21, 92다47861). 왜냐하면 적극적으로 권리를 주장하는 응소 행위 자체는 원고로서 소를 제기한 것과 동일하다고 평가할 수 있으므로, 응소를 재판상의 청구에 준하는 것으로 해석할 수 있기 때문이다.

⑤ 일부청구의 경우

일부청구로 소를 제기하면 일부청구라고 명시한 한도에서 시효중단효의 범위가 결정된다는 것이 판례(대판 1975.2.25, 74다1557)와 통설이다. 이에 따르면 명시한 일부청구소송의 시효중단효는 일부청구에 국한되고 잔부청구에는 미치지 않는다. 반대로 일부청구라는 명시에 관계없이 일부청구의 소송물은 잔부를 포함한 모든 청구에 미친다고 하여 청구 전부에 걸쳐 시효중단효가 발생한다는 주장도 있다. 일부청구의 소송물을 어떻게 해석하는지 논란이 있을 수 있지만, 일부청구와 잔부청구의 소송물에 관계없이 잔부청구에도 시효중단효가 발생한다고 해석해야 할 것이다. 위에서 보았듯이 반드시 시효중단효가 소송물로 주장된 청구에 국한되는 것은 아니고, 법원이나 당사자는 일부청구만이 아닌 전부의 청구를 염두로 그 존부를 논의하게 되기 때문이다(그 밖에 후술[제9장Ⅲ4] 참조).

⑥ 청구의 교환적 변경의 경우

채권자대위소송을 제기한 채권자가 채무자로부터 해당 피대위채권 자체를 양도받아 채권자대위권에 기한 청구에서 양수금청구로 소를 교환적으로 변경하면, 종전 채권자대위소송에 의해 발생한 시효중단효는 소변경 후의 양수금청구에도 미친다(대판 2010.6.24, 2010다17284). 이것은 예외적으로 소변경 후의 청구에도 변경 전의 시효중단효가 미치는 것을 보여주는 사례이다. 판례가 근거로 하는 점은, 첫째로 변경 전후의 소송물이 동일한 점, 둘째로 시효중단효는 특정승계인에게도 미치는 점(민169), 셋째로 계속 중인 소송에 소송목적인 권리 또는 의무의 전부나 일부를 승계한 특정승계인이 소송참가하거나 소송인수한 경우에도 소송이 법원에 처음 계속된 때에 소급하여 시효중단효가 생기는 점(80, 82Ⅲ), 넷째로 변경 후의 채권과 관련하여 원고를 '권리 위에 잠자는 자'로 볼 수 없는 점에 있다.

3. 중복제소의 금지

(1) 서

필요성

소가 계속되면 중복하여 소를 제기할 수 없다(259. 중복제소 금지의 원칙). 이 원칙은 그 기준 또는 요건에 관해 여러 문제점이 있지만, 중복하여 소를 제기하는 것을 허용하지 않는다는 점에 목적이 있다. 그 이유는 다음과 같은 2가지 입장에서 생각해 볼 수 있다.

당사자의 입장

당사자의 입장으로 중복제소가 되는 후소 피고의 불이익이 문제된다. 이미 계속된 사건과 동일한 사건에서 피고가 된다는 것은, 원래 부담할 필요가 없는 응소의무를 강요당하는, 달리 말하면 변호사의 선임을 포함하여 주요 공격방어방법의 중복제출을 강요당하는 것이 된다. 중복제소가 아니라도 제소 자체가 피고에 대한 불법행위가 될 수도 있는 점에서도 그러하다.

법원의 입장

법원도 사건을 처리해야 하는 부담이 과중되고, 현재 우리나라와 같이 제소사건이 많은 경우에는 더더욱 중복제소를 금지할 필요가 있다. 또한 재판제도의 운영면에서 전소와 후소의 판결 결과가 동일한 권리에 대한 결과를 달리 하는 모순된 것일 수도 있다.

제도의 취지

결국 중복제소금지원칙이 존재하는 취지 내지 이유는 심리의 중복과 판결의 중복을 방지하려는 점에 있다. 여기에 추가하여 후소 피고의 불이익 방지도 중요한 근거가 된다. 한편, 학설에서는 위와 같은 취지 중 특히 판결(기판력)의 모순·저촉의 방지가 가장 중요하다는 점을 강조하는 경향이 있다. 그러나 판결(기판력)의 모순·저촉만을 유독 강조하는 것은 타당하지 않다. 사실적인 문제로서 중복제소금지의 취지는 기판력의 모순방지라고 하지만, 실제로 법원이 중복소송의 존재를 모른 체 두 개의 소에 대해 판결을 내리고 그것이 동시에 확정되며 게다가 그 내용이 상호 모순된다는 사태는 거의 발생하지 않는다. 따라서 재판 제도의 효율적인 운영이라는 점에서 소송에 소요되는 당사자나 법원의 부담을 무시할 수 없는 이상, 중복제소의 금지는 위와 같은 여러 목적을 공통적으로 달성하려는, 심리의 모순·저촉을 통해 야기되는 법원과 당사자의 불이익을 회피하려는 제도라고 이해해야 할 것이다.

(2) 요 건

① 요건상의 문제점

중복제소금지의 요건으로는 3가지가 있다(259). 즉, 소의 계속, 당사자의 동일성 그리고 사건의 동일성이다. 여기서 같은 조가 규정하는 "법원에 계속되어 있는 사건"에서의 '사건'의 의미를 소송물 자체로 파악하면, 중복제소의 해당성은 사실상 소송물의 동일성만을 따져 보는 것으로 충분하게 된다. 소송물의 동일성 유무에 당사자의 동일성의 문제도 포함되어 버리기 때문이다. 소송물은 당사자에 따라 달라지므로 소송물이 동일하다면 형식적으로 당사자의 명칭이 다르더라도 실질적으로는 당사자도 동일하다. 다음에서 보는 채권자대위소송에서 보는 바와 같다. 그러나 이러한 소송물을 중시하는 해석은 소송물의 의의를 지나치게 확대한 것으로 타당하지 않다. 중복제소금지 해당성은 당사자의 동일성과 사건의 동일성이라는 기준에 입각하여 전술한 제도의 취지에 따라 합목적적으로 해석해야 할 것이다.

② 소송계속

중복제소금지는 소송계속을 전제로 한 효과이므로, 먼저 이 요건을 갖추어야 한다. 보통 중복제소금지는 소제기의 소송법상 효과라고 하지만, 엄밀히 말하자면 소제기의 효과가 아니라 소송계속의 효과이다. 소를 제기한다고 바로 소송이 계속되는 것이 아니고, 소가 제기됨으로써 소장이 피고에게 송달되고 이때 비로소 소송이 계속되며, 이를 기준으로 소송법상의 효과가 발생하기 때문이다. 또한 소송계속을 전제로 하므로, 이미 계속된 전소가 소송요건을 흠결하여 부적법하다고 할지라도 후소의 변론종결시까지 취하·각하 등에 의해 소송계속이 소멸되지 않는 한 중복제소금지의 원칙이 적용된다(대판 1998.2.27, 97다45532).

③ 당사자의 동일성

중복제소금지가 적용되려면 당사자가 동일해야 한다. 수소법원의 동일성은 문제가 되지 않는다. 수소법원이 달라도 모든 법원은 동일한 재판권(사법권)을 행사하는 법원이므로 그 사이에 심리의 모순·저촉을 회피할 필요가 있기 때문이다. 당사자의 동일성은 전소와 후소에서 당사자로서의 동일성을 의미하므로, 원고 또는 피고라는 지위는 문제가 되지 않는다. 즉, 전소의 피고가 후소에서 원고가 되어 전소의 원고를 상대로 제소하면 당사자의 동일성 요건이 충족된다. 예를 들어 특정 채권의 이행소송에서 피고가 후소로 당해 채권의 소극적 확인소송을 그 원고에게 제소하는 경우를 생각하면 쉽게 이해할 수 있다. 구체적인 해석상의 문제에 대해서는 별개 항목으로 이하에서 다루기로 하겠다.

④ 사건의 동일성

중복제소의 금지에서 문제가 되는 후소와 전소의 관계에 대해서는 사건이라는 표현이 사용되고 있다(259). 이 사건의 동일성에 대해서는 물론 일반적으로 소송물이라는 기준을 사용하는 것이 판례와 통설의 입장이다. 구체적인 해석상의 문제에 대해서는 이하에서 별개 항목으로 각각의 사례에 맞추어 설명하기로 하겠다.

(3) 소송담당과 중복제소

① 채권자대위소송의 경우

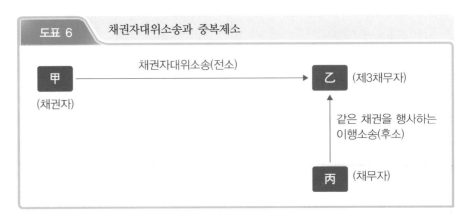

도표 6   채권자대위소송과 중복제소

甲 (채권자) ──채권자대위소송(전소)──→ 乙 (제3채무자)

같은 채권을 행사하는 이행소송(후소)

丙 (채무자)

판례의 입장

판례는 <도표 6>에서 보듯이 甲이 乙에 대해 제기한 채권자대위소송 계속 중에 채무자 丙이 동일한 청구로 제3채무자 乙을 상대로 제소하면 중복소송금지에 해당된다고 한다(대판 1974.1.29, 73다351. Case Note[3-3] 참조). 판례는 소송물의 동일성에 관한 언급 없이 단지 동일소송이라고 하여 중복제소에 해당한다고 판단하고 있는데, "청구취지 및 청구원인을 같이 하는 내용의 소송"이라고 언급하고 있는 점에서는 소송물이 동일하여 동일소송이고, 당사자가 다른 것은 형식상 다른 것에 불과하다는 점, 나아가 채무자에 대한 통지나 대위소송 계속사실의 지·부지는 문제로 하지 않는 해석이다. 판례는 채권자대위소송의 중복, 채권자대위소송과 그 채무자에 의한 제3채무자에 대한 후소의 중복(그 선후를 불문)은 중복제소에 해당된다고 해석하는데, 결국 형식적으로 당사자가 달라도 사건(소송물)의 동일성이 인정되면 중복제소가 된다는 해석이라고 말할 수 있다.

학설의 입장

한편, 학설에서는 중복제소에 해당한다는 판례의 견해에 찬성하는 입장(이 입장은 소송물이 동일함을 전제로 한다), 또한 소송물이 동일함을 전제로 하면서 기판력과의 관계에서 판례는 채권자대위소송의 판결은 채무자가 대위소송의 존재를 알았을 때에만 채무자에게 미친다고 해석하고 있으므로(대판(전) 1975.5.13, 74다1664. 후술[제9장 IV 4] 참조), 그 한도에서 중복제소에 해당된다고 해석해야 한다는 비판적인 입장도 있다. 반대로 소송물이 다르다는 것을 전제로 하여 판례에 비판하는 학설(이 입장은 물론 기판력의 모순·저촉이라는 점에 의해서도 판례를 비판하는데, 채권자대위소송을 판례와 통설에서처럼 소송담당이 아닌 고유적격에 기한 제소로 해석한다)도 있다.

판례가 타당한 이유

채권자대위소송에서는 채무자의 제3채무자에 대한 일반재산, 달리 말하면 제3채무자의 채무자에 대한 이행의무가 소송물이 될 수밖에 없다. 대위채권자는 채권자로서 위 권리관계의 확정을 받으려는 것을 주된 목적으로 대위소송을 제기하는 것이지, 단순히 자신이 채권자라는 권리관계의 확정만을 위해 대위소송을 제기하는 것이 아니기 때문이다. 채권자대위소송판결이 확정되면 채무자는 그 판결의 기판력을 받을 수밖에 없고(대위소송에서 채권자가 승소한다면 당연히 채무자에게 그 기판력이 미칠 것이고, 만일 채권자가 패소한다면 채무자에게 소송고지 등을 통하여 계속사실을 알린 것으로 대처할 수 있을 것이다. 상세는 후술[제11장 XI] 참조), 이러한 이유로 채권자대위소송은 법정소송담당이 되고 결과적으로 피고인 제3채무자도 보호된다. 따라서 형식적으로 당사자가 아니라도 사건의 동일성에 따라 당사자에 준한다면, 중복제소금지의 요건인 당사자의 동일성을 인정해야 한다.

마찬가지로 <도표 6>에서 丙의 제소가 甲의 제소보다 앞섰다면 후소인 甲의 대위소송이 중복제소가 되고(대판 1981.7.7, 80다2751), 甲의 제소 후에 또 다른 丙의 채권자 丁이 같은 내용의 채권자대위소송을 제기하면 중복제소가 된다(대판 1988.9.27, 87다카1618).

② 채권자취소소송의 경우

채권자취소소송이 복수의 채권자에 의해 동일한 채무자와 제3채무자 간의 사해행위취소를 구하며 제기될 때 채권자대위소송에서처럼 중복제소가 되는지 문제된다.

채권자대위소송 과의 구별   판례(대판 2003.7.11, 2003다19558)는, 채권자취소소송은 채권자의 고유적격에 의한 소라는 해석에 의해 채권자대위소송과는 다르게 중복제소가 아니라고 해석한다. 부연하면 채권자취소권의 효력은 모든 채권자의 이익을 위해 존재하고(민407), 채권자취소소송을 제기한 다른 채권자도 수익자명의의 재산에 대한 집행에서 민사집행법의 요건에 따라 배당가입을 할 수 있다(다만, 민집88, 215, 247에 의해 채무자에 대한 집행권원이 필요하다). 또한 소송에서 사해행위취소의 주장이 인정되지 않으면, 원고가 된 채권자 이외의 채권자가 별도로 채권자취소권에 기하여 소를 제기할 수도 있다. 따라서 동일한 피고를 상대로 동일한 사해행위취소를 구하는 채권자취소소송의 중복은, 판례가 말하듯이 당사자의 동일성이 없고 더 나아가 사건의 동일성도 인정할 수 없으므로 중복제소금지에 해당되지 않는다.

○ 추심소송과 중복제소금지

채무자가 제3채무자를 상대로 먼저 제기한 이행의 소가 법원에 계속되어 있는 상태에서, 압류 및 추심명령을 받은 압류채권자가 제3채무자를 상대로 나중에 제기한 추심의 소가 중복제소가 되는지 문제된다. 이에 대해 판례(대판(전) 2013.12.17, 2013다202120)는 중복제소가 되지 않는다고 해석한다. 즉, 제3채무자에게 불합리하게 과도한 이중 응소의 부담을 지우고 본안 심리가 중복되어 당사자와 법원의 소송경제에 반한다거나 판결의 모순·저촉의 위험이 크다고 볼 수 없는 점, 오히려 중복된 소제기에 해당한다는 이유로 각하한 다음 채무자의 이행의 소가 각하·확정되기를 기다려 다시 압류채권자로 하여금 추심의 소를 제기하도록 하는 것은 소송경제에 반하는 점, 그리고 압류채권자에게 보장되는 추심의 소를 제기할 수 있는 권리의 행사와 그에 관한 실체 판단을 거부하는 것은 부당하다는 점을 이유로 한다. 기존의 판례와는 달리 판결의 모순저촉만이 아닌 당사자와 법원의 소송경제라는 관점도 중복제소 여부를 판단함에 있어 고려하였다는 점에서 매우 타당한 판례이다.

(4) 청구의 내용과 관련된 문제

① 사건의 동일성

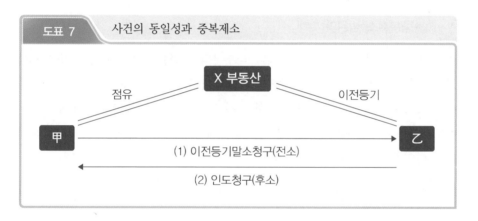

판례에 의하면, <도표 7>에서 보듯이 甲은 乙을 상대로 乙명의로 경료된 X부동산에 대하여 소유권 이전등기가 원인무효인 등기임을 이유로 하여 그 등기의 말소를 청구하는 소를 제기하고, 이 말소청구소송의 계속 중에 乙은 X에 대한 소유권을 전제로 甲이 이를 권원 없이 점거하고 있다고 하여 甲에 대해 그 인도를 구하는 소를 제기하여도, 후소인 인도청구소송은 중복제소에 해당되지 않는다(대판 1960.4.21, 59다310. Case Note[3−4] 참조). 판례의 해석은 전소가 동일한 부동산에 관한 말소등기청구소송, 후소는 동일한 부동산의 인도청구소송으로서 2개 소송의 소송물이 다르다는 점을 근거로 한다. 동일한 부동산에 대한 가등기말소청구소송과 이전등기청구소송(대판 1969.6.24, 69다502), 동일한 부동산에 대해 시간적으로 구분

된 불법점거에 의한 손해배상청구소송(대판 1975.5.27, 74다264), 동일한 행정처분에 대한 무효확인소송과 취소소송(대판 1992.3.10, 91누5273)도 모두 2개의 소송물이 다르다고 하여 중복제소에 해당되지 않는다는 입장이다.

학설의 입장 한편, 학설은 중복제소의 해당성을 소송물을 기준으로 또한 통일적 소송물론의 입장에서 판단하는 것이 보통이다. 학설은 왜 소송물이 기준이 되는지 특별한 설명 없이 소송물을 당연한 전제로서 판단하는 것이라 할 수 있는데, 그 입장에는 차이가 없지 않다. 먼저 소송물의 기준을 청구취지라 보고 청구취지가 다르면 중복제소에 해당하지 않는다는 견해, 청구원인에 의하여 소송물인 권리관계가 동일하다면 청구취지가 달라도 중복제소가 된다는 견해도 있다.

② 중복제소 범위의 확대

위에서 보았듯이 우리의 판례나 대부분의 학설은 소송물론의 통일성에 사로 잡혀 소송물론을 기준으로 중복제소 여부를 판단하려고 한다. 그러나 소송물을 반드시 통일적으로만 판단해야 하는 것은 아니다. 소송물이라는 용어는 조문에도 없고 해석에 의해 만들어진 것이다. 해석의 다양성을 받아들이려고 하지 않는 통일적 소송물론만을 고집하는 것은 타당하지 않다.

소송물에 국한되지 않는 해석의 필요성 그렇다면 통일적 소송물론에서 벗어나 사건의 동일성 여부 (중복제소에서 정해야 하는 소송물의 범위)는 소송물이 동일하다면 물론 매우 명확하게 중복제소로서 사건이 동일하지만, 소송물이 달라도 사건의 동일성을 인정할 수 있다는 점을 수긍해야 할 것이다. 그 기준은 결국 소송물인 권리관계의 기초가 되는 사회생활관계가 동일하고, 주요한 법률요건사실을 공통으로 하는 경우라고 말할 수 있다. 달리 말하면 분쟁의 핵심이 되는 주요 요건사실(핵심요건사실)이 동일하다면 사건의 동일성을 인정하는 해석이다.

③ 일부청구소송과 잔부청구소송의 중복

판례와 학설의 문제 일부청구로 소가 제기되고 후소로 다시 잔부청구의 소가 제기되는 경우에도 후소인 잔부청구의 소가 중복제소에 해당되는지 문제된다. 판례(대판 1985.4.9, 84다552)는 소송물을 기준으로 한다는 점에서 보았듯이, 일부청구와 잔부청구가 동시에 계속되어도 서로 소송물이 다르고 나아가 일부청구의 기판력은 잔부청구에 미치지 아니하므로, 중복제소에 해당하지 않는다고 해석한다. 학설은 중복제소에 해당된다는 입장이 있고, 소송물이 다르므로 중복제소가 되지 않는다는 입장, 중복제소가 되지 아니하지만 변론의 병합으로 처리하는 것이 바람직하다는 입장도 있다. 그러나 위에서 본 바와 같은 기준에 의한다면, 일부청구와 잔부청구는 형식적으로 소송물이 다르다고 할 수 있지만, 동일한 권리를 주장하는 것에 불과하고 핵심요건사실이 동일하여 사건의 동일성을 인정해야 할 것이다.

일부청구
기각판결의 경우 또한 소송물 자체와의 관련에서도 판례와 달리 명시된 일부청구와 잔부청구는 소송물이 동일하다고 해석하는 것이 타당하다. 이러한 점은 일부청구의 기각판결에서 잘 나타난다. 법원이 원고의 일부청구를 기각하려면 청구권 자체가 존재하지 않는 사실을 판단해야 한다. 이것은 원고가 일부청구임을 명시하는지 여부와 관계없다. 전체로서 하나의 청구권이 존재하지 않는다고 인정될 때 비로소 일부청구도 기각할 수 있기 때문이다.

④ 동일한 채무를 대상으로 하는 확인소송과 이행소송의 중복

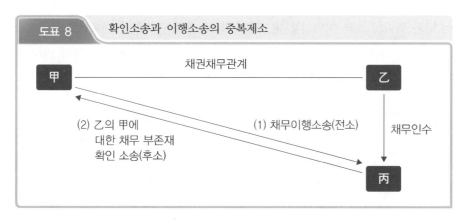

도표 8   확인소송과 이행소송의 중복제소

채권채무관계

甲 ─────────────────────── 乙

(2) 乙의 甲에 대한 채무 부존재 확인 소송(후소)   (1) 채무이행소송(전소)   채무인수

丙

<도표 8>에서 보듯이 예를 들어 甲이 丙을 상대로 乙의 甲에 대한 채무를 인수한 丙에 대한 채무이행을 구하는 소가 계속되고, 丙이 甲을 피고로 乙의

甲에 대한 채무가 존재하지 아니한다는 확인의 소를 제기하면, 후소는 중복제소가 되는지 문제된다.

판례

판례(대판 2001.7.24, 2001다22246. Case Note[3-5])는 형식적으로 중복제소의 요건, 즉 소송물의 동일성을 강조하여 중복제소가 되지 않지만 후소가 확인의 이익이 없어 중복제소에서와 같이 각하해야 한다고 해석한다. 반대로 채무부존재확인소송이 먼저 제기되고 이 소송 도중에 반소로서(후소가 아님) 채무이행소송이 제기된 경우에 대해 판례(대판 1999.6.8, 99다17401,17418)는 본소청구에 대한 확인의 이익이 소멸하여 본소가 부적법하게 되는 것은 아니라고 한다.

학설

학설은 소의 이익의 문제로서 각하해야 한다는 견해도 있지만, 대개의 학설은 중복제소에 해당된다는 해석이다. 반대로 확인소송 후의 이행소송의 경우, 또는 본소가 아닌 반소로 후소가 제기된 경우에 대해서는 중복제소가 된다는 견해, 반대로 중복제소에 해당하지 않고 전소를 소의 이익의 상실로서 처리하자는 견해가 있다.

중복제소금지와 소의 이익

그러나 어느 경우에나 당사자가 동일하고 채권의 효력이라는 핵심요건사실이 동일하여 사건의 동일성이 인정되므로, 중복제소에 해당한다고 해석해야 할 것이다. 중복제소금지는 넓은 의미의 소의 이익의 문제, 즉 특별규정과 일반규정의 관계이고 중복제소가 된다는 이유나 소의 이익이 없다는 이유는 근본적으로 차이가 없다. 따라서 판례도 직접적으로 중복제소에 해당됨을 인정하는 것이 보다 적절한 해석이다.

반소를 제기하는 경우

또한 중복제소에 해당된다고 하면, 채권자는 독립한 후소 대신 반소로 이행청구를 하는 것으로 각하를 회피할 수 있다. 이때 본소인 확인의 소가 소의 이익이 없어지는지에 대해 판례는 앞서 보았듯이 이를 부정하였다. 학설의 대부분은 앞서 소의 이익이 상실된다고 주장하는 견해에서 보듯이 본소(확인소송)의 이익이 상실된다는 점을 강조한다. 동일한 채무를 둘러싸고 채무부존재확인의 본소와 채무이행의 반소가 병합·심리되는 경우라면, 본소의 이익이 상실되는 점은 인정하지 않을 수 없다.

다만, 본소의 처리방법으로 본소각하는 반소청구와 하나의 전부판결로서 판단해야 한다(일부판결이 불가능하다). 동일한 권리관계에 관한 것이므로 양립할 수 없고 모순 없이 판단해야 하기 때문이다.

⑤ 상계의 항변과 중복제소금지

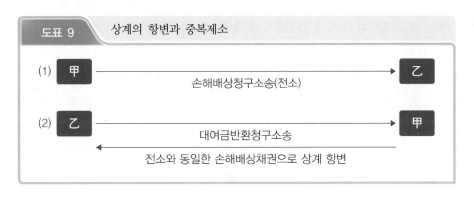

도표 9   상계의 항변과 중복제소

(1) 甲 ———————— 손해배상청구소송(전소) ————————→ 乙

(2) 乙 ———————— 대여금반환청구소송 ————————→ 甲
   ←———— 전소와 동일한 손해배상채권으로 상계 항변

상계의 항변에 대한 적용가능성　<도표 9>에서 보듯이 乙이 甲을 상대로 제기한 소송에서 甲은 상계의 항변을 제출하였는데, 그 상계의 항변의 대상인 반대채권은 이미 甲이 乙을 상대로 하여 별도로 제기한 손해배상청구소송의 소송물인 경우(보통 별소선행형이라고 한다. 상계의 항변을 먼저 하고 이를 다시 별소로 청구하는 경우를 항변선행형이라고 한다), 甲의 상계의 항변에도 중복제소금지의 원칙이 적용될 수 있는지 문제된다. 판례(대판 1965.12.1, 63다848 등. Case Note[3-6] 참조)는 위의 별소선행형 사안에서 상계의 항변은 소가 아닌 항변이라는 점에서 중복제소금지의 원칙이 적용되지 않고, 따라서 상계는 허용된다고 해석한다(한편, 항변선행형에 대한 판례는 아직 나오지 않았다). 한편, 학설은 기본적으로 판례에 찬성하며 별소선행형인지 항변선행형인지 관계없이 중복제소가 되지 아니한다는 견해, 판례와는 달리 별소선행형인지 항변선행형인지에 관계없이 중복제소가 된다는 견해, 예외적으로 중복제소가 된다는 견해가 있다. 또한 중복제소가 되지 않는다 하여도 2개의 절차의 병합을 도모할 필요가 있다고도 주장된다.

상계의 항변을 소로서 다루어야 하는 이유　상계의 항변은 물론 하나의 소가 아니고 어느 입장에 의하건 소송물이 같다고는 할 수 없다(상계의 항변 자체에 소송물을 관념할 수 없다고도 말할 수 있을 것이다). 따라서 소송물을 기준으로 기판력의 범위를 판단하는 입장에서는 기판력의 저촉가능성도 생각하기 힘들고, 기판력이 저촉된다고도 할 수 없다. 그러나 상계의 항변으로 제출한 채권은 이미 별소로 제기된 것이다. 앞의 예에서 甲이 별소로 또는 상계의 항변으로 그 권리의 실현을 주장한 채권은 전적으로 동일한 것이다. 또한 甲이 별소에서도 승소하고 상계의 항변도 관철되는 경우를 생각한다면 동일한 채권의 이중사용을 인정하는 것이 된다. 상계의 항변에 대한 판결은, 달리 말해 상계의 항변을 통해 얻어지는 결과는 제소의 경우와 실질적으로 동일하기 때문이다(216 Ⅱ).

이와 같이 해석한다면 앞의 중복제소금지의 요건에서도 보듯이 甲의 별소와 상계의 항변은 사건이 동일하다고 해석해야 한다. 또한 상대방이나 법원의 입장에서 보아도 상계의 항변과 별소라는 두 개의 절차로 병행 처리할 때 주요 주장·증명사실에 대해 심리를 중복해야 하는 당사자나 법원의 불이익을 쉽게 추측할 수 있을 것이다. 결국 상계의 항변에 대해서도 이미 제소한 청구와 동일한 내용의 상계의 항변은 부적법각하해야 하고, 상계의 항변으로 주장한 채권을 다시 별소로 주장하는 것(항변선행형)에도 동일하게 적용해야 할 것이다.

○ 국제적 소송경합
- -

중복제소금지와 유사한 문제로서 동일한 사건(국내법에 의해 중복제소에 해당하는 경우)이 외국의 법원과 국내 법원에 동시에 계속되었다는 국제적 소송경합의 문제가 있다. 이에 대해 승인예측설은 외국에서의 소송에서 판결이 내려지고 확정된 후 장차 이 판결이 국내에서 승인된다는 것이 국내의 소송제기 단계에서 예측할 수 있는 경우라면, 중복제소의 금지를 유추적용할 수 있다고 주장한다. 이와 달리 승인예측설에 의하면 승인의 예측이 곤란하다는 이유에서 국제재판관할의 문제로서, 즉 적절한 법정지가 어디인지에 따라 국내법원이 법정지로서의 적절성을 결한다면 소를 각하해야 한다는 견해(적정법정지설)도 주장되고 있다. 이 문제에 관한 대법원판례는 아직 나와 있지 않지만, 하급심의 판례 중에는 승인예측설을 따른 것이 있다(서울지판 2002.12.13, 2000가합90940).

---

(5) 중복제소의 처리

① 판결 전의 처리

소각하를
회피하는 방법

중복제소금지 원칙의 위반 유무는 직권조사사항이고 당사자의 주장에 관계없이 중복제소에 해당되면 후소를 각하해야 한다. 다만, 당사자의 입장도 고려하는 이상, 그 편의를 위하여 심리의 저촉이나 모순을 회피할 수 있는 변론의 병합이 가능하다면, 법원은 재량으로 각하가 아닌 병합을 하는 것이 타당하다. 중복제소가 되면 그것을 각하로 처리하는 것은 그렇게 함으로써 중복제소금지의 취지를 살릴 수 있기 때문이다. 이러한 점은 중복제소금지에 해당되지 않는다면 그 처리방법을 둘러싸고 아무런 문제도 발생하지 않고, 당사자에 의해 소가 종료되지 않는 한 법원은 각각의 소에 대해 판결을 내려야 한다는 점을 의미한다. 가령 중복제소에 해당된다고 하여도 그 취지를 살릴 수 있는 각하 이외의 처리방법(변론의 병합 등)이 있다면, 그러한 방법을 이용함으로써 중복제소로서 각하되는 것을 방지한다는 점에 의의가 있다.

임의적 절차병합

학설 중에는 중복제소가 아님에도 당사자 또는 법원에 의한 사건의 병합을 해야 한다거나 그렇게 하는 것이 바람직하다는 견해가 있다. 그러나 별개의 절차로 2개의 소가 중복되어 계속되면 중복제소가 되는 경우라도, 하나의 절차로 사건이 병합되면 중복제소가 되지 않는 점에 유의해야 할 것이다. 또한 중복제소는 되지 않지만 변론의 병합을 하는 것이 바람직하다는 주장은 그 자체로 중복제소에 해당된다는 것을 간접적으로 시인하는 것이라고 할 수 있다. 그러하지 않다면 법에 의해 개별사건으로 각각 판결을 내릴 수 있음에도 법원의 재량으로 변론의 병합을 꼭 해야 하는지 알 수 없게 되기 때문이다.

② 판결 후의 처리

각하나 병합 없이 전소와 후소(중복제소)가 진행되어 각각 판결이 내려진다면, 판결확정 시점을 기준으로 다음과 같이 처리된다. 아직 확정 전이라면 후소 판결은 상소에 의해 취소할 수 있다. 확정되었다면 전소와 후소의 문제가 아닌 확정 전후의 문제가 되고(대판 1968.4.16, 68다122 등), 두 확정판결의 기판력이 저촉되면 후확정판결이 재심에 의해 취소된다(451 I ⑩). 중복제소금지의 원칙에 위배되어 제기된 소에 대한 판결이나 그 소송절차에서 이루어진 화해라도 확정된 경우에는 당연무효가 되는 것은 아니다(대판 1995.12.5, 94다59028).

V. 소송구조

1. 의 의

소송을 하려면 원고는 수수료나 송달비용을 예납해야 한다. 또한 원고는 물론 피고는 증거조사나 변호사비용 등을 마련할 필요가 있다. 그러나 재정적인 문제로 자금능력이 부족하다면 당사자는 결국 소를 제기할 수 없고 권리구제의 길이 막히게 된다. 이 대책으로 일정한 요건 하에 소송비용의 예납을 유예하는 등 재판을 받을 권리를 보호하려는 제도가 소송구조이다(128 이하).

2. 요 건

(1) 소송비용을 지출할 자금능력의 부족

소송비용에 포함되는 것은 법129조에 의해 재판비용, 변호사 및 집행관의 보수와 체당금, 소송비용의 담보, 그리고 대법원규칙이 정하는 그 밖의 비용이다. 자금능력의 부족이란 위와 같은 소송비용의 지출로 인해 경제상태가 곤궁에 처하게 되는 경우를 말한다(128 I 본문).

(2) 패소할 것이 분명하지 않은 경우

구법에는 승소할 가망성이 있는 경우로 엄격한 요건이 규정되어 있었지만, 신법에서는 패소할 것이 분명하지 않은 경우로 요건이 완화되었다(128 I 단서).

3. 효 과

앞서 본 소송비용의 지급 유예가 소송구조의 효과이다(129). 소송구조는 지급을 유예하는 것이므로, 구조를 받은 당사자도 최종적으로 판결에서 정해진 소송비용을 부담해야 한다. 판결에서의 소송비용부담자가 구조를 받은 당사자가 아닌 상대방이라면, 국가는 당해 비용을 상대방에게 추심하게 된다(132). 소송구조의 효과는 개인적인 것이므로 그 본인 이외(소송승계인 등)에는 미치지 않는다(130 I). 따라서 여러 선정자가 그중의 여러 사람을 선정당사자로 선정하고 그 선정당사자가 소송구조를 신청한 경우에는, 그 선정당사자와 선정자와의 관계를 밝히고 어느 선정자에 대해 어느 범위에서 소송구조를 하는 것인지를 명백히 해야 한다(대결 2003.5.23, 2003마89).

4. 절 차

소송구조는 신청이나 직권에 의해 결정으로 재판한다(128 I). 신청시에는 서면으로 하고 또한 구조의 사유를 소명하는 서면을 첨부해야 한다(128 II, 규칙24). 그러나 신청인은 서면이 아닌 다른 방법으로 자금능력의 부족에 대한 소명을 할 수 있고, 법원은 자유심증에 따라 그 소명 여부를 판단해야 한다(대결 2003.5.23, 2003마89).

소송구조는 신속한 재판의 촉진과 그 악용을 방지하기 위해 소송기록을 보관하고 있는 법원이 재판한다(128 III. 대결 2003.5.13, 2003마219). 구조에 관한 재판에 대해서는 즉시항고로 불복할 수 있다(133. 단서에 상대방의 경우의 예외가 있다). 구조결정 후 처음부터 요건이 없었음이 발견되거나 추후에 요건이 없어지게 되면, 법원은 구조를 취소하고 유예한 비용의 지급을 명할 수 있다(131).

5. 법률구조

소송구조와 유사한 것으로 법률구조가 있다. 법률구조란 대한법률구조공단에서 경제적으로 어렵거나 법을 모르기 때문에 법의 보호를 충분히 받지 못하는 국민들에게 법률상담, 변호사 또는 공익법무관에 의한 소송대리 등의 법률적 지원을 하는 것을 말한다. 법률구조에 관해서는 법률구조법이 규율하고 있다. 한편, 외국에서는 소송비용보험이 발달되어 위와 같은 구조를 받지 못하거나, 충분한 재력을 갖고 있지 않는 중간계층의 소송비용을 보험으로 충당하여 국민의 권리구제에 기여하고 있다. 우리는 극히 일부에서 법률비용담보특약이 있지만 거의 이용되고 있지 않다고 한다. 앞으로 소송비용의 담보제도가 큰 입법과제가 될 것이다.

제3장 **당사자 및 대리인과
대표자**

제3장에서는 소송의 이용 주체인 당사자와 그 대리인을 다룬다.
당사자의 확정, 당사자능력, 소송능력과 변론능력을 살펴보고,
계속하여 법정대리인과 임의대리인의 의의와 종류를 해설한다.

당사자 및 대리인과 대표자

I. 당사자

1. 서

(1) 개 념

당사자는 적극적으로 판결을 구하는 자, 그리고 이에 따라 소극적으로 판결을 받게 되는 자이다. 당사자가 누구인지는 실체법이 정하는 권리의무 또는 법률관계와 분리된, 소송법률관계에 의한 당사자를 의미하는 형식적 당사자개념에 의한다.

형식적 당사자 개념과 실질적 당사자개념

반대로 실체법이 정하는 권리의무나 법률관계의 주체가 당사자라는 실질적 당사자개념이 있다. 이 두 입장의 강조는 실익이 있는 논쟁이 아니다. 다음에서 보는 소장의 기재(표시)에 의한 당사자의 특정, 그 밖에 소송담당에서 보는 담당자와 피담당자의 관계, 타인 간의 법률관계의 확인소송에서 보듯이, 현재의 소송구조 하에서는 형식적 당사자개념에 의할 수밖에 없다.

(2) 명 칭

당사자의 명칭은 소송의 종류나 절차의 단계에 따라 달라진다. 제1심에서는 원고와 피고, 항소심에서는 항소인과 피항소인, 상고심에서는 상고인과 피상고인, 신청절차(증거보전신청 등)에서는 신청인과 피신청인(또는 상대방), 그리고 독촉절차·민사보전절차·민사집행절차에서는 채권자와 채무자 등으로 불린다.

(3) 2당사자대립의 구조

소송에서는 비송절차와 달리 서로 대립하는 쌍방당사자의 존재(쟁송성)가 필요불가결하다. 따라서 소송절차에 관한 여러 원칙을 적용할 때에는 서로 대립하는 당사자 간의 무기평등의 원칙 등 당사자에게 실질적인 절차권을 보장해야 한다.

2. 당사자의 확정

(1) 의 의

소송의 주체가 되어 판결의 효력을 받는 당사자는 누구인지(원고, 피고 또는 참가인) 확정할 필요가 있다. 당사자는 일단 원고나 피고로서 소장에 기재되는데, 원고나 피고로 기재된 자는 항상 당사자라고 할 수 있는지 문제되기 때문이다. 당사자확정의 문제로서 다음과 같은 견해가 있다.

표시설

표시설은 **소장에 표시된 것을 기준으로 당사자를 확정해야 한다는 견해**이다. 여기서 표시된 것이 당사자란의 표시만을 의미한다는 형식적 표시설과, 청구취지나 청구원인의 기재도 함께 고려한다는 실질적 표시설로 구분된다. 판례(대판 1986.9.23, 85누953 등. Case Note[4-1] 참조)와 통설은 실질적 표시설을 취하고 있다.

그 밖의 견해

표시설 이외에도 원고의 의사에 의해 당사자를 확정한다는 의사설, 당사자로 행동하는 자를 당사자로 한다는 행동설, 그 밖에 규범분류설이나 분쟁주체특정책임설이 주장되고 있기도 하다.

표시설의 타당성

당사자확정을 위한 위와 같은 의견의 대립은 실질적 표시설 자체가 매우 타당하기 때문에 그다지 치열하게 논쟁되는 부분은 아니다(이하 실질적 표시설을 단순히 표시설이라 한다). 소송을 진행하려면 법원은 소장의 당사자 표시란에 따를 수밖에 없고, 이것이 표시설의 타당성을 보여주는 중요한 근거이다. 당사자는 소장 자체로 특정해야 하기 때문이다(249 I . 대판 1996.10.11, 96다3852 참조). 따라서 표시설을 바탕으로 당사자를 확정하며 이렇게 당사자로 된 자의 절차권을 보장(판결을 받게 되었다면 상소나 재심을 통한 판결의 취소)하는 것으로 충분하다. 당사자를 확정할 때 무슨 설에 의하면 당사자는 누구라는 식으로 명확하게 단정하는 것은 불가능하고, 또한 그렇게 할 실익도 찾을 수 없다. 표시설을 원칙으로 하면서 개별적인 문제가 발생했을 때의 해결방법, 예를 들어 당사자의 표시를 정정할 수 있는지 또는 판결의 효력이 미치는지 논의해야 할 것이다.

(2) 당사자의 표시 정정

의의 **당사자의 동일성을 변경함이 없이 그 표시를 변경하는 것을 당사자의 표시 정정**이라고 한다. 동일성이 변경되면 후술 (제11장 X Ⅱ)하는 임의적 당사자변경으로 처리된다. 당사자의 표시 정정 가부를 판단하기 위해서는 먼저 당사자를 확정해야 한다. 당사자가 확정되지 않으면 표시의 정정이 되는지, 아니면 임의적 당사자변경이 되는지 정할 수 없기 때문이다.

처리절차 표시 정정을 구하는 신청이 허용되면 이에 대한 별도의 명시적인 결정을 하지는 않지만, 소의 변경에 준하여 당사자에게 송달하고 변론기일에 이를 진술하는 것이 실무이다. 만일 허용되지 않으면 즉시 불허결정을 해야 한다. 또한 당사자의 표시 정정은 소송절차에 아무런 영향도 없는 것이므로 소송계속 중 언제라도 가능하고, 항소심에서도 허용된다(대판 1996.10.11, 96다3852). 상고심에서도 원칙적으로 가능하다. 판례도 항소심에서 표시 정정이 가능하다는 점을 강조하고 있는데, 반대로 상고심에서는 명확히 불가능하다고 한 것이 없고 인정하는 입장이라고 보인다. 상고심판결이 내려졌을 때 집행이 불가능하게 될 우려가 있다면 상고심에서도 표시 정정을 할 필요가 있지만, 반대로 집행가능성에 아무런 영향이 없다면 굳이 표시 정정까지 할 필요는 없을 것이다. 다만, 소송요건의 흠결(이미 사망한 자를 상대로 한 소의 제기)을 보정하기 위해 상고심에서 표시 정정방법을 이용하는 것은 허용되지 않는다(대판 2012.6.14, 2010다105310).

허용되는 예 당사자의 표시 정정이 허용되는 예를 보면 다음과 같다. 당사자를 <학성 이씨 월진파 종중>에서 <학성 이씨 월진파 시진공 종중>이라고 정정하는 것은 당사자의 인격에 변함이 없이 그 명칭을 정확히 정정하는 것으로 당사자의 표시 정정에 해당된다(대판 1967.11.28, 67다1737). 소장에 표시된 원고에게 당사자능력이 없기 때문에 소장의 전취지를 합리적으로 해석하여 올바른 당사자능력자로 그 표시를 정정하는 것도 허용된다(대판 1999.11.26, 98다19950). 또한 원고가 피고의 사망 사실을 모르고 사망자를 피고로 표시하여 소를 제기하였지만, 실질적인 피고는 사망자의 상속자이고 다만 그 표시에 잘못이 있는 것에 지나지 않는다고 인정되면, 상속인으로 피고의 표시를 정정할 수 있다(대결 2006.7.4, 2005마425 등).

허용되지 않는 예 그러나 원고를 회사로 하고 법정대리인으로 대표이사를 기재하여 소를 제기한 후, 원고의 표시를 개인인 당해 대표이사로 정정하는 것은 표시 정정으로 허용되지 않는다(대판 1986.9.23, 85누953. Case Note[4-1] 참조). 정정 전후의 당사자가 동일하지 않기 때문이다. 또한 당사자를 종중이라는 성격의 문중에서 종중유사의 단체로 변경하면 당사자가 그 성격을 달리하는 별개의 인격체이므로(대판 1994.5.10, 93다10866. 공동선조를 달리 하는 종중으로의 변경도 같다[대판 1994.10.11, 94다19792]), 당사자의 표시 정정에 해당되지 않는다.

표시의 정정과 시효중단효 표시 정정이 인정되면, 임의적 당사자변경과는 달리 시효중단효가 그대로 유지된다. 특히 표시 정정으로 인정되는 것이라면 형식적으로 임의적 당사자변경신청을 하더라도 이미 발생한 시효중단효가 지속된다. 왜냐하면 그러한 신청은 실질적으로 변경 전후 당사자의 동일성이 인정됨을 전제로 진정한 당사자를 확정하는 표시 정정의 성질을 지니는 이상, 피고 표시의 정정이라는 법적 성질 및 효과를 잃지 않기 때문이다(대판 2009.10.15, 2009다49964).

표시의 정정을
하지 않고 내려진
판결의 효력 당사자의 표시 정정을 할 수 있음에도 하지 않고 내려진 판결의 효력은 동일한 당사자인 정정해야 할 당사자에게도 미친다(대판 2011.1.27, 2008다27615). 예를 들면 임야의 소유자인 A가 매도증서에 자신의 성명을 B로 잘못 기재함에 따라 임야에 관한 등기부 및 구 토지대장에도 소유명의자가 B로 잘못 기재된 사안에서, 위 등기부상 소유명의자인 B를 상대로 진정명의회복을 원인으로 한 소유권이전등기절차의 이행을 구하는 소에서의 승소판결은 A에게도 그 효력이 미친다. 확정판결의 효력은 잘못 기재된 당사자와 동일성이 인정되는 범위 내에서 적법하게 확정된 당사자에게도 미치는 것이다.

부적법한 표시의
정정과 하자의
치유 법원이 부적법한 당사자의 표시 정정신청을 받아들이고 당사자도 이에 명시적으로 동의하여 변론이 진행된 다음 판결이 선고되었다면, 당사자 표시 정정신청이 부적법하다고 하여 그 후에 진행된 변론과 그에 따른 판결을 모두 부적법하거나 무효라고 주장할 수 없다. 그러한 주장은 소송절차의 안정을 해칠 뿐만 아니라 소송경제나 신의칙 등에 비추어 허용할 수 없기 때문이다(대판 2008.6.12, 2008다11276).

(3) 성명모용소송의 처리

판결 전의 처리 성명모용소송은 타인의 성명을 모용(본인 모르게 사용)하여 원고 또는 피고가 되는 것을 말하고, 이때 당사자가 누구인지 그 확정이 문제된다. 판결 전인 소송 도중에 모용사실이 발견되면, 원고가 모용된 소에서는 이를 각하하고, 피고가 모용된 소에서는 피모용자에게 응소의 기회(소장부본의 송달)를 주어야 한다.

판결 후의 처리
- 표시설 그러한 사실을 간과하고 내려진 판결은 표시설에 따라 소장에 표시된 당사자에게 그 효력이 미치지만, 불복이 있으면 상소(항소와 상고)나 재심을 통해 구제받을 수 있다(대판 1964.3.31, 63다656. Case Note[4-2] 참조). 구제방법으로 재심사유가 되는 것은 대리권의 흠결이다(451 I ③). 즉, 성명모용소송에서는 소송이 적법하게 대리되지

아니한 것, 달리 말해 적법하게 소송관여의 기회가 부여되지 않은 것에 해당되기 때문이다.

의사설과 행동설 반대로 의사설(피고 모용의 경우에는 반대)이나 행동설에 의하면 표시된 자에게 판결의 효력이 미치지 않고, 상소나 재심에 관계없이 판결의 무효를 주장할 수 있다고 해석한다. 그러나 이미 피모용자명의로 판결이 내려진 이상, 그것을 명확하게 효력을 없앨 필요가 있다. 그렇지 않고 피모용자가 언제나 무효를 주장할 수 있다는 것은 법적 안정성을 해치기 때문이다.

(4) 사자명의소송의 처리 – 당사자의 사망을 간과하고 내려진 판결

① 소송계속 중의 사망

소송계속 중에 당사자가 사망하면 절차가 중단되고 수계절차(당사자를 바꾸는 절차)가 필요하고(233), 이를 거치지 않으면 절차상 위법하고 그 판결의 효력이 문제된다. 만일 당사자가 사실심 변론종결 후에 사망하였다면 포괄승계인인 상속인, 그 밖에 사망자의 권리의무 승계인에게 그러한 판결의 효력이 미친다(218 I).

판례의 입장 판례는 원래 당사자의 사망을 간과하고 내려진 판결은 당연무효라고 하였다(대판 1982.12.28, 81사8 등). 즉, 소송절차 중단 중에 변론이 종결되어 선고된 종국판결은 사망 등의 사유로 이미 존재하지 아니한 자를 당사자로 하여 한 판결로서 당연무효라고 판단하고 있었던 것이다. 그러나 판례가 변경되어(대판(전) 1995.5.23, 94다28444. Case Note[4-3] 참조), 소송진행 중(사실심 변론종결 전)에 당사자가 사망하면 상속인의 소송 수행의 유무에 따라 상소나 재심을 통해 그 효력을 다툴 수는 있지만, 당연무효는 아니라고 판단하였다. 판례의 해석은, 상속인의 소송행위는 수계에 관계없이 추인의 의미를 갖기 때문에 유효한 것으로 다룰 수 있고, 신의칙상 실질적으로 소송을 수행한 상속인에게 소송수행의 결과책임을 물을 필요가 있다는 점에서 타당하다. 물론 이혼소송에서와 같이 일신전속적인 권리여서 상속이 불가능하면 당사자의 사망을 간과하고 내려진 이혼판결(대판 1982.10.12, 81므53)은 당연무효이다.

② 소송계속 전의 사망

이미 사망한 당사자를 상대로 소가 제기되면, 그러한 당사자는 당사자능력이 없으므로 아직 판결 전이라면 표시의 정정을 하거나, 상속인으로의 표시 정정을 의미하는 소송수계를 해야 한다(대판 1983.12.27, 82다146). 그러하지 않고 판결이 내려졌을 때에도 그 효력이 문제된다.

당사자가 이미 소송계속 전에 사망하였음에도 소장이 타인에게 송달되어 외관상 소송계속이 발생했을 때, 표시설을 관철하면 소송계속이 발생할 가능성이 없다는 점에서 판결은 무효가 된다. 즉, 소제기 후 소장부본이 송달되기 전에 사망한 자를 피고로 하는 소의 제1심판결은 당연무효이다(대판 2015.1.29, 2014다34041). 이러한 판결에 대해 상속인들이 하는 항소나 소송수계신청도 부적법하다.

당연무효인 경우

(5) 소송상의 법인격부인의 법리

① 의 의

법인격부인의 법리는 법인이 형식적으로는 별개의 인격체라도 그 법인격이 남용 내지 형해화(알맹이가 없는 껍데기에 불과한 형태) 된 경우에 그 배후에 있는 실체를 법인격으로 보는 실체법(회사법)상의 법리를 말한다. 이러한 법인격부인의 법리는 소송상으로도 적용될 수 있는지, 즉 당사자의 표시 정정이 가능한지, 판결효는 확장되는지 문제된다.

② 판례의 해석

법인격이 부인되면 당사자의 표시 정정이 가능한지를 다룬 판례는 보이지 않는다. 한편, 판결효 확장에 대해 판례는 단지 절차의 명확·안정을 중시해야 하기 때문에 법인격부인이라는 실체법의 법리는 소송에는 적용되지 않는다고 해석한다(대판 1995.5.12, 93다44531. Case Note[4-4] 참조).

그러나 법인격의 유무, 법인의 존재에 대해서는 실체법이 정하는 판단기준을 소송에서는 무시할 수 없고, 실체법에 의해 당사자의 동일성이 인정된다면 소송상으로도 표시의 정정을 허용해야 할 것이다.

법인격을 남용한 것이지만, 형해화 되었다고는 볼 수 없는 경우(예를 들어 어떤 회사가 자신의 채무를 면탈할 목적으로 형식적으로 별개의 회사를 설립한 경우)에는, 형식적으로 두 개의 법인이 존재하고 각 법인을 둘러싼 법률관계(예를 들면 주주나 그 밖에 출자자와의 관계)가 항상 동일하다고는 할 수 없을 것이다. 따라서 당사자가 동일하다고 평가하는 것은 곤란하다. 따라서 판결효도 미치지 않게 되어 그 배후에 존재하는 회사에 대해 새로 소를 제기하거나 소송 도중에 당사자로 끌어들이는 방법이 필요하다. 이에 대해 승계집행문을 통한 집행의 가능성을 인정하는 학설도 있지만, 승계집행이 가능하려면 판결효(집행력)가 확장되어야 하므로 기본적으로 판례와는 다른 해석(판결효가 확장된다는 해석)을 전제로 해야 할 것이다.

반대로 개인과 회사의 관계가 개인이 회사의 배후자로 존재하고 회사의 의사결정이 주주총회 등을 거치지 않고 개인에 의해 결정되며, 재산관계도 동일하여 회사의 법인격이 형해화되는 예도 있다. 이러한 경우에는 당사자의 동일성이 인정되고 회사에 대한 판결의 효력이 법인격부인의 법리에 의해 배후자인 개인에게도 미친다고 해석해야 한다. 판결효가 확장된다면 그 집행에 있어서도 승계집행문을 통해 집행할 수 있다.

3. 당사자능력

(1) 서

① 의 의

당사자능력은 소송상의 청구의 주체 또는 객체가 될 수 있고, 판결의 이익 귀속주체가 될 수 있는 자격을 말한다. 민법상의 권리능력과 대응되는 소송법의 개념이다. 당사자능력은 소송행위를 스스로 할 수 있는 소송능력이나, 변론을 스스로 할 수 있는 변론능력과 구별된다. 또한 구체적 사건에 따라 정해지는 당사자적격과 달리, 사건의 내용에 관계없이 당사자의 성격에 따라 일반적으로 정해진다. 다만, 비법인단체의 당사자능력이 문제될 때에는 사건의 내용도 고려할 필요가 있다.

② 당사자능력자

권리능력이 인정되는 자는 당연히 당사자능력을 갖는다. 따라서 자연인과 법인은 당사자능력자이다. 태아도 권리능력이 인정되는 한도에서 당사자능력이 있다. 국가는 물론 외국국가와 외국법인, 지방공공단체도 당사자능력을 갖는다. 개개의 행정관청은 민사소송이 아닌 행정소송에서 당사자능력을 갖는다. 그러나 자연물인 도롱뇽 또는 그를 포함한 자연 그 자체로는 당사자능력이 없다(대결 2006.6.2, 2004마1148,1149).

(2) 비법인단체의 당사자능력

① 법 52조의 취지

권리능력이 인정되지 않는 비법인단체에게도 당사자능력이 인정될 수 있다 (52). 일정한 비법인단체에게 당사자능력을 인정하는 이유는, 단체가 스스로 사회·경제적 활동을 하는 이상 그러한 단체를 둘러싼 분쟁의 처리를 직접 단체에게 맡기는 것이 합리적이기 때문이다. 만일 비법인단체에게 당사자능력이 인정되지 않으면 그 구성원 전원이 당사자가 되어야 하므로 적합하지 않다. 반대로 비법인단체에게 당사자능력이 인정된다면, 한편으로는 권리능력이 없으므로 이행소송에서 당사자적격을 가질 수 있을지도 문제된다. 이러한 문제가 있기 때문에 당사자능력이 인정되는 비법인단체에게는 직접 권리능력을 인정하거나, 비법인단체를 그 구성원에 대한 소송담당자로 보아야 할 것이다.

② 요 건

비법인단체(일반적으로 법인이 아닌 사단)가 당사자능력을 가지려면 일정한 요건을 갖추어야 한다. 판례(대판 1991.11.26, 91다30675. Case Note[4-5] 참조. 학설도 판례에 따르고 있다)가 요구하는 당사자능력이 인정되는 비법인단체(그 구성원의 수는 복수인 한 소수라도 상관없고, 그 명칭도 관계없다)의 요건은 다음과 같다.

㉠ 고유의 목적을 가지고 사단적 성격을 가지는 규약을 만들어 이에 근거하여 의사결정기관 및 집행기관인 대표자를 두는 등의 조직을 갖추고 있고, ㉡ 기관의 의결이나 업무집행방법이 다수결의 원칙에 의하여 행해지며, 구성원의 가입, 탈퇴 등으로 인한 변경에 관계없이 단체 그 자체가 존속하고, 그리고

ⓒ 그 조직에 의해 대표의 방법, 총회나 이사회 등의 운영, 자본의 구성, 재산의 관리 그 밖에 단체로서의 주요사항이 확정되어 있어야 한다.

③ 당사자능력이 인정되는 비법인단체의 예

동민회(대판 1991.5.28, 91다7750)나 자연부락(대판 1980.3.25, 80다156 등), 종교단체(대판 1962.7.12, 62다133 등. 다만, 천주교회는 그렇지 않다[대판 1966.9.20, 63다30]), 종중(대판 1991.11.26, 91다31661 등), 노동조합(대판 1977.1.25, 76다2194), 주택조합(대판 1996.3.8, 94누12487 등), 행정구역과 동일한 명칭을 사용하면서 일정한 재산을 공부상 그 이름으로 소유하여 온 동(洞)(대판 2004.1.29, 2001다1775) 등이 있다. 또한 법인이 아닌 재단의 경우에도 이러한 요건에 준해 당사자능력의 유무를 판단하는데, 유치원(대판 1969.3.4, 68다2387), 설립 중의 재단 등은 당사자능력이 있다.

④ 당사자능력이 부정되는 비법인단체의 예

비법인단체의 당사자능력이 부정된 예를 보면 다음과 같다. 즉, 채권단이라는 비법인단체가 만들어지고, 이 단체에서는 채권자 전원에게 개별적인 통지를 하지 않았지만, 일간신문에 그 채권단 소집공고를 1회 게재하는 방식으로 총회를 소집하고, 이렇게 개최된 총회에서 구성원 100인 중 50인이 의결권을 위임한 가운데 정관을 채택한 다음, 회장 등 임원을 선임하였다면 당사자능력이 부정된다. 이 사례에서는 앞의 요건에서 보았듯이 일간신문에 1회 공고하여 개최된 총회에 의해 설립된 것이므로 구성원의 의견이 반영되었다고 볼 수 없고, 그러한 단체의 조직행위는 구성원의 개인성과는 별개로 권리·의무의 주체가 될 수 있는 독자적 존재로서의 사단을 성립시켜 그 구성원으로 되는 것을 목적으로 하는 채권자 100인의 의사 합치에 기한 것이라고 해석할 수 없기 때문이다(대판1999.4.23, 99다4504). 읍·면도 지방자치단체의 하부 행정구역에 불과하여 민사소송에 있어 당사자능력이 인정되지 않는다(대판 2002.3.29, 2001다83258).

(3) 당사자능력 흠결에 대한 조치

당사자능력은 소송요건의 하나로 법원이 직권으로 조사하고, 그 흠결이 인정되면 보정할 수 없는 한 소를 각하해야 한다. 이를 간과하고 판결이 내려져도 무효인 판결이 된다. 그러나 당사자의 이익과 법률관계의 명확성을 위해 상소 또는 재심을 통한 구제도 인정할 필요가 있다.

4. 소송능력

(1) 의 의

소송능력은 스스로 소송행위를 할 수 있는 능력을 말한다. 실체법이 정하는 행위능력자는 원칙적으로 소송능력을 갖는다(51). 이것은 일반적으로 실체법이 정하는 권리와 의무를 둘러싸고 발생하는 것이 소송이므로, 소송법에서의 능력 기준도 원칙적으로 실체법의 그것과 보조를 맞추는 것이 바람직하기 때문이다. 다만, 민법에서는 법정대리인의 동의를 얻으면 미성년자도 그 동의 한도에서 스스로 법률행위를 할 수 있는 능력자가 되지만(민5), 소송법에서는 법정대리인의 동의가 있어도 그 한도 내에서 스스로 소송행위를 하는 것은 불가능하고 법정대리인이 대신 소송행위를 해야 한다(55). 소송 자체를 포함한 소송행위는 일반적인 거래행위보다 복잡하고 법적인 지식을 요구하기 때문에, 소송에서는 단순히 법정대리인의 동의를 얻었다는 행위능력만으로는 부족하고 포괄적인 행위능력이 필요하기 때문이다. 또한 실체법에서는 반드시 행위무능력자가 아닌, 즉 제한능력자로 될 만한 의사무능력이지만 아직 그 선고를 받지 않아도 특별대리인의 선임이 인정되므로 결국 소송무능력자로 취급해야 한다(62의2. 대결 1984.5.30, 84스12).

절대적 소송무능력자 여기에는 다음의 2가지가 있다. 먼저 미성년자로서 19세 미만인 자는 행위무능력자이고 소송능력도 갖지 못한다(민4). 또한 피성년후견인의 경우도 마찬가지이다(민10). 다만, 피성년후견인이 민법10조2항에 따라 취소할 수 없는 법률행위를 할 수 있는 경우에는 소송능력을 갖는다(55 I ②).

제한적 소송무능력자 피한정후견인은 가정법원이 정한 한도에서 예외적으로 행위능력을 갖지 못하고, 한정후견인의 동의가 필요한 행위는 대리권 있는 한정후견인에 의해서만 소송행위를 할 수 있다

(55 Ⅱ). 또한 피특정후견인도 제한된 행위능력을 갖고 그러한 한도에서 제한적인 소송능력을 갖는다(민법14의2Ⅲ).

(2) 포괄적인 행위능력을 갖는 미성년자의 소송능력

포괄적 행위능력을 갖는 미성년자라면 소송능력도 갖는다.

미성년노동자 예를 들어 미성년노동자가 사용자에게 자신의 보수를 청구할 때에는, 그 보수청구권의 행사에 관한 포괄적인 행위능력이 인정되므로 소송능력을 갖는다(대판 1981.8.25, 80다3149. Case Note[4-6] 참조). 노무를 제공하고 그에 따라 임금을 청구할 수 있는 것은 근로기준법에 의해 당해 미성년노동자에게 그에 대한 포괄적인 행위능력이 인정되었기 때문이다. 또한 미성년노동자에게는 독자적인 계약체결권이 인정된 노동계약을 둘러싼 소송에서도 소송능력을 갖는다고 풀이해야 할 것이다.

그 밖의 예 미성년자가 포괄적으로 행위능력을 취득하는 그 밖의 예로, 미성년자가 혼인하는 경우(민826의2), 미성년자가 독립하여 영업을 할 수 있는 경우(민8. 55 Ⅰ ①) 또는 회사의 무한 책임사원인 경우(상7)가 있다. 또한 신분행위를 대상으로 한 가사소송에서는 행위무능력자에게 의사능력이 있으면 소송능력이 인정된다.

(3) 소송무능력자가 한 소송행위의 추인

소송무능력자가 한 소송행위는 추인되지 않는 한 무효이다. 절차의 안정을 위해 취소가 아닌 무효로 처리된다. 소송무능력자가 한 소송행위를 추인할 수 있는 것은 법정대리인이나 후에 능력을 회복한 당사자이다(60).

추인의 방식 등 추인은 상소심이나 재심절차에서도 가능하다. 예를 들어 대표자 자격이 없는 비법인사단의 대표자가 사실심에서 한 소송행위를 상고심에서 적법한 대표자가 추인할 수 있고, 그 소송행위는 행위시에 소급하여 효력을 갖는다(대판 1997.3.14, 96다25227. Case Note[4-10] 참조). 추인의 방식은 특별한 규정이 없으므로 구술 또는 묵시로 가능하다. 예를 들어 1심에서 이루어진 무효인 소송행위를 항소심에서 1심 변론결과를 진술하는 등 변론을 하였다면 1심에서의 소송행위는 묵시적으로 추인한 것이 된다(대판 1988.10.25, 87다카1382).

추인의 대상

추인은 절차의 안정을 위해 소송행위의 전체를 대상으로 일괄적으로 해야 하고, 그중에서 일부의 소송행위만의 추인을 허용하는 것은 소송의 혼란을 야기할 염려가 있으므로 원칙적으로 허용되지 않는다(대판 1973.7.24, 69다60). 예외적으로 소송의 혼란을 일으킬 염려가 없고 소송경제상으로도 적절하다면 그러한 행위만을 제외하여 추인할 수 있다. 예를 들어 일련의 소송행위 중에서 소취하만을 제외하고 전부 추인하는 것은 인정된다. 소취하만을 다른 소송행위에서 분리해도(소취하만을 무효로 해도), 독립된 의미(취하된 소를 살린다)를 가지고 있어서 소송의 혼란을 일으킬 염려가 없고 소송경제상으로도 적절하기 때문이다(대판 1973.7.24, 69다60).

(4) 소송무능력을 간과하고 내려진 판결의 효력

① 소송무능력자가 패소한 경우

판결을 내리기 전에 당사자가 소송무능력자임이 밝혀지면 법원은 기간을 정하여 그 보정을 명해야 한다(59).

소송결과에 따른 구분

소송무능력을 간과하고 내려진 판결의 효력은 소송무능력자가 패소한 경우와 승소한 경우로 나누어서 판단한다. 패소한 경우에는, 무능력자가 한 행위는 보정되지 않고 추인되지 않으면 무효가 되기 때문에 원칙적으로 무능력자가 받은 판결도 효력이 없다. 그러나 그 처리에 있어서는 소송경제나 상대방의 이익에 비추어 당연무효로 하기보다는 상소 또는 재심에 의한 취소를 인정하는 것이 타당하다. 법정대리인의 추인의 가능성도 남아 있기 때문이다. 한편, 상대방도 그 효력을 명확히 할 필요가 있으므로 상소나 재심을 제기할 수 있다.

② 소송무능력자가 승소한 경우

소송무능력자가 승소한 경우에는, 능력의 흠결을 이유로 판결의 무효를 주장하는 것은 불가능하다. 기판력의 쌍면성 때문에 재판의 결과가 오히려 무능력자에게 불리한 경우도 있을 수 있으므로 그러한 경우까지 무능력자를 보호할 이익은 찾기 힘들기 때문이다. 결국 무능력자는 승소판결의 불이익을 무능력이라는 이유로 면할 수 없다. 설사 승소판결의 금액에 불복이 있더라도 능력흠결 이외의 이유에 기한 상소에 의할 수밖에 없다. 마찬가지로 상대방의 경우에도 능력흠결을 이유로 상소 또는 재심을 제기하여 당해 판결의 효력을 다툴 수 없다.

③ 무능력자가 사술을 쓴 경우

그러나 무능력자가 속임수를 써서 능력자라고 믿게 하였다면, 능력의 흠결이라는 이유로 그 행위의 무효를 주장하는 것은 신의칙상 허용되지 않는다. 속임수를 쓴 무능력자보다 그것을 믿은 상대방의 이익, 나아가 절차의 안정 및 소송경제를 보호하는 것이 신의칙에 합치하기 때문이다.

5. 변론능력

변론능력은 스스로 주장이나 진술이라는 변론을 할 수 있는 능력을 말한다. 후술(Ⅱ4)하는 바와 같이 우리 법은 변호사강제주의를 채택하고 있지 않고 소송능력이 있는 자는 모두 변론능력을 갖는다(반대로 변호사강제주의라면 변호사만이 변론능력을 갖는다). 다만, 변호사대리의 원칙상 소송대리인이 갖는 변론능력을 변호사에게만 부여하고 있다.

변론능력이 없는 경우의 조치

변론능력은 개인에 따라 차이가 있다. 만일 당사자 본인이나 대리인에게 변론능력이 없으면 당사자는 법원의 허가를 받아 진술을 도와주는 사람과 함께 출석하여 진술할 수 있다(143의2). 또한 법원은 그 진술을 금지하고 변론속행을 위한 신기일을 정할 수 있다(144Ⅰ). 진술이 금지되면 변론이 불가능하게 되어 법원은 필요에 따라 변호사의 선임을 명할 수 있다(144Ⅱ). 대리인의 진술을 금지하거나 변호사선임명령이 내려지면, 당사자 본인이 그에 대응하는 조치를 할 기회를 부여하기 위해 그 취지가 통지된다(144Ⅲ). 변호사선임명령에 따르지 않으면 법원은 소를 각하할 수 있다(144Ⅳ).

II. 소송의 대리인·대표자

1. 서

(1) 소송상의 대리인의 개념

소송상의 대리인은 당사자 본인을 위해 소송행위를 하는 자를 말한다. 소송무능력자라면 스스로 소송행위를 할 수 없으므로 대리인이 반드시 필요하고, 이 역할을 수행하는 것이 법정대리인이다. 소송능력자라도 소송의 승패는 적절한 소송행위에 달려 있으므로 법률전문가인 변호사에게 대리시킬 필요성이 있다.

유사 형태와의 차이 소송상의 대리인은 본인의 이름으로 본인을 대신하여 소송을 수행하고 그 효과는 본인에게 귀속된다. 따라서 소송대리인은 단순히 본인의 소송행위를 전달하거나 수령하며 자신의 의사로 소송행위를 하지 않는 사자와 차이가 있다. 또한 본인의 이름이 아닌 자신의 이름으로 소송행위를 하는 제3자에 의한 소송담당과 구별된다. 자신의 이름으로 소송행위를 하는 공동소송인이나 소송참가인과도 차이가 있다.

(2) 소송상의 대리의 종류

법정대리인과 임의대리인 소송상의 대리인은 크게 법정대리인과 임의대리인으로 구분된다. 본인의 의사에 관계없이 선임되는 법정대리인에는 실체법상의 법정대리인과 소송법상의 법정대리인이 있고 법인의 대표자도 법정대리인에 준한다(64). 임의대리인에는 소송위임에 의한 대리인과 법령에 의한 대리인이 있다. 본인이 선임하거나 본인에 대신하여 재판장이 선임하는 대리인은 임의대리인이다.

포괄대리인과 개별대리인 소송상의 대리인은 원칙적으로 포괄적인 대리권을 갖는다는 점에서 포괄대리인이지만, 개별행위만을 위한 대리인도 인정된다(개별대리인). 소송대리인이라 할 때는, 광의로는 포괄적 대리권을 갖는 임의대리인을 말하고 협의로는 소송위임에 의한 임의대리인(변호사)만을 말한다. 일반적으로는 협의로 쓰인다.

(3) 소송상의 대리권

대리권의 존부와 추인 절차의 안정과 원활한 진행을 위해 대리권의 존부, 그 범위는 명확성과 획일성이 요구되고(63, 90, 97), 소송요건으로서 직권조사사항에 해당된다(89). 대리권이 없다면 그러한 소송행위의 효과는 무효로서 본인에게 미치지 않지만 본인(법정대리인)은 이를 추인할 수 있다(60, 97). 예를 들어 원고 조합의 소송대리인에 대한 소송위임행위가 필요한 총회의 결의를 거치지 않아 소송위임행위와 그에 따른 소송대리인의 소송행위가 모두 무효가 되어도, 원고 조합이 그 대표자인 조합장을 통하여 직접 소를 제기하는 등의 소송행위를 할 수 있다면, 원고의 조합장은 총회의 결의 없이 소송대리인의 소송행위를 추인할 수 있다(대판 2012.3.15, 2011다95779). 물론 무권대리인이 행한 소송행위의 추인은 앞서 소송무능력자가 한 소송행위의 추인에서 보았듯이, 특별한 사정이 없는 한 소송행위의 전체를 대상으로 해야 한다. 본인이 추인을 하면 소급하여 유효하게 된다. 또한 대리권의 흠결을 간과하고 내려진 판결은 상소나 재심을 통해 그 취소를 구할 수 있지만(424 I ④, 451 I ③), 당연무효는 아니다.

쌍방대리 등의 금지 민법에서는 쌍방대리를 금지하는데(민124), 소송법에는 그러한 금지규정이 없다. 그러나 당사자의 대립구조를 없애고 소송의 형해화를 초래하는 것이기 때문에 소송에서도 쌍방대리가 금지된다는 것이 일반적인 해석이다(대판 1965.3.16, 64다1691,1692). 민법 64조의 이익상반행위의 금지원칙도 마찬가지로 소송에 준용된다(대판 2003.5.27, 2002다69211).

2. 법정대리인

(1) 실체법상의 법정대리인

실체법이 인정하는 법정대리인은 소송법에서도 법정대리인이 된다(51).

친권자와 후견인 친권자는 당연히 법정대리인이다(민909, 911). 미성년후견인, 대리권 있는 성년후견인 또는 대리권 있는 한정후견인은,

상대방의 소 또는 상소 제기에 대해 소송행위를 할 때 그 후견감독인으로부터 특별한 권한을 받을 필요가 없지만, 소의 취하, 화해, 청구의 포기·인낙 또는 법 80조에 따른 소송탈퇴를 하기 위해서는 후견감독인으로부터 특별한 권한을 받아야 한다(56. 다만, 후견감독인이 없다면 가정법원으로부터 특별한 권한을 받아야 한다[56Ⅱ단서]).

| 그 밖의 대리인 | 그 밖에 법정대리인과 본인이 이익상반일 때에 인정되는 특별대리인(민64, 847, 921), 법원이 선임하는 부재자의 재산관리인(민22. 대판 1977.2.22, 76다2071), 상속재산관리인(민1053. |

대판 1976.12.28, 76다797)도 실체법상의 법정대리인이다(유언집행자는 법정대리인이 아닌 소송담당자이다. 후술[제4장Ⅲ3]하는 소송담당 부분 참조).

(2) 소송법상의 특별대리인

| 의의 | 소송법상의 특별대리인은 법원이 당사자를 위해 선임하는 법정대리인을 말한다(62). 원래 민법에 의해 실체법에서 특별대리인이 선임되지만(민921 등) 그럼에도 소송법상의 특별 |

대리인이 인정되는 이유는, 그 지연에 따라 발생할 우려가 있는 당사자의 불이익을 회피하기 위해서이다. 소송법상의 특별대리인은 판결절차 이외에도 증거보전절차(378), 강제집행절차(민집52Ⅱ)에서 이용할 수 있다. 법인도 대표자 또는 관리인이 없거나 대표권을 행사할 수 없으면 특별대리인의 선임이 인정된다(64. 대판 2015.4.9, 2013다89372 참조).

| 특별대리인의 선임요건 | ① 수소법원에 특별대리인을 신청할 수 있는 자는 제한능력자의 상대방당사자뿐만 아니라, 제한능력자의 친족, 이해관계인, 대리권 없는 성년후견인, 대리권 없는 한정후견인, 지 |

방자치단체의 장 또는 검사도 신청할 수 있다(62Ⅰ). 다만, 제한능력자 본인은 제한능력자인 이상 신청할 수 없다.
② 특별대리인의 선임을 요구하는 신청자는 지연으로 인해 손해를 받을 염려가 있음을 소명해야 한다. 보통 제소에 따른 시효중단의 필요성이나 증거의 멸실을 방지할 필요성이다(긴박한 사정[손해를 받을 염려]에 관한 아무런 소명이 없다고 한 판

례로 대결 1967.3.28, 67마155).

③ 제한능력자에게 법정대리인이 없거나, 법정대리인이 소송에 관한 대리권이 없거나 행사할 수 없어야 한다(62 I ①②). 전자의 예로는 친권자나 후견자가 없는 경우, 그 밖에 회사라면 대표자가 없거나 대표자가 대표권을 행사할 수 없는 경우가 있다(대판 1974.12.10, 74다428 참조). 후자의 예로는 법률상 또는 사실상 대리권행사에 장애가 있는 경우(법정대리권을 행사할 부친이 지병으로 사실상 법정대리권을 행사할 수 없는 경우[대결 1987.11.23, 87스18. Case Note[4-7] 참조])가 있다. 또한 법정대리인의 불성실하거나 미숙한 대리권 행사로 소송절차의 진행이 현저하게 방해받는 경우에도 그러하다(62 I ③).

④ 보통 제한능력자가 당사자가 되는 경우에 이용할 수 있고, 미성년자는 아니지만 의사무능력이면서도 아직 제한능력자가 되지 않은 때에도 특별대리인을 선임할 수 있다(62의2).

⑤ 인지소송이나 이혼소송 등 신분상의 법률행위에 관한 소송에서도 특별대리인을 선임할 수 있다. 원래 신분상의 법률행위는 일신전속이며 본인의 의사결정을 존중하여 대리가 적합하지 않다고 해석되고 있고, 이러한 특징을 고려한다면 특별대리인을 선임할 수 없다는 결론이 된다. 그러나 법정대리인에 의한 대리가 필요함에도 법정대리인이 없거나 대리권을 행사할 수 없을 때에는 어차피 특별대리인을 선임해야 한다(판례[대결 1987.11.23, 87스18]도 마찬가지이다).

⑥ 특별대리인을 누구로 할 것인지는 법원의 재량에 맡겨져 있다(62 II). 따라서 선임신청각하결정에 대해서는 항고를 통한 불복신청이 가능하지만(439), 선임결정에 대해서는 불복신청이 불가능하다(대결 1963.5.2, 63마4). 선임된 자는 반드시 특별대리인이 되어야 할 의무는 없다(다만, 변호사라면 정당한 이유 없이 이를 거부할 수 없다[변호사법23조]). 또한 법원은 선임한 특별대리인을 직권으로 언제든지 개임할 수 있다(62 II). 개임은 기존의 특별대리인을 해임하고 새로이 대리인을 선임하는 것이다.

⑦ 법인 대표자의 자격이나 대표권에 흠이 있어 수소법원에 의해 특별대리인이 선임된 후 소송절차가 진행되던 중에 그 흠이 보완된 경우, 특별대리인에 대한 수소법원의 해임결정이 있기 전이라도 그 대표자는 법인을 위해 소송행위를 할 수 있다(대판 2011.1.27, 2008다85758).

(3) 법정대리인의 지위와 대리권

지위

법정대리인은 당사자가 아니어서 판결효를 받는 일도 없고 재판적 등에서도 당사자를 기준으로 정하지만, 당사자에 준한 지위를 갖는다. 소장의 기재(249), 송달의 수령(179), 본인에 대신하는 출석(145Ⅱ 등), 절차의 중단(235)에서 그러하다. 법정대리인을 신문하면 증인신문이 아닌 당사자신문(372)이 된다.

대리권의 내용

법정대리권의 구체적 내용은 법에 특별한 규정이 없는 한 민법 등의 관계법령이 정한다(51). 친권자는 모든 소송행위를 할 수 있지만, 후견인은 위에서 본 바와 같이 필요에 따라 후견감독인의 동의를 얻어야 한다. 법정대리권이나 그 밖의 소송행위에 관한 수권은 대리권의 존재를 명확히 함으로써 절차의 안정을 도모한다는 점에서 서면으로 증명해야 한다(58. 규칙63Ⅰ).

법정대리인이 복수인 경우

복수의 법정대리인이 공동대리를 하게 되면(민909 등), 소송행위의 수령은 단독으로 할 수 있지만, 적극적인 행위는 원칙적으로 대리인 전원이 해야 한다. 또한 기일의 소환, 특별수권사항에 해당하는 소나 상소의 제기 등도 그 행위가 갖는 중요성에 비추어 전원이 해야 한다. 물론 다른 대리인이 이의를 제출하지 않으면 추인한 것이 되고, 서로 모순되는 소송행위를 하면 본인에게 유리한 쪽이 효력을 갖는다.

(4) 법정대리권의 소멸

대리권 소멸통지의 필요성

법정대리권의 소멸은 각각의 법률이 정한다. 즉, 민법의 법정대리권 소멸이나 발생원인의 소멸 등이다. 다만, 본인 또는 법정대리인이 상대방에게 대리권의 소멸사실을 통지해야 그 효력이 발생한다(63). 이 특칙은 대리권의 소멸을 쉽게 알 수 없다는 점에서 절차의 안정을 도모하기 위한 조치이다. 법정대리인으로 보는 법인의 대표자의 경우에도 동일하게 적용된다. 즉, 원고 법인의 대표자가 소송을 수행하고 있는 도중에 대표권을 상실하였지만, 그 대표권의 소멸사실을 통지하기 전에 당해 대표자가 한 소취하는 유효하다(대판(전) 1998.2.19, 95다

52710. Case Note[4-8] 참조). 대표권 소멸사실을 당사자가 아는지 여부 또는 그 과실의 유무는 불문한다. 다만, 법정대리인의 의사능력 상실이나 사망이라면 소멸 통지가 불가능하므로 소멸한 그 시점에 대리권이 소멸된다. 또한 소멸을 통지하지 않아도 법원이 소멸사실을 알면, 법정대리인은 특별수권을 요하는 소송행위(56Ⅱ)를 할 수 없다(63Ⅰ단서). 물론 소멸의 통지가 없는 한 상대방이 소멸사실을 안다 하더라도 소송절차는 중단되지 않는다.

소송종료행위에 대한 특칙　위와 같이 대표권 없는 대표자에 의한 소송행위(판례에서 문제된 소의 취하)를 유효하다고 해석하면, 그 대표자와 상대방이 공모하여 회사가 불측의 손해를 입을 여지가 있다. 이러한 점을 고려하여 구법과는 달리 법63조1항 단서를 추가하여 법원에 법정대리권의 소멸사실이 알려진 뒤에는 법56조2항의 행위(주로 소송종료행위)를 할 수 없다는 규정이 신설되었다. 따라서 대표권의 소멸사실이 법원에 알려지기 전에 항소의 취하를 하였다면, 신 대표자가 항소취하에 이의를 제기하였는지 여부에 관계없이 그 취하는 유효하다(대판 2007.5.10, 2007다7256).

법정대리권이 없는 자의 소송행위가 유효가 되는 의미　위와 같은 결론, 즉 대리권 소멸통지가 있기 전이라면 그때까지 행해진 소송행위가 유효하다는 해석은 외관을 중시하는 법리이다. 이러한 해석은 후술(3(2))하는 표현대리인이 한 소송행위의 효력과 관련하여 표현법리의 유추적용가능성을 긍정하는 근거가 될 수도 있다. 왜냐하면 대표권이 소멸된 대표이사가 한 소송행위를 외관법리에 의해 유효하다고 해석한 것이 되기 때문이다(표현법리의 소송행위에 대한 유추적용을 부정하는 판례는 특히 소송절차의 안정과 명확이라는 의미를 다중적으로 사용한다고 할 수 있다).

3. 법인 등의 대표자

(1) 의 의

자연인이 아닌 법인을 당사자로 하는 소송에서는 법인의 대표자가 소송을 수행한다. 법인의 대표자는 법인의 대표기관으로서 자신의 의사에 따라 당해 법인의 이름으로 소송행위를 하고 그 효과를 법인에게 미치게 한다. 법인과 그 대표자의 관계는 법정대리와 흡사하므로 대표자는 법정대리인에 준하는 지위와 권한을 갖는다(64).

지정대리인
국가를 상대로 하는 소송에서는 법무부장관이 국가를 대표한다(국가를 당사자로 하는 소송에 관한 법률2조). 법무부장관은 직원을 대리인으로 하여 소송을 수행시킬 수 있다(이러한 대리인을 지정대리인이라 한다). 지정대리인은 법령에 의한 대리인이라고 할 수 있지만, 소송만을 위한 대리인으로서 개별 사건마다 선임되고 복대리인을 선임할 수 없는 점(같은 법7조)에서 위임에 의한 소송대리인과 유사하다(다만, 변호사자격은 필요 없고, 법무부장관은 변호사를 소송대리인으로 선임할 수도 있다). 한편, 일반 법인(회사)의 사내변호사가 소송대리인이 되려면 예외적으로 법88조에 의해 직원으로서 소송대리인이 되거나, 아니면 회사로부터 직접 소송위임을 받아야 한다. 전자라면 법원의 허가가 필요하고, 후자라면 변호사 단체의 내부규제에 달려 있다. 국가에 지정대리인이 인정되듯이 회사에서도 그와 유사한 소송대리제도를 인정하는 것은 입법적으로 충분히 가능할 것이다.

(2) 법인의 대표자와 표현법리

판례와 학설
표현대표이사(상395. 그 밖에 표현지배인[상14 본문])가 한 소송행위는 효력이 있는지(표현법리가 적용될 수 있는지) 문제된다. 판례는 아직 표현대표이사가 한 소송행위의 문제를 직접 다룬 것이 없고, 표현대리인에 의한 집행수락행위를 다루면서 표현법리가 그러한 소송행위에 적용될 수 없음(따라서 표현대리인이 한 집행수락행위는 무효)을 명확히 하고 있다(대판 1983.2.8, 81다카621. Case Note[4-9] 참조). 판례의 해석은, 소송행위에는 일반적으로 실체법의 법률행위에 관한 규정이 적용 또는 준용되지 않는다는 원칙에 충실한 것이다. 학설은 판례에 찬성하는 부정설과 판례에 반대하는 긍정설, 그 밖에 법인에게 직무태만이 있다면 적용할 수 있다는 절충설이 있다.

표현법리 적용을
인정해야 하는
이유
소송행위도 다양하므로 각 소송행위에 따라 그 규제의 정도
에 차이가 발생할 수 있다. 따라서 실체법의 표현법리 유추
적용을 일률적으로 부정하는 것도 또한 일률적으로 긍정하
는 것도 타당하지 않다. 실체법의 표현법리는 거래의 안전
을 우선적으로 고려하고 본인은 표현대표자 또는 표현대리인에 의한 법률행위의
무효를 주장할 수 없게 한다. 한편, 소송법에서도 거래의 안전이 우선적으로 고
려되는 것은 아니지만, 대표자 또는 대리인이 한 소송행위에 대해 본인의 책임
을 물을 수 있는 가능성을 부정할 수 없다. 본인에게 대표자 또는 대리인의 선
임 및 감독에 대한 책임을 물을 수 있다면, 본인에게 표현대표자 또는 표현대리
인이 한 소송행위의 무효를 주장할 수 없게 해야 할 것이다.

또한 본인의 책임을 추궁하기 위해서는 상대방의 신뢰를 초래해야 한다는
것은 표현법리가 하나의 신의칙에 의한 원칙임을 보여준다. 따라서 표현법리를
소송에서 적용할 때에는 소송상의 신의칙이라는 고려를 하면서 판단해야 할 것이
다. 판례는 소송상의 신의칙을 인정하고 있고, 앞서 법정대리권의 소멸에서
보았듯이 일정한 경우 표현대표이사(대표권 소멸 후 그 사실을 통지하기 전의 대표이
사)가 한 소송행위를 유효라고 해석하고 있으므로, 앞으로 판례의 입장은 변경될
가능성이 매우 높은 것이 아닐까 생각된다.

4. 임의대리인

(1) 종 류

임의대리인은 당사자의 의사에 의해 선임된 소송대리인이다. 법이 허용하
는 특별한 경우에 인정되는 개별행위에 관한 대리인(184의 송달수령대리인 등)과
포괄적 대리권이 수여된 대리인으로 구별되고, 후자를 소송대리인이라 한다. 소
송대리인은 소송위임에 의하거나 법령에 의해 선임된다.

(2) 소송위임에 의한 소송대리인

① 변호사대리의 원칙

소송위임은 일종의 민법상의 위임계약이지만, 대리권수여행위는 소송행

의 하나로 취급된다. 소송위임에 의한 **대리인이 되려면 원칙적으로 변호사자격이 있어야 한다**(87. 사내변호사와 관련하여, 서울지방변호사회의 '겸직허가 및 신고지침'6조1항1호는 소속회사의 송무사건을 연간 10건까지만 담당하도록 간접적으로 규정하고 있지만, 실무상으로는 그다지 준수되고 있지 않다고 한다). 예외로 단독판사가 심리하는 사건에서는 법원의 허가를 받아 변호사가 아닌 자가 소송대리인이 될 수 있지만(88, 규칙15), 그 상소심은 합의부관할이므로 변호사대리의 원칙이 적용된다. **이것을 변호사대리의 원칙**이라 하고, 반대로 반드시 변호사를 소송대리인으로 선임해야 한다는 제도가 변호사강제주의이다(헌법재판소의 심판절차가 그러하다[헌법재판소법25조3항]).

개별대리의 원칙 복수의 소송대리인이 선임되어도 각자 단독으로 당사자를 대리하고 이를 개별대리의 원칙이라 부른다(93 I). 당사자와 대리인이 개별대리의 원칙에 위배되는 별도의 합의를 해도 소송대리인이 한 행위의 효력에는 영향이 없다(93 II). 또한 복수의 소송대리인이 모순된 소송행위를 하면 법정대리인과는 달리 본인이 모순된 소송행위를 한 것이 된다.

② 소송대리인의 지위

소송대리인은 당사자가 아니므로 소송의 결과인 판결의 효력을 받지 않고, 법정대리인과 달리 증인이나 감정인이 될 수 있다. 또한 실제로 소송행위를 하는 것은 소송대리인이므로 당해 소송행위의 효력이 문제될 때는 소송대리인을 기준으로 판단한다(43 II 등. 그 밖에 민116 참조). 한편, 소송위임을 해도 본인은 소송능력을 상실하는 것이 아니지만, 소송위임의 취지에서 보아 특별한 사정이 없는 한 송달의 상대방은 본인이 아닌 소송대리인이라 해석해야 한다(당사자 본인 또는 그 법정대리인에 대한 출석명령에 대해서는 규칙29의2 참조).

당사자의 경정권 본인은 소송대리인이 변론에서 한 사실에 관한 진술을 즉시 (변론기일에 같이 출석한 경우) 취소하거나 경정하면 본인의 진술이 효력을 갖는다(94. 당사자의 경정권). 소송위임을 한 당사자 본인의 판단권을 존중해야 하기 때문이다.

③ 소송대리인의 대리권

소송위임 본인이 변호사에게 대리권을 수여하는 소송행위를 소송위임이라 한다. 소송위임을 하려면 당사자 본인은 소송능력이 있어야 하고, 그 대리권수여의 의사표시가 소송대리인이 될 상대방에게 도달했을 때에 대리권이 발생한다. 소송대리권의 존재는 법정대리권의 경우와 동일한 취지(절차의 안정)에서 서면으로 증명해야 한다(89).

대리권의 범위 법은 소송대리인의 대리권의 범위에 관해, 원칙적으로 개별적 소송행위에 국한되지 않는 포괄적 범위(승소판결을 얻기 위해 소송수행에 필요한 일체의 소송행위를 할 수 있는 권한)의 대리권이 인정됨을 규정하고 있다(91 본문. 다만, 같은 조 단서에 의해 변호사가 아닌 소송대리인의 경우에는 제한이 가능). 이것은 소송절차를 신속하고 원활하게 진행시켜야 한다는 점에 목적이 있고, 변호사라는 법률전문가의 윤리를 그 기초로 한다. 여기에 포함되는 대리권으로는, 소송행위 그리고 소송행위를 전제로 한 실체법상의 권리행사가 있다(90 I).

포괄적 대리권의 예 먼저 소송행위로는 소의 제기, 소의 변경, 피고가 제기한 반소에 대한 응소, 제3자에 의한 소송참가에 대한 응소, 공격방어방법의 제출, 강제집행 등의 소송행위, 그리고 가압류·가처분 등의 부수적인 소송행위가 소송대리권의 범위에 포함된다. 다음으로 실체법상의 권리행사로는 변제의 수령이라는 사실행위 이외에, 시효의 원용, 상계·해제·취소 등의 형성권을 행사할 권한(사법상의 화해계약은 특별한 사정이 없는 한 소의 취하를 동반하므로 특별수권사항으로 해석하는 것이 타당하다)이 포함된다.

특별수권사항 한편, 특별수권사항으로 법은 다음을 규정하고 있다(90 II). 별개의 청구를 주장하는 행위로서, 피고 대리인이 하는 반소의 제기(215 II의 원상회복청구와 손해배상청구는 반소로서의 성격을 갖지만, 절차상으로는 부수적 청구로 가능하기 때문에 특별수권사항에 포함되지 않는다), 소송 자체를 처분하는 행위로서의 소의 취하(상소의 취하를 포함), 청구의 포기·인낙, 화해 또는 소송탈퇴, 그리고 복대리인의 선임이 있다. 복대리인은 본인을 위한 별도의 대리인이 되므로 본인의 의사를 확인해야 하기 때문이다. 또한 다음에서 보는 심급대리가 있다.

④ 심급대리

의의

소송대리인의 대리권은 하나의 심급에 국한되고, 따라서 상소를 제기하려면 본인의 특별수권이 필요하다. 이것을 심급대리라고 한다. 판례도 법90조2항을 근거로 심급대리의 원칙을 취하고 상소의 제기가 특별수권사항에 해당한다고 판단하고 있다(대판 1965.7.13, 65다1013. Case Note[4-11] 참조). 소송의 승패는 당해 심급으로 일단 판가름 나므로 당사자의 의사(계속 다툴지 여부)를 확인할 필요가 있기 때문이다. 따라서 항소의 제기에 관한 특별수권을 받지 아니한 1심 소송대리인이 제기한 항소는 무권대리인에 의해 제기된 것으로서 위법하다. 다만, 그 당사자의 적법한 소송대리인이 항소심에서 본안에 관한 변론을 하였다면 이로써 그 항소제기 행위를 추인하였다고 할 것이므로, 항소는 당사자가 적법하게 제기한 것이 된다(대판 2007.2.8, 2006다67893). 물론 상소심에서는 반드시 하급심 변호사와 다른 변호사에게 소송위임을 할 필요는 없다.

상소에 대한
응소의 경우

상소의 제기가 아닌 상소의 응소(상소를 제기당한 피상소인측 변호사의 경우)도 특별수권사항인지 약간의 다툼이 있다. 판례는 당해 심급의 판결을 송달받음으로써 소송대리권이 소멸한다는 해석이므로(대판 1995.12.26, 95다24609), 상소의 응소도 특별수권사항에 포함된다는 해석이다(통설도 같다). 이에 대해 법이 상소의 제기라고만 하고 있으므로 상소의 응소는 통상의 소송대리권에 포함된 것이라고 해석할 여지가 없지 않다. 그러나 새로운 심급에서의 방어이고, 부대상소와의 관계에서 상급심에서의 대리권을 수여함으로써 부대상소에 관한 권한도 수여하는 것으로 보는 것이 타당하므로, 상소의 응소도 특별수권사항이 될 것이다.

재심의 경우

재심의 제기도 특별수권이 필요한지 문제된다. 재심소송에서의 변론은 재심 전 절차의 속행이기는 하지만, 재심의 소는 신소의 제기라는 형식을 취하고 재심 전의 소송과는 일단 분리된다. 따라서 심급이 다르다는 점에서 사전 또는 사후의 특별수권이 없다면 재심 전 소송의 소송대리인이 당연히 재심소송의 소송대리인이 되는 것은 아니고, 새로이 소송위임을 받아야 한다(대결 1991.3.27, 90마970).

파기환송심의
경우 다음으로 파기환송심에서의 특별수권 여부이다. 파기환송을 받은 원심에서는 환송 전에 소송대리권을 가졌던 소송대리인의 대리권이 동일한 심급이 되었다는 점에서 부활하므로 (대판 1963.1.31, 62다792; 대판 1985.5.28, 84후102), 파기환송심에 대한 특별수권을 받을 필요는 없다. 그러나 파기환송된 사건이 다시 상고된다면, 새로운 상고심은 환송 전의 상고심과는 별개의 심급이 되므로 특별수권사항으로서 새로운 소송위임이 필요하다(대결 1996.4.4, 96마148).

⑤ 대리권의 소멸

민법과의 차이 민법에서 정하는 대리권 소멸과는 달리 소송대리인의 대리권 소멸사유는 제한되어 있다(95, 96). 민법의 위임은 개인적 신뢰관계에 바탕을 두지만, 소송대리인은 전문가로서 본인에게 불이익을 입힐 가능성이 낮고 소송절차의 안정과 원활을 확보해야 하기 때문이다. 이러한 차이로 인해 소송절차의 중단사유(233 등)가 발생하여도 소송대리권이 존속하는 한 소송절차는 중단되지 않는다(238).

소멸사유와 통지 소송대리권의 소멸사유로는 변호사자격상실이 있고, 그 외에는 민법의 규정에 의한다. 즉, 대리인의 사망, 제한능력자 선고 또는 파산, 위임사건의 종료, 본인의 파산 및 위임계약의 해지이다. 여기서 위임사건의 종료를 제외하고는 소송대리권의 소멸은 법정대리인의 경우와 같이 상대방에게 통지해야 하고, 통지하기 전에는 소멸을 사실을 주장하지 못한다. 다만, 법원에 소멸사실이 알려지면 일정한 소송종료행위를 할 수 없게 된다(97, 63).

⑥ 변호사법위반의 대리행위의 효력

소송대리인은 변호사라는 특수한 지위를 갖고 있는 관계로 변호사법의 규율을 받게 되어 변호사법에 위반되는 대리행위의 효력이 문제된다.

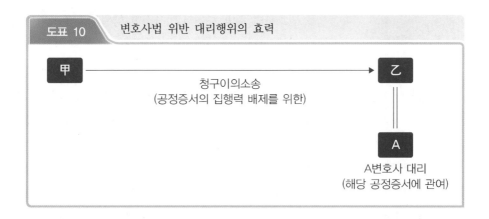

도표 10   변호사법 위반 대리행위의 효력

甲 ──────────────────────→ 乙

청구이의소송
(공정증서의 집행력 배제를 위한)

A

A변호사 대리
(해당 공정증서에 관여)

**변호사법31조
위반의 경우**

예를 들어 <도표 10>에서 보듯이 A변호사가 관여한 공정증서에 채무자로 기재된 甲은 그 채권자인 乙을 상대로 해당 공정증서의 집행력을 배제하기 위해 청구이의소송을 제기하였는데, 피고 乙의 소송대리인으로 A변호사가 선임되었다. 이때 A변호사는 변호사법31조(사건수임의 제한규정)에 의해 이 사건에서 乙을 대리할 수 없게 되어 있을 때 그 대리행위의 효력이 문제되는 것이다. 이에 대해 다음과 같은 견해가 있다. 먼저 변호사법이 강행법규라는 특징을 강조하여 항상 무효라고 주장하는 견해는 절대무효설, 정반대로 항상 유효라고 하는 견해는 유효설, 무권대리이지만 추인에 의해 유효가 된다는 견해가 추인설, 마지막으로 이의설로서 상대방인 甲이 이의를 하지 않고 소송절차를 진행하면 유효하지만, 일정 시기까지 甲이 이의를 주장하면 무효가 된다는 견해이다(그 밖에 이의설에 의하면서 쌍방대리의 경우에만 추인설이 타당하다는 견해도 있다). 판례는 원래 변호사법에 위반하는 대리행위의 효력에 대해 추인설을 취한 것(대판 1962.4.25, 4294민상676)도 있었지만, 판례를 변경하여 이의설을 취하고 있다(대판(전) 1975.5.13, 72다1183. Case Note[4-12] 참조). 통설도 판례와 같다.

변호사인 소송대리인이 변호사법31조 등을 위반하는 대리행위를 하였다면 그 위반에 의해 불이익을 받는 것은 통상 상대방(甲)이다. 따라서 상대방의 이익보호를 중시해야 하고, 이러한 점에서 판례와 통설의 견해인 이의설에 의해 처리하는 것이 타당하다. 특히 쌍방대리의 경우에만 추인설이 타당하다는 견해는 의뢰인이 아닌 상대방의 이익보호를 주안으로 하지 못하게 되어 타당하지 않다.

다음으로 변호사법 위반 중에서도 특정한 행위가 변호사법에 위반되는 것이 아닌 변호사가 아닌 자가 소송대리를 하는 비변행위의 효력이 문제된다(물론 법으로 제도적인 규제를 해야 할 만큼 다발하는 것은 아니다). 비변행위의 효력은, 강행법규에 위반하는 행위이므로 원칙적으로 무효로 해야 하지만 다음과 같은 예외를 인정할 필요가 있다. 즉, 본인이 변호사가 아닌 것을 모르고 있었다면 그 효과는 원칙적으로 없고 예외적으로 추인을 인정해야 한다. 반대로 본인이 그것을 알고 있었다면 그 무효를 주장하는 것은 신의칙에 반하고 추인한 것이 된다. 한편, 상대방이라면 자신의 대리인이 문제가 된 것이 아니므로, 대리행위가 당해 법규에 위반되는지 여부에 대해 직접적인 관련을 갖지 않는다. 따라서 자신의 권리가 부당히 침해되었다는 증명이 없는 한 변호사가 아닌 자의 대리행위라는 이유만으로 무효를 주장할 수 없다.

또한 위와 유사한 문제로서 자격정지 중인 변호사 또는 변호사등록이 취소된 자의 대리행위의 효력이 문제된다. 판례(대판 1989.1.17, 87누1045)는 비변행위와 동일하게 해석하고 있다. 변호사자격이 없는 자에 의한 대리행위이므로 판례의 해석은 타당하다.

(3) 법령에 의한 소송대리인

법령에 의해 본인이 소송대리권을 부여한 자를 말한다. 법정대리인이 아닌 임의대리인으로 분류하는 것은 소송대리권을 본인이 자신의 의사로 부여(본인의 수권)했기 때문이다. 다만, 형식적으로는 임의대리인이지만 법령에 의한 대리인이므로 변호사일 필요는 없다. 이러한 대리인으로는 지배인(상11), 선박관리인(상761), 선장(상773) 등이 있다. 그 실체는 법인의 대표자에 가깝다. 한편, 변호사대리의 원칙을 회피하려는 목적으로 영업에 관한 포괄적인 대리권을 수여함이 없이 형식적으로 지배인을 임명하는 것은, 탈법행위로서 그리한 지배인은 소송대리권이 없다고 해석해야 한다.

법령에 의한 대리인의 소송대리권 범위는 그 근거가 된 법령에 의하는데, 소송행위에 관한 제한이 없는 것이 보통이다(92). 다만, 소송위임과는 달리 본인과의 신뢰관계가 기본이 되므로 민법의 위임에서와 같이 본인의 사망에 의해 대리권이 소멸된다고 해석해야 한다.

제4장 **소의 이익**

제4장에서는 소의 형식적 요건에 해당되는 소송요건 중 소의 이익을 다룬다. 소의 객관적 이익과 소의 주관적 이익(당사자적격)으로 구분하여 설명한다.

제4장 소의 이익

제4장

I. 서

1. 의 의

법원은 당사자가 주장하는 권리의 존재 여부(존부)를 확정하는 판결(본안판결)을 해야 한다. 법원이 본안판결을 하기 위해서는 소송요건으로 소의 **대상이 당사자 사이의 권리관계에 관한 분쟁으로서 소송을 할 필요성 내지는 이익, 즉 소의 이익이 있어야 한다.** 소의 이익은 크게 객관적 이익과 주관적 이익으로 나누어진다.

2. 발현의 형태

(1) 소의 객관적 이익

소의 객관적 이익은 당사자가 주장한 청구에 관한 것이다. 소의 객관적 이익은 먼저 권리보호의 자격이란 기준으로 판단한다. 권리보호의 자격은 청구의 내용이 본안판결을 받을 수 있는 것인지를 추상적으로 판단하는 기준이다. 권리보호의 자격이 있다면 다음으로 사건의 구체적인 내용에 따라 본안판결의 이익이 있을 때 권리보호의 이익이 있다고 한다. 협의의 소의 이익은 보통 후자만을 가리킨다. 전자는 법원조직법2조1항에서 말하는 '법률상의 쟁송'으로 논의된다.

(2) 소의 주관적 이익

소의 주관적 이익은 당사자로서 본안판결을 받을 수 있는 자격이고 당사자 적격이라고 불린다. 소의 객관적 이익과 주관적 이익은 밀접히 관련되어 있기 때문에 그 한계가 명확하지 않다. 특히 확인소송에서는 양자가 표리일체의 관계에 있기 때문에 객관적 이익을 갖추면 그 자체로 주관적 이익을 갖춘 것이 되어 구별의 실익이 없다.

II. 소의 객관적 이익

1. 권리보호의 자격 - 법률상의 쟁송

(1) 의 의

권리보호의 자격을 의미하는 법률상의 쟁송은 보통 다음의 2가지 기준에 의해 판단된다.

첫째는 **소송물이 법적 판단, 즉 법령의 적용에 적합한 것이어야 한다.** 예를 들면 당연무효로 판단할 수 없는 계엄의 정당성에 대해서는 이를 국회에서 판단해야 하고, 법원에서는 법률상 쟁송이 아니어서 판단할 수 없다(대법원재정 1964.7.21, 64초3 등).

둘째는 **소송물이 구체적인 권리의무나 법률관계에 관련된 것이어야 한다.** 일반적·추상적인 법령이나 규칙 등은 그 자체로 국민의 구체적인 권리의무에 직접적 변동을 초래하는 것이 아니고 그 대상이 될 수 없으므로, 단순히 특정 시행규칙의 취소를 구하는 것은 법률상의 쟁송이 아니다(대판 1992.3.10, 91누12639). 또한 토지대장상의 소유명의자의 주소를 기입하라는 청구(대판 1994.6.14, 93다36967), 종중의 대동보나 세보에 기재된 사항의 변경이나 삭제를 구하는 청구(대판 1992.10.27, 92다756)도 마찬가지이다.

(2) 종교분쟁과 법률상의 쟁송

① 원 칙

법률상의 쟁송에 대해서는 특히 종교분쟁이 논의된다. 예를 들어 특정 교회가 그 소속 목사에게 위임해제 및 6개월간 목사직 정직을 명하는 재판(권징)을 하면, 이러한 재판의 무효확인을 구하는 소는 법률상의 쟁송이 되는지 문제된다.

판례

판례(대판 1978.12.26, 78다1118. Case Note[5−1] 참조)는 종교단체 내부의 규율에 관한 것이고 직접 법적 권리의무에 관계되는 것이 아니므로 법률상의 쟁송이 아니라고 해석한다. 또한 특정 종교가 어떠한 성격의 종교인지, 특정 교회나 사찰이 어느 종파에 속하는지 확인을 구하는 청구도 법률상의 쟁송에 해당되지 않는다는 해석이다(대판 1980.1.29, 79다1124 등). 이러한 판례의 해석은 물론 원칙에 충실한 것이다. 즉, 종교분쟁에서는 헌법상 종교의 자유가 부여되어 있다는 점이 중요한 판단기준이 된다(헌법20조). 만일 해당 종교단체 종교교리의 당부 또는 적부를 법원이 공권력으로 판단한다면, 이것은 종교의 자유를 침해하는 것이 되기 때문이다. 따라서 순수하게 종교단체의 교리를 둘러싼 분쟁이라면 그 단체의 자율에 맡겨야 하고 국가가 개입할 여지가 없으므로, 법률상의 쟁송이 될 수 없다.

공서양속 또는 공공복리에 위반하는 경우

그러나 종교단체의 처분이 현저히 불공정하거나 내부의 절차규정을 위반한 경우라면, 국가법이 개입해야 한다. 즉, 종교단체의 처분 내용이 공서양속 또는 공공복리에 위반하는 경우라면 종교교리에 관한 것이라도 국가법질서에서 이를 승인할 수는 없기 때문이다.

② 종교교리와 구체적인 권리의무가 관련된 경우

한편, 종교상의 지위와 당해 종교법인의 세속적 지위를 겸유하는 자를 종교단체가 해임하면, 해임된 자가 그 무효확인을 구하는 소를 제기할 수 있는지 문제된다. 이 문제도 두 개의 지위가 불가분으로 일치되어 세속적인 권리의 당부를 판단하기 위해 종교교리를 판단해야만 한다면, 종교단체의 교리를 존중하는 판단을 한다는 전제 하에서 법률상의 쟁송에 해당된다. 예를 들어 종교단체로부터 징계를 받고 종교단체의 특정 건물을 점유·관리할 권원을 상실하였다는 이유로 그 인도청구를 하면, 그 청구의 당부를 판단하기에 앞서 위 징계의 당부를 판단할 필요가 있는데, 법원으로서는 종교교리의 해석에 개입하지 않는 한도에서 위 징계의 당부를 판단해야 한다(대판 1992.5.22, 91다41026).

③ 종교교리와 관련이 없는 경우

그러나 종교분쟁이라도 종교의 교리와 관계가 없다면, 당연히 법률상의 쟁송에 해당되어 법원이 개입할 수 있다. 예를 들면 특정 종교단체 건물의 소유권 분쟁(그 건물이 분열 전의 다른 종교단체 구성원의 총유임에도 그 총의에 따라 등기가 경료된 것이 아니라고 하여 제기된 말소등기청구소송)에서, 그 종교단체가 자신에게 속한 부동산에 대해 규칙을 갖고 있어도 물권인 부동산소유권의 귀속 등은 국가의 강행법규를 적용해야 할 법률상 쟁송이다(대판 1991.12.13, 91다29446).

2. 권리보호의 이익 - 각종 소의 공통의 이익

권리보호의 자격이 있다면 다음으로 사건의 구체적인 사실관계로 보아 본안판결을 받을 수 있는 권리보호의 이익이 있는지 판단해야 한다. 권리보호의 이익은 이행·확인·형성이라는 각종 소의 공통의 이익과 개별 소의 이익으로 나누어 판단한다. 먼저 각종 소의 공통된 소의 이익은 다음과 같다.

본안판결의 필요성	청구가 본안판결을 받을 필요가 있어야 한다. 이미 동일한 청구에 대해 확정판결을 받았다면 소의 이익이 부정된다.

다만, 판결원본이 멸실되어 제기하는 소(대판 1981.3.24, 80다1888,1889)나 시효중단을 목적으로 제기하는 소(대판 1987.11.10, 87다카1761)는 예외적으로 소의 이익이 인정된다.

소 이외의 구제수단	특별히 소 이외에 구제수단이 있다면 굳이 소를 제기할 필요가 없으므로 소의 이익이 부정된다. 예를 들어 소송비용액확정절차(110), 파산채권의 신고(채무자회생447조) 등이 있다.

| 당사자의 합의 | 당사자 간에 소송을 이용하지 않는다는 특약이 없어야 한다. 이러한 특약에는 부제소합의(대판 1996.6.14, 95다3350)와 중재합의가 있다. 또한 후술(제7장Ⅱ2)하는 소취하계약을 사 |

법계약으로 해석하면 이에 해당된다.

| 본안판결의 요구가능성 | 법률상 본안판결을 구하는 것이 금지되지 않아야 한다. 예를 들면 중복제소의 금지(259)나 소취하 후의 재소금지(267 Ⅱ)가 있다. 다만, 이러한 금지는 소의 이익의 문제가 아닌 |

그 제도의 취지로 도출되는 원칙이지만, 넓은 의미에서 소의 이익의 문제로도 다루는 것이 보통이다.

3. 이행의 소의 이익

(1) 현재 이행의 소의 이익

이미 변제기가 도래한 이행청구권을 주장하는 현재 이행의 소는 특별한 사정이 없는 한 소의 이익이 있다. 이행청구권 자체에 본안판결을 구할 수 있는 권능이 포함되어 있기 때문이다. 또한 이행의 소의 목적인 강제집행과의 관계에서 집행의 가능성은 소의 이익의 유무와 관련이 없다(대판(전) 1975.4.22, 72다2161). 즉, 강제집행이 불가능하거나 곤란해도 소의 이익이 부정되지 않는다(다만, 자연채무라면 소의 이익이 없다). 그러나 판례는 예외적으로 근저당권설정등기 말소등기절차의 이행을 구하는 소송 도중에 그 근저당권설정등기가 말소되었다면, 근저당권설정등기의 말소를 구할 법률상 이익이 없게 되고 결국 소의 이익이 없게 된다고 해석한다(대판 2003.1.10, 2002다57904). 또한 의사표시의 진술을 구하는 소에서 의사의 진술이 있더라도 아무런 법적 효과가 발생하지 아니할 경우에는 소의 이익이 없다는 것이 판례이다(대판 2016.9.30, 2016다200552. Case Note[5-3] 참조).

(2) 장래 이행의 소의 이익

① 의 의

장래 이행의 소는 그 이행청구권의 이행기가 도래하지 않았지만 미리 청구를 할 필요가 있을 때 인정되는 것을 말한다(251). 변론종결시에는 청구권의 이행기가 도래하지 않았음에도, 특별한 이익이 있음을 전제로 그 소의 이익이 인정된다. 장래 이행의 소의 목적은 이행기가 도래하였을 때 채무자가 임의이행을 거절하는 상황에 대비하기 위한 것이다. 장래이행청구가 인정되어도 판결주문에는 반드시 이행기가 명시되고 강제집행은 이행기가 도래해야만 가능하다. 장래 이행의 소의 이익은 다음과 같은 두 가지 유형으로 구분하여 논의하는 것이 보통이다.

② 장래의 이행을 합리적으로 기대할 수 없는 경우

채무자가 현재 이행기가 도래한 채무의 이행을 다투고 있다면, 장래 이행기가 도래하는 또는 조건이 성취하는 채무에 대해서도 그 이행을 거절할 것이 합리적으로 예상된다.

인정되는 예 예를 들면 채무자가 이행기가 도래한 원본채권과 그 이자채권을 다투고 있을 때 채권자가 변론종결 후에 발생할 이자의 지급을 미리 청구하는 경우, 토지나 가옥의 인도청구에서 채무자가 인도의무를 다투고 이에 대해 채권자가 변론종결 후 인도할 때까지의 차임 상당액의 손해배상을 청구하는 경우가 있다. 이러한 예는 기본적 권리관계의 다툼에 의해 파생적 급부에 대한 장래의 이행을 기대할 수 없는 경우에 해당된다. 또한 물건의 인도청구와 함께 병합하는 장래의 대상청구, 이혼소송에 병합하는 장래의 재산분여청구도 마찬가지이다. 그 밖에 이행보증보험계약에서 정하는 구상금채권에 대해 다툼이 있어 보험자가 피보험자에게 보험금을 지급해도 보험계약자와 구상금채무의 연대보증인들의 채무이행을 기대할 수 없음이 명백하면, 장래 이행보증보험금지급을 조건으로 미리 구상금지급을 청구할 이익이 인정된다(대판 2004.1.15, 2002다3891).

장래 부당이득 청구의 경우 장래에 발생할 부당이득을 장래이행의 소로서 청구할 수 있는지에 대해, 판례는 원래 부당이득의 성질상 장래에 발생할 부당이득(임대료 상당의 손해)을 미리 청구할 수 없다고 해석하고 있었다(대판 1960.10.6, 4298민상260). 그러나 판례가 변경되어 장래이행의 이익이 인정되게 되었다(대판(전) 1975.4.22, 74다1184. Case Note[5-2] 참조). 그 이유는 장래의 이행거절을 합리적으로 예상할 수 있다는 점이다. 또한 채무의 이행기가 장래에 도래하는 것뿐만 아니라, 의무불이행사유가 그때까지 존속한다는 것을 변론종결 당시에 확정적으로 예정할 수 있는 것이어야 한다(대판 1987.9.22, 86다카2151). 불법점거하고 있는 토지의 인도청구에서 장래 차임 상당액의 손해배상을 병합하여 하는 청구는, 불법행위가 계속되고 청구권 자체의 발생을 확정적으로 예정할 수 있다는 점에서 그러한 예에 해당된다.

장래이행의 이익이 없는 예 그러나 공유물분할청구소송의 판결이 확정되기 전에는 미리 분할물의 이행을 청구하거나 그 부분에 대한 소유권의 확인을 청구할 이익이 없다(대판 1969.12.29, 68다2425). 또한 교수면직처분을 받은 자가 임금지급청구와 함께 장차 지급받게 될 퇴직금을 즉시 지급하여 줄 것을 병합하여 하는 청구는 장래이행의 이익이 인정되지 않는다 (대판 1991.6.28, 90다카25277). 원고가 교수임용계약 만료일까지 사이에 복직되지 않으리라고 단정할 자료가 없는 한 퇴직금 산정의 기초가 되는 퇴직일자를 변론종결 당시 확정적으로 예정할 수 없기 때문이다.

○ 장래 불법행위에 기한 손해배상청구의 경우

한편, 공해소송 또는 생활방해분쟁 등에서 장래의 불법행위에 기한 손해배상을 미리 청구할 수 있는지 문제될 수 있다. 판례는 아직 이 문제를 다룬 것이 없다. 일본의 판례는 그 손해액이나 위법성의 판단요소가 복잡하고 또한 변동이 예상되는 경우에 해당된다는 이유로 소의 이익을 부정한다. 최근의 판례는 건물의 인도의무가 있는 채무자가 그 건물의 점유를 제3자에게 인도하여 소유자가 그 인도 시까지의 손해배상청구(장래불법행위청구)를 구한 소의 이익이 있다고 판단하고 있고(대판 2018.7.26, 2018다227551), 앞으로 우리의 판례는 장래불법행위의 소의 이익을 적극적으로 인정할 것으로 판단된다.

---

③ 장래이행기에 즉시 이행되어야 할 성질의 채무의 경우

장래이행의 소가 인정되는 또 다른 예는, 채무의 내용이 이행기에 즉시 이행되어야만 채무의 본지에 따른 것이 되거나, 이행되지 않으면 채권자에게 현저한 손해를 끼치는 경우이다. 예를 들면 특정작위의무(특정일시에 공연할 의무)의 이행청구, 민법545조의 정기매매에 기한 이행청구, 생활보호를 위한 부양료청구 등이 이에 해당된다. 이 경우에는 의무자가 설사 이행을 확실하게 약속한다고 해도 장래이행의 이익이 인정된다.

4. 형성의 소의 이익

(1) 의 의

형성의 소는 원칙적으로 법률에 규정이 있어야 제기할 수 있다. 따라서 형성소송의 소의 이익은 그러한 근거규정에 의해 결정된다. 그러나 근거규정이 있어도 제소 전이나 소송 도중에 사실관계가 변동하면 소의 이익이 소멸할 수도 있다.

(2) 형성 목적이 사실관계의 변동으로 실현할 수 없게 된 경우

이러한 경우에는 특별한 사정이 없는 한 소의 이익이 소멸한다. 예를 들면 의료기관의 폐쇄명령을 받은 자는 그 폐쇄기간이 경과하면 형성소송으로 그 명령의 취소를 구할 이익이 없다(대판 1969.5.27, 68누181. 그 밖에 대판 1996.11.22, 96다37176 등).

이사선임과
관련된
형성소송의 경우

또한 회사의 이사선임결의 취소소송 계속 중에 당해 이사가 사임하고 새로운 이사가 선임되면 그 취소소송(형성소송)의 소의 이익은 어떻게 되는지 문제된다. 학설로는 소의 이익이 없다는 입장(통설)과 회사운영의 적법성을 확보하기 위해 소의 이익이 인정된다는 입장이 있다. 판례(대판 1976.10.26, 76다1771 등)는 유사한 사례인 임원선임이사회결의 무효확인의 소에서 소송 도중에 당해 이사가 사임하고 법원의 결정 등에 의해 임시이사가 선임되면, 과거의 법률관계 또는 권리관계의 확인을 구하는 것이 되어 확인의 소의 이익은 없다고 해석한다. 이러한 판례의 해석에 의하면, 위와 같은 이사선임결의 취소소송에서도 형성의 이익이 소멸한다고 판단될 것으로 보인다.

(3) 형성 목적이 사실관계의 변동으로 이미 실현된 경우

이러한 경우에도 소의 이익이 소멸한다. 예를 들면 공동소유자들의 합의에 의해 그 공유물을 분할하였다면 다시 그 분할을 청구할 형성의 소의 이익이 없다(대판 1967.11.14, 67다1105). 혼인취소의 소 도중에 이혼한 경우, 회사설립무효 또는 취소의 소 도중에 당해 회사가 해산되어 청산절차가 개시된 경우에도 마찬가지이다. 이는 형성판결에 소급효가 없으므로 형성판결이 내려진 것과 동일한 상태가 되기 때문이다.

5. 확인소송과 소의 이익

(1) 확인소송의 의의

이행·형성 소송과의 차이 확인소송은 이행소송이나 형성소송과는 달리 당사자가 주장한 권리관계의 존재 또는 부존재(존부)를 확인하는 소송이고, 그 판결은 관념적인 효력(기판력)을 가질 뿐이다. 이행소송, 형성소송에서도 이행청구권의 존부와 형성원인의 존부에 기판력이 발생하지만(따라서 이행소송이나 형성소송은 기본적으로 확인소송을 내포하고 있다), 이행력(집행력)과 형성력이라는 실제적인 효력이 발생한다. 직접적이고 실효적인 권리구제라는 점에서 보면 당연히 이행소송이나 형성소송이 당사자에게 유리하다. 따라서 확인소송은 확인을 구하는 권리관계에 대해 이행소송이나 형성소송을 제기할 수 없거나 그보다 유리한 경우에 보충적으로 인정된다. 이것이 이행소송·형성소송과의 관계에서 인정되는 확인소송의 존재의의이다.

확인소송의 분쟁예방기능 또한 확인소송은 일정한 권리관계를 현재의 시점(정확히는 사실심 변론종결시)에서 확인만 하므로, 현재의 권리관계를 확인함으로써 현존하는 분쟁 또는 장차 발생할 개연성이 높은 분쟁에서 당사자에게 유리한 지위를 부여한다. 즉, 전소(확인소송)의 기판력은 전소와 관련된 후소에 영향을 미치고, 전소에서 승소한 원고는 전소 확인판결의 기판력으로 후소에서 유리한 지위를 갖게 되는 것이다. 따라서 **확인소송은 권리관계의 확정을 통해 분쟁의 발본(근본)적 해결을 꾀하고 사후 분쟁의 발생을 예**

방하는 기능을 갖는다.

(2) 확인의 이익

확인의 이익은 사건의 구체적인 내용에 따라 판단되는 권리보호의 이익(협의의 소의 이익)이 있고, 법률상의 쟁송에서 보았듯이 특별히 확인소송으로 제기된 사건에 법원의 심판권이 미치면 인정된다. 확인의 이익을 엄격히 판단하는 이유는 확인소송에서 다루어지는 확인의 대상을 한정할 수 없기 때문이다. 또한 확인소송의 당사자적격(소의 주관적 이익)은 확인의 이익(소의 객관적 이익)에 내포되어, 후자가 인정되면 전자도 인정된다. 확인의 이익은 확인판결을 통해 특정한 원고와 피고 사이의 분쟁을 해결할 필요성을 가리키는 것이기 때문이다.

(3) 확인의 대상으로서의 권리관계

① 원 칙

확인소송은 원칙적으로 이행소송이나 형성소송을 제기할 수 없는 특정 권리관계의 확인을 목적으로 한다. 여기서 말하는 권리관계는 실체법이 인정하는 이행청구권이나 법률상의 형성원인이라는 제약이 없고 그 범위를 한정하는 것이 불가능하기 때문에, 확인의 이익이 있는 권리관계는 제한된다. 권리관계를 확인함으로써 분쟁을 발본적으로 해결한다는, 달리 말하면 원고의 권리관계에 야기된 위험, 불안을 제거할 수 있는 가장 유효적절한 수단이 되어야 한다.

사실관계가 아닌 권리관계의 확인 권리관계가 대상이 되므로 원칙적으로 사실관계는 확인의 대상이 되지 않는다. 권리관계는 명확한 법률적 명칭이 있는 것에 한하지 않고, 친자관계나 부부관계 등에서와 같은 법적 지위 또는 법적 상태를 포함한다. 또한 확인을 구하는 권리관계는 원칙적으로 현재, 즉 변론종결시를 기준으로 한 것이어야 한다. 다만, 위와 같은 원칙에는 다음과 같은 예외가 있다.

② 사실관계에 대한 확인의 소

후술(5)하듯이 사실관계라도 일정한 경우에는 예외적으로 확인의 이익이 인정될 수 있다.

③ 제3자 간의 권리관계에 대한 확인의 소

확인의 소는 반드시 원고와 피고 사이의 법률관계에 한하지 않고 원·피고의 일방과 제3자 또는 제3자 상호 간의 권리관계도 그 대상이 될 수 있다(대판 1994.11.8, 94다23388. Case Note[5-4] 참조).

④ 과거의 권리관계에 대한 확인의 소

현재의 권리관계가 확인의 소의 대상이지만, 예외적으로 과거의 권리관계라도 그 확인이 원고의 법적 지위를 안정시키고 현재의 권리관계 자체에 관한 분쟁을 해결하거나 예방시킬 수 있다면 확인의 이익을 인정할 수 있다.

법에 근거규정이 있는 경우 법이 인정하는 주주총회결의부존재확인의 소, 그 무효확인의 소(상380) 또는 행정처분무효확인의 소(행정소송법35조)에서 그러한 예를 찾을 수 있다. 과거의 권리관계 확인의 소가 인정되는 이유는, 당해 결의나 처분에 의해 여러 가지 권리관계가 파생되고, 이 파생적 권리관계의 확인보다는 그 기초에 해당하는 결의나 처분 그 자체의 존재나 효력을 확인하는 것이 분쟁의 발본적 해결에 도움이 되기 때문이다.

해석상 인정되는 경우 따라서 위와 같은 원리를 유추적용하면, 법률에 규정이 없더라도 그러한 의의가 있는 경우(예를 들어 유언무효확인의 소, 특정 법인의 이사회 결의무효확인의 소 등)에는 확인의 이익을 인정할 수 있다. 판례도 과거의 법률관계(혼인의 무효)의 확인을 구하는 소에 확인의 이익이 있음을 인정하고 있다(대판 1978.7.11, 78므7. Case Note[5-5] 참조). 과거의 혼인 무효 여부는, 현재의 수많은 개개의 분쟁의 근원이 되는 과거의 권리관계 그 자체의 확인을 구하는 편이 직접적이고도 획일적인 해결을 기대할 수 있고, 그것은 또한 적출자의 추정, 재혼의 금지 등 당사자의 신분법상의 관계 또는 연금관계법에 기한 유족연금의 수급자격, 재산상속권 등 재산법상의 관계에 있어 현재의 법률상태에 직접적인 중대한 영향을 미치기 때문이다. 또한 '2개월 무급정직 및 유동대기, 징계기간 중 회사 출입금지'를 정하는 징계처분의 무효확인을 구하는 소를 제기하고 그 도중에 그 징계기간인 2개월이 경과해도, 과거의 법률관계인 징계처분의 무효 여부에 관한 확인판결을 받음으로써 가장 유효·

적절하게 자신의 현재의 권리 또는 법률상 지위(임금청구권의 존부)에 대한 위험이나 불안을 제거할 수 있어 확인의 이익이 있다(대판 2010.10.14, 2010다36407).

(4) 즉시확정의 이익

① 의 의

확인의 이익이 인정되려면 즉시확정의 이익도 있어야 한다. 즉시확정의 이익은 위와 같은 요건을 갖춘 확인청구가 당사자 사이의 구체적인 사정에 입각하여 다음과 같은 두 가지 요소, 즉 확인판결이 필요하고(필요성) 적절해야(적절성) 하는 것을 의미한다.

② 확인판결의 필요성

먼저 **원고의 청구에 대해 확인판결이 필요한 이유가 있어야 한다.** 일반적으로 피고가 원고의 청구를 다투면, 즉 피고가 원고의 법적 지위를 부정하거나 그와 모순되는 법적 지위를 주장하면 인정된다. 또한 피고가 1심에서 권리관계를 다투면 특별한 사정이 없는 한 항소심에 이르러 피고가 권리관계를 다투지 않아도 확인의 이익이 있다(대판 2009.1.15, 2008다74130). 그러나 피고가 다투지 않더라도 시효중단의 필요성이 있거나 가족관계등록부 등의 공적인 기록을 변경할 필요가 있다면 확인판결의 필요성이 인정된다.

③ 확인판결의 적절성

다음으로 **확인판결이 적절한 분쟁해결을 초래하는 것이어야 한다.** 이에 대해서는 다음과 같은 3가지 예로 설명할 수 있다.

이행·형성소송의 가능성

이행소송이나 형성소송이 가능하다면 확인판결에는 적절성이 없다. 소송 내에서 다툴 수 있는 절차문제(소송대리인의 대리권 존부 등)도 소송 내에서 판단하면 충분하므로 별소로 확인을 구할 이익은 없다. 다만, 예외적으로 소유권을 원인으로 하는 이행소송을 제기하면서 그 기본 되는 소유권의 유무 자체에 대해 당사자 사이에 분쟁이 있어 즉시 확정의 이익이 있다면 소유권확인의 소도 같이 제기할 수 있다(대판 1965.1.31, 65다2157).

장래 권리관계의
확인가능성 장래 권리관계의 확인은 과거의 권리관계와는 달리 적절성
이 없다. 유언자 생존 중에 유언무효확인의 소를 제기하는
예에서 보듯이 장래의 변경가능성을 배제할 수 없기 때문이
다. 다만, 예외적으로 유언자가 치매 등으로 유언을 변경할 가능성이 없다면 소
의 이익을 인정할 수 있을 것이다.

소극적
확인소송의
가능성 적극적 확인의 소와 소극적 확인의 소를 제기할 수 있다면
후자는 적절성이 없다. 예를 들어 특정 토지의 사용권원에
관한 분쟁에서 원고는 피고의 사용권원 부존재가 아니라 자
신의 사용권원 존재의 확인을 구해야 한다. 다만, 예외적으로
다음에서 보는 바와 같이 채무부존재확인의 소라는 소극적 확인의 소가 인정된다.

④ 소극적 확인의 소

필요성 그러한 예로서 들 수 있는 것은 원고의 법적 지위의 불안정
이 소극적 확인판결에 의해 해소되는 경우이다(대판 1984.3.27,
83다카2337. Case Note[5-7] 참조). 즉, 확인의 소가 인정되는
대전제인 법적 지위에 대한 불안을 제거하여 분쟁의 발본적 해결이 가능한 경우
로서, 소유권 등 권리에 관한 분쟁이 있고, 상대방의 소유권 부존재를 확인함으
로써 자신의 법적 지위에 관한 안정을 얻는 데 충분한 경우라면, 상대방의 권리
가 존재하지 않는다는 소극적 확인의 이익이 인정된다. 물론 소극적 확인의 소
라도 일반적인 확인의 이익을 갖추어야 하므로, 과거의 특정 시점을 기준으로
한 채무부존재확인청구는 과거의 법률관계의 확인을 구하는 것에 불과하여 확인
의 이익이 인정되지 않는다(대판 1996.5.10, 94다35565,35572).

채무부존재확인
소송의 특징 보통 소극적 확인의 소로서 많이 이용되는 것은 채무부존재
확인소송이다. 채무부존재확인소송도 소극적 확인의 이익을
갖추어야만 인정된다. 특히 채무부존재확인소송은 형식적으
로는 확인소송이지만, 실질적으로는 이행소송과 유사한 기능을 갖고 그와 관련
하여 3가지 특징이 있다.

**금액 명시의
필요성 유무**

첫째로 이행소송과 유사한 기능을 갖고 있기 때문에 금전채무의 부존재확인소송의 소장에 금액을 명시해야 하는지 문제가 된다. 금액 명시에 대해서는 이행소송이나 적극적 확인소송과는 달리 피고의 방어를 위해 금액을 명시해야 할 이유가 거의 없고, 확인의 대상인 권리관계는 청구권의 발생원인을 기재함으로써 식별이 가능하므로 그 필요가 없다고 해석된다. 판례(대판 1994.1.25, 93다9422 등)도 금액의 상한을 기재하지 않은 채무부존재확인소송을 인정한다. 금액의 상한을 항상 요구하는 것은 얼마만큼의 채권이 발생하고 있는지 특정이 곤란한 경우(채권채무관계가 복잡한 경우나 상속채무의 부존재확인소송의 경우)에 소의 제기를 불가능하게 하고, 채무자의 권리보호의 길을 막게 되기 때문이다. 이 점에서 채무부존재확인의 소는 통상의 소에서처럼 소송물의 특정이 엄격하게 요구되지 않고 청구권의 발생원인을 기재(특정)함으로써 충분하다는 특징을 갖는다.

**주장책임과
증명책임의 관계**

둘째로 후술하는 주장책임과 증명책임과의 관계에서도 채무부존재확인의 소는 중요한 특징을 갖는다. 보통 주장책임을 지는 당사자는 자신이 주장한 사실의 증명책임도 부담한다. 즉, 두 가지 책임의 소재는 일치한다. 그리고 증명책임의 일반적 원칙에서 볼 때 당사자의 실체법상의 지위에 따른 분배기준에 따르면, 원고가 채권발생원인사실의 주장책임과 증명책임을, 피고가 그 반대되는 사실의 주장책임과 증명책임을 지게 된다. 채무부존재확인의 소에서도 이러한 기준을 적용하면, 원고인 채무자가 채권발생의 원인사실의 주장책임을 지고 그 증명책임도 마찬가지로 부담한다는 결론이 된다. 그러나 채무부존재확인의 소는 채무부존재를 확인한다는 특수성으로 인해 주장책임의 소재와 증명책임의 소재를 달리한다. 위에서 본 원칙과는 달리 원고인 채무자는 채권발생의 원인사실이 존재하지 않는다는 주장책임만을 지고, 반대로 채권자인 피고는 채권발생의 원인사실이 존재한다는 증명책임을 부담하게 되는 것이다.

**처분권주의와의
관계**

셋째로 처분권주의와 관련하여 채무부존재확인소송의 심판방법과 그 판결효의 범위가 문제된다. 이 점에 대해서는 논의의 진행상 후술(제8장 I 4)하는 신청사항과 심판사항에서 다루기로 하겠다.

(5) 사실관계의 확인의 이익 - 증서의 진정 여부를 확인하는 소

① 의 의

사실관계의 확인이 인정되지 않는 이유는 사실 자체(예를 들면 동산점유자의 선의 또는 무과실)가 아닌 그러한 사실에 바탕을 둔 권리관계(앞의 예로 선의취득에 의한 소유권의 존부)를 직접 확인하는 것이 타당하기 때문이다. 그러나 예외적으로 증서의 진정 여부를 확인하는 소가 인정되고 있다(250). 이것은 **특별히 증서의 진부라는 사실관계에 대해서는 확인의 대상으로 인정될 수 있다**는 것이다. 법률관계를 증명하는 서면의 진정 여부가 확정되면 당사자가 그 서면의 진정 여부에 대해 더 이상 다툴 수 없게 되는 결과, 법률관계에 관한 분쟁 그 자체가 해결되거나 적어도 분쟁 자체의 해결에 크게 도움이 되기 때문이다.

② 대상이 되는 사실관계

이에 해당하는 증서는 일반적으로 처분증서이다. 예를 들면 매매계약서(대판 1968.6.11, 68다591. Case Note[5-6] 참조), 유언서, 어음 등이 있다. 그러한 문서의 존재는 하나의 사실관계이지만, 권리관계를 직접 발생시키는 처분증서이므로 그 진부를 확정함으로써 원고의 법적 지위가 안정되고 권리관계 자체에 관한 분쟁이 해결 또는 예방되기 때문이다. 또한 특정한 사실관계에 관한 확정이 위와 같은 효력을 발생시킨다면, 처분증서에 한하지 않고 법250조의 유추가능성을 긍정하여 그에 관한 권리보호의 자격을 인정할 수 있다. 주의할 것은 여기서 확인의 대상이 되는 것은 작성자의 의사에 의해 작성된 문서인지의 여부이고, 기재 내용은 그 대상이 되지 않는다. 그 밖에 확인의 소로서 일반적인 확인의 이익을 갖추어야 함은 두말할 필요가 없다(대판 2001.12.14, 2001다53714).

해당되지 않는 예 반대로 본인심문조서는 법률관계를 증명하는 증서에 해당되지 않는다(대판 1974.7.23, 74다271). 임대차계약금으로 일정한 금원을 받았음을 증명하기 위해 작성된 영수증도 특별한 사정이 없는 한 임대차 등 법률관계의 성립 내지 존부를 직접 증명하는 서면 (이에 해당하는 것은 임대차계약서, 이행각서 및 지불각서)이 아니므로 확인소송의 대상이 될 수 없다(대판 2007.6.14, 2005다29290,29306). 또한 의사의 진단서도 법률상의 의의(증거로서의 가치)는 높지만, 직접 의사와 환자의 관계에 관한 것이 아니고 단지 사실보고서에 불과하므로 확인의 이익이 없다.

III. 당사자적격

1. 서

(1) 의 의

당사자적격은 소의 주관적 이익으로 특정 청구에 관한 소를 제기하고 수행하며 종국적으로 본안판결을 받을 수 있는 자격을 말한다. 당사자능력과는 달리 사건에 따라 개별적으로 정해지고, 이를 갖추지 못하면 소가 각하된다.

확인소송의 경우	확인소송의 당사자적격은 그 객관적 이익에 포함되어 확인의 이익이 있으면 당연히 당사자적격을 갖게 된다.
형성소송의 경우	형성소송에서는 법에 근거 규정이 있고 당사자적격도 같이 규정되어 있는 것이 보통이므로 그에 따라 당사자적격자가 정해진다.
이행소송의 경우	이행소송은 이행청구권을 주장하는 자가 원고로서 당사자적격자이고 원고에 의해 의무자로 지정되는 자가 당사자적격을 갖는 피고가 된다. 다만, 판례(대판 1994.2.25, 93다39225

등)는 예외적으로 이행소송인 등기의 말소절차이행을 구하는 소에서 등기의무자, 즉 등기부상의 형식상 그 등기에 의하여 권리를 상실하거나 불이익을 받을 자(등기명의인이거나 그 포괄승계인)가 아닌 자는 당사자(피고)적격이 없다는 해석이다.

그 밖에 고유필수적 공동소송에서는 각자 단독으로는 당사자적격을 갖지 못한다. 반대로 민중소송(행정소송법3조3호 등)에서는 본안판결에 대한 실질적인 이해관계가 없어도 당사자적격을 갖는다.

(2) 당사자적격이 문제되는 경우

원고 한 명과 피고 한 명 사이의 일반적인 소송에서는 당사자적격이 크게 문제되지 않는다. 당사자적격이 문제되는 것은 보다 특수한 경우로서 다음의 두 가지가 있다. 첫 번째는 판결효가 제3자에게 확장되는 경우에 당사자적격자는 누구인지, 두 번째는 원래의 당사자적격자를 대신하여 제3자가 당사자가 되는 소송담당에서는 어떠한 경우에 그러한 제3자가 당사자적격자인지 문제된다.

2. 회사소송과 당사자적격

(1) 회사의 피고적격

이사선임을 한 주주총회결의와 이사회결의의 부존재를 구하는 소에서 피고 적격자는 누구인지 문제된다. 이와 같이 피고적격이 문제되는 것은 원고적격이 라면 근거 법규에 그에 관한 규정이 있기 때문이다.

판례

피고적격이 문제되는 주주총회결의부존재 확인의 소에 대해 판례는 원래 당해 소의 확정판결의 효력은 제3자에게 미치지 않는다는 입장이었다(대판 1963.2.15, 62마25 등의 입장). 그러나 이를 변경하여 그 확인의 소를 그 결의무효확인의 소와 공통된 것으로 보고, 부존재확인의 소의 판결은 대세적 효력을 갖고 피고를 회사로 해야 한다는 입장을 명확히 하였다(대판(전) 1982.9.14, 80다2425. Case Note[5-8] 참조). 대세효가 인정되는 이상 가장 이해관계가 있는 회사가 피고가 되어야 한다는 입장이다.

판례의 타당성

만일 회사가 피고가 아니라면 제3자가 당사자인 판결의 효력이 회사에게는 미치지 않게 되어 분쟁해결에 도움이 되지 않는다. 회사의 문제를 해결한 판결이 회사에게는 효력이 없게 되기 때문이다. 이것을 역으로 말하면 회사에게 피고적격이 있기 때문에 판결의 대세효가 인정되는 것이다. 또한 그 결의를 한 의사의 주체는 회사이고 그 결의의 효력을 다투는 분쟁의 가장 이해관계를 갖는 자는 회사 자신이 되어야 한다. 따라서 판례가 회사에게 피고적격을 인정하는 것은 타당하다. 이러한 판례의 입장은 채권자취소소송의 피고적격이 수익자 또는 전득자에게 있고 채무자에게는 없다는 점에서도 잘 나타나 있다(대판 1967.12.26, 67다1839 등).

(2) 이사의 피고적격

한편, 그러한 소에서 회사가 아닌 당해 이사도 피고적격을 가질 수 있는지 문제된다. 이에 대해 판례는 앞서 본 전원합의체판결(80다2425)에서 관련 이사는 피고적격을 갖지 않는다고 판단하였다. 학설에 따라서는 이사에게도 회사와 병행하여 피고적격을 부여해야 한다는, 더 나아가 회사와 이사의 필수적 공동소송이라는 견해가 있다(고유필수적 공동소송이라는 견해와 유사필수적 공동소송이라는 견해가 있다).

> **피고적격을 부정해야 하는 이유**

회사가 피고가 되었을 때 실질적으로 소송을 수행하게 되는 것은 대표권을 갖는 회사의 이사이다. 즉, 이사는 당사자가 아니라도 실질적으로 소송에 관여하게 된다. 또한 소송의 대상인 결의에 대해서는 이사에게 직접 당사자가 될 만한 이해관계는 아니고 후술(제11장Ⅵ)하는 보조참가가 인정될 정도의 이해관계(회사가 승소하면 된다는 이해관계)를 가진다. 그렇다면 판례의 해석과 같이 이사에게 피고적격을 인정할 필요는 없을 것이다.

○ 이사해임의 소와 피고적격

결의부존재확인과 유사한 형태로 이사해임의 소에서 해임의 대상이 된 이사도 피고적격을 갖는지 문제된다. 판례는 아직 이러한 사례를 다룬 것이 없다. 일본의 판례는 그 이사와 회사는 고유필수적 공동피고에 해당한다고 해석하고 있다. 그 이유는 회사와 이사의 법률관계를 해소한다는 이사해임의 소의 성격, 그리고 실질적으로 이사의 적절한 회사업무수행 여부가 문제되는 이상 이사에게도 당사자가 될 기회를 부여해야 하기 때문이라는 점이다. 이러한 해석은 이사에게도 당사자적격이 있다는 근거로서 타당하다. 다만, 항상 고유필수적 공동소송이어야 하는지, 적어도 유사필수적 공동소송으로 충분한지는 앞으로의 과제이다.

3. 제3자의 소송담당

(1) 당사자적격과 소송담당

소송담당은 원래의 당사자적격자(고유적격자)를 대신하여 제3자가 당사자가 되는 것을 말한다. 소송담당에서는 피담당자(본래의 당사자적격자, 본인이라고도 한다)가 소송의 표면에 나타나지 않고(따라서 소장에 당사자로 기재되지 않는다), 담당자는 당사자로서 소송을 수행하므로 소송대리가 아니다.

당사자적격이
문제되는 이유 소송담당의 당사자적격이 문제되는 것은, 당사자적격자가 따로 존재하고 있음에도 굳이 제3자에게 당사자로서 소송을 수행하게 하고(이를 '수권'이라 한다) 그 판결의 효력을 원래의 적격자(실질적 이익귀속주체)와 소송담당자에게 미치게 하기(218Ⅲ) 때문이다. 순리적으로 생각한다면 원래의 당사자적격자가 소송을 수행하는 것이 당연하고, 그렇다면 소송담당자는 당사자적격자가 아니라는 결론이 된다. 반대로 당사자적격이 인정된다면(원래의 고유적격과 대비하여 '담당적격'이라고도 부른다) 그러한 소송담당은 적법한(소송요건을 갖춘) 것이 된다.

소송담당의 종류 소송담당은 피담당자의 수권에 관계없이 법규에 특정인이 소송담당을 할 수 있는 규정이 있는 법정소송담당과, 원래의 당사자적격자가 임의로 제3자에게 수권을 하는 임의적 소송담당으로 구분된다.

(2) 법정소송담당

법정소송담당은 특정인이 법률에 의해 소송담당자가 될 수 있는 것이다. 다시 다음과 같은 3가지 형태로 나누어진다.

법률이
소송수행권을
부여한 자(병존형) 첫째로 법률에 의해 소송수행권이 부여되는 자가 있다(보통 '병존형'이라고도 부른다). 자신의 권리를 보호하기 위해 자신에게 의무를 지고 있는 자나 이에 준하는 자의 권리관계에 대한 소송수행권이 인정되는 제3자를 가리킨다. 예를 들면 실체법상 소송수행권(일종의 관리처분권)이 인정되는, 채권자대위권에 의해 채무자의 권리를 대위행사하는 채권자(민404), 입질채권에 대해 소송을 하는 채권질권자(민353), 주주대표소송을 하는 주주(상403. 다만, 소송담당이 아니라는 견해도 있다)가 있다.

| 포괄적 관리처분권자 (갈음형) | 둘째로 포괄적 관리처분권자가 있다(보통 '갈음형'이라고도 부른다). 병존형과 유사하지만, 제3자에게 인정되는 관리처분권의 내용이나 범위 그 밖에 그것이 인정되는 이유가 다르다. 예를 들면 타인의 재산에 관해 포괄적인 관리처분권이 |

인정되는 재산관리인으로서, 도산절차에서의 관재인이나 관리인(채무자회생78조, 359조), 유언집행자(민1103) 등이다. 다만, 유언집행자를 소송담당자로 보는지 아니면 법정대리인으로 보는지에 관해서는 다툼이 있다. 판례(대판 1999.11.26, 97다57733)는 학설 간에 다툼이 있는 유언집행자의 소송상 지위에 대해 민법1101조를 고려하여 유언집행자가 유증의 목적인 재산의 관리 기타 유언의 집행에 필요한 행위를 할 권리의무가 있다는 점에서 법정대리인이 아닌 법정소송담당자라고 해석한다. 따라서 유증목적물에 관하여 마쳐진 유언의 집행에 방해가 되는 다른 등기의 말소를 구하는 소송에 있어서 원고적격을 갖는 것은 유언집행자이고 상속인은 원고적격을 가질 수 없다(대판 2010.10.28, 2009다20840).

| 직무상 당사자 | 세 번째로 직무상의 당사자가 있다. 혼인·친자·입양관계 등의 가사사건에서 당사자가 되는 검사, 해난구조료의 채무자인 선주나 하주를 위해 그 지급에 관한 재판을 하는 선장 |

(상894) 등이다.

○ 추심소송과 소송담당

한편, 실무는 추심명령을 얻어 추심권을 행사하는 채권자는 갈음형 소송담당이라고 해석한다. 추심명령이 있으면 채무자가 해당 채권(피압류채권)에 대한 이행소송을 제기할 당사자적격을 상실한다는 점(대판 2000.4.11, 99다23888)을 이유로 한다. 이에 의하면 제3채무자에 대한 이행소송을 제기한 추심채권자가 그 계속 중에 압류 및 추심명령 신청의 취하 등에 따라 추심권능을 상실하게 되면 채무자는 당사자적격을 회복한다(대판 2010.11.25, 2010다64877).

위와 같이 소송담당이라는 해석은 일본의 통설과도 같지만 다음과 같은 이유에서 소송담당이 아닌 고유적격이라고 해석해야 할 것이다. 민사집행법상 추심소송을 제기하는 압류채권자(민집238)는 오직 추심만을 위한 권한이 부여되고 집행채권의 만족을 위해 추심을 한다는 점, 민사집행법이 추심소송으로의 참가명령을 받지 않은 채권자에게 판결효가 미치지 않는다고 하고 있는 점(민집249Ⅳ), 그리고 갈음형으로서 파산관재인의 경우와 동일하게 해석할 수 없는 점 등이다.

(3) 임의적 소송담당

① 의 의

법률이 아닌 당사자의 임의(수권)에 의해 소송담당자가 정해지는 것이 임의적 소송담당이다. 당사자가 임의로 제3자로 하여금 소송을 담당하게 하는 것이므로, 수권이 정당하면 그 후의 절차에서 피담당자의 절차보장은 애당초 문제가 되지 않는다. 임의적 소송담당에는 당사자가 그러한 수권을 할 수 있다고 법률이 인정한 경우가 있다. 즉, 당사자의 수권 없이 소송담당자가 될 수 있는 제3자가 법률에 의해 특정되어 있는 것은 아니지만, 법률이 당사자에게 소송담당자에게 수권을 할 수 있다고 규정(법이 소송담당을 허용한)한 경우이다.

법이 수권을 허용한 경우 예를 들면 선정당사자(53), 금융기관부실자산 등의 효율적 처리 및 한국자산관리공사의 설립에 관한 법률4조, 26조에 의한 한국자산관리공사 등이다. 특히 후자는 당사자에게 특정인을 소송담당인으로 수권을 할 것인지 여부만을 묻는 것으로서 사실상 법정소송담당과 그다지 차이가 없다. 어음법18조에 의한 추심위임배서의 피배서인도 법이 허용하는 임의적 소송담당이 된다. 그러나 숨은 추심위임배서라면 판례는 원칙적으로 소송담당이 허용되지 않는다는 입장이다(대판 1973.2.28, 72다2489 등). 즉, 이른바 숨은 추심 위임을 위한 어음배서가 소송행위를 하게 하는 것을 주된 목적으로 하는 경우에는 어음상의 권리이전행위인 배서는 효력이 없다.

집합건물의 관리인 또한 집합건물의 소유 및 관리에 관한 법률이 정하는 관리인 또는 구분소유자는 임의적 소송담당자인지 논란이 있다.

판례(대판 1987.5.26, 86다카2478)는, "관리단집회의 결의에 의하여 지정받은 구분소유자도 관리단집회의 결의가 있으면 관리인과는 별도로 소송당사자가 되어 위와 같은 소송을 제기할 수 있다고 해석된다"고 판시하고 있다. 관리단이 당사자능력이 인정되는 하나의 비법인단체라면 이러한 해석(별도로 소송당사자가 될 수 있다는)은 불가능하다. 따라서 관리인(다음에서 보는 조합의 업무집행조합원과 동일하게)이나 관리단집회의 결의에 의해 지정을 받은 구분소유자는 임의적 소송담당자라고 풀이해야 할 것이다.

② 임의적 소송담당이 인정되는 이유

법률이 임의적 소송담당을 허용한다면 일부러 법률에 근거규정을 두면서까지 소송담당을 인정한 것인 만큼 그 필요성을 보여주는 것이다. 또한 그와 같이 소송담당을 인정하는 것이 피담당자는 물론 담당자나 상대방 그리고 법원에게도 충분히 도움이 된다는 것을 의미한다. 따라서 임의적 소송담당이 인정되려면 그것을 해야 하는 합리적 필요성이 있어야 한다. 또한 합리적 필요성이 인정된다면, 당사자는 법률에 규정이 없는 경우라도 임의로 담당자를 정하여 그로 하여금 소송을 수행하게 할 수 있는지 그 한계가 문제된다.

③ 임의적 소송담당의 허용성

법률에 규정이 없더라도 자유로이 소송담당을 이용할 수 있다면 이하에서 보듯이 변호사대리의 원칙과 소송신탁의 금지원칙이 유명무실화 될 수 있다.

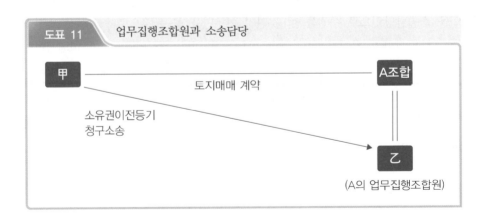

도표 11 업무집행조합원과 소송담당

판례(대판 1984.2.14, 83다카1815. Case Note[5-9] 참조)는 임의적 소송담당을 가능한 허용하지 않으려는 입장이다. 판례가 임의적 소송담당을 인정하는 사례는 <도표 11>에서 보듯이 A조합과 토지매매계약을 체결한 甲이 A조합의 업무집행조합원인 乙을 피고로 하여 이전등기청구소송을 제기하면, 乙에게는 임의적 소송담당으로서의 적격이 인정된다고 한 것에 불과하다. 또한 판례는 그 요건을 상당히 엄격하게 해석하여, 임의적 소송담당이 변호사대리의 원칙이나 소송신탁금지를 회피하려는 탈법적인 것이 아니고 합리적 필요성이 인정되는 경우에만 허용된다는 입장이다.

판례가 조합의 경우에 예외적으로 임의적 소송담당을 허용하는 것은, 조합재산은 각 조합원의 합유라는 점, 각 조합원은 조합재산에 관해 모두 이해관계를 갖고 있다는 점, 수권에 의해 업무집행조합원은 조합재산에 관해 소송수행을 포함하는 포괄적인 권한을 갖고 있다는 점에 이유가 있다. 판례는 조합이라는 단체의 특성상 업무집행조합원의 소송담당을 인정하는 입장이지만, 조합 이외의 단체나 개인 간의 채권의 양도를 통한 소송담당의 경우에는 냉담한 입장이라고 평가할 수 있다. 학설도 일반적으로 판례의 견해에 찬성한다.

위와 같이 조합에서는 그 업무집행조합원의 임의적 소송담당이 인정되므로 조합원 모두가 소송을 제기하거나 아니면 선정당사자제도를 이용함이 없이 임의적 소송담당을 이용할 수 있다(특히 주의할 것은 조합은 비법인단체로서 당사자능력이 인정되지 않는다는 점이다). 다만, 조합 재산에 관한 분쟁에서 인정되는 것이므로, 업무집행조합원이 조합의 재산이 아닌 조합원 개인의 지위에서 다른 일부 조합원들과 더불어 자신이 출자한 지분 상당의 손해배상을 구하는 경우에는 소송담당이 허용되지 않는다(대판 1997.11.28, 95다35302).

④ 임의적 소송담당의 확대가능성

한편, 법률에 규정이 없더라도 판례가 예외적으로 인정하는 조합이 아니라도 폭넓게 임의적 소송담당을 허용할 수 있을지 문제된다. 일반적으로 자유로이 소송담당을 이용할 수 있게 하면 다음과 폐해가 등장한다. 즉, 소송담당을 업(業)으로 하는 사람이 등장한다는 문제를 생각할 수 있다. 분쟁당사자를 상대로 자신에게 모든 것을 맡긴다면 적정한 수수료 명목의 금액을 제외하고 승소시켜주

겠다고, 예를 들면 승소하면 승소액의 30%는 자신이 갖지만 패소하면 아무런 대가도 받지 않겠다고 홍보할 것이다. 이러한 일이 발생하면 시민 간에 분쟁을 발생시키고 국가적인 업무의 많은 부분을 분쟁해결에 소비하게 되어 국가의 건전한 발전에 도움이 되지 않는다. 또한 당사자가 아무에게나 소송담당을 시킬 수 있다면 변호사자격이 없더라도 쉽게 소송을 대리시킬 수 있고, 국가가 특정한 자에게만 자격을 부여하는 변호사제도가 유명무실하게 된다. 이러한 점에서 국가는 법률로 소송담당의 가능성을 엄격히 규제하고 있다. 위에서 본 법률상 소송담당이 인정되는 경우(법률로 임의적 소송담당이 가능한 경우를 포함하여)를 제외하고, 일반적인 규정으로서 법87조의 변호사대리의 원칙, 신탁법7조의 소송신탁의 금지, 그리고 부수적으로 변호사법90조 이하 벌칙이 있다.

조합 이외에도 임의적 소송담당을 인정할 수 있는가

따라서 변호사대리의 원칙 그리고 소송신탁의 금지라는 원칙에서 본다면, 기본적으로 임의적 소송담당을 예외적으로 허용하는 판례의 입장은 타당하다. 그러나 판례의 입장은 일반적이고 추상적인 기준이고, 임의적 소송담당이 허용될 수 있는 탈법의 가능성이나 소송담당의 필요성의 유무에 대해서는 구체적인 케이스에 따라 판단할 수밖에 없다. 즉, 변호사대리와 소송신탁의 금지를 회피하려는 탈법적인 것이 아니고, 합리적인 필요성이 있을 때라는 요건의 유무를 구체적 사건에 입각하여 판단하는 것에 달려 있다.

예를 들면, 음악저작물 일부에 관하여는 공연권 등의 저작재산권자로부터 국내 공연을 허락할 권리를 부여받았을 뿐 공연권까지 신탁 받지 않았고 권리주체도 아닌 한국음악저작권협회는, 음악저작물 일부에 대한 소송에 관하여 임의적 소송신탁을 받아 자기의 이름으로 소송을 수행할 합리적 필요가 있다고 볼 만한 특별한 사정이 없다(대판 2012.5.10, 2010다87474).

○ 부부간의 임의적 소송담당 가능성

또한 판례(대판 1996.3.26, 95다20041)는 부부간의 소송담당에 대해 단지 신탁법6조에 반하는 것인 이상 인정되지 않는다는 해석이다. 그러나 과연 부부 사이에서의 소송담당이 불가능하다고 보아야 하는지, 앞의 조합의 예와 비교하여 합리적인 필요성에 대해 생각해 볼 필요가 있다. 조합은 조합원 모두가 조합의 재산에 관한 이해관계자에 해당하고 분쟁 발생 전부터 그러한 법률관계를 맺는다. 부부도 일방 배우자의 재산에 대해서는 다른 배우자도 조합재산에 대한 조합원 정도의 이해관계는 갖고 있다고 보아야 할 것이다. 적어도 민법826조 이하에서 규정하는 부부의 법률관계에서 본다면 그러한 이해관계를 부정할 수 없기 때문이다.

물론 조합에서와 같이 부부의 재산이 공동재산이 되는 것은 아니다. 그러나 부부관계가 계속되어 나가는 점이나 부부간의 신뢰관계를 고려한다면, 일방배우자의 권리관계의 귀추가 타방배우자에게 법률상의 이익으로서의 이해관계가 없다고는 볼 수 없을 것이다. 또한 그와 같은 법률관계를 기초로 생각한다면 변호사대리의 원칙이나 소송신탁금지의 원칙에 관해서도 그것을 회피하려는 것이라고는 볼 수 없다. 담당자가 특정되어 있기 때문이기도 하다. 더 나아가 합리적 필요성, 즉 부부 일방의 소송담당의 합리적 필요성은 충분히 인정될 것이다. 왜냐하면 앞서 본 조합재산에 관한 업무집행조합원의 소송담당이 합리적 필요성이 있는 것으로 판단되듯이, 부부의 경우에도 부부간의 이해관계와 부부간의 수권에 따른 포괄적인 관리처분권의 내용에서 조합의 경우와 동일하다고 볼 수 있기 때문이다.

4. 당사자적격흠결의 효과

소송요건
흠결으로서의
소각하

당사자적격은 소송요건으로서 그것을 흠결하면 소를 각하한다(대판 1988.6.14, 87다카2753. Case Note[5-10] 참조. 통설이기도 하다). 예를 들어 채권자대위소송을 제기한 채권자에게 보전의 필요성이 인정되지 않으면 소가 부적법하므로 각하된다(대판 2012.8.30, 2010다39918). 또한 채권자대위소송에서 채권자가 채무자에 대해 채권(피보전채권)을 갖고 있지 않아도, 판례와 통설은 청구기각은 할 수 없고 당연히 소를 각하해야 한다고 해석한다.

○ 채권자대위소송은 고유적격에 의한 소인가?

다만, 채권자대위소송 자체를 소송담당으로 보지 않는 입장이라면 고유적격의 문제로서 청구기각을 할 수 있다고 한다. 그러나 고유적격으로 파악하는 해석은 다음과 같은 점에서 타당하지 않다. 채권자대위소송에서의 본안(소송물)은 채무자의 제3채무자에 대한 채권이다. 피보전채권이 없다고 청구기각을 하면 채무자의 제3채무자에 대한 채권도 존재하지 않는다는 기판력이 발생할 수도 있다. 채권자의 제3채무자에 대한 채권은 채권자대위소송에서는 애당초 문제가 되지 않는 것이다. 또한 채권자가 제3채무자에게 채권자대위소송을 제기할 청구권이 존재하지 않는다는 효과는 대위소송을 각하함으로써 충분히 달성할 수 있다. 제소가능성에 관련된 문제이기 때문이다. 반대로 피보전채권의 존부가 아닌 채권자의 채무자에 대한 채권은 인정되지만 채무자의 제3채무자에 대한 채권이 존재하지 않는다면, 당연히 청구기각판결을 해야 하고 그렇게 함으로써 3자 간의 권리의무에 대해 실체적으로 해결된다.

당사자적격이 없는 자에게 본안판결을 내린다면 과연 그러한 판결은 원고에게 어떠한 효력이 미치는지, 반대로 본래의 적격자에게 효력이 미치지 않는다면 누구를 위한 분쟁의 해결이 되는지 의문이다. 채무자의 또 다른 채권자가 다시 제3채무자를 상대로 채권자대위소송을 하는 경우를 생각해 보면 쉽게 알 수 있을 것이다. 결국 채권자대위소송에서도 채권자는 정당한 채권자이어야만 그러한 소를 제기할 수 있고, 그 점에서는 채권자의 적격성 문제로서 당사자적격 그 자체에 해당하므로 이를 갖추지 못하면 소를 각하하는 것이 타당하다.

제5장 **소송의 심리**
– 당사자의 소송행위와 변론

제5장에서는 심리의 구체적인 과정 중 주로 변론과 관련된 부분을 다룬다.
심리절차의 진행과 관련된 당사자와 법원의 역할, 변론주의,
변론준비의 필요성 그리고 당사자의 소송행위를 해설한다.

제5장 소송의 심리
제5장 — 당사자의 소송행위와 변론

I. 심리절차의 진행

1. 심리의 의의

심리는 소송계속을 전제로 법원과 당사자가 소의 적법성과 청구의 당부를 판단하기 위해 하는 모든 행위를 말한다. 심리는 당사자의 사실의 주장 및 증거의 제출이라는 변론과, 법원의 증거조사로 이루어진다. 심리를 통해 법원은 재판에 필요한 자료를 수집한다.

2. 절차의 진행

(1) 직권진행주의

심리절차의 진행에 대해서는 그 주도권을 법원에 맡기는 직권진행주의와 당사자에게 맡기는 당사자주의가 있다. 당사자주의에 의하면 당사자들의 합의 곤란으로 절차가 지연되는 치명적인 문제가 발생하여 절차의 진행에 있어서만은 직권진행주의가 채택되어 있다. 물론 직권진행주의라도 법원에 의한 일방적인 절차의 진행은 인정되지 않고, 절차진행에 관한 법원과 당사자의 긴밀한 협력이 요구된다. 이러한 직권진행주의를 구체화한 법원의 권리를 소송지휘권이라 한다.

(2) 소송지휘권

① 의 의

소송지휘권은 수소법원이 행사하고(140~145), 합의체의 경우에는 재판장이 행사하는 것이 보통이다(135~138 등). 수명법관이나 수탁판사에게도 일정한 범위의 소송지휘권이 부여된다(165 I 등). 소송지휘권은 그 목적에 따라 심리의 진행에 관한 것(기일의 지정과 변경[165], 기간의 신축[172], 중단절차의 속행명령[244] 등), 효율적인 심리의 운영에 관한 것(재량이송[34, 35], 변론의 제한·병합·분리[141], 변론의 재개[142], 실기한 공격방어방법의 각하[149] 등), 당사자의 소송행위의 규제에 관한 것(재판장의 변론의 지휘[135]), 그리고 소송관계를 명료하게 하기 위한 것(석명권[136] 및 석명처분[140])으로 구분된다.

② 행 사

소송지휘권은 사실행위로서 또는 재판의 형식으로 행사한다. 재판을 하는 것이 법원이라면 결정이 되고 재판장이나 법관이라면 명령이 된다(이러한 재판은 탄력적인 소송지휘를 위해 자기구속력이 없고 언제든지 취소할 수 있다[222]). 소송지휘권은 직권에 의해 행사되므로 원칙적으로 당사자의 신청이 있어도 법원은 이를 무시할 수 있다. 그러나 소송지휘권의 내용이 당사자의 권리의무에 중대한 영향을 미치는 경우, 법은 당사자의 신청권을 인정하고 있다. 이송의 신청(34 II III, 35), 기일의 지정(165 I. 다만, 후술[3(1)②]하는 해당 부분에서 언급하듯이 실무에서는 신청권이 없는 것으로 취급한다), 실기한 공격방어방법의 각하(149), 소송수계신청(241) 등이고, 이러한 신청에 대해서는 재판으로 응답해야 한다.

(3) 이의권

① 의 의

법원이 법률에 규정된 요건이나 방식에 위반된 행위를 하였을 때 당사자는 그러한 소송절차에 대해 이의를 할 수 있고 이러한 권리를 이의권이라 부른다 (151). 이의권은 적시에 행사해야 한다. 그러하지 않고 위법한 행위를 기초로 절차가 진행된 후 이의권을 행사하면, 절차의 지연·불안정을 초래하고 소송경제에도 도움을 주지 않는다. 이러한 이유로 위반행위의 내용에 따라서는 당사자가 이의권을 포기하거나 적시에 행사하지 않으면 이의권을 상실하는 것으로 규정되어 있다(151). 다만, 이의권의 포기와 상실은 당사자가 처분할 수 있는 임의규정 위반으로 한정된다(151 단서. 대판 1972.5.9, 72다379 등). 반대로 강행규정 위반의 경우(주로 직권조사사항의 경우)에는 재판의 적정이나 절차의 신속 등 공익과 관련되어 있기 때문에 그 대상이 되지 않는다. 예를 들어 항소제기기간은 불변기간이고 이에 관한 규정은 성질상 강행규정이므로, 그 기간의 기산점이 되는 판결정본의 송달에 대해서는 이의권의 상실로 하자가 치유될 수 없다(대판 1972.5.9, 72다379).

② 포기와 상실

포기　이의권의 포기는 소송절차 내에서 법원에 대한 일방적인 진술(의사표시)에 의하고, 소송절차 외에서 상대방에게 하여도 효력이 없다. 또한 포기는 묵시적으로도 가능하다. 예를 들면 소환이 없었음에도 기일에 출석한 경우이다. 그러나 이의권의 사전포기는 인정되지 않는다. 포기의 유무는 당사자의 자유로운 판단에 맡겨야 하기 때문이다.

상실　이의권의 상실은 당사자가 규칙위반을 알거나 과실로 모른 경우에 발생한다. 본인에게 과실이 없어도 대리인에게 과실이 있으면 본인의 과실이 된다. 당사자가 바로 이의권을 행사하지 않으면 상실되는데, 이때의 '바로'란 그러한 규칙위반이 있던 기일 직후의 다음 기일에 이의권을 행사해야 하는 것을 말한다.

3. 기일과 기간

(1) 기 일

① 의 의

기일은 **법원과 당사자 그리고 그 밖의 관계인이 모여 소송행위를 하는 때**를 말한다. 심리는 기일을 중심으로 진행되고, 기일이 열리는 장소를 법정이라 하며 법정은 원칙적으로 법원 내이어야 한다. 기일에는 대표적인 변론기일(148 등) 이외에 판결선고기일(207), 증거조사기일(381), 화해기일(387Ⅱ), 공시최고기일(479) 등이 있다.

② 기일의 지정

기일의 지정은 합의부 재판장이나 기일을 주재하는 법관의 명령에 의한다
(165). 기일의 지정은 정확한 일시와 장소를 정하는데 일요일이나 공휴일은 필요
한 경우로 제한된다(166).

기일지정신청

당사자가 기일지정을 신청하면 재판장 또는 기일을 주재하
는 법관이 기일을 지정하거나 기일신청을 각하하는 명령(다
만, 실무는 기일지정에 대해 원칙적으로 당사자에게 신청권이 없고
직권에 속하므로 재판할 필요가 없다고 한다. 그러나 조문상 "당사자의 신청에 따라"라고
규정되어 있고, 모름지기 법원은 당사자의 그러한 요구에 응답할 필요가 있으므로 신청권
이 인정된다고 해석해야 할 것이다)을 한다. 각하명령에 대해서는 예외적으로 당사
자에게 불복신청권이 인정된다(439). 또한 절차종료 후(소취하나 소송상의 화해 후)
의 기일지정신청에 대해서는 소송절차종료의 유무를 판단해야 하기 때문에 변론
을 연 후 판결의 형식으로 재판해야 한다(절차를 속행하여 판결을 내리거나 아니면
규칙67조에 의한 소송종료선언을 한다).

③ 기일의 통지

지정된 기일은 당사자와 관계인에게 통지해야 한다(167). 통지는 소환장의
송달(법168조에 의해 소송관계인이 기일에 출석할 것을 기재한 서면을 제출해도 동일하
다)이 원칙이고, 출석한 자에게는 기일을 고지(구술로 재판장이나 법원사무관이 기일
지정의 내용을 전달하는 것)함으로써 한다. 또한 법원은 대법원규칙이 정하는 간이
한 방법으로 기일을 통지할 수 있다(다만, 이 통지를 받은 당사자 등이 그 기일에 결
석해도 법적 제재나 불이익을 가할 수 없다[167Ⅱ]).

④ 기일의 변경

기일의 변경은 기일실시 전에 그 지정을 취소하고 새로운 기일을 정하는
법원의 재판(결정)을 말한다(다만, 실무는 기일지정신청에서와 같이 당사자에게 기일변
경신청권이 없다고 한다). 기일이 변경되면 심리가 지연될 우려가 있다. 따라서 당
사자의 의사를 고려하지 않고 정하는 제1회 변론기일(또는 변론준비기일)은 현저
한 사유가 없어도 당사자의 합의로 변경될 수 있지만, 제2회 변론기일부터는 그

에 상응하는 요건, 즉 특별한 사정이 존재해야만 그 변경이 허용된다(165Ⅱ, 규칙 41). 일반적인 예로 기일에 출석하는 것이 곤란하고 기일을 변경하지 않으면 당사자의 절차권을 부당히 침해하는 경우이다. 기일변경신청에 대한 법원의 결정은 법원의 직권을 존중한다는 점에서 불복신청의 대상이 아니다.

기일의 연기와 속행 기일을 개시하였지만 아무런 소송행위를 하지 않고 다른 기일을 지정하는 것을 기일의 연기, 기일에서 소송행위를 하였지만 성과를 올리지 못해 계속하여 추가 기일을 지정하는 것을 기일의 속행이라 하는데, 모두 기일 변경의 예에 따른다(규칙42 참조).

(2) 기 간

기간은 일정한 시간의 경과를 의미한다. 이러한 기간은 크게 진정기간(고유기간)과 부진정기간(직무기간)으로 구분된다. 후자(법199조의 판결선고기간, 법210조의 판결송달기간 등)는 기간에 따른 법률효과가 발생하지 않는 훈시적 규정이라는 점에서 전자와 구별된다. 또한 제척기간은 기간의 신축이나 추후보완이 인정되지 않는 점에 진정기간과 차이가 있다. 진정기간은 다음과 같이 구분된다.

① 행위기간과 유예기간

행위기간은 당사자가 소송행위를 해야 하는 기간이다(법59조 등의 보정기간, 법396조 등의 상소제기기간, 법456조의 재심의 소 제기기간 등). 당해 기간 내에 소송행위를 하지 않으면 실권되는 등 불이익이 가해진다. 반대로 유예기간은 중간기간으로도 불리고 당사자의 이익보호를 위한 일정시간의 유예를 말한다(44Ⅱ, 196 등).

② 법정기간과 재정기간

기간의 길이가 법률에 규정되어 있는 것이 법정기간이고, 법원에 의해 정해지는 것이 재정기간이다. 전자의 예로는 상소제기기간 등이 있고, 후자의 예로는 보정기간 등이 있다. 전자는 다시 다음과 같이 구분된다.

③ 통상기간과 불변기간

법원이 법정기간을 신축할 수 있는 것이 통상기간이고, 그것이 불가능한 것이 불변기간이다. 불변기간은 법률에 이를 명시하는 규정이 있다(396Ⅱ, 444Ⅱ 등).
불변기간 이외의 모든 법정기간은 통상기간이다. 통상기간이라면 신축이 가능하
다 해도 기간의 신축은 소송지휘의 일환으로 인정되는 것이므로, 소송지휘라고
볼 수 없는 중대한 효과를 동반하는 것이라면 신축이 불가능하다(173Ⅱ 참조). 불
변기간에 대해 법원은 부가기간을 정할 수 있고(172Ⅱ), 원래의 불변기간과 부가
기간의 합이 새로운 불변기간이 된다. 부가기간을 정하려면 불변기간이 경과하
기 전이어야 한다.

기간의 계산   기간의 계산은 민법에 의한다(170. 기간의 말일이 공휴일이면
그 다음 날에 기간은 만료되고 공휴일 이외에도 사회관행상의 휴일
도 포함된다). 법정기간은 법정의 사유가 발생해야 진행한다.
재정기간은 재판에 정해진 시기에 진행하거나 그러한 정함이 없으면 당해 재판
의 효력이 발생할 때 기간이 진행한다(171).

(3) 소송행위의 추후보완

① 의 의

특정 소송행위를 불변기간 내에 해야 함에도 당사자가 그 책임을 질 수 없
는 사유로 하지 못하면, 그 소송행위를 불변기간 도과 후(추후)에 완성(보완)시킬
수 있게 하는 당사자에 대한 구제방법을 소송행위의 추후보완이라고 한다(173).
보통 상소제기기간 내에 상소를 제기하지 못한 경우에 이용된다.

② 추후보완의 요건

본인이 책임질 수 없는 사유   추후보완이 인정되기 위한 요건으로 규정된 "당사자가 그
책임을 질 수 없는 사유"(173)라 함은, 당사자가 그 소송행
위를 하기 위해 일반적으로 해야 할 주의를 다했음에도 그
기간을 준수할 수 없었던 사유를 말한다(대판 1987.3.10, 86다카2224; 대판 1998.10.2,
97다50152 등). 일반적으로 생각할 수 있는 예는, 첫째 천재지변과 이에 준하는 사
유로 서면의 제출이 지연된 경우이다. 둘째 송달이 공시송달에 의해 이루어지
고 송달을 받아야 하는 당사자가 공시송달로 받아야 할 정당한 이유가 없는 경우
이다.

| 소송대리인 측의
과실 | 책임질 수 없는 사유는 당사자 본인뿐만 아니라 본인과 동일시되는 소송대리인이나 그 보조인(변호사사무소의 사무원 등 업무보조원을 포함)에게도 과실이 없어야 한다(대판 1999.6.11, |

99다9622. Case Note[6−7] 참조). 특히 소송대리인이 있으면 실제로 소송행위를 하는 것은 대리인이므로(소송대리인과 그 보조인) 과실의 유무가 중심이 된다. 사실상 소송대리인이 소송을 수행한다는 점, 소송대리인의 과실은 본인과의 사이의 문제인 점, 그리고 그 보조인에게 과실이 있다는 것은 소송대리인의 직무태만이라고 볼 수 있다는 점에 그 이유가 있다. 과실이 없다는 사정은 상소를 추후보완하려는 당사자 측이 주장·증명해야 한다(대판 2012.10.11, 2012다44730).

③ 추후보완의 절차

소송행위의 추후보완은 당사자가 책임을 질 수 없는 사유로 불변기간 내에 해야 하는 소송행위를 하지 못한 경우, 그 사유가 없어진 후 2주(외국에 있는 당사자라면 30일) 내에 그 소송행위를 추가로 완성시킬 수 있게 하는 구제방법이다(173). 추후보완 자체는 독립한 소송행위를 하는 것이 아니고, 불변기간의 도과로 부적법하게 된 소송행위가 적법하다고 주장하는 것이다. 따라서 아직 소송행위를 하지 않았다면 책임질 수 없는 사유의 존재 이외에도 추후보완 기간 내에 새로이 소송행위를 해야 한다. 2주 또는 30일이라는 추후보완기일은 신축할 수 없다(173Ⅱ). 또한 추후보완 자체는 불변기간 도과에 의한 재판의 형식적 확정력을 소멸시키는 것이 아니기 때문에, 재판의 효력(집행)을 정지시키기 위해서는 상소의 추후보완을 이유로 확정판결의 집행정지를 구해야 한다(500Ⅰ).

4. 소송절차의 정지

(1) 의 의

소송절차의 정지(중단과 중지)는 일정한 사유의 발생에 의해 절차의 진행이 법률적 효과로서 금지되는 것을 말한다. 법원이 기일을 지정하지 않아 사실상 절차가 정지되는 것과 구별된다. 절차의 진행이 정지되면 법원이나 당사자가 한 소송행위는 효력이 발생하지 않고 기간의 진행도 정지된다(247Ⅱ. 기간이 속행[소송절차의 수계사실을 통지한 때 또는 소송절차를 다시 진행한 때]하면 처음부터 다시 기간이 진행된다). 이를 위반하면, 즉 절차정지 중임에도 법원이 절차를 진행하여 판결을 내리면 그 판결이 당연무효가 되는 것은 아니고 상소(424 I ④)나 재심(451 I ③)에 의한 구제를 받을 수 있지만(대판(전) 1995.5.23, 94다28444 참조), 이의권의 포기·상실에 의해 치유된다. 다만, 수계신청과 그에 대한 재판은 중단을 없애려는 것이므로 정지 중에도 할 수 있다. 또한 판결의 선고는 더 이상 당사자의 절차권 보장이 문제가 되지 않기 때문에 변론종결 후 절차의 정지 중에도 할 수 있다(특히 247 I 의 취지에서 보아 정지 중임에도 판결선고가 가능한 것은 변론이 종결된 후 절차가 정지된 경우이다).

(2) 소송절차의 중단

① 중단사유

법정의 중단사유에 의해 법원이나 당사자의 지·부지에 관계없이 소송절차가 정지되는 것을 말한다(233~240).

㉠ 당사자능력의 소멸

당사자의 당사자능력이 소멸하고 새로운 당사자가 당사자적격을 승계하면 소송절차는 중단된다. 당사자의 사망과 법인의 합병에 의한 소멸이 이에 해당된다(233, 234). 법인이 청산절차에 들어가면 절차는 중단되지 않고, 청산이 종료되어 법인격이 소멸하면 소송절차는 중단이 아닌 종료가 된다. 자연인의 경우에도 일신전속적인 권리에 관한 소송이라면 종료된다.

실종선고의 경우 실종선고로도 소송절차가 중단된다. 중단시기는 실종기간이 만료한 때가 아니라 실종선고가 확정된 때이다(대판 1983.2.22, 82사18). 예를 들어 부재자의 재산관리인이 지정되고 그에 의해 소송절차가 진행되던 중 실종선고가 확정되면, 그 재산관리인으로서의 지위가 종료되므로 상속인 등에 의한 적법한 소송수계가 있을 때까지 소송절차가 중단된다(대판 1987.3.24, 85다카1151).

㉡ 소송능력의 상실, 법정대리인의 사망, 법정대리권의 소멸

본인이 스스로 소송행위를 할 수 없게 되거나, 본인을 위해 소송행위를 하는 자가 없게 되면 절차가 중단된다(235). 반대로 소송대리권(변호사 등)의 소멸은 본인이 스스로 소송행위를 할 수 있으므로 중단사유가 아니다(238).

ⓒ 당사자적격의 상실

소송담당자에 의한 소송절차의 진행 중, 그 담당자가 소송수행자격을 상실하면 본인이 즉시 소송행위를 하는 것이 불가능하므로 절차가 중단된다. 이에 해당되는 것은, 신탁재산에 관한 소송에서 수탁자의 임무가 종료되는 경우(236), 소송담당자의 자격상실의 경우(237. 다만, 채권자대위소송은 자신을 위한 소송담당[병존형]이므로 여기에 포함되지 않고 절차의 중단이 아닌 소각하로 처리된다[반대로 채권자대위소송을 제기한 채권자가 사망한 경우에는 법233조에 의해 처리된다]), 선정당사자 전원의 자격상실(237 Ⅱ), 당사자에 대한 파산선고(239. 파산재단의 관리처분권이 파산자로부터 파산관재인에게 이전되기 때문이다[채무자회생384조])이다.

○ 파산과 소송절차의 중단

특히 파산관재인에 의한 수계가 있기 전에 파산절차가 해지되면 원래의 당사자가 당연히(수계신청 없이) 수계를 하게 되고(239), 반대로 그러한 수계가 있은 후에 파산절차가 해지되면 다시 소송이 중단되고 파산자가 소송절차를 수계해야 한다(240). 만일 채권자가 제기한 채권자대위소송 계속 중에 채무자에 대한 파산선고가 있으면, 다른 특별한 사정이 없는 한(원고인 채권자와 파산관재인 사이에 이해관계의 상충 등) 소송절차가 중단되고 파산관재인이 수계할 수 있다(대판 2013.3.28, 2012다100746).

② 중단사유의 실질적 해석 – 부재자 재산관리인의 해임과 중단사유

어떠한 중단사유인지는 실질적으로 해석해야 한다. <도표 12>에서 보듯이 甲은 부재자인 乙을 상대로 매매계약을 원인으로 한 乙 소유 부동산의 소유권이전등기절차의 이행을 구하는 소를 제기하였는데, 그 매매계약은 부재자 乙의 재산관리인이었던 丙이 권한을 초과하여 체결한 것으로, 법원의 허가를 받지 않았기 때문에 무효라는 이유로 청구가 기각되고 확정되었다. 이에 甲은 당해 권한 초과행위에 대해 법원의 허가를 받게 되면 다시 소유권이전등기청구의 소를 제기할 수 있다고 생각하고, 丙과의 사이에 丙이 부동산 매매계약에 관한 허가신청절차를 이행해야 한다는 약정을 하였다. 그러나 丙이 이 약정을 이행하지 않자 甲은 丙을 상대로 그 이행을 요구하는 소를 제기하였다. 이 약정이행소송

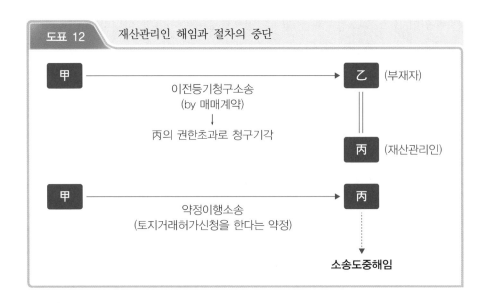

도표 12 · 재산관리인 해임과 절차의 중단

甲 ───────────→ 乙 (부재자)

이전등기청구소송
(by 매매계약)
↓
丙의 권한초과로 청구기각

丙 (재산관리인)

甲 ───────────→ 丙

약정이행소송
(토지거래허가신청을 한다는 약정)

소송도중해임

에서 丙이 부재자 재산관리인에서 해임된다면, 소송절차는 어떻게 처리되는지 문제된다.

<blockquote>당사자적격
상실로서의
절차중단</blockquote> 위와 같은 약정이행소송에서 형식적으로는 피고인 丙이 당사자이다. 따라서 당사자라는 점을 감안한다면 丙의 해임에 의해 이행 자체가 불가능하게 된다. 그러나 그 허가신청절차의 이행을 구하며 개시된 절차에서 만일 법원이 허가결정

을 하면 丙이 乙을 대리하여 한 매매계약이 유효하게 되므로, 실질적으로는 乙에게 그 효과가 귀속된다. 따라서 丙이 재산관리인에서 해임되어 관리권을 상실하는 경우에 해당되므로, 법237조1항을 적용할 필요가 있다(대판 2002.1.11, 2001다41971). 결국 당사자적격의 상실로 소송절차는 중단되고 새로 선임된 재산관리인이 중단을 해소하기 위해 소송을 수계해야 한다.

③ 중단이 발생하지 않는 경우

㉠ 소송대리인이 있는 경우

위와 같은 중단사유가 발생해도, 당사자에게 소송대리인이 있으면 절차가 중단되지 않는다(238. 다만, 파산선고에 의한 중단의 경우에는 파산관재인과의 관계[이해관계의 상충] 때문에 적용되지 않는다). 중단사유가 소송대리권에는 영향이 없기 때문이다. 물론 절차가 중단되지 않아도 소송대리인은 중단사유를 법원에 서면으로 신고해야 한다(규칙61). 이는 실체관계에 맞게 당사자를 일치시키기 위한 조치이다. 실무상으로는 소송대리인이 승계인으로부터 받은 위임장을 첨부하여 승계신청서 또는 당사자 표시 정정신청서 등의 서면을 제출하는 절차로 진행된다고 한다. 예를 들어 소송대리인에 의한 소송절차 진행 중 법인의 대표자가 변경되면 소송절차는 중단되지 않고 당해 대표자 변경을 이유로 제출된 수계신청은 대표자 표시변경으로 본다(대판 1979.12.11, 76다1829).

ⓛ 소송대리인의 심급대리에 따른 구체적 처리

(ⅰ) 1심에 한하여 대리권이 있는 경우

절차의 진행 소송절차 진행 도중에 당사자가 사망하였지만, 소송대리인이 선임되어 있고 1심에 한하여 대리권을 가진 경우, 위에서 보았듯이 절차는 중단되지 않고 법원은 절차를 진행하여 판결을 선고할 수 있다. 당사자가 사망해도 소송대리권이 소멸하는 것이 아니고, 소송대리인은 신당사자를 위해 대리하는 것이 되기 때문이다. 특히 판례는 판결문에서 구당사자로 표시되어도 그 표시가 망인의 상속인, 소송승계인, 소송수계인 등 망인의 상속인임을 나타내는 문구로 되어있으면, 신당사자(모든 상속인)에게 그 효력이 미친다고 해석한다(대결 1992.11.5, 91마342).

절차의 중단 시점 물론 상소제기를 위한 특별수권이 없으므로 판결정본이 송달된 후에는 절차가 중단된다. 중단 중에 제기된 상소는 부적법하지만 상소심법원에 소송수계의 신청을 하면 그 하자가 치유된다(대판 1963.12.12, 63다703). 따라서 수계가 없다면 판결정본의 송달 후 절차는 중단된 상태로 있게 되고, 상소제기기간도 진행하지 않는다(대판 1996.2.9, 94다61649 참조. 원고가 1심에 한정된 대리권을 가진 소송대리인을 선임하여 피고를 상대로 원인무효등기 전부의 말소를 구하는 소를 제기하고 소송 도중 사망하였지만 청구인용판결이 내려진 후, 피고가 제기한 항소심에서 원고의 일부 상속인들만이 소송수계신청을 하면, 피고가 제기한 항소는 수계를 한 상속인들에게는 유효하지만 수계를 하지 않은 상속인들에게는 소송절차가 중단된 상태에서 제기된 것이므로 효력이 없다).

(ⅱ) 상소를 제기할 특별수권이 있는 경우

소송대리인에게 상소를 제기할 수 있는 특별수권이 있다면, 수계를 하지 않은 신당사자에게도 소송절차는 중단되지 않는다. 따라서 신당사자가 스스로 상소를 제기하며 수계신청을 하는 것이 아니면 또는 소송대리인이 상소를 제기하지 않으면, 상소제기기간이 진행되어(절차가 중단되지 않아) 판결이 그대로 확정된다(대결 1992.11.5, 91마 342). 반대로 특별수권이 있는 소송대리인이 1심에서 소송수계를 한 신당사자 중의 일부만을 항소인으로 표시하여 항소를 제기하면, 이 항소는 신당사자 모두에게 효력이 미치는 1심판결 전부에 대해 제기된 것으로서 1심판결 전부의 확정을 차단시킨다(대판 2010.12.23, 2007다22859. Case Note[6-8] 참조). 이때 1심에서 소송수계를 하지 않은 신당사자는 항소심에서 소송수계를 하면 된다.

도표 13 소송탈퇴의 특별수권과 절차 중단

丙

(1) 승계참가, (3) 소송수계신청 + 승계참가신청취하

甲 ──────── 이전등기청구소송 ──────── 乙

(2) 소송탈퇴(by 특별수권을 받은 소송대리인)

○ 소송대리인에게 소송탈퇴의 특별수권이 있는 경우의 절차 중단

한편, 소송대리인이 상소제기의 특별수권이 아닌 소송탈퇴의 특별수권을 갖고 있는데 중단사유가 발생한 경우의 처리가 문제된다. 예를 들어 〈도표 13〉에서 보듯이 소송계속 중 사망한 甲에게 소송탈퇴에 관한 특별수권을 받은 소송대리인은 丙이 승계참가신청을 하자 소송탈퇴를 신청하였고, 피고 乙의 소송대리인도 이 소송탈퇴에 동의하였다. 그런데 그 후 丙은 소송물과 관련된 甲의 재산을 단독으로 상속하게 되었다면서 소송수계신청을 하고, 반대로 승계참가신청의 취하서를 제출하여 乙의 소

송대리인이 위 취하에 동의한 경우의 처리가 문제된다.

판례(대판 2011.4.28, 2010다103048)는 다음과 같이 해석한다. 소송탈퇴 당시에는 이미 甲이 사망하였다 하더라도 甲의 소송대리인은 법률상 당연히 甲의 상속인들의 소송대리인으로 취급되어 상속인들 모두를 위하여 소송을 수행하게 되는 것이므로, 甲의 소송대리인이 한 소송탈퇴신청은 甲의 상속인들 모두에게 그 효력이 미친다. 따라서 甲과 乙 사이의 소송관계, 즉 甲의 상속인들과 乙 사이의 소송관계는 소송탈퇴로 적법하게 종료된 것이므로, 丙의 소송수계신청은 이미 종료된 소송관계에 관한 것이어서 이유 없음이 명백하고, 한편 丙과 乙 사이의 소송관계도 승계참가신청의 취하와 乙의 이에 대한 동의로 적법하게 종료된 것으로 처리된다.

(3) 소송절차의 수계

① 의 의

수계는 신당사자 등이 중단된 절차를 속행시키기 위한 절차를 말한다. 원래의 당사자 지위를 승계한 신당사자가 유효하게 소송행위를 할 수 있게 하는 것이다(다만, 수계절차 없이 당사자로서 소송행위를 할 수 있는 예외로 법239조 후단 참조). 따라서 소송수계도 넓은 의미의 소송승계이지만 특정한 권리의무의 양도를 이유로 신당사자가 당사자로서의 지위를 취득하는 협의의 소송승계(후술[제11장Ⅸ])와 구별된다.

> **신청권자** 수계신청은 중단사유에 따라 법에 규정이 있고, 소송을 수행해야 한다는 수계의무가 부여되는 신당사자와 소송의 속행에 절차상의 이익을 갖고 있다는 이유에서 상대방당사자(241)가 할 수 있다. 다만, 상속인은 상속포기를 할 수 있는 동안 소송절차를 수계하지 못한다(233Ⅱ).

> **상속인이 복수인 경우** 상속인이 복수이면 수계는 다음과 같이 처리된다. 기본적으로 소송의 대상인 상속될 권리관계의 개별적 성격, 즉 공동상속인 간의 관계가 고유필수적공동소송이 되는지, 통상공동소송이 되는지에 의해 정해진다.

먼저 소송물이 금전채권채무 등의 가분적인 경우에는 원칙적으로 민법 소정의 상속분에 대응하여 각 상속인이 피상속인의 채권채무를 분할하여 승계하므로, 각자가 자신의 승계부분에 대해 소송절차를 수계한다. 반대로 소송물이 불가분적인 것이라면, 보존행위에 해당하지 않는 한(통상공동소송이 되지 않는 한) 전원이 수계해야 한다. 예를 들어 상속재산에 관한 원인무효등기 전부의 말소청구를 수계하는 경우에는, 공동상속인 중 한 사람이 그 공유물에 대한 보존행위로서 할 수 있으므로 공동상속인 일부의 수계가 인정된다. 또한 토지인도소송의 피고에게서 상속이 발생하면 상속인들의 통상공동소송이 되므로 마찬가지로 공동상속인 일부의 수계가 인정된다. 반대로 소유권확인소송의 원고가 사망하면 상속인의 공유권 전체의 확인이므로 공동상속인 전원이 수계해야 한다.

수계신청의 방식 수계신청은 수소법원에게 한다. 종국판결 송달 후에 중단되어도 상급법원이 아닌 원심법원에 신청한다(243Ⅱ). 수계신청은 신청으로서 서면 또는 구술로 할 수 있고(161), 상소의 제기나 기일지정신청에 따른 묵시의 수계신청은 해석상의 예외(사망한 당사자를 상대로 한 소송의 경우)를 제외하고 허용되지 않는다. 수계신청의 사실은 법원이 상대방에게 통지하고 이 통지에 의해 중단이 해소된다(242).

② 법원의 처리

법원은 수계신청에 대해 직권으로 그 적격이나 요건에 관해 조사하고 결정으로 재판한다(243Ⅰ). 수계의 이유가 없으면 기각결정을 하고 이에 대해서는 항고할 수 있다(439). 이유 있다고 판단하면 변론종결 전후에 따라 차이가 발생한다. 변론종결 전의 중단이라면, 기일을 지정하여 심리를 속행하면 되고 수계의 적부에 관한 점은 종국판결에 대한 불복에서 함께 다투는 것으로 충분하다. 한편, 변론종결 후의 중단이라면, 판결을 받는 자를 명확히 하고 불복신청의 기회를 부여하기 위해 수계결정을 해야 한다(243Ⅱ). 만일 수계신청과 함께 상소를 제기하면 적법한 상소로서 상소심이 수계의 적부를 판단하게 되는데, 수계 신청을 각하하면 중단상태가 해소되지 않은 것이 되어 상소는 소급하여 부적법한 것이 된다. 만일 상속인이 불분명하다면 법원은 상속재산관리인에게 소송을 수계시켜야 한다(대판 2002.10.25, 2000다21802).

| 속행명령 | 수계의무자가 그 신청을 하지 않으면 직권으로 당사자에게 속행명령을 내릴 수 있다(244). 이로써 절차의 중단은 해소된다. 다만, 속행명령 후의 신기일에 당사자 쌍방이 결석하 |

면 소취하로 간주될 수 있다(268).

(4) 소송절차의 중지

일정한 사유에 의해 법원이나 당사자의 소송행위가 불가능하게 되어 그 사유가 없어질 때까지 절차가 정지되는 것을 중지라고 한다.

| 법원의 직무집행 불가능 | 이러한 사유로는 천재지변에 의한 법원의 직무집행의 불가능이 있다(245). 사유의 내용상 법원의 재판에 관계없이 당연히 당해 사유의 발생에 따라 절차가 중지되고 그것이 없 |

어지면 절차가 진행한다. 다만, 법원은 기간의 진행 등을 위해 중지기간을 명확히 기록하는 것이 바람직하다.

| 당사자의 속행 불가능 | 다음으로 당사자의 소송속행의 불가능이 있다(246). 당사자에게 소송을 계속할 수 없는 중병 등의 사유가 발생하여 절차가 중지되는 경우이다. 법원의 직무집행 불가능이라는 사 |

유와의 차이점은 법원이 별도의 재판(결정)을 해야 하는 점이다(246 I). 사유가 해소되면 다시 법원이 중지결정을 취소함으로써(246 II) 절차가 속행된다.

II. 변 론

1. 변론의 필요성

(1) 필요적 변론

심리는 변론(당사자에 의한 사실의 주장과 증거의 제출)과 증거조사(법원에 의한 사실의 진위 판정)로 구성된다(원래 변론은 '구술변론'을 말하는데, 법은 구술변론을 단순히 변론이라고 하고 이 책에서도 단순히 변론이라 한다). 소송에서는 원칙적으로 변론 없으

면 판결이 불가능하다(134. 다만, 소각하 판결[219 등] 그리고 후술[제8장 I 1(2)]하는 결정, 명령은 예외). 이러한 원칙을 필요적 변론이라고 말한다. 필요적 변론은 공개주의, 직접주의의 등장과 더불어 정착되고, 쌍방당사자의 기회 평등을 보장하기 위해 존재하는 것이다. 따라서 필요적 변론은 공개법정에서 쌍방당사자의 출석 하에 구술의 진술을 하는 것을 의미하고 결국 변론에서 제출된 주장이나 증거만이 재판자료가 된다(다만, 후술[3(2)]하는 법148조1항의 '진술간주'는 예외). 당사자 본인은 변론이 종결되기 전에 재판장의 허가를 받아 최종의견을 진술할 수 있다(규칙28의3).

변론과 프라이버시 침해　변론과정에서 당사자가 상대방의 프라이버시나 명예에 관한 사항을 주장하고 이에 관한 증거자료를 제출함으로써 상대방의 프라이버시가 침해되거나 명예가 훼손되는 일이 있을 수 있다. 그러나 그 주장과 증명이 당사자에게 허용되는 정당한 변론활동의 범위를 일탈한 것이 아니라면 위법성이 없다(대판 2008.2.15, 2006다26243).

(2) 임의적 변론

의의　필요적 변론과는 달리 **변론을 할 것인지 여부가 법원의 재량에 맡겨진 것을 임의적 변론**이라고 한다(134 I 단서). 판결이 아닌 결정(이나 명령)으로 재판할 사건에서 이용되고, 이러한 결정으로 처리하는 사건에 대해서는 법에 규정이 있다. 임의적 변론이 적용되는 사건의 일반적인 특징은 그 대상이 실체권이 아닌 소송절차에 관한 부수적인 사항이라는 점이다. 임의적 변론에서는 설사 변론을 열어도 필요적 변론에 관한 원칙이 적용되지 않고, 변론에서 제출되지 않은 것도 재판자료로 할 수 있다.

심문과 신문의 구별　또한 법원은 당사자 그리고 이해관계인이나 참고인을 심문(審問)할 수 있다(134 II). 임의적 변론에서 이용되는 심문은 당사자의 절차권을 보장하기 위해 법원이 당사자에게 의견진술의 기회를 부여하고 증거조사를 하는 것을 말한다. 반대로 필요적 변론에서 당사자 주도로 증인 등에게 질문하는 것을 신문(訊問)이라 한다. 이와 같이 심문은 법관 주도 하에 공개법정이 아니라도 또는 상대방당사자가 결석하여도 가능하다는 점에서 신문과는 다른 특징이 있다.

(3) 변론에서의 심리원칙

① 공개주의

공개주의는 원칙적으로 심리와 판결의 선고를 누구나 방청할 수 있도록 변론을 공개해야 한다는 것을 말한다. 이때의 재판은 소송사건을 의미한다(헌법109조). 공개주의는 당사자에 대해서만 공개를 허용하는 당사자공개주의 및 모든 사람에 대한 공개를 불허하는 소송밀행주의와 구별된다. 또한 변론과 달리 소송기록의 공개는 별도로 다루어진다. 공개주의는 헌법상의 요청이지만, 반면으로 공서양속위반 등을 이유로 심리를 비공개로 할 수 있다(헌법109조 단서, 법원조직법57조).

② 구술주의

구술주의는 심리에서 당사자나 법원의 소송행위는 구술에 의한다는 원칙을 말한다. 구술이 아닌 서면에 의할 때에는 서면주의라 한다. 구술주의는 공개주의 및 직접주의와 맞물려 당사자의 진술을 토대로 한 실제적인 심증의 형성에 도움을 준다. 반면 복잡한 사실관계 등이 있으면 불완전하고 부정확한 결과나 기억력의 감퇴에 따른 선명도 상실 등의 우려가 있다. 이에 법은 구술주의를 원칙으로 하면서(규칙28) 그 단점을 보완하기 위해 보충적으로 서면주의를 취하고 있다.

보충적 서면주의 보충적 서면주의의 예로는, 소의 제기, 상소의 제기, 소의 취하 등 중요한 소송행위, 준비서면이나 상소이유서 등의 법률상 사실상의 주장을 정리하기 위한 행위, 구술진술의 결과를 기록하는 조서, 그 밖에 판결서 또는 판결선고조서 등이 있다.

③ 직접주의

직접주의는 판결의 기초가 되는 사실인정을 심리에 직접 관여한 수소법원의 법관 스스로 해야 한다는 원칙이다(204). 반대로 타인이 한 심리를 기초로 사실인정을 하는 주의를 간접주의라 한다. 직접주의는 성격상 공개주의와 구술주의에 부합한다. 그러나 직접주의로 일관하는 것은 한계가 있다. 법관의 전근과 원격지 증인을 신문해야 하는 일이 발생하기 때문이다. 이러한 이유로 예외적으로 간접주의를 인정하고 있는데, 법관의 전근(교대)시 행해지는 변론의 갱신(204 Ⅱ)과 수명법관이나 수탁판사가 증인신문을 하는 경우(297, 298)가 있다.

| 변론의 갱신 | 변론의 갱신은 법관의 전근으로 인해 새로운 법관 앞에서 당사자가 변론의 결과를 진술하는 것을 말한다. 변론의 갱신은 일방 당사자만의 출석으로도 가능하고(그 밖에 규칙55), |

여기서 진술하는 변론의 결과에는 증거조사결과도 포함된다. 또한 합의부 법관의 반수 이상 또는 단독판사가 바뀌면, 종전에 신문한 증인에 대해 당사자가 재신문을 신청하면 이를 받아들여야 한다(204Ⅲ). 만일 변론갱신절차를 거치지 않고 종래의 변론을 기초로 판결을 내리면, 판례(대판 1966.10.25, 66다1639)는 이의권 상실이나 포기에 의해 하자가 치유된다고 해석한다.

④ 집중심리주의

하나의 사건 심리를 집중하여 계속해서 실시하고 종료한 다음에 비로소 새로운 사건의 심리에 들어가는 원칙을 집중심리주의라 한다(272). 반대로 하나의 법원이 복수의 사건의 심리를 중복·병행하여 심리하는 것을 병행심리주의라 한다. 병행심리주의에 의하면 기일과 기일 간의 간격이 벌어지고 이로 인해 구술주의의 장점을 살릴 수 없는 단점이 있다. 반대로 집중심리주의에 의하면 구술주의와 직접주의의 장점을 살리면서 신속하고 적정한 심리를 할 수 있다는 장점이 있다. 물론 법관의 수나 법정수 등 물리적 설비가 충분히 이를 뒷받침할 수 없기 때문에, 모든 당사자를 위해 집중심리를 하는 것은 불가능하다. 따라서 적어도 증거조사 특히 증인신문에 한해서라도 집중심리를 하는 것이 바람직하다.

2. 변론의 운영

(1) 개시와 본안의 신청

| 변론기일 | 당사지의 신청이나 주장은 구술주의의 요청에 따라 변론기일에서 진술되어야 하고 이를 위해 변론기일이 열린다. 변론기일은 재판장에 의해 지정되고, 재판장은 변론을 주재한 |

다(135). 각 변론기일은 사건의 호명으로 시작된다(169).

| 본안의 신청 | 제1회 변론기일에서, 원고는 소장을 피고는 답변서를 진술한다. 이로써 소송이 시작되고 소송의 주제가 설정된다. 또 |

한 이를 본안에 관한 종국판결을 구하는 진술(원고라면 청구취지의 진술, 피고라면 본안 전의 소각하신청과 본안에 관한 청구기각신청)이라는 점에서 본안의 신청이라고 한다. 다만, 피고의 본안의 신청 중, 직권조사사항을 이유로 하는 소각하신청은 법원이 직권으로 조사해야 하는 점에서 필수적이지 않다. 또한 피고가 하는 청구기각신청도 원고의 청구를 인용하지 않는다면 기각할 수밖에 없으므로 마찬가지로 필수적이지 않다.

본안신청 후의 절차 이후 계속되는 변론에서 피고가 원고의 청구취지를 다투면 원고는 청구원인사실을 주장하고, 이에 대해 피고는 다음과 같은 인부를 한다. 즉, 부인(다툼), 부지(다툼), 자백(인정), 침묵 그리고 항변이다. 여기서 본안신청을 기초 짓는 모든 재판자료와 이에 대응하는 반대신청을 기초 짓는 모든 재판자료를 공격방어방법이라 부른다(후술[(5)] 참조).

본안전 항변 항변 중에는 특히 소송요건의 흠을 주장하며 소각하를 구하는 피고의 항변이 있다. 이러한 항변은 법원의 직권조사사항에 대한 주장이 대부분이므로 피고의 주장을 필요로 하지 않고 엄밀한 의미에서는 법원의 직권발동을 촉구하는 것이지 항변이 아니다. 실무상으로는 "부적법하다", "각하되어야 한다", "당사자적격이 없다", "소의 이익이 없다"는 문구를 쓰면 본안전 항변으로 본다고 한다. 또한 '방소항변'이라는 것이 있는데, 예를 들어 부제소합의나 중재합의를 이유로 소각하를 구하면, 그러한 합의가 직권조사사항에 해당되지 않기 때문에 진정한 의미의 항변으로서 본안전 항변이라고 할 수 있다.

(2) 속 행

변론기일에 심리를 다할 수 없을 때에는 다른 기일로 변론이 속행된다.

변론의 일체성과 등가치성 변론이 속행되더라도 각 기일에 제출된 자료는 일체를 이루는 것으로 다루어진다. 이것을 **하나의 기일에 변론이 전부 열린 것으로 본다**는 의미에서 **변론의 일체성**이라 한다. 또한 각 기일의 **변론은 재판자료로서 동일한 가치를 갖고 있고 이를 변론의 등가치성**이라 부른다.

당사자가 주장이나 증명을 다하고 종국판결이 내릴 수 있게 되면 변론이 종결되고(198), 이때 판결선고기일이 지정되는 것이 보통이다. 그러나 종결된 후라도 변론의 보충이 필요하면 법원은 변론의 재개를 명할 수 있다(후술).

(3) 변론의 제한·분리·병합·재개

변론의 제한·분리·병합은 법원의 재량으로 결정된다(141). 당사자에게는 신청권이 없고 법원은 소송지휘의 일환으로 결정으로 재판한다.

① 제 한

변론의 제한은 변론이나 증거조사를 하나의 청구나 쟁점에 한정하는 것이고, 중간판결을 하는 경우나 변론의 분리가 인정되지 않는 경우에 이용된다. 또한 분리와는 달리 심리의 순서에 차이가 있을 뿐 동일절차 내에서 심리된다는 점에 주의해야 한다.

② 분 리

병합심리에서 심리의 복잡을 피하기 위해 심리를 분리하는 것을 말한다. 다만, 동시에 심판해야 하는 필수적 공동소송, 독립당사자 참가소송, 이혼소송의 본소와 반소 등에서는 변론의 분리가 허용되지 않는다. 분리 전의 소송자료나 증거자료는 분리 후에도 유효하지만, 분리 후의 그 자료는 구별되고 판결도 따로 내려진다. 다만, 관할에는 영향이 없다(33).

③ 병 합

의의 **변론의 병합은 동일한 관서로서의 법원에 계속하고 있는 수개의 소송을 하나의 절차에서 심판하는 것**을 말한다. 수개의 소송 중 어느 하나의 수소법원이 변론의 병합을 결정한다. 공동소송이나 청구의 병합은 당사자에 의한 병합이고, 변론의 병합은 법원에 의한 병합이다. 변론이 병합되려면 청구 병합의 요건을 갖추어야 하고, 병합되어야 하는 사건이 동일한 법원의 관할에 속해야 한다는 점에서 동일한 관서로서의 법원에 계속하는 사건이어야 한다. 법률이 변론의 병합을 요구하는 경우도 있다(상188, 채무자회생171Ⅴ 등).

변론이 병합되면 병합 전에 진행된 절차의 효과가 병합 후에도 유지되는지 문제된다. 즉, 병합 전의 증거자료가 병합 후에도 당사자의 원용에 관계없이 효력을 갖는지 여부이다. 이에 대해서는 원용필요설과 원용불요설의 대립이 있다. 전자는 당사자, 특히 병합을 촉구하는 신청을 하지 않은 당사자의 절차권 보장을 위해 필요하다는 주장이다. 다만, 전자는 묵시적인 원용을 인정하고 있고, 어느 입장에서나 신문의 기회가 없었던 당사자의 재신문 기회를 보장한다. 병합을 했다는 취지에서 본다면 원칙적으로 원용불요설이 타당할 것이다.

④ 변론의 재개

변론의 재개는 변론종결 후 종국판결선고 전에 변론을 재개·속행하는 처리를 말한다(142, 규칙43). 보통 변론이나 증거조사가 불충분하거나, 변론의 갱신을 해야 할 때 재개를 한다. 변론의 재개도 변론의 병합에서와 같이 법원이 직권으로 하지만, 특별한 경우(선례로서 많은 판례가 따르고 있는 대판 1964.6.9, 63다1169 등 참조)에는, 재개하지 않으면 위법한 절차가 된다. 즉, 당사자에게 새로운 주장·증명의 기회를 부여하는 것이 절차적 정의에 합치하거나 소송절차에서의 위법을 치유하기 위한 경우가 그러하다.

(4) 변론조서

① 의 의

변론의 경과를 명확히 남겨두어 분쟁을 미연에 방지하기 위해 법원사무관이 작성하는 문서를 변론조서라 하고, 기일마다 작성된다(152). 재판장은 변론을 녹음하거나 속기하는 경우 또는 그 밖에 필요한 경우, 법원사무관등을 참여시키지 않고 변론기일, 변론준비기일 또는 그 밖의 기일을 열 수 있다. 이때 법원사무관 등은 재판장의 설명에 따라 변론조서를 작성하고 그 취지를 기입한다(152 Ⅰ단서, Ⅱ, Ⅲ).

변론조서는 절차의 안정과 상소심의 심판에서 도움이 되는 것으로 소송기록으로 보존된다. 여기서 말하는 변론은 증거조사를 포함하고 보통 실무에서 증거조사조서 또는 증인신문조서 등으로 불린다(변론조서의 형식적 기재사항과 실질적 기재사항에 관해서는 153, 154, 조서의 기재 생략에 관해서는 155, 녹음테이프과 속기록으로 변론조서의 기재를 대신하는 경우에 관해서는 159, 그 밖에 규칙32, 36 참조). 특히 조서의 기재사항 중 변론의 방식에 관한 사항(공개의 유무, 증인선서의 유무, 변론갱신의 유무 등의 형식적 기재사항)은 조서에 의해서만 증명할 수 있고(158), 이는 다른 증거방법으로 증명할 수 없는 자유심증주의의 예외인 법정증거주의를 말한다.

② 소송기록

변론조서를 포함하여 소송사건에 관한 서류 또는 이를 편철한 것을 소송기록이라고 한다. 소송기록은 법원, 당사자 그 밖에 제3자가 작성한 서류로 구성된다. 원칙적으로 당사자가 아니라도 소송기록을 열람할 수 있지만(162 I. 규칙 38), 비밀보호를 위한 보완장치가 필요하다. 이에 따라 소송기록의 열람·복사 등에 관한 구체적인 사항을 대법원규칙에서 정하고(162. 규칙37의2, 37의3 참조), 소송기록 중 당사자의 사생활 및 영업비밀이 기재된 부분에 대해서는 당사자의 신청에 따라 법원이 결정으로 그 열람, 복사, 정본·등본 또는 초본의 교부를 신청할 수 있는 자를 당사자로 한정할 수 있다(163).

또한 2007년의 법개정으로 당사자 등 사건관계인 이외의 일반인에게도 권리구제·학술연구 또는 공익적 목적이 있으면 재판이 확정된 소송기록의 열람을 허용하되, 심리가 비공개로 진행된 사건은 열람을 제한하도록 하였다(162 II ~ IV).

(5) 공격방어방법의 제출

① 의 의

본안신청을 기초 짓는 일체의 재판자료(주장, 증명, 증거항변 등)를 공격방법이라 하고, **이에 대응하는 반대신청을 기초 짓는 일체의 재판자료를 방어방법**이라 하며, 이 둘을 합하여 공격방어방법이라고 부른다. 공격방어방법 중 중요한 것은 주장과 증명이다.

주장과 증명

주장은 구체적인 사실의 유무에 관한 인식판단을 보고하는 것이고, 사실상의 주장 및 청구 그리고 이를 특정하고 이유 붙이는 구체적인 권리관계의 진술인 법률상의 진술로 구분된다. 증명은 주장된 사실에 다툼이 있을 때 이를 증명하기 위해 당사자가 신청하는 증거방법의 조사를 말한다.

② 제출방법

공격방어방법의 제출시기에 대해서는 특정한 시점까지 관련 자료를 제출해야 한다는 법정서열주의(또는 동시제출주의)가 있다. 이것은 당사자가 불필요한 자료까지 제출하여 오히려 심리를 지연시킬 우려가 있다.

수시제출주의와 적시제출주의

이를 보완하기 위해 등장한 것이 변론종결시까지 자유롭게 제출할 수 있다는 수시제출주의이고 구법에서 채택하고 있었다. 그러나 이것도 당사자의 자료제출시기가 늦어져 심리가 장기화되는 사태를 막지 못하였다. 신법은 보다 소송절차를 신속하고 탄력적으로 운영하기 위해 **당사자의 공격방어방법은 소송의 정도에 따라 적절한 시기에 제출되어야 한다는 적시제출주의를 도입하였다**(146). 적시제출주의를 도입한 근거는 소송 진행에 협력할 의무가 있는 당사자로서는 공격방어방법을 소송의 진행상태에 따라 적시에 제출하는 것이 타당하다는 점에 기인한다. 또한 적시제출주의의 실효성을 확보(공격방어방법 제출의 제한)하기 위해 다음과 같은 대책이 마련되어 있다.

재정기간

재판장은 당사자의 의견을 들어 일정한 주장의 제출이나 증거신청이 가능한 재정기간을 정할 수 있다. 그 기간이 도과하면 정당한 사유를 소명하지 않는 한 원칙적으로 그러한 주장의 제출과 증거신청이 불가능해진다(147). 제출기간을 정하는 재판을 하려면 먼저 당사자의 의견을 들어야 하고 이 재판은 제출기한이 제한되는 당사자에게 고지되어야 한다.

실기한 공격·방어방법의 각하

법원은 실기한 공격·방어방법을 각하할 수 있다(149). 당사자가 고의 또는 중대한 과실로 공격 또는 방어방법을 뒤늦게 제출함으로써 소송의 완결을 지연시키게 하는 것으로 인정할 때, 법원은 직권으로 또는 상대방의 신청에 따라 결정으로 이를 각하하는 것이다. 이때 당사자의 법률지식 등을 고려하여 그 제출가능성을 판단해야 한다.

또한 당사자가 제출한 공격 또는 방어방법의 취지가 분명하지 않은 때, 당사자가 필요한 설명을 하지 않거나 설명할 기일에 출석하지 아니한 때에도, 법원은 직권으로 또는 상대방의 신청에 따라 결정으로 이를 각하할 수 있다(149 Ⅱ). 이것은 석명 없이 하는 각하를 말한다. 또한 당사자의 공격·방어방법각하 신청에 대한 재판에 대해서는 독립하여 불복할 수 없고 종국판결에 대한 불복을 통해 다투어야 한다.

그 밖의 대책	변론준비절차(279), 증거조사의 집중(293), 그리고 공격·방어방법에 관한 중간판결(201 Ⅰ)에 의해서도 실효성이 담보된다.

3. 변론에서의 당사자의 결석

(1) 당사자의 결석

당사자나 그 대리인 모두 적법한 소환을 받고도 필요적 변론기일에 출석하지 않거나 출석하여도 변론하지 않는 것을 결석이라 한다. 변론기일에는 법정 외에서 한다는 특별한 사정이 없는 한 증거조사기일도 포함된다(대판 1966.1.31, 65다2296). 다만, 임의적 변론기일이나 판결선고기일(207 Ⅱ)은 포함되지 않는다. 변론을 하지 않았다는 것은, 진술이 금지되거나(144) 강제로 또는 임의로 퇴정한 경우, 그 밖에 청구기각만을 구하거나 기일의 변경만을 구한 경우를 포함한다. 또한 법원이 사건호명 후 변론에 들어감이 없이 기일을 연기한 때에도 당사자가 결석하는 한 변론에 결석한 것이 된다(대판 1979.4.24, 78다2373).

(2) 일방 당사자의 결석

진술간주	당사자 일방만이 결석하면 출석당사자의 권리를 보호하고 심리를 진행하기 위해 결석당사자가 미리 제출한 준비서면(소장, 답변서 포함 모든 준비서면)에 기재된 사항을 진술한 것으로

본다(148. 진술간주). 즉, 진술간주는 당사자 일방이 결석한 경우에만 문제되고 당사자 쌍방이 결석한 경우에는 아래에서 보는 바와 같이 별개의 처리가 된다.

변론기일은 최초기일과 속행기일을 포함하는데, 최초기일에서의 원고결석이면 소장의 진술간주를, 피고의 결석이면 답변서나 그 밖에 준비서면의 진술간주를 한다(148. 항소심의 경우에도 같다[408]). 변론기일에 한쪽 당사자가 불출석한 경우에 변론을 진행하는지 기일을 연기하는지는 법원의 재량에 속하지만(148 I), 출석한 당사자만으로 변론을 진행할 때에는 반드시 불출석한 당사자가 그때까지 제출한 소장·답변서, 그 밖의 준비서면에 적혀 있는 사항을 진술한 것으로 보아야 한다(대판 2008.5.8, 2008다2890).

| 대석판결주의 | 진술간주에서 보듯이 법은 대석판결주의를 취하고 있고 결석사실 자체를 결석자에게 불리하게 판단한다는 결석판결주의를 취하지 않는다. 진술이 간주되면 그 내용에 따라 자백 |

간주의 성립이 인정되고, 다툼이 있으면 심리를 속행하여 본안판결을 한다.

○ 진술간주가 문제되는 경우

원고가 청구포기의 서면을 제출하거나 피고가 청구인낙의 서면을 제출하고 최초기일에 결석하면 진술간주를 할 수 있는지에 대해, 판례(대판 1973.12.24, 73다333)는 청구인낙의 방식을 엄격히 해석하여 진술간주를 인정하지 않고 있다. 또한 판례는 진술간주에 의해 변론관할이 발생하지 않고(대결 1980.9.26, 80마403), 증거신청은 법원 외에서 조사하는 것이 아니면 당사자가 변론기일 또는 준비절차기일에 출석하여 현실적으로 제출하여야 하므로, 서증이 첨부된 소장 또는 준비서면 등을 제출해도 서증이라는 증거신청의 진술간주가 되지 않는다고 해석한다(대판 1991.11.8, 91다15775). 그러나 후자의 경우 기일 전의 증거신청이 인정되므로(289 II) 결과적으로 실질상 법 148조가 적용된 것과 동일하게 될 것이다. 또한 신법에 의해 공정증서라는 서면에 의한 포기와 인낙이 가능해졌다(148).

다음으로 결석한 당사자가 아무런 준비서면도 제출하지 않으면, 출석당사자의 주장을 다투지 않는 것으로 본다(150. 자백간주). 다만, 결석당사자는 공시송달에 의한 방법으로 소환을 받은 경우가 아니어야 한다(150 III 단서).

(3) 쌍방 당사자의 결석

① 요 건

당사자 쌍방이 기일에 결석하면 소가 취하된 것으로 본다(268). 그 요건은 다음과 같다. 첫째, 당사자 쌍방의 1회 결석으로, 최초기일을 포함 모든 변론기일에서 당사자 쌍방이 결석하고, 이러한 1회 결석 시 재판장은 속행기일을 정해 당사자를 소환해야 한다(268 I). 둘째, 당사자 쌍방의 2회 결석으로, 쌍방결석으로 인해 정해진 신기일이나 그 후의 기일에 당사자 쌍방이 다시 결석해야 한다(268 II 전단). 이때 법원은 보통 신기일을 지정함이 없이 당해 기일을 종료시킨다는 사실상의 휴지를 한다. 셋째, 기일지정신청의 유무로, 쌍방이 2회 결석 후 그로부터 1개월 내에 기일지정을 신청하지 않거나 신청해도 지정된 기일에 결석해야 한다(268 II 후단, III). 1개월이라는 기간은 2회 결석기일로부터 기산되고(대판 1992.4.14, 92다3441), 불변기간도 아니어서 소송행위의 추후보완이 불가능하며(대판 1992.4.21, 92마175), 해석상 기간의 신축도 인정되지 않는다. 또한 2회 또는 3회 결석은 동일심급의 동종의 기일에서만 문제된다(대판 1968.8.30, 68다1241).

② 효 과

위와 같은 요건을 갖추면 소취하가 간주된다(268 III). 실무에서는 이를 '쌍불취하'라고 부른다. 취하의 효과는 법률상 당연한 효과로서 통상의 소취하와 동일한 효과를 갖고, 법원의 의사나 당사자의 합의로 바꿀 수 없다. 또한 소취하 간주는 상급심절차에서도 동일한 요건으로 상소의 취하가 간주된다(268 IV).

III. 변론주의

1. 의 의

사실인정과 변론주의

법원이 판결을 하려면 법을 적용하기 위해 사실인정을 해야 하고, 사실인정을 하려면 당사자의 주장을 들어야 한다. 당사자가 주장하지 않은 사실을 법원이 인정하면 그 사실의 유무를 다툴 기회를 상실하고, 당사자는 판결이라는 소송의 결과를 전혀 예상할 수 없게 된다. 이러한 결과를 피하기 위해 당사자는 사실의 유무를 다툴 기회를 가져야 한다. 이 점에서 민사소송에서는 법원의 사실인정에 대해 일정한 제한을 하고 있는데, 이것이 바로 변론주의라는 원칙이다. **변론주의란, 판결을 내려야**

하는 법원은 우선 사실관계를 확정해야 하고, 사실을 확정하려면 이에 따른 자료의 제출 - 사실의 주장·증거신청 - 이 필요한데, 이것을 당사자의 권능 및 책임으로 한다는 원칙을 말한다.

변론주의의 3가지 테제 변론주의의 구체적 내용을 이루는 것은, 법원은 당사자가 주장하지 않은 주요사실을 판결의 기초로 할 수 없고, 주요사실에 대한 당사자 간의 자백은 법원을 구속하며, 증거조사는 반드시 당사자가 신청한 증거이어야 한다는 3가지 원칙(테제)이다. 변론주의에 위반하면 법령위반으로 상고이유가 된다.

2. 주장책임

(1) 의 의

앞서 본 변론주의의 첫 번째 원칙을 가리켜 주장책임이라고 한다. 주장책임은 변론주의의 핵심 나아가 그 자체를 가리킨다.

소송자료와 증거자료의 준별 주장책임의 존재로 민사소송에서는 소송자료와 증거자료가 준별된다. **소송자료는 당사자가 변론에서 진술한 사실**을 말하고, **증거자료는 증거방법을 조사하여 감득된 내용**을 가리킨다. 주장책임은 쌍방 당사자 중 어느 누구도 주장하지 않은 사실은 판결의 기초로 할 수 없다(소송자료가 되지 않는다)는 것이고, 주장하지 않는 한 증거자료를 통해 밝혀진 유리한 사실이라도 참작하지 않는다는 불이익을 의미하는 점에서 주장책임이라고 한다.

(2) 변론주의 근거론

주장책임을 근간으로 하는 변론주의가 민사소송에 존재하는 이유에 대해 근거론이라는 형태로 논쟁된다. 물론 당사자가 주장하지 아니한 사실이 증거자료를 통해 판명되고, 이를 참작해야 하는 법원이 당사자에게 그 사실의 주장을 촉구하는 석명을 하였지만, 결국 당사자가 석명에 응하지(주장하지) 않은 경우, 법원은 그 사실을 판결의 기초로 할 수 없는 점에 어느 입장에 의하건 차이가 없다.

결론에는 차이가 없지만, 그것을 설명하기 위해, 사적 자치가 근거가 된다는 본질설, 분쟁에 제1차적인 이해관계가 있는 당사자의 이기심을 이용하자는 수단설, 다원적 근거에 기한 역사적 소산이라는 다원설이 주장된다. 굳이 각 설의 우월을 가리자면, 수단설은 당사자의 이기심을 이용하여 진실에 가까운 판결을 내린다는 것이지만, 그러한 이유라면 변론주의와 대립되는 직권탐지주의를 취하는 것이 더 적당하다. 다원설은 모든 견해를 포함하는 것으로 사실상 하나의 체계적인 학설이라고는 말할 수 없다. 결국 본질설을 취하는 것이 변론주의를 가장 설명하기 용이하다고 할 수 있다.

(3) 변론주의의 기능

변론주의의 근거가 사적 자치에 있다고 하여도, 법원은 항상 당사자의 의향을 존중하여 당사자가 특정 사실을 주장하지 않는 한 참작할 수 없게 되는 것이 아니다. 법원의 석명이 개입하기 때문이다. 즉, 실제 소송에서는 법원의 심증과의 관계에서 당사자가 법원의 석명권행사에 불응하는 일은 생각하기 힘들다. 이것은 당사자로서 주장하고 싶지 않아도 법원의 석명권행사로 인해 주장하는 일이 있다는 것을 보여준다. 법원의 심증을 나쁘게 하는 것은 바로 패소를 의미하기 때문이다.

당사자에 대한 다툴 기회의 보장 그렇다면 변론주의의 기능은 당사자의 의향을 존중한다는 점보다도 불의의 타격을 방지한다는, 달리 말해 특정 사실의 존부에 관해 당사자에게 다툴 기회를 부여한다는 점에 있다. 따라서 법원이 당사자에게 특정 사실의 진위 여부에 대해 다툴 기회를 부여함이 없이 그 사실을 참작하는 것은, 당사자에 대한 불의의 타격이 되어 변론주의에 위반된다.

3. 주요사실의 해당성

(1) 주요사실·간접사실·보조사실

변론주의는 자발적이건 석명에 의하건 당사자가 사실을 제출할 책임이 있다는 원칙이지만, 모든 사실을 당사자가 제출해야 하는 것은 아니다. 사실에는 주요사실, 간접사실 및 보조사실의 3가지가 있고, 변론주의는 원칙적으로 주요사실에만 적용된다.

① 주요사실

주요사실은 당사자가 반드시 주장해야 할 사실이고, 권리의 발생, 변경, 소멸에 직접 필요한 사실이다. 직접사실 또는 법률효과를 발생시키는 실체법상의 구성요건 해당사실이라고도 말한다. 예를 들면 민법598조의 소비대차에 의한 반환청구소송에서는 실무에 의하면 금전 기타 대체물의 이전, 그 반환약정 그리고 이행기도래에 해당하는 사실이 주요사실이다.

② 간접사실

간접사실은 경험칙 등의 도움을 받아 주요사실을 추인시키는 사실로서, 보통 징표라고 한다. 예를 들면 앞의 사례에서 소비대차계약의 성립을 인정할 때, 채무자가 경제적으로 매우 곤란한 형편이었는데 채권자가 주장하는 계약성립일 이후에 갑자기 고가품을 구입했다는 사실은 간접사실로서 당사자가 주장하지 않아도 증거자료를 통해 드러나면 법원이 자유롭게 참작할 수 있다. 즉, 곤궁했던 사람이 고가품을 구입했다는 사실은, 경험칙상 특별한 사정이 없는 한 채권자로부터 돈을 받았을 것이라고 추인시키기 때문이다. 그 밖에 부동산의 시효취득에서 점유기간이나 자주점유는 주요사실이고 이를 추인시키는 점유의 시기나 점유의 권원(점유를 하게 된 권리)은 간접사실에 불과하다(대판 1997.2.28, 96다53789).

③ 보조사실

보조사실은 증거능력이나 증거력을 명확히 하는 사실이다. 증거에 관련된 사실로서, 예를 들면 증인이 당사자의 친구나 친척이라는 사실은 당해 증언의 신빙성을 판단함에 있어 법원이 당연히 참작해야 할 사실이다. 문서가 특정인이 작성했다는 사실(문서의 진정성립)도 마찬가지이다. 보조사실은 구분하기 용이하기 때문에 보통 문제가 되는 것은 주요사실과 간접사실의 구분이다.

(2) 주장책임과 주요사실

원칙적으로 주요사실만이 변론주의의 대상이 되는 이유는 간접사실과 증거와의 관계 및 자유심증주의에 기인한다. 즉, 자유심증주의에 의해 증거의 평가는 법원의 재량에 맡겨져 있는데, 주요사실을 추인시키는 징표에 해당하는 간접사실에 대해 당사자의 주장을 필요로 한다면, 법원은 당사자가 주장하지 않는 한 자유롭게 간접사실을 이용할 수 없게 되기 때문이다.

간접사실을
자유롭게 이용
해야 하는 이유

예를 들면 앞의 간접사실에서 다룬 소비대차의 사례에서 당사자가 주장한 채무자의 금전수수라는 주요사실을 인정하는 경우를 생각해 보자. 채무자가 갑자기 고가품을 구입했다는 사실이 증거자료(증인신문)를 통해 판명되면 당사자가 이를 주장하지 않아도 참작할 수 있게 해야 한다. 그렇지 않으면 법원은 제출된 증거를 참작할 수 없고 금전수수라는 사실을 자유롭게 인정할 수 없게 된다. 결과적으로 고가품을 구입한 사람이 돈이 없는 사람이라는 이상한 사실인정을 하게 될 것이다. 따라서 간접사실은 당사자의 주장이 없어도 자유롭게 이용할 수 있는 것이 원칙이다.

(3) 주요사실과 간접사실의 구별기준

불법행위에서의
주요사실의 예

주요사실과 간접사실의 구별이 문제되는 것으로 다음과 같은 예가 있다. 피고가 운전하는 자동차에 치여 상해를 입은 원고가 민법750조의 손해배상청구소송을 제기했을 때, 같은 법 750조가 규정하는 과실이라는 불특정개념에서의 주요사실은 구체적으로 무엇인지 문제된다.

법규기준설

판례·통설은 법규의 구성요건인 요건사실이 바로 주요사실이고, 이를 구체적으로 뒷받침하는 사실은 간접사실이라고 한다. 법규를 기준으로 한다는 점에서 법규기준설이라고 불린다. 위의 예에서 주요사실은 피고의 과실운전 그 자체이고, 이에 관한 주장이 있다면, 음주운전인지 여부가 쟁점이 되어도 법원은 증거자료를 통해 얻은 한눈팔기 운전으로 원고승소의 판결을 내려도 적법하다고 해석한다.

준주요사실의 등장 이러한 해석을 비판하는 학설은, 주요사실이란 심리의 대상이 될 수 있는, 즉 증명·증거조사의 대상이 될 수 있는 구체적인 사실이어야 하고, 민법750조의 과실은 그 자체를 직접 증명할 수 없고, 과실이라고 평가될 수 있는 구체적인 사실(음주운전, 과속운전, 한눈팔기 운전 또는 졸음운전 등)이 주요사실에 해당한다는 입장이다. 이러한 비판에 의해 통설에서도 준주요사실이라는 개념을 만들어 원칙적으로 과실을 주장해야 하나, 과실을 구성하는 구체적 사실은 준주요사실로서 당사자가 주장과 증명을 해야 한다고 해석한다. 이러한 예외를 인정하면 사실상 결론에는 아무런 차이가 없게 된다.

절차권보장에 따른 구분 결국 주요사실은 구체적으로 주장·증명할 수 있는 사실로서 법규의 구성요건인 요건사실을 가리킨다. 그러나 이러한 원칙은 앞서 당사자에 대한 불의의 타격 방지에 변론주의의 기능이 있다는 점에서 보았듯이, 당사자의 절차권 보장의 유무에 따른 예외가 인정된다. 즉, 당사자가 주장하지 않은 주요사실을 인정하더라도 불의의 타격이 되지 않으면 변론주의 위반이 아니고, 반대로 간접사실을 당사자의 주장 없이 인정하는 것이 그 중요성으로 인해 불의의 타격이 된다면(후술[제6장Ⅱ5(5)]하는 간접반증에서 보는 중요한 간접사실 등) 변론주의 위반이라는 예외이다.

(4) 주요사실의 예

소멸시효의 기산일 소멸시효의 기산일은 주요사실이고 당사자의 주장이 필요하다는 것이 판례이다(대판 1971.4.30, 71다409). 판례는 소멸시효에 대해 이를 권리항변(권리를 행사한다는 취지의 당사자의 의사표시가 요구되는 항변)으로 보고 당사자의 주장이 필요하다고 해석한다. 반대로 시효취득의 기산일은 간접사실로 해석하는 것이 판례이다(대판 1961.10.26, 4293민상529. Case Note[6-1] 참조). 점유개시의 시기는 취득시효의 요건사실인 점유기간을 판단하는 데 간접적이고 수단적인 구실을 하는 사실에 불과하다는 이유를 근거로 한다.

표현대리 또한 판례는 표현대리에 관한 사실을 주요사실이라고 하고, 당사자가 주장하지 않는 한 직권으로 참작할 수 없다고 해석한다(대판 1983.12.13, 83다카1489. Case Note[6-2] 참조). 이러한 판례의 입장은 표현대리는 무권대리의 일종이고 그러한 주장을 필요로 한다는 해석이다.

주요사실의 간접진술 한편, 판례는 주요사실을 직접 주장하지 않고 간접적으로 주장해도 주요사실을 주장한 것으로 인정한다. 예를 들어 당사자가 모두 대리행위에 의한 계약체결이라는 사실을 주장하지 않았지만, 당사자가 신청한 증인의 증언에 의해 대리인의 대리행위가 증명된다면, 법원은 증거자료를 통해 실제로는 당사자의 대리인이 매매계약을 체결하였다고 인정할 수 있다(대판 1987.9.8, 87다카982. Case Note[6-2] 참조). 실제로 진술을 하지는 않았지만 진술한 것으로 보아도 당사자에 대한 불의의 타격이 되지 않는다면, 그것을 진술한 것으로 보고 사실인정을 할 수 있다는 해석이다.

4. 석 명

(1) 석명권행사의 의의

석명권과 석명권행사 의무 석명권은 법원이 소송관계(당사자의 청구, 주장, 증명에 관련된 모든 사항)를 분명하게 하기 위해 기일이나 기일 이외에서 당사자에게 사실상 및 법률상의 사항에 관해 석명할 것을 촉구하는 권한을 말한다(136). 석명권은 법원의 권리인 동시에 일정한 경우에 그 행사가 요구되는 의무이기도 하다. 당사자도 법원에게 필요한 석명권을 행사할 것을 요구할 수 있다(136Ⅲ).

○ 석명처분

한편, 석명처분은 석명권과 같이 증거조사는 아니지만 법원이 자신의 행위에 의해 사실관계를 명확히 하는 수단을 말한다(140). 그러나 실무상 석명처분이 이루어지는 경우는 드물고, 예외적으로 건물인도 등 청구소송에서 자백간주가 되었지만 목적물의 표시가 매우 조잡하여 정확한 측량을 위해 검증·감정을 할 때 이용되는 일이 있다고 한다.

---

(2) 석명과 변론주의와의 관계

변론주의가 적용되는데도 석명권 행사가 필요한 이유는, 법원은 공정하게 사실을 인정하고 법을 적용하여 재판을 해야 하기 때문이다. 당사자가 제출한 자료를 통해 합리적으로 예상할 수 있는 범위 내에서의 석명권은 적극적으로 행사되어야 한다. 한편, 당사자는 법원의 석명권행사에 대해 이의를 제출하거나 (138) 석명을 하지 않을 수 있지만, 법관의 심증과의 관계에서 보통 석명에 응하게 되므로 석명권은 변론주의를 수정시킨다는 사실상의 효력이 있다. 만일 당사자가 석명에 응하지 않으면 실기한 공격방어방법으로서 추후에 제출하기 어렵게 될 수도 있다는 일정한 제재가 동반된다(149Ⅱ).

(3) 적극적 석명과 소극적 석명

석명권의 행사에는 이미 제출된 주장의 취지가 분명하지 않을 때 그것을 분명하게 한다는 소극적인 것과 아직 제출되지 않은 새로운 주장이나 증거의 제출을 촉구하는 적극적인 것이 있다. 판례(대판 1977.3.8, 76다2461 등)는 소극적인 석명은 폭넓게 인정되지만, 적극적인 석명은 제한적으로 인정된다는 입장이다. 반대로 다음의 법적 관점 지적의무에서 보듯이 법률상의 사항에 대해서는 널리 적극적인 석명을 인정하고 있다.

> **적극적 석명이 인정된 예**
>
> 적극적 석명을 인정한 예(대판(전) 1995.7.11, 94다34265. Case Note[6-4] 참조)로서, 토지임대차계약의 종료로 임대인이 건물철거와 그 부지인도 청구만을 하고 건물인도를 구하는 청구를 하지 않았을 때, 법원은 임대인이 종전의 청구를 계속 유지할 것인지 아니면 예비적으로 대금지급과 상환으로 건물인도를 청구할 의사가 있는 것(소의 변경을 할 것)인지 석명해야 한다.

(4) 석명권행사 의무의 위반

> **석명권행사**
>
> 석명권을 행사할 수 없음에도 석명권을 행사한 때에는 법138조의 이의(구체적인 이의신청방법은 규칙28의2 참조)에 의해 또는 법관의 기피신청으로 다툴 수 있다. 그러나 위법한 석명권행

사에 의해 당사자가 주장이나 증거를 제출하면, 이것을 무효로 하여 파기환송을 하더라도 당사자는 실체적 진실에 부합하는 한 다시 그러한 주장이나 증거를 제출할 수 있다. 따라서 위법한 석명권행사라면 특별히 문제되지 않는다.

석명권불행사 반대로 석명권을 행사해야 함에도 하지 않으면, 그러한 석명권의 행사를 충분히 예측할 수 있었고 당사자에게 석명권불행사를 다툴 정당한 이유가 있으며, 석명에 응했다면 판결의 결과가 달라진다고 예상할 수 있는 경우에는 법령위반이라는 상고이유가 된다(423). 예를 들어 피고의 채무불이행사실 및 손해를 증명하기 곤란한 특별한 사정을 피고가 알았거나 알 수 있었다는 사실이 인정되는 사건에서는, 원고의 손해액에 관한 증명이 불충분하다 하더라도 그 이유만으로 원고의 청구를 배척할 것이 아니라 그 손해액에 관하여 적극적으로 석명권을 행사해야 한다(대판 1982.4.13, 81다1045).

5. 법적 관점 지적의무

(1) 의 의

법원은 당사자가 모르는 법적 관점으로 재판하려고 할 때 그것을 당사자에게 제시하고 당사자에게 충분히 변론하게 할 의무가 있다(136Ⅳ). 이것을 법적 관점 지적의무라고 한다. 즉, 석명의 대상으로 법률상의 사항도 포함된다. 사실만이 아닌 법적 평가·법률 구성에도 당사자의 주장을 유도한다는 당사자의 권리 특히 절차권 보장에 목적이 있다.

(2) 지적의 의미

법적 관점 지적의무에 위반되는 것은 당사자가 명백히 간과한 법률상의 사항을 지적하지 않는 것이다. 명백히 간과했다는 것은 당사자의 법률상의 지식을 고려하여 판단한다. 또한 법적 관점을 지적·토론한다는 점에 중점이 있고, 법원은 당사자의 논의 결과에 구속되지 않는다. 법률해석의 최종책임은 당사자가 아닌 법원이 지게 되기 때문이다.

판례에 나타난 법원이 지적해야 하는 법적 관점의 예로는 다음과 같은 것이 있다. 경정결정의 송달 여부(대판 1994.6.10, 94다8761. Case Note[6-5] 참조), 피고적격이나 부기등기의 말소방법에 관한 점(대판 1994.10.21, 94다17109), 약속어음금청구에서 약속어음의 발행지나 발행인의 명칭에 부기한 지의 기재 흠결(대판 1995.11.14, 95다25923), 보상금을 수령할 유족의 요건(대판 1998.9.8, 98다19509), 소장의 당사자표시 중 원고는 추심채권자 자신이고 청구취지는 출급청구권이 자신에게 있다는 것이라고 진술한 경우에 원고로 하여금 청구원인에 합당하게 청구취지를 정정하도록 하는 것(대판 2011.11.10, 2011다55405), 직권조사사항인 채권자대위소송의 피보전채권의 존부(대판 2014.10.27, 2013다25217) 등이 그러하다.

6. 일반조항과 변론주의

공서양속, 권리남용, 신의칙, 과실상계라는 일반조항(구체적 요건사실이 규정되지 않고 법원의 판단에 맡겨져 있는 조항)에 대해서도 변론주의가 적용되어 당사자의 주장이 꼭 필요한지 문제된다. 법원은 물론 공서양속위반 등에 해당되는 사실의 존재를 지적하여 사실주장 내지는 법적 토론을 촉구해야 한다. 법원의 지적에도 당사자가 주장하지 않는다면, 일반조항 중 공서양속이라면 당사자가 처분할 수 있는 사항이 아니므로 이를 판결자료로 할 수 있다. 또한 신의칙이나 권리남용에 해당하는 사실을 당사자가 주장하지 않아도 법원은 직권으로 참작할 수 있다. 그러나 당사자 모두가 결과적으로 과실상계를 주장하지 않아도 법원은 직권으로 과실상계를 판결자료로 할(적용할) 수 있는지 문제되는 것이다.

판례(대판 1996.10.25, 96다30113. Case Note[6-3] 참조)는 명확하게 당사자가 주장하지 않아도 과실상계는 법원이 직권으로 참작해야 한다고 해석한다. 판례는 과실상계란 신의칙에 입각한 법칙이라는 점, 과실상계를 적용해도 실체적 진실에 어긋나는 것이 아니므로 당사자에게 부당한 불이익을 강요하는 것은 아니라는 점을 근거로 한다.

그러나 이러한 판례의 입장은 법원의 후견적인 입장을 강조하는 태도이다.

과실상계의 결론은 신의칙이라 할 수 있지만, 당사자가 요구하지 않는데도 과실상계를 적용하지 않는 것이 신의칙위반이라 하는 해석은 문제가 있다. 만일 당사자가 과실상계를 주장한다면 반드시 참작해야 하겠지만, 당사자가 주장하지 않는다면 법원도 그러한 당사자의 납득을 존중해 주어야 할 것이다. 과실상계는 신의칙과는 달리 당사자에게 처분권이 맡겨져 있는 것이고, 민사소송에서는 실체적 진실이 항상 관철되는 것이 아니기 때문이다. 또한 과실상계와 유사한 상계의 항변의 경우, 그것을 주장하지 않았다면 이를 주장했다고 참작할 수 없다는 점과도 비교할 필요가 있다. 따라서 과실상계에 대해서는 변론주의가 적용되어야 할 것이다.

7. 직권조사사항과 직권탐지주의

(1) 의 의

변론주의에 의해 소송자료의 제출과 수집은 당사자의 책임에 맡겨져 있지만, **소송자료 중 공익적인 사항은 법원이 직권으로 그 존재를 조사해야 한다. 이러한 사항을 직권조사사항이라고 한다.** 보통 강행법규의 위반 여부와 소송요건이 직권조사사항에 해당된다. 한편, 직권탐지주의라는 절차가 있고, 이것은 변론주의가 적용되지 않는 비송절차에서 이용되는 것으로 법원이 직권으로 증거조사를 한다는 심리방법을 의미한다. 직권조사사항인 소송요건에 대한 증명책임은 최종적으로 원고에게 있다(대판 1997.7.25, 96다39301).

(2) 조사방법

직권조사사항은 항상 직권증거조사(직권탐지)를 할 수 있는지 문제된다.

공익성이 강한 것ㅣ직권조사사항 중 공익성이 강한 것은 재판제도의 존재의의에 비추어 당사자의 주장에 관계없이 직권으로 조사하고 또한 그 판단을 위한 자료의 수집도 직권증거조사가 이루어진다. 재판권, 전속관할, 제척원인, 당사자능력과 소송능력, 법정대리권, 중복제소의 금지, 기판력 등이 이에 해당된다.

공익성이 강하지도 않지만 그렇다고 당사자의 이익에 목적이 있다고 할 수 없는, 즉 공익성이 약한 것이 있다. 예를 들면 임의관할, 병합의 요건, 소의 변경이나 반소의 요건, 소송대리권, 당사자적격 등은 직권으로 조사할 사항이지만, 법원이 직권증거조사까지 할 필요성은 없다. 반면 당사자적격 중 판결이 대세효를 갖는 소에서의 당사자적격이라면 공익성이 강한 것으로 직권조사사항이며 직권증거조사가 허용된다.

한편, 판례는 소송대리권의 존부는 직권조사사항이며 직권탐지를 해야 한다고 판단하고 있다(대판 1964.5.12, 63다712. Case Note[6-6] 참조). 그러나 소송대리권은 임의대리권으로 변호사가 아닌 자의 대리행위도 당사자가 추인하면 유효가 되고, 반대로 무능력자의 능력 흠결을 보충하기 위한 법정대리인처럼 공익성이 강하다고는 말할 수 없으므로, 직권조사사항이지만 직권증거조사까지는 요구되지 않는다고 해석해야 할 것이다.

소송요건 중에서 당사자의 이익보호를 목적으로 하는 것, 예를 들면 중재합의, 부제소특약, 소송비용의 담보제공은 직권조사사항도 아니고 그것을 직권탐지주의에 의해 심리하지도 않는다. 그러나 판례(대판 1980.1.29, 79다2066)는 불항소합의를 항소의 적법요건에 관한 것으로서 직권조사사항이라 하였는데 문제가 있다. 또한 판례는 부제소합의에 위배되어 제기된 소는 소의 이익이 없으므로 법원은 직권으로 소의 적법 여부를 판단할 수 있다고 해석하고 있다(대판 2013.11.28, 2011다80449. 다만, 법원은 당사자에게 부제소합의에 따른 소의 적법 여부라는 법률적 관점에 대해 당사자에게 의견을 진술할 기회를 주어야 하고, 부제소합의를 하게 된 동기 및 경위, 그 합의에 의하여 달성하려는 목적, 당사자의 진정한 의사 등을 충분히 심리할 필요가 있으며, 그러하지 않다면 당사자 일방에게 불의의 타격을 가하는 것으로서 석명의무에 위반된다고 해석한다).

○ 직권탐지사항이라는 제3의 심리방식에 대한 비판

한편, 위와 같은 직권탐지주의가 갖는 의미에서 직권조사사항을 직권탐지주의와 변론주의의 중간적 성격을 갖는 제3의 심리방식이라고 풀이하는 견해도 있다. 그러나 이러한 견해는 직권조사사항과 직권탐지주의가 갖는 기능의 차이 — 전자는 사실의 주장, 후자는 주장된 사실의 진위 여부의 판단방법 — 를 설명할 수 없고, 직권조

사사항이며 동시에 직권탐지주의를 해야 하는 경우에 이를 직권조사사항이 아니라고
보는 것도 직권조사사항이 갖는 공익성의 차이를 고려할 수 없게 하는 단점이 있다.
특히 직권탐지주의에 해당하는 직권조사사항을 직권탐지사항이라 하는 것도 적절한
용어사용이라고 할 수 없을 것이다.

IV. 변론의 준비

1. 준비서면

(1) 의 의

신속하고 효율적인 변론절차의 진행을 위한 변론의 준비로서 준비서면과
변론준비절차가 있다. **준비서면은 변론에서 제출하려는 공격방어방법을 서면으**
로 기재하여 법원에 제출하는 것을 말한다(273). 법원과 당사자는 준비서면을 보
고 다음 기일에 관한 예측을 할 수 있게 된다. 이러한 준비서면에는 공격방어방
법이 기재된 소장, 피고의 답변서 등, 실질적으로 공격방어방법을 포함하는 문
서가 포함된다. 또한 법원은 당사자의 공격방어방법의 요지를 파악하기 어렵다
고 인정하면 변론을 종결하기에 앞서 당사자에게 쟁점과 증거의 정리 결과를 요
약한 준비서면(요약준비서면)을 제출하도록 요구할 수도 있다(278).

(2) 준비서면의 작성과 제출

① 작성방법

준비서면의 기재사항으로는 당사자의 성명·명칭 또는 상호와 주소, 대리인
의 성명과 주소, 사건의 표시, 공격 또는 방어의 방법, 상대방의 청구와 공격 또
는 방어의 방법에 대한 진술, 덧붙인 서류의 표시, 작성한 날짜 그리고 법원의
표시가 있다(274 I ①~⑧). 당사자 또는 대리인은 준비서면에 기명날인 또는 서명
한다(274 I). 준비서면이 자신의 공격방어방법 또는 상대방의 공격방어방법에 관
한 것이라면, 그에 관한 자신의 증거방법 그리고 상대방의 증거방법에 대한 의

견을 함께 적어야 한다(274 Ⅱ).

준비서면의 작성방법에 대해서는 위와 같은 내용 이외에 법령이 요구하는 것은 없다. 그러나 준비서면은 효율적인 변론절차를 위한 것이므로 쓸데없이 많은 분량이 되지 않도록 해야 할 것이다. 많은 분량의 준비서면은 변론의 효율적인 진행에 도움을 주지 않고 법원을 괴롭히는 요인이 될 수도 있다. 민사소송규칙은 그 대책으로 준비서면의 분량은 30쪽을 넘지 못하는 것으로 하는 등 일련의 규정을 도입하게 되었다(규칙69의4, 69의5). 또한 소송서류로서의 양식을 갖추어야 한다(규칙4 Ⅱ).

② 제 출

당사자는 준비서면에 적힌 사항에 대해 상대방이 준비하는 데 필요한 기간을 두고 법원에 준비서면을 제출해야 하고, 법원은 상대방에게 그 부본을 송달한다(273. 그 밖에 규칙69의3). 준비서면에 인용한 문서는 그 등본 또는 사본을 붙여야 한다. 문서의 일부가 필요한 때에는 그 부분에 대한 초본을 붙이고 문서가 많을 때에는 그 문서를 표시하며, 상대방이 요구하면 이러한 문서의 원본을 보여주어야 한다(275). 외국어로 작성된 문서에는 번역문도 붙여야 한다(277).

(3) 준비서면의 효과

① 준비서면에 적은 효과

준비서면을 제출하면 상대방이 변론기일에 결석해도 그 기재사실을 주장할 수 있다(150 Ⅲ). 제출한 당사자가 변론기일에 결석해도 그 기재내용의 진술이 있는(변론을 한) 것으로 처리된다(148 Ⅰ. 다만, 이 조문에 의한 진술간주에 해당하지 않는다면 변론에서 진술해야 소송자료가 될 수 있다[대판 2001.12.14, 2001므1728, 1735]). 예를 들어 피고가 본안에 관한 준비서면을 제출하면 원고는 피고의 동의를 얻어야 소를 취하할 수 있다(266 Ⅱ).

② 준비서면에 적지 아니한 효과

준비서면을 제출하지 않으면 가장 중요한 효과로서 기재하지 않은 사실을 주장할 수 없게 되는 경우가 있다. 그 밖의 부수적 효과로는, 준비서면에 기재되지 않은 진술이 인정되어도 진술한 당사자는 그에 따른 소송지연으로 발생한 소송비용을 부담해야 할 가능성이 있다(100).

법272조2항에 의해 준비서면의 제출이 요구되지 않는 경우 (단독사건 중 상대방이 준비하지 않아도 진술 할 수 있는 사항)를 제외하고, 준비서면에 적지 아니한 사실은 상대방이 출석하지 아니한 때에는 변론에서 주장하지 못한다(276). 이러한 사실에는 주요사실만이 아니라 간접사실도 포함된다. 그러나 상대방당사자가 당연히 예상할 수 있는 진술, 즉 부인 또는 부지라는 단지 상대방당사자의 주장을 다투는 진술은 포함되지 않는다. 주장하지 못한다는 효과는 당해 기일에 한하고, 당사자는 법원에 속행기일의 지정을 신청하여 거기서 다시 주장할 수 있다.

한편, 위와 같이 주장할 수 없는 사실에 증거의 신청도 포함되는지 문제된다. 즉, 준비서면에 기재하지 않은 증거신청을 상대방이 결석한 기일에서 주장할 수 있는지에 대해 주장할 수 없다는 적극설과 상대방이 예상할 수 있는 증거신청(해당 증거에 의해 증명하려는 사실이 이미 변론에 나와 있는 경우)이라면 주장할 수 있다는 절충설이 있다. 결론에 큰 차이가 있거나 크게 논의되는 부분은 아니지만 절충설에 의한 처리가 타당할 것이다. 실무상으로도 상대방이 예상할 수 있는 사실에 관한 증거신청이면 허용하고 있다.

2. 변론준비절차

(1) 변론준비절차의 개시

소가 제기되고 답변서가 송달되면, 재판장은 제1회 변론기일 전에 또는 특별한 사정이 있으면 변론기일을 연 뒤에 쟁점정리와 신속한 소송진행을 위해 사건을 변론준비절차에 회부할 수 있다(258, 279). 다만, 무변론판결의 대상에 해당되어 변론준비절차를 거칠 필요가 없다고 인정되는 경우를 제외한다.

원래 2002년의 신법은 필요적 변론준비절차를 도입하였다. 변론준비절차를 거치게 함으로써 서면으로 가능한 소송행위(예컨대, 주장의 제출, 증거신청, 석명처분 등)를 먼저 진행하자는 취지에서 도입되었던 것이다. 그러나 변론기일을 민사소송절차의 중심으로 해야 한다는 점에서 다시 임의적 변론준비절차로 회귀하였다(2008.12.26. 개정 258 참조).

(2) 변론준비절차의 진행

변론준비절차는 기간을 정하여 당사자에게 준비서면과 그 밖의 서류를 제출하게 하거나, 당사자 사이에 이를 교환하게 하고 주장사실을 증명할 증거를 신청하게 하는 방법으로 진행된다(280 I). 재판장 등(재판장 또는 수명법관이나 수탁판사)이 변론준비절차의 진행을 주재하고(280 II, III, IV. 그 밖에 규칙70), 변론의 준비를 위한 증거결정과 증거조사를 할 수 있다(281). 또한 재판장은 법원사무관 등으로 하여금 준비서면, 증거신청서 및 그 밖의 서류의 제출을 촉구하게 할 수 있다(규칙70의3 I). 사건이 변론준비절차에 부쳐진 뒤 변론준비기일이 지정됨이 없이 4월이 지난 때에는, 재판장 등은 즉시 변론준비기일을 지정하거나 변론준비절차를 끝내야 한다(282 II).

변론준비기일

위와 같이 변론준비기일을 지정하거나 변론준비절차를 진행하는 동안에 주장 및 증거를 정리하기 위해 필요하다고 인정하는 때에는, 재판장 등은 변론준비기일을 열어 당사자를 출석하게 할 수 있고(282 I), 당사자는 재판장 등의 허가를 얻어 변론준비기일에 제3자와 함께 출석할 수 있다(282 III). 변론준비기일에서는 변론의 준비에 필요한 주장과 증거를 정리하여 제출해야 하고(282 IV), 재판장 등은 변론의 준비를 위한 모든 처분을 할 수 있다(282 V). 변론준비기일은 변론이 아니고 또한 이 기일은 원칙적으로 비공개 하에 이루어진다.

(3) 변론준비절차의 종료

종료사유

재판장 등은 상당한 이유가 없는 한, 사건을 변론준비절차에 부친 뒤 6월이 지난 때, 당사자가 기간 내에 준비서면 등을 제출하지 아니하거나 증거의 신청을 하지 아니한 때, 또는 당사자가 변론준비기일에 출석하지 아니한 때에 변론준비절차를 종결해야 한다(284 I). 종결시에는 변론기일을 미리 지정할 수 있다(284 II).

| 변론준비절차와 실권효 | 변론준비절차를 거친 후 열리는 변론기일에서 당사자가 변론준비기일에 제출하지 않은 공격방어방법을 제출하려면, 그것이 소송을 현저히 지연시키지 않을 때, 중대한 과실 없 |

이 변론준비절차에서 제출하지 못하였다는 것을 소명한 때 또는 직권조사사항인 때라는 어느 하나의 사유에 해당되어야 한다(285 I. 다만, 준비서면에 관한 규율을 받게 된다[285 II, III]). 또한 변론준비절차를 마친 경우에는 첫 변론기일을 거친 뒤 바로 변론을 종결할 수 있도록 해야 하고, 당사자는 여기에서 변론준비기일의 결과를 진술해야 하며 법원은 변론기일에 변론준비절차에서 정리된 결과에 따라서 바로 증거조사를 해야 한다(287).

○ 전문심리위원

2007년의 개정으로 도입된 전문심리위원은 재판절차를 보다 충실하게 하기 위해 만들어진 제도이다(164의2 내지 164의8). 즉, 첨단산업분야 등 전문적인 지식이 요구되는 사건에서 전문심리위원은 소송절차에 참여하여 전문적인 지식에 의한 설명 또는 의견을 담은 서면을 제출하거나, 기일에서 전문적인 지식에 의해 설명이나 의견을 진술한다. 민간인의 민사사법 참여로서 매우 중요한 제도이다.

법원은 소송관계를 분명하게 하거나 소송절차를 원활히 진행하기 위해 당사자의 신청이나 직권에 의해 결정으로 전문심리위원을 소송절차에 참여하게 할 수 있다 (164의2 I. 이 결정은 직권이나 당사자의 신청으로 법원에 의해 취소될 수 있다[164의3 I]). 전문심리위원을 소송절차에 참여시키는 경우, 법원은 당사자의 의견을 들어 각 사건마다 1인 이상의 전문심리위원을 지정해야 한다(164의4 I). 전문심리위원은 설명 또는 의견을 기재한 서면을 제출하거나 기일에 출석하여 설명이나 의견을 진술할 수 있지만, 재판의 합의에는 참여할 수 없다(164의2 II). 또한 전문심리위원은 기일에 재판장의 허가를 받아 당사자, 증인 또는 감정인 등 소송관계인에게 직접 질문할 수도 있다(164의2 III).

전문위원은 법원의 구성원으로서 제척 및 기피의 대상이 된다(164의5). 또한 전문심리위원은 직무수행과 관련된 수비의무가 부과되고(164의7), 일정한 범죄에 있어서는 공무원으로 본다(164의8).

V. 당사자의 소송행위

1. 서

(1) 소송행위의 의의

소송행위는 소송절차에서 행해지는 당사자와 법원의 행위를 말한다. 소송절차는 유기적으로 하나하나 쌓여 가는 소송행위의 연쇄로 이루어진다. 이하에서는 당사자의 소송행위를 다루고, 소송지휘권 등의 절차운영에 관한 직권의 행사와 재판에서 볼 수 있는 법원의 소송행위는 각각 해당 항목에서 설명한다.

(2) 소송행위론의 의의

소송행위를 논하는 분야를 소송행위론이라 하고, 소송행위론은 소송물론과 마찬가지로 민사소송법학의 체계개념으로 등장하였다. 민사소송법의 독자성을 강조하기 위해 소송행위는 법률행위와 준별되어야 한다는 개념으로 등장한 것이다. 그러나 소송의 여러 과정에서 독자적인 목적을 갖고 등장하는 천차만별의 행위를 획일적으로 규율하는 것은 불가능하다고 말해야 한다. 소송행위란 개념적으로 그 행위가 소송법상의 효과를 주목적으로 하는 것이고, 소송행위냐 아니냐의 차이는 소송법(명문의 규정만이 아닌 그 해석원리를 포함)의 규율을 우선적으로 받느냐 아니냐에 있다고 판단하면 충분하다. 이것을 바탕으로 각각의 소송행위에 대해 실체법의 적용가능성을 개별적으로 판단해야 할 것이다.

(3) 소송행위의 종류

소송행위의 종류는 소송계속의 전후, 기일의 내외, 행위의 내용이나 성질, 행위의 목적 등으로 구분할 수 있다. 이 중에서 중요한 분류는 목적에 따른 분류인 취효적 소송행위와 여효적 소송행위의 구분이다.

취효적 소송행위와 여효적 소송행위

취효적 소송행위는 법원에 재판을 요구하거나 자료를 제공하는, 즉 법원의 응답이 필요한 신청, 주장 그리고 증명의 3가지를 가리킨다. 여효적 소송행위는 직접 소송법상의 효과를 발생시키는 행위로서 소의 취하, 청구의 인낙·포기, 소송상의 화해 등이 있고 소송법률행위라고도 한다. 신청에는 판결을 요구하는 본안의 신청과 그 밖에 법원의 행위를 요구하는 소송상의 신청이 있다.

(4) 소송행위의 평가

취효적 소송행위와 여효적 소송행위의 구별이 중요한 이유는 그 행위의 평가에 차이가 있기 때문이다. 즉, 소송행위는 성립·불성립, 유효·무효, 적법·부적법, 이유있음·이유없음이라는 국면으로 평가된다.

먼저 성립·불성립은 소송법이 요구한 특정 형식의 구비유무에 관한 평가이다. 불성립이 되면 그 이후의 평가는 문제되지 않는다. 성립이 인정될 때 그 다음으로 판단되는 유효·무효는 행위 본래의 효과 발생유무에 관한 것이다. 여기까지는 취효행위와 여효행위에 모두 적용되지만 그 다음의 단계는 취효행위만 문제된다. 즉, 취효행위는 소송행위가 유효함을 전제로 소송법규의 위반 유무에 따라 적법·부적법(각하)으로, 적법하면 다시 이유있음(인용)·이유없음(기각)으로 평가된다.

2. 소송행위와 의사의 하자

(1) 소송행위와 사법규정

소송행위·
법률행위 준별론

소송행위에는 민법 그 밖의 실체법상의 규정이 적용 또는 준용되지 않는다는 해석이 일반적이다(판례[대판 1963.11.21, 63다441. Case Note[6-9] 참조]와 통설). 이러한 해석은 소송절차의 명확성이나 안정성을 강조하며 표시주의·외관주의를 맹신하는, 말하자면 민사소송법학 등장 초기에 나온 소송행위와 법률행위의 준별론을 지나치게 강조하는 입장이다. 앞서(제3장 II 3(2)) 소송상으로는 표현대리가 인정되지 않는다고 한 판례의 태도도 마찬가지이다.

조건과 기한

소송행위에 민법 등의 사법규정이 적용될 수 있는지에 대해 아래에서 자세하게 다루는 의사의 하자에 관한 실체법규의 적용 가능성 이외에, 기한이나 조건을 소송행위에 붙일 수 있는지 문제될 수 있는데, 원칙적으로는 인정되지 않는다고 해석된다. 조건의 경우 법이 특별히 인정하는 경우가 있고(213, 215Ⅱ), 그 밖에 예비적 병합에서 보는 예비적(가정적) 신청이나 예비적 주장 또는 항변이 인정되는 경우와 같이 절차의 안정을 해치지 않는 합리적인 이유가 있으면 인정되기 때문이다.

(2) 의사의 하자에 의한 소송행위의 취소가능성

의사의 하자가 문제되는 경우 소송행위를 의사의 하자로 무효 또는 취소할 수 있는지에 대해서는 그 소송행위가 소송을 종료시키는 행위인 경우에 문제되는 것이 보통이다. 그 밖의 경우에는 아직 소송절차가 진행 중인 관계로 당해 절차 내에서 그것을 수정할 수 있지만(예를 들어 자백을 철회하거나 주장을 철회하는 것), 반대로 소송종료행위라면 사건이 종료되고 나서 다시 소를 부활시킨다는 의미를 갖고 이 점은 다수의 사건을 처리하는 법원에게 부담이 될 수 있기 때문이다.

의사의 하자의 구체적 내용 민법에서 의사의 하자에 해당하는 사유로 규정되어 있는 것은 심리유보, 허위표시, 착오, 사기 그리고 강박이다(민107 내지 110). 이러한 사유가 원칙적으로 소송행위에서도 문제되는데, 여기에는 다음과 같은 예외가 인정된다. 먼저 심리유보와 허위표시는 애당초 소송행위의 무효 또는 취소사유가 되는 의사의 하자의 대상에 포함되지 않는다. 법원을 기망하여 일정한 행위를 했다는 점에 비추어 추후에 그 무효 또는 취소의 주장을 하는 것은 신의칙에 의해 허용되지 않기 때문이다. 또한 사기와 강박의 경우에는 재심사유에 해당되기 때문에 실체법의 적용 또는 준용은 거의 문제되지 않는다. 결국 실체법상의 의사의 하자가 소송상으로도 적용되는지 문제되는 것은 착오이다.

착오에 의한 소송행위 취소가능성 – 부정설에 대한 판례와 통설은 앞서 보았듯이 부정설을 취한다. 특히 판례의 입장은 확고하다. 종료된 절차의 부활은 재심이라면 어쩔 수 없지만 그것이 아니면 인정하기 곤란하다는 태도이다. 재심소송을 개시하는(재심을 인정하는) 비율도 매우 낮다. 그러한 부정설의 이론적 근거로는 소송절차가 소송행위의 연쇄로서 조성되는 것이므로 의사의 하자에 의해 다툼이 발생하면 절차의 번잡과 지연을 초래한다는 점, 소송행위가 의사의 하자에 의해 번복된다면 그때까지의 표시행위의 안정성과 확실성을 해치게 되는 점으로 요약할 수 있다.

취소가능성의 인정

부정설은 절차의 실효성을 지나치게 강조하여 일률적으로 착오에 의한 소송행위의 취소를 부정하는 입장이다. 그러나 소송상의 두 가지 고려요소, 즉 실체적인 정의와 절차의 안정·신속이라는 절차적 실효성 사이에 어느 쪽을 강조하느냐에 따라 그 답이 달라지고, 어느 하나라고 일률적으로 판단하는 것은 타당하지 않다. 절차권(법적 심문청구권 내지는 공정한 절차를 요구하는 권리)의 보장은 헌법상의 권리이고 앞서(Ⅲ4) 보았듯이 법관의 의무적인 석명권행사가 요청되고 있는데, 이것은 명확히 착오에 의한 취소의 가능성 내지는 필요성을 전제로 하고 있다. 물론 국가기관의 공공시설을 이용한다는 소송행위는 통상의 사인과 사인 사이의 법률행위와는 달리 보다 고도의 주의를 필요로 한다는 것도 부정할 수 없다. 따라서 착오에 의한 소송행위에 대해서는 획일적으로 그 취소를 인정하지 않는 것은 타당하지 않고, 그 취소를 어떻게 절차의 실효성을 해치지 않고 인정할 수 있는지가 중요한 문제이다. 이를 위해서는 착오에 의한 소송행위의 취소가능성을 원칙적으로 인정하면서, 그러한 소송행위를 취소하는 구체적인 방법에 대해 소송이라는 특수성을 고려하여 결정해야 할 것이다.

취소를 위한 요건

그러한 요건으로는 크게 다음과 같은 3가지를 들 수 있다. 첫째, 착오에 의한 취소를 신청하는 자는 명확하고 유력한 증거로 판결 또는 소송종료행위의 전후에 상당한 주의를 했었음에도 착오가 발생했다는 점을 증명해야 한다. 둘째, 신청인은 착오의 존재를 발견한 후, 가능한 한 즉시 그 구제를 요구해야 한다. 셋째, 착오는 판결 또는 소송종료행위에서의 중요한 사항에 관한 착오에 한정된다.

200 스터디 민사소송법

3. 소송에서의 사법상 형성권의 행사

소송에서의
행사가 사법상
미치는 효과
사법상의 형성권을 변론에서 항변권으로 행사하는 경우, 예를 들어 상계의 항변을 제출하였지만 적시에 제출하지 않았기 때문에 당해 상계의 항변에 대한 실체적 판단이 내려짐이 없이 각하된 경우, 당해 상계 항변의 실체법상의 효과는 어떻게 되는지 문제된다.

판례와 학설
이에 대해서는 상계의 항변이 각하되더라도 실체법상의 상계권(반대채권)은 행사된 것(행사하였지만 실체권이 부정된 것)이 된다는 병존설이 있다. 반대로 병존설에 의하면 당사자의 의사에 합치되지 않는다고 하여 상계 항변의 실체법상의 효과를 배제하고 오로지 소송법상의 공격방어방법으로 다루어야 한다는 소송행위설, 병존설에 입각하면서 당사자의 의사를 고려해야 한다는 신병존설이 주장된다. 신병존설은 다시 상계의 항변이 각하되면 실체법상의 반대채권에 관해 그 행사가 무효가 된다는 무효설, 소송법상으로 유효가 됨을 조건으로 행사했다는 조건설, 소송법상으로 무효가 되면 철회한다는 철회설로 나누어진다.

한편, 판례는 먼저 해제권에 대해 병존설에 입각한 입장을 표시하고 있다. 즉, 소송에서 계약해제권을 주장하였지만 소를 취하한 경우에 해제권은 형성권이므로 소취하가 해제권 행사의 효력에는 아무런 영향을 미치지 아니한다(해제권의 사법상 효과가 발생하였다)고 판단하고 있었다(대판 1982.5.11, 80다916). 그러나 상계의 항변에 대해서는 소송절차 진행 중 피고가 상계의 항변을 하였지만 조정으로 종결된 케이스에서 다음과 같이 신병존설을 취하였다. 즉, 조정이 성립됨으로써 수동채권의 존재에 관한 법원의 실질적인 판단이 없으므로 소송절차에서 행하여진 상계 항변의 사법상 효과도 발생하지 않는다(대판 2013.3.28, 2011다3329).

사법상의 효과가
발생하지
않는 이유
소송상으로 효과가 발생하지 않았을 때에는 사법상으로도 효과가 발생하지 않는다고 해석하는 것이 그러한 형성권을 행사한 당사자의 의사와 합치한다. 이러한 결론을 인정하는 소송행위설이나 신병존설은 결론적으로 큰 차이가 없고 설명의 방법에 차이가 있을 뿐이다. 즉, 소송상의 상계 항변이 부적법 각하되어도 그 실체법상의 효과는 발생하지 않는 것으로 취급된다. 따라서 상계 항변은 그 것이 부적법 각하되어도 실체법상의 상계권은 상실되지 않고, 후술(제9장 II 2(3)) 하듯이 전소에서 행사할 수 있음에도 행사하지 않아도 기판력의 시적 한계에 구속되지 않고 후소에서 행사할 수 있다. 해제권에 대해 병존설에 입각한 판단을 한 과거의 판례의 해석은 앞으로 변경될 것이다.

제6장   **증명책임과 증거조사**

제6장에서는 법원이 증거조사를 통해 사실을 인정하는 과정을 다룬다.
증거에 관한 각종 개념을 정리하고, 증명의 의의와 증명책임론
그리고 증거조사를 해설한다.

제6장 증명책임과 증거조사

제6장

Ⅰ. 증거에 관한 기초개념의 정리

1. 증거의 의미

증거라는 용어는 여러 가지 의미를 갖는다. 먼저 법원이 직접 조사할 수 있는 유형물을 가리킬 때는 유형적인 의미로, 유형물로서의 증거에 의해 얻어 낸 법원의 판단자료를 가리킬 때는 무형적인 의미를 갖는다. 또한 증거가 법원이 판단을 내리게 된 원인으로서의 의미를 가리킬 때는 결과적 의미의 증거라 한다.

2. 증거방법 · 증거가치 · 증거능력

증거방법은 법관이 오관(五官)에 의해 조사를 할 수 있는 유형물을 의미한다. 여기에는 인증(증인, 감정인, 당사자 본인)과 물증(문서, 검증물)이 있다. 증거가치란 당해 증거가 증거방법의 조사를 통해 법관의 심증에 작용하는 증거로서의 효과를 말한다. 특히 증거력(또는 증명력)이라고도 한다. 또한 증거능력은 특정 유형물이 증거방법으로 인정될 수 있는지 여부를 가리킨다.

3. 증거자료 · 증거원인

증거자료는 변론주의에서도 다루었듯이 증거방법을 조사하여 감득된 내용인 판단자료를 말한다. 증언, 감정인의 의견, 문서의 기재나 검증물의 모습이 여기에 해당된다. 증거자료 중 법관의 심증형성의 원인이 된 자료나 상황을 말할 때는 증거원인이라고 부른다.

4. 직접증거 · 간접증거 · 보조증거

증거자료 중에서 직접적으로 주요사실에 관한 판단자료가 되는 증거를 직접증거라 한다. 간접적으로 사실을 증명하는 증거나 주요사실을 경험상 추인시키는 징표(알리바이)를 의미하는 것은 간접증거, 그리고 보조사실을 증명하기 위한 증거(증인의 인간성 · 신뢰성 등)를 보조증거라고 한다.

5. 본증과 반증

본증은 증명책임을 지는 사실에 관해 제출하는 증거로서, 그 증거는 법관에게 해당 사실의 존재에 관한 확신을 주어야 목적을 달성한다(본증을 한 것이 된다). 반증은 증명책임을 지지 않는 사실을 부인하기 위해 상대방이 제출하는 증거로서, 그 증거는 당해 사실의 진위를 불명으로 만들면 목적을 달성한다(반증한 것이 된다).

6. 증거신청과 증거항변

증거신청은 당사자가 사실을 증명하기 위해 법원에 증거방법을 제시하고 그 증거조사를 요구하는 것을 말한다. 한편, 증거신청에 대해 상대방이 증거조사를 해서는 안 된다든지, 조사결과는 증거력이 없으므로 채용할 수 없다는 진술을 증거항변이라고 한다.

7. 증명과 소명(疎明)

증명은 법관에게 사실의 존부에 관한 확신을 심어 줄 수 있도록 증거를 제출하는 노력을 말한다. 여기서 말하는 확신의 정도란 일반인이라면 의심하지 않는 고도의 개연성을 의미한다. 한편, 소명은 보전절차에서 주로 이용되는 것으로, 법관에게 일단 확실하다는 추측을 발생시킬 정도의 증거를 제출하는 노력을 말한다. 따라서 소명은 상당한 개연성으로 족하고, 증거방법으로는 법원이 즉시 조사할 수 있는 것이어야 한다(299 I). 다만, 소명을 위해 제출한 증거에 대해서는 법이 정하는 증거조사절차에 따라 조사를 해야 한다(그 밖에 299 III 참조).

8. 엄격한 증명과 자유로운 증명

증명은 증거에 의해 이루어지는데, 이것이 법에 특정된 방식에 따라야 하는 경우를 엄격한 증명이라고 한다. 법은 증명의 방식을 정해 놓고 있는 점에서 보듯이 엄격한 증명을 요구하고 있다(289 이하). 반대로 자유로운 증명이란 그러한 방식에 따르지 않는 증명을 말하고, 외국법의 존재를 증명할 때 등 예외적으로 인정된다.

9. 서증과 검증

증거방법의 하나인 서증과 검증은 증거조사로서의 의미도 갖는다. 증거조사로서의 서증이란 문서를 검열하여 거기에 기재된 사상·내용을 증거자료로 하는, 검증이란 법관이 그 감각작용에 의해 직접 사물의 성격·현황 등을 검사하여 얻은 결과를 증거자료로 하는 증거조사를 말한다.

II. 증명책임론

1. 증명의 대상

증명의 대상이 되는 것은 원칙적으로 사실이다.

사실	사실은 구체적인 장소나 때에 따라 특정된 외계 또는 내심의 일이나 상태를 말한다. 사실 중 주요사실이 증명의 대상

이지만, 간접사실이나 보조사실도 주요사실의 증명수단으로 이용될 때는 증명이 필요하다. 주요사실은 증명하지 못하면 증명책임의 문제가 되지만, 간접사실이나 보조사실을 증명하지 못하면 그러한 사실이 존재하지 않는 것이 된다. 반대로 사실이 아닌 법규는 이하에서 보듯이 증명이 필요 없다. 다만, 사실의 경우에도 이하에서 다루듯이 증명이 필요 없는 경우가 있다.

2. 증명이 필요 없는 사항

(1) 경험칙

경험칙은 각개의 경험으로부터 귀납적으로 얻어지는 사물의 성상이나 인과의 관계에 관한 사실판단의 법칙(대판(전) 1989.12.26, 88다카16867)을 말한다. 경험칙이라는 말에서 알 수 있듯이, 일반인이 합리적으로 생각했을 때 갖고 있는 법칙을 가리키므로 그 존재에 관해 증명을 필요로 하지 않는다(다만, 경험칙의 내용이 일상적인 것이 아닌 특수한 것이라면 증명이 필요하다).

경험칙의 예   예를 들어 계약을 합의 해제할 때에는 원상회복에 관해서도 약정을 한다는 것(대판 1992.6.23, 92다4130,92다4147 등), 매매계약을 체결하고 매매목적물인 부동산에 관한 소유권이전등기를 매수인에게 경료하였다면 매수인은 매매대금을 지급하였다는 것(대판 1995.1.20, 94다41423), 부동산을 매수하려는 당사자는 현장을 확인하거나 등기부, 지적도면 등에 의해 위치·상황 등을 점검해 본다는 것(대판 1994.10.14, 94다22231) 등이 경험칙에 해당된다.

(2) 법 규

법규는 법률전문가가 법관이 되기 때문에 증명이 필요 없다. 그러나 특수한 경험칙은 증명이 필요하다는 점에서 보았듯이 외국법이나 관습법 그 밖에 지방조례 등은 증명의 대상이 되고(관습법에 대해 대판 1983.6.14, 80다3231), 이때 증명은 법규라는 점에서 자유로운 증명이다(대판 1992.7.28, 91다41897).

3. 불요증사실 - 법원에 현저한 사실

의의
법원에 현저한 사실은 증명이 필요 없다(288). 그 자체로 존재가 명확하므로 법원이나 당사자 그 밖에 일반인이 당연히 존재하는 사실로 알고 있기 때문이다. 현저한 사실은 다시 공지의 사실과 직무상 알게 된 사실로 나누어진다. 주의해야 할 점은 법원에 현저한 사실이라도 그것이 주요사실이라면 당사자의 주장이 필요하다는 점이다. 즉, 증명책임은 없지만 주장책임은 있다.

(1) 공지의 사실

공지의 사실은 불특정 다수인이 존재한다고 인식하는 사실을 말한다. 예를 들면 역사적으로 유명한 사건, 천재지변 등이다. 공지의 유무는 법관만이 아닌 일반인의 인식에 의해 판단된다. 또한 법관이 공지성에 확신을 갖지 못하면 당사자는 공지의 사실이라는 점(내용이 아닌 그 사실이 공지라는 점)을 증명해야 한다.

(2) 직무상 알게 된 사실

직무상 알게 된 사실은 공지의 사실은 아니지만, **법관이 직무상 알게 되어 그 존재가 확실한 사실**을 말한다(합의부의 경우라면 과반수의 법관). 예를 들면 스스로 내린 판결(판결을 내렸다는 사실 자체를 말하고 판결에서 인정된 사실을 의미하지 않는다), 관보 등에 게재된 사실 등이다. 직무상 알아야 하므로 직무 외에 사적으로 알게 된 사실은 제외된다.

법관의 기억의 필요성
한편, 직무상 안다는 의미가 법관의 명확한 기억이 반드시 필요한 것인지 문제된다. 판례는 그 사실의 존재에 관해 명확한 기억을 하고 있거나 또는 기록 등을 조사하여 곧바로 그 내용을 알 수 있는 사실을 가리킨다고 하여 명확한 기억이 없어도 인정될 수 있다고 해석한다(대판(전) 1996.7.18, 94다20051). 이에 대해 이 전원합의체판결의 반대의견은 소송당사자가 예상하지 못한 불이익한 재판을 받지 않도록 여러 가지 제도적 장치를 마련하고 있는 민사소송법의 기본정신에서 본다면, 법관의 명확한 기억이 반드시 필요하다고 주장한다. 원래 법원에 현저한 사실이 불요증사실이 된 것은 법관이 한 인식을 객관적으로 신뢰할 수 있고, 필요에 따라 관계기록을 조사함으로써 법관의 기억과의 동일성을 확인할 수 있는 보장이 있기 때문이다. 따라서 반대의견에서도 말하듯이 기록에 의한 세부사항의 보충을 제외하고는 법관의 명확한 기억이 필요하다고 해석해야 할 것이다.

4. 불요증사실 - 재판상의 자백

(1) 서

① 의 의

재판상 자백은 변론(또는 변론준비절차) **내에서 변론으로 한 상대방의 주장과 일치하는 자신에게 불리한 사실의 진술**을 말한다. 변론 외에서 한다면 재판 외의 자백(자백한 사실이 진실이라는 것을 추인시키는 간접사실이 된다)이 된다. 당사자신문에서 한 자신에게 불리한 진술도 자백이 되지 않는다.

선행자백과 제한부 자백

한편, 자신에게 불리한 진술을 먼저 하고 상대방이 이를 유리하게 원용한 선행자백도 재판상 자백으로서의 효력이 인정된다. 또한 제한부 자백으로서, 예를 들어 금전을 차용하였지만 반환하였다는 변제의 항변을 하면 금전을 빌렸다는 점은 재판상 자백이 되고, 변제의 항변을 제출한 점이 전체로서 제한부 자백되는데, 이에 대해서는 항변과의 관련에서 후술(5(7))한다.

② 효 력

재판상 자백은 법원에 대한 구속력을 갖는다(288). 이 구속력의 근거와 당사자에 대한 효력이 무엇인지 논의하는 것은, 만일 효력이 없다면 애당초 자백 자체를 논할 실익이 없고 그 취소의 가능성 또한 문제가 되지 않기 때문이다. 법은 자백한 사실에 관한 증명이 필요 없음을 규정하고 있다(288. 1심에서 한 자백은 항소심에도 미친다[409]).

법원에 대한 효력

먼저 재판상 자백의 법원에 대한 효력으로 자백한 사실을 증명할 필요가 없다는 것은, 법원은 그 사실을 그대로 인정하라는 취지이고 증거조사를 배제한다는 것을 의미한다. 변론주의의 3가지 원칙에서 보았듯이 이러한 효력의 근거는 변론주의에서 찾을 수 있다. 특정한 사실(원칙적으로 주요사실)에 관해 그 주장 여부는 당사자의 책임에 맡겨져 있다. 법원은 당사자가 주장하지 않는 한 그러한 사실을 기초로 판결을 할 수 없고, 당사자가 주장한 특정한 사실에 대해 당사자 간에 다툼이 있으면 당사자가 신청한 증거의 조사를 통해 그 사실의 존부를 판단해야 한다.

반대로 이러한 원칙을 관철시키려면, 필연적으로 당사자가 주장하였지만 당사자 간에 다툼이 없는 사실은 증거(당사자가 증거를 신청할 리가 없을 테지만)를 조사함이 없이 그대로 판결의 기초로 해야 한다. 따라서 법원은 증거조사의 결과를 통해 또는 변론 전체의 취지를 통해 자백과 상반되는 사실이 존재한다는 심증을 가져도 자백한 사실을 그대로 인정해야 한다(이 점은 민사소송에서는 반드시 실체적 진실이 관철되는 것이 아니라는 예이다).

당사자에 대한 효력 다음으로 재판상 자백은 그것을 한 당사자에게도 자백으로 인한 구속력이 동반된다. 이것은 자백이 하나의 당사자 간의 합의라고 할 수 있다는 점에 기초하고 있기 때문이다. 즉, 자백은 일방 당사자의 주장에 대해 그것이 자신에게 불리한 사실임에도 그것을 인정한다는 의사의 합치가 있는 것이라고 볼 수 있다. 그렇다면 소송상 합의라는 효력에서 보아 그것을 정당한 이유 없이 취소한다는 것은 불가능하다. 또한 자백이라는 것 자체가 자신에게 불리한 사실임에도 이를 인정하는 것이므로, 일반적으로 진실과 합치할 개연성이 높다. 따라서 자백을 한 후 그것을 취소하는 것은, 법원에게는 심리를 진행시켰다는 의미를 상실시키고 당사자에게는 자백을 신뢰하고 그것을 바탕으로 한 소송수행을 방해하는 것이 되므로, 신의칙상으로도 허용되지 않는다.

(2) 자백의 대상

① 증명책임설과 패소가능성설

자백의 대상으로서 자신에게 불리한 사실인지 여부에 대해서는 증명책임설과 패소가능성설의 대립이 있다. 전자는 상대방이 증명책임을 지는 사실을 인정하는 진술만이 자백이 된다는 해석이다. 반대로 후자는 상대방이 증명책임을 지는 사실만이 아니고 자신이 증명책임을 지는 사실도 그것을 진술함으로써 패소가능성이 발생한다는 점에서 자백이 된다는 해석이다.

불리하다는 점은 결국 소송에서의 승패를 기준으로 판단하는 것이 명확하기 때문에, 자백한 사실이 판결의 기초가 됨으로써 패소할 가능성이 있으면 자백의 대상이 된다는 패소가능성설이 이론적으로는 보다 타당하다. 물론 패소가능성설에 의하면 실제로 자신이 증명책임을 지는 사실을 자백한다는 일관되지 않고 모순된 주장을 하게 될 수 있지만, 법원의 석명이 개입할 수도 있으므로 양설에 있어서 실질적인 차이는 크지 않을 것이다.

② 권리자백

유효성

재판상 자백은 사실을 대상으로 하는 것인데 만일 법률에 관한, 즉 권리에 관한 자백이라도 그 유효성이 인정되는지 문제된다. 원래 변론주의는 사실에 관련된 것이므로 권리에 관한 자백은 일반적으로 그 효력(특히 법원에 대한 효력)이 없는 것으로 해석해야 한다. 그러나 소송물로 주장되는 권리관계가 아닌 그 전제가 되는 권리관계에 대해서도 자백의 대상이 될 수 있는지 논란이 있다(소송물 자체에 대한 자백은 후술 [제7장Ⅲ]하는 청구의 포기나 인낙이 된다).

판례와 학설

판례는 이전등기말소청구에서 당사자가 그 전제가 되는 소유권을 인정하는 진술에 대해 권리자백이 아닌 소유권의 내용을 이루는 개개의 사실에 관한 자백으로 인정하였다(대판 1989.5.9, 87다카749. Case Note[7-1] 참조). 학설은 권리자백을 부정하는 견해, 소수설로서 일정한 경우에 권리자백으로 보자는 견해, 널리 권리자백의 효력을 긍정하는 견해가 있다.

권리자백을
인정할 수 있는
이유

다음과 같은 이유로 권리자백이라도 그 구속력을 인정할 수 있다고 해석해야 할 것이다. 먼저 권리자백을 인정함으로써 그것을 증거조사 없이 판결의 기초로 하는 것은 주장책임과 증거제출책임을 내용으로 한 변론주의라는 관점에서 볼 때 당연하고, 게다가 심리를 촉진시킨다는 이점이 있다. 또한 처분권주의라는 관점에서 청구의 포기나 인낙 또는 소송상의 화해가 인정되는 것과 동일한 이치로 권리관계에 관한 자백도 인정할 수 있다. 보통 권리자백의 대상이 되는 것은 소유권에 기한 물건의 인도청구에서 피고가 원고의 소유권을 인정하는 진술이다.

권리자백의 요건

그러나 예를 들어 피고가 원고가 주장하는 소유권의 존부를 근거 짓는 요건사실과 그에 따른 법적 추론의 결과로서 소유권이라는 권리관계를 인정하는 진술은 권리자백이 되지 않는다. 이것은 사실에 관한 자백과 이에 대한 법적 평가에 관한 의견의 진술이 있을 뿐이기 때문이다. 따라서 피고가 단순히 소유권을 인정한다는 진술이 권리자백이 된다. 또한 권리자백을 하는 자가 충분히 권리관계를 납득한 후에 한 자백이라는 요건이 필요하다.

권리자백에
준하는 사항

권리자백과 유사한 법률 해석의 주장도 자백이 될 수 있는지 문제된다. 예를 들면 의사표시의 착오, 건물소유권의 이전에 의한 임대인으로서의 지위 승계, 교통사고시의 운전자의 과실 등을 자백하는 경우이다. 이러한 사항은 모두 권리가 아니다. 그러나 단순히 사실이라고 할 수 없고 특정 사실에 기한 평가에 관한 것이 대상이 되기 때문에 권리에 준한 것으로 자백이 되는지 여부를 판단해야 할 것이다.

③ 간접사실과 보조사실

원칙

위에서 보았듯이 변론주의 원칙상 자백의 대상은 주요사실이지만, 반대로 간접사실이나 보조사실은 항상 자백의 대상이 될 수 없는 것인지가 문제된다. 판례(대판 1994.11.4, 94다37868 등)와 통설은 간접사실에 대해서는 자백의 성립을 부정한다. 다만, 예외적으로 보조사실 중 문서의 진정성립이라는(문서의 작성자가 누구인가라는) 사실에 대해서는 자백의 성립을 인정하는 것이 판례이다(대판 1967.4.4, 67다225 등).

자백의
인정가능성

간접사실 또는 보조사실에 대해서는 변론주의의 원칙상 법원에게 자유심증주의가 인정되는 관계로 일반적으로 자백의 효력이 없다. 그렇다면 법원에게 인정되는 자유심증주의를 방해하는지 여부가 간접사실과 보조사실에 관한 자백의 유효성을 판단할 때 중요한 고려요소가 된다. 원래 자유심증주의가 타당함에도 자백이 허용되는 이유는 처분권주의나 변론주의에 의해 법관이 자유심증에 의해 판단하게 되는 사실의 대상을 당사자가 자유롭게 설정하거나 제한하는 권능을 갖고 있기 때문이다. 따라서 자백이란 어느 사실을 진실이라고 봄으로써 법관에 의한 사실심리·판단대상을 제한한다는 쌍방 당사자의 일치된 의사결정이고, 자백이 신의칙과 공서양속에 반하지 않는 한 주요사실만이 아닌 간접사실이나 보조사실의 자백도 가능한 그 효력을 인정해야 할 것이다.

자백의 성립을 인정하기 위한 요건

위와 같이 간접사실과 보조사실의 자백은 그것이 인정된다면 그로써 주요사실의 존부가 추인되지만, 한편 당사자 사이에 다툼이 있는 주요사실이라면 법관의 사실심리·자유심증에 맡겨지게 되기 때문에 또 다른 문제가 발생한다. 즉, 간접사실이나 보조사실의 자백이 법관의 주요사실의 존부에 관한 자유심증을 부당하게 제한하면(법관의 주요사실에 관한 심증의 형성을 방해하거나 사실인정에 모순을 불러일으키면) 그 효력을 인정할 수 없다. 예를 들어 다른 간접사실이나 보조사실로부터 주요사실로의 추인을 부당히 방해하는 간접사실이나 보조사실에 관한 자백, 상대방의 불법행위를 주장하면서 상대방이 주장하는 알리바이에 관한 자백, 상대방의 매매계약 이행을 다투면서 매수한 계약목적물의 전매를 인정하는 자백, 그 밖에 인과관계를 다투면서 질병의 원인으로 바이러스설·오염물질설·식중독설 등 서로 모순된 주장의 전부에 관한 자백 등은 인정되지 않는다. 결국 단순히 간접사실 또는 보조사실이라는 이유만으로 일률적으로 자백이 인정되지 않는다고 해석하는 것은 타당하지 않고, 법원의 자유심증주의를 존중하는 한도에서 그 효력의 유무를 판단해야 할 것이다.

(3) 자백의 취소

자백은 법원과 당사자에 대해 일정한 효력을 갖는다. 그러나 하나의 소송행위로서 정당한 사유가 있다면 그 취소(철회)가 인정된다. 취소사유로는 다음의 3가지가 있다.

① 상대방의 동의

첫째로, 자백의 상대방이 한 취소의 동의가 있다(대판 1967.8.29, 67다1216).

자백은 당사자 간의 처분가능한 사항에 대한 합의이므로 이를 당사자 간에 해소하는 것도 자유이기 때문이다.

② 재심사유의 소송내적 고려

둘째로, 형사책임이 수반되는 타인의 강요와 폭행에 의해 자백이 이루어진 경우이다. 판례는 소의 취하에서 이러한 사유로 인한 소취하의 취소를 인정하고 자백에 대해 직접적으로 이를 인정한 것은 없지만, 소취하에 그러한 사유로 인한 취소를 인정한다면 당연히 자백도 그것을 인정하는 것이 될 것이다. 또한 학설도 일반적으로 인정하는 점이기도 하다. 형사상 처벌을 받을 타인의 행위는 재심사유에 해당하고(451 I ⑤), 이러한 재심사유에 의해 소취하나 자백 등의 소송행위를 취소하는 것을 재심사유의 소송내적 고려라고 한다.

③ 반진실과 착오

셋째로, 반진실과 착오에 의한 자백이다(288 단서). 자백을 취소하려면 취소를 요구하는 당사자가 자백의 내용이 반진실이며 착오에 의해 한 자백이어야 한다. 판례는 반진실과 착오에 의한 자백의 취소는 명시적이 아닌 묵시적으로도 가능하다고 해석한다(대판 1965.10.19, 65다1636 등). 판례는 자백과 상반된 사실의 주장이라는 묵시적 취소가 인정되는 이유를 특별히 언급하고 있지 않지만, 그 취소의 요건은 별개로 하고 자백을 취소한다는 주장이 그 안에 내포되어 있다고 볼 수 있기 때문이라고 이해할 수 있다. 이러한 원리는 앞서 본 상대방의 동의도 그 동의가 명시적이 아닌 묵시적인 것이라도 동일하게 적용된다.

| 반진실과 착오의 증명 | 또한 명시적이건 묵시적이건 반진실과 착오에 의해 자백의 취소를 할 때는 두 개 사유 모두 증명해야 한다(대판 1990.6.26, 89다카14240. Case Note[7-2] 참조). 증명이라는 점에서 자백 |

의 취소를 요구하는 당사자가 이 두 가지 사유를 증명해야 한다는 취지이다. 물론 반진실만을 증명한다면 보통 착오가 추정되므로, 착오는 자백의 취소에 반대하는 상대방이 부담해야 한다는 견해도 생각할 수 있다. 그러나 자백은 하나의 소송행위이고 또한 앞서 언급했듯이 당사자 간의 합의라고 할 수 있으며, 반진실인 점을 알면서도 그것을 고의로 인정하였다면 그러한 것도 합의로서 그 효력

을 인정해야 한다. 달리 말하면 당사자는 실체적 진실이 관철되지 않는 민사소송에서 처분가능한 사항에 자백을 한 것이므로, 그것을 취소하려면 그에 따른 정당한 사유를 증명해야 한다.

또한 앞서 자백이 당사자에게 미치는 효력의 근거에는 신의칙이 존재하고 있듯이, 자백을 취소하려면 그러한 행위에 신의칙상 비난가능성이 없어야 한다. 이러한 정당한 사유에 해당하는 것이 바로 착오이다. 반진실은 착오의 전제사실로서 착오를 구성하는 하나의 내용이 되는 것이다. 반진실이면서도 착오가 없는 경우(고의로 하는 진실에 어긋난 자백)도 있지만, 착오이면서도 반진실이 아닌 경우(착오로 하는 진실에 부합하는 자백)는 생각하기 힘들다. 따라서 판례가 반진실과 착오의 두 가지에 대한 증명을 요구하는 것은 타당하다.

착오의 증명방법 착오의 증명는 취소를 구하는 당사자가 직접 그것을 해야만 하는지, 아니면 변론 전체의 취지만으로 인정할 수 있는지 문제된다. 착오에 의한 자백임을 주장한다면 일반적인 증명의 문제로서 법원은 변론 전체의 취지에 의해 특정 사실의 유무에 관해 인정할 수 있으므로(202. 자유심증주의), 판례는 착오의 주장에 대해 변론 전체의 취지로 그 유무를 인정할 수 있다고 해석한다(대판 1991.8.27, 91다15591,15607).

○ **자백간주**

자백간주는 당사자가 변론이나 변론준비절차에서 상대방의 주장을 명확히 다투지 않거나, 그 밖에 변론 전체의 취지에 의해 다투지 않는다고 판단되는 경우, 상대방의 주장사실을 자백한 것으로 보는 것을 말한다(150 I , 286). 자백간주가 성립하고 그 효력이 발생하면 그 내용은 재판상 자백의 경우와 동일하다. 또한 자백간주의 대상도 재판상의 자백의 경우와 같이 원칙적으로 주요사실에 한정된다.

그러나 다음과 같은 점에서 자백간주는 재판상의 자백과 차이가 있다. 당사자가 다투지 않았다고 판단되는 시점은 적극적인 의사표시가 아니라는 점에서 사실심 변론종결시이다. 따라서 제1심에서 자백간주가 성립하더라도 당사자는 항소심에서 이를 다툴 수 있다. 다만, 상고심에서는 법률심인 관계로 불가능하다. 또한 자백간주는 그것이 취소되지 않는 한 항상 법원을 구속하지만, 당사자는 앞서 보았듯이 원칙적으로 사실심 변론종결시까지 그 효력을 다툴 수 있다. 즉, 자백간주는 이를 취소하기 쉽다.

5. 증명책임

(1) 의 의

법원은 소송요건을 갖춘 당사자의 소에 대해 본안판결을 해야 한다. 본안판결을 하기 위해서는 청구권 발생의 전제가 되는 사실(주요사실)을 확정(사실인정)해야 하지만, 경우에 따라서는 사실을 확정할 수 없는 경우(진위불명)가 있다. 이와 같이 진위불명이라는 사태가 발생해도 법원은 그것을 이유로 판결을 거부할 수 없다. 따라서 진위불명이 발생하면 그에 대한 대책으로 법원은 **법규의 구성요건인 주요사실의 존부가 불명이라면 이를 존재 또는 부존재 중의 어느 하나로 가정한 다음 법규를 적용해서 법률효과의 발생 여부를 판단해야 한다. 이러한 존재 또는 부존재라는 가정의 문제가 바로 증명책임의 문제이다.** 특히 존재 또는 부존재로 가정됨으로써 당사자의 일방이 불리해진다는 점에서 증명책임이라고 부른다. 어느 당사자에게 불이익하게 가정되는지가 증명책임부담의 문제로서 증명책임의 분배라고 한다.

증명책임의 대상이 되는 사실 증명책임은 주요사실의 존재 유무에 관한 것이고 간접사실이나 보조사실은 증명의 대상이 될 수는 있어도 증명책임의 문제는 발생하지 않는다. 즉, 간접사실이나 보조사실이 진위불명이면 이를 토대로(그러한 사실이 없는 것으로) 하여 주요사실의 존부를 판단한다.

(2) 주관적 증명책임과 객관적 증명책임

증명책임은 어느 일방 당사자만이 부담하고 그 부담은 소송개시 이전에 정해진다. 이러한 의미의 증명책임은 특히 변론주의에 국한되지 않는(즉, 소송과 비송을 포함하는 모든 재판에서의) 일종의 결과책임으로서 객관적 증명책임이라고 한다. 반대로 행위책임으로서의 주관적 증명책임은 당사자의 증거제출책임을 의미하고 변론주의가 적용되는 절차에 국한된다. 이러한 점에서 증명책임은 당사자의 소송활동과 법원의 소송지휘의 뼈대가 되는 민사소송의 척추라고도 부른다. 당사자와 법원은 증명책임을 전제로 절차를 진행하게 되기 때문이다. 주관적 증명책임과 주장책임과의 관계는, 주장책임은 증명책임에 선행하는 것이 되고 그 분배도 증명책임과 동일한 원칙에 따른다(전술[제4장Ⅱ5(4)④]하였듯이 예외로 채무부존재확인소송이 있다).

(3) 증명책임 분배의 원칙

규범설

증명책임의 분배는 소송법의 문제라기보다 청구권과 관련된 각 규정의 해석과 함께 구체적으로 연구되어야 할 실체법의 문제이다. 판례(대판 1964.9.30, 64다34 등)와 통설은 규범설(또는 법률요건분류설)에 의해 규범의 성격을 바탕으로 증명책임을 분배한다.

규범설에 의하면 권리의 발생, 변경, 소멸이라는 법률효과를 주장하는 당사자는 그 효과를 정하는 규범이 요구하는 요건사실을 증명해야 한다. 즉, 계약상의 권리를 주장하는 자는 계약의 성립에 관한 규정(권리근거규정)의 요건사실에 대해 증명책임을 진다. 또한 권리장애규정(요소의 착오나 허위표시 등)이나 권리멸각규정(일단 발생한 권리의 소멸에 관한 규정으로 계약의 해제나 소멸시효의 원용 등)은 계약의 효력을 부정하는 자가 증명책임을 진다.

증명책임분배의
구체적 예

증명책임분배의 구체적인 예를 몇 가지 본다면 다음과 같다. ㉠ 신의성실, 권리남용, 공서양속 등에 관한 사실은 이를 주장하는 자에게 증명책임이 있다.

㉡ 민법109조 단서의 중대한 과실에 해당하는 사실은 표의자의 상대방에게 증명책임이 있다.

㉢ 민법390조 단서의 귀책사유에 해당하는 사실은 채무자에게 증명책임이 있다.

㉣ 민법605조의 준소비대차계약에 있어서 구채무부존재를 기초 짓는 사실은 채무자에게 증명책임이 있다.

㉤ 민법750조의 과실에 해당하는 사실은 당해 불법행위의 피해자에게 증명책임이 있다.

(4) 증명책임의 전환

① 필요성

불법행위소송에서는 전술(제5장Ⅲ3(3))하였듯이 피고인 가해자의 과실은 원고인 피해자가 증명해야 한다. 한편, 자동차손해배상책임보장법3조에 의하면 자동차사고에 의한 손해배상청구소송에서는 가해자인 피고가 무과실책임(스스로 자신이 과실이 없음을 증명할 책임)을 지게 되어 있다. 즉, 원고인 피해자의 구제를 위한 정책적 요청에 의해 증명책임의 부담을 일반원칙과는 달리 피고인 가해자 측에게 전가시킨 것이다. 이를 증명책임의 전환이라 한다.

증명책임 전환의 일반화와 문제점

학설(위험영역설 등)에 따라서는 자동차손해배상보장법과 같은 특별법이 없는 경우라도, 공해소송이나 의료과오소송에서 과실이나 인과관계를 증명할 때에는 가해자에게 증명책임을 전환해야 한다고 주장한다. 사건(제조물책임소송 등)에 따라서는 타당한 주장이라고 할 수 있지만, 그 요건을 명확히 정하는 것이 곤란하여 증명책임의 전환을 일반화하는 것은 적절하지 않고, 신의칙에 의한 증거제출의무의 배려 또는 손해액의 재량적 인정 등으로 대처하는 것이 타당하다.

증명책임의 완화

증거제출의무의 배려와 관련하여 판례(대판 1995.2.10, 93다52402 등)가 인정한 증명책임의 완화가 있다. 이것은 의료과오소송 등 환자가 의사의 과실이나 상당인과관계를 증명하기 어려운 문제를 해결하기 위해 인정된 것이다. 즉, 의료과오소송에서도 원칙적으로 원고인 환자가 의료행위에서의 주의의무 위반과 손해 발생과의 사이의 인과관계 존재를 증명해야 한다. 그러나 의료행위는 고도의 전문적 지식을 필요로 하기 때문에 손해발생의 직접적인 원인이 의료과실로 말미암은 것인지의 여부는 전문가가 아닌 일반인으로서는 도저히 밝혀낼 수 없는 특수성이 있다. 따라서 환자가 치료 도중에 손해를 입었다면, 일반인의 상식으로 의료행위 과정에서 저질러진 의료과실 있는 행위를 증명하고 그 행위와 손해(결과) 사이에 해당 의료행위 외에 다른 원인이 개재될 수 없다는 점, 이를테면 환자에게 의료행위 이전에 그러한 결과의 원인이 될 만한 건강상의 결함이 없었다는 사정을 증명하면 충분하다. 이때 의료행위를 한 의사는 그 결과가 의료과실로 말미암은 것이 아니라 전혀 다른 원인으로 말미암은 것이라는 증명을 해야 하고, 그러하지 못하면 의료과실과 결과 사이의 인과관계 존재를 추정하여 손해배상책임을 인정할 수 있도록 증명책임을 완화하는 것이다.

② 손해액의 재량적 인정

필요성 또한 판례(대판 2004.6.24, 2002다6951,6968. Case Note[7-8] 참조)는, 원고가 손해를 증명하기 곤란하면 법원이 그 구체적 손해액을 제반 경위를 참작하여 인정할 수 있다고 판단하고 있다. 이것은 증명도 경감의 예로서 당사자의 증명이 없어도 법원이 상당한 손해액을 인정할 수 있는 것을 말한다. 원래 법원이 원고가 주장한 손해배상청구권의 존재를 인정하려면 그 발생의 원인인 손해, 그리고 그 손해액을 인정해야 한다. 이 손해액의 증명책임은 앞서 보았듯이 규범설에 따라 손해배상청구권을 주장하는 원고가 부담한다. 만일 원고가 손해는 증명하였지만 구체적 손해액을 증명하지 못한다면 증명책임분배의 원칙에 따라 손해액이 존재하지 않는 것이 되어 청구기각판결이 내려진다.

그러나 손해액의 증명을 위와 같이 요구한다면 사안에 따라서는 손해를 입은 원고가 구체적인 금액을 증명할 수 없는 특수한 사정에 배려하지 않는 것으로 당사자 간의 공평에 합치하지 않고, 재판에 대한 사회적 신뢰도 얻을 수 없게 될 것이다. 이러한 이유로 판례는 손해액에 대한 증명도를 경감하여 법관의 확신에 이르지 않아도(증명되지 않아도) 상당인과관계가 있는 손해의 범위인 수액을 법원이 판단할 수 있다고 해석한 것이다. 민사소송법도 이 판례를 받아들여, 손해가 발생한 사실은 인정되나 구체적인 손해의 액수를 증명하는 것이 사안의 성질상 매우 어려우면, 법원은 변론 전체의 취지와 증거조사의 결과에 의하여 인정되는 모든 사정을 종합하여 상당하다고 인정되는 금액을 손해배상 액수로 정할 수 있다는 규정(202의2)을 도입하였다.

손해액 인정을 위한 요건 물론 이와 같은 손해액의 인정이 가능하려면 다음과 같은 요건을 갖추어야 한다. 즉, 사안의 내용이 재산적 손해의 발생사실이 인정되고 그 최대 한도인 수액은 드러났으나, 구체적인 손해의 액수를 증명하는 것이 성질상 곤란한 경우에 한정된다. 이때 법원은, 증거조사의 결과와 변론 전체의 취지에 의해 밝혀진 당사자들 사이의 관계, 채무불이행과 그로 인한 재산적 손해가 발생하게 된 경위, 손해의 성격, 손해가 발생한 이후의 여러 정황 등 관련된 모든 간접사실 등, 손해액 산정의 근거가 되는 간접사실을 합리적으로 평가하여 객관적으로 수긍할 수 있는 손해액을 산정해야 한다(대판 2010.10.14, 2010다40505).

여기에 해당되는 예로는 채무자의 재산을 은닉하는 방법으로 이루어진 제3자에 의한 채권침해로 입게 되는 일반 채권자의 손해액을 인정(채무자의 일반채권자들이 각자의 채권액에 안분비례하여 그 채권을 회수하였을 것이라고 전제하면서, 제3자의 불법행위가 없었을 경우 채권자가 회수할 수 있었던 채권액을 산출한 다음 이를 채권자가 입은 손해액으로 인정한 경우)한 판례가 있다(대판 2019.5.10, 2017다239311). 그 밖에 생각할 수 있는 예로는, 개인이 거주하는 주택이 화재로 소실되고 그 주택 안에 있던 가재도구가 멸실된 경우, 유아의 사망에 의한 일실이익의 경우, 그리고 타인의 독점금지법 위반행위를 이유로 하여 소비자 또는 경업자가 손해배상을 청구하는 경우가 있다. 손해액이 사실인정의 대상임을 전제로 하는 것이다. 그러나 위자료는 그러한 예에 해당되지 않는다. 위자료는 정신적 고통 그 자체의 전보가 아니라 정신적 고통을 완화하기 위한 금전급부에 해당하고, 위자료의 산정은 인정된 손해를 증거에 기하여 금전적 가치로 전환하는 것이 아니기 때문이다. 위자료의 산정은 법원의 자유재량에 맡겨져 있는 이유이기도 하다.

(5) 간접반증

① 의 의

증명책임과의 관련에서 논의되는 개념으로 간접반증이 있다. 간접사실을 반증한다는 간접반증이란 대략 반대의 간접사실을 증명한다는 것을 말하고, 증명책임의 분배에 관한 규범설에 의해 만들어졌다. 규범설은, **간접반증은 주요사실을 간접적으로 공격한다는 점에서는 반증이지만, 당해 간접사실의 존재를 법관에게 확신을 심어주어야 한다는 점에서는 본증**이고, 주요사실의 증명이 문제되는 증명책임의 문제가 아닌(따라서 증명책임의 전환을 의미하지 않는다) 자유심증의 문제라고 해석한다.

② 규범설에 의한 간접반증의 등장

규범설은 보통 다음과 같은 예로 간접반증을 설명한다. 인지소송에서 자(子)인 원고는 부자관계의 존재라는 주요사실을 증명해야 한다. 그러나 부자관계를 직접 증명하는 것은 사실상 불가능하므로(DNA검사가 없을 때의 이론이다), 원고는 부자관계의 존재를 추인시키기에 충분한 간접사실을 증명하게 된다. 즉, 회임 당시의 동거 사실, 혈액형의 조사결과 등이다. 이때 부(父)인 피고는 이러한 간접사실과 상반되는 간접사실로서, 예를 들면 그때 원고의 모(母)는 다른 남자와도 관계가 있었다는 사실(보통 '부정의 항변'이라 불린다)을 증명함으로써 부자관계의 존재가 추인되지 않도록(부가 누구인지 진위불명에 빠지도록) 증명을 하는 것을 간접반증이라고 한다.

만일 위와 같은 사례에서 피고가 간접반증을 하지 못하면 결국 부자관계의 존재가 추인된다. 간접반증을 하는 피고의 입장에서는 부자관계의 존재라는 주요사실을 간접적으로 공격한다는 점에서는 반증이지만(이 점에서 간접반증이라고 불린다), 부정의 항변이라는 간접사실의 존재를 법관에게 확신을 심어주어야 한다는 점에서는 본증이다. 따라서 규범설은 간접반증이란 주요사실의 증명이 문제되는 증명책임의 문제가 아니고 자유심증의 문제라고 주장한다.

③ 판례의 입장

판례는 다음과 같은 사례에서 간접반증을 인정한다(대판 1984.6.12, 81다558. Case Note[7-7] 참조). 예를 들어 김 양식업을 하는 원고가 자신의 어장 근처에 있는 피고공장에서 흘러나온 폐수로 인해 양식 김에 병해가 발생하여 막심한 피해를 보았다는 이유로 그 손해의 배상을 구하는 소를 제기하였다. 이 소에서, 원고가 공장폐수와 손해의 발생이라는 인과관계를 그 존재를 추인시키는 일련의 간접사실로 증명하였지만, 피고가 그와 상반되는 간접사실을 증명하지 못하면 인과관계의 존재를 인정할 수 있다. 이와 같이 판례는 인과관계를 직접 증명하기 어려운 사정 등을 고려하여 간접반증을 인정하고 있는 것이다.

○ 간접반증과 증명책임의 전환

규범설을 비판하는 입장은, 규범설이 주장하는 간접반증은 결국 증명책임의 전환을 초래하여 규범설의 수정 내지는 후퇴를 의미하는 것이라고 말한다. 다음과 같은 이유로 간접반증은 증명책임의 전환을 초래한다고 해석해야 할 것이다. 앞의 김 양식업자의 손해배상청구소송에서 보듯이 피고가 하는 반대 간접사실에 대한 증명은 인과관계의 존재라는 주요사실에 대해서는 반증이지만, 그 간접사실 자체의 존재를 법관에게 확신시켜야 한다는 점에서는 본증을 의미한다. 이러한 점에서 사실상 원래 증명책임을 부담하지 않는 피고가 인과관계의 부존재에 대해 증명책임을 부담하게 되므로 간접반증은 규범설의 하나의 예외라고 해석하는 것이 타당하다. 또한 간접사실의 본증을 요구하는 이상 증명도의 문제로서 단순히 자유심증의 문제로 보는 것은 타당하지 않고(자유심증의 문제라면 본증이 아닌 반증으로 충분하다), 주요사실의 인정이라는 증명책임의 전환이 의도되어 있기 때문이다. 결국 간접반증 자체에 대해서는 크게 문제가 없고 그 평가에 대해 규범설과 그 밖의 학설 간에 차이가 있지만, 일단 규범설의 입장에 의해도 증명책임분배원칙의 하나의 예외로 인정할 수 있을 것이다.

(6) 추 정

① 의 의

추정은 사실인정에 있어서 A라는 사실(전제사실)의 존재에 의해 B라는 사실(추정사실)의 존재에 확신을 생기게 하는 것을 말한다. 추정에 의해 B라는 사실에 대해 원래 증명책임을 부담하는 당사자는 A라는 사실의 존재만을 증명하면 되고, 이로써 원래는 증명책임을 지지 않는 상대방이 B라는 사실의 부존재를 일반적인 반증이 아닌 본증에 의해 증명해야 한다. 이 점에서 추정은 증명책임의 전환을 의미한다. 추정은 세부적으로 다음과 같은 것이 있다.

② 법률상의 권리추정

법이 전제사실에 기해 직접 권리의 추정을 규정하는 것이다. 전제사실과 추정사실이라는 보통의 추정과는 달리 전제사실로 인해 권리가 추정된다는 형태를 띤다. 법원은 전제사실의 존재가 인정되면 권리관계의 존재를 판결의 기초로 해야 한다. 민법200조의 점유권리의 적법 추정, 민법262조의 공유지분의 추정 등이 있다. 법률상의 권리추정은 중요한 효과를 동반하기 때문에 법률이 추정되는 권리를 규정해야 한다.

○ 등기의 추정력

판례(대판 1979.6.26. 79다741. Case Note[7-5] 참조)는, 등기명의인은 등기라는 사실만으로 소유권자라는 권리가 추정된다고 해석하고 있다. 즉, 등기의 추정은 권리추정이라고 한다. 판례의 입장은 등기에 관해 법률의 규정 없이 소유권이라는 권리를 추정하는 것이므로, 사실상의 권리추정을 인정하는 것이라고 말할 수 있다. 그러나 권리추정은 권리에 관한 것이어서, 법규에 규정이 없으면 어떠한 법적 평가를 해야 하는지 법원의 재량에 맡겨져 있으므로 추정에 해당하지 않는다. 또한 우리나라는 등기의 공신력이 인정되고 있지 않다. 따라서 등기에 기재되어 있는 사항은 특별한 사정이 없는 한, 그 기재 내용대로 사실의 존재를 추인시킨다는 경험칙이라 할 수 있고, 결국 사실상의 추정에 해당한다고 풀이해야 할 것이다(등기의 추정력이 사실상 추정에 해당한다는 학설은 소수설에 머무르고 있다).

③ 법률상의 사실추정

법에 의해 전제사실의 존재가 인정되면 특정사실의 존재가 추정된다는 것을 말한다. 법은 경험칙, 증명의 정도, 그 밖에 당사자 간의 공평 등을 고려하여 사실추정 규정을 두고 있다. 앞서 추정의 의의에서도 보았듯이 법률상의 사실추정이 되려면, 전제사실에 의해 추정사실이 존재한다는 확신이 법원에 형성되어야 하고, 또한 추정사실이 법이 규정하는 특정한 법률효과의 구성요건사실이어야 한다. 예를 들면 민법198조의 점유계속의 추정, 민법639조1항의 임대차의 묵시의 갱신, 민법844조의 부의 친생자의 추정 등이 있다.

④ 법정증거법칙

법에도 추정이라는 용어가 사용되고 법률상의 사실추정과 유사하지만, 추정되는 사실이 구성요건사실이 아니어서 추정사실의 증명책임이나 그 분배에 관한 문제가 발생하지 않는 것을 말한다. 즉, 자유심증주의에 대한 예외로서 단지 일정한 사실을 인정할 때 그 근거가 되는 사실이 법정되어 있는 경우이다. 따라서 상대방은 법률상의 사실추정이라면 본증을 통해 추정사실의 부존재를 증명해야 하지만, 법정증거법칙에 의한 사실에 대해서는 본증이 아닌 반증으로 증명하면 된다. 법356조와 358조에서의 문서의 진정추정이 이에 해당된다. 또한 진정하게 성립한 문서는 작성자의 의사에 기해 작성되었다는 형식적 증거력을 갖는다(문서의 진정성립과 2단의 추정에 대해서는 후술[제6장Ⅲ2(5)③] 한다).

⑤ 잠정진실

법률상의 사실추정과 추정의 구조나 증명책임의 전환에서 동일하지만, 전제사실과 추정사실이 동일한 법률효과의 요건사실을 구성하고 있는 추정이다. 즉, 특정한 법률효과의 발생을 위해 복수의 요건사실이 존재할 때, 법이 일정한 요건사실의 증명에 의해 다른 요건사실의 존재를 추정(전제사실 없이 무조건으로 일정한 요건사실의 존재를 추정)하는 것을 잠정진실이라 한다. 예를 들면 민법245조의 취득시효의 요건사실은 소유의 의사, 평온하고 공연한 점유인데, 이것이 민법197조1항이 규정하는 점유의 사실로써 추정된다는 것이다.

⑥ 의사추정

전제사실에서 일정한 사실의 추정을 의미하는 것은 아니고 의사표시의 내용이 법정되어 있는 것을 말한다. 즉, 법이 사인의 의사표시 내용에 관해 일정한 추정을 하는 경우이다. 예를 들어 채무자는 민법153조1항에 의한 추정에 의해 그 2항에 의한 포기를 할 수 있고, 포기의 효력을 다투는 자는 기한의 이익이 채무자를 위한 것이 아님을 증명해야 한다.

⑦ 사실상의 추정

법률상의 추정에서와 같이 법에 의한 추정이 아니고 자유심증의 문제로서 법원이 추정을 인정하는 것을 말한다. 법원이 경험칙을 이용하여 주요사실의 존재를 추정하는 것이다. 예를 들면 고도의 경험칙(간접반증 등)에 의해 주요사실의 존재가 추정되는 경우이다. 보통 주요사실의 존부를 추정한다는 자유심증의 문제가 되지만, 추정된 사실을 번복하려면 법원을 확신시키기 위해 간접사실의 본증을 해야 하므로, 사실상 간접반증에서와 같이 증명책임의 전환을 초래한다.

○ 일응의 추정 또는 표현증명

일응의 추정이나 표현증명이라는 개념도 주장되고 있다. 이것은 고도의 개연성을 갖는 경험칙에 기한 사실의 추정을 의미한다. 일응의 추정은 모든 경우에 이용할 수 있지만 표현증명은 불법행위에서의 고의, 과실, 인과관계를 추인한다는 정형적 사상경과가 문제가 되는 사건에서만 기능한다는 점에 차이가 있다. 그러나 사실상 추정의 문제로서 처리할 수 있는 대상이므로 특별히 일응의 추정이나 표현증명이라는 개념을 만들 필요는 없을 것이다.

(7) 부인과 항변

① 의 의

부인과 항변은 상대방(일반적으로 원고)의 주장사실이 인정되지 않는다는 것을 목적으로 한 사실의 주장을 말한다.

부인 부인은 상대방이 증명책임을 지는 사실을 부정하는 진술이다. 따라서 부인을 한 자에게 상대방의 주장이 인정되지 않는다고 증명할 책임은 발생하지 않고, 상대방이 부인된 사실의 존재를 증명할 책임을 부담한다. 이러한 부인은 단순부인이 아닌 이유를 붙여서 하는 것(이유부 부인)이 바람직하다. 이에 관한 직접적인 규정은 없지만, 규칙69조의2가 정하는 당사자의 조사의무로부터 해석적으로 도출할 수 있을 것이다. 또한 이유부 부인 중에 상대방의 주장과 양립하지 않는 사실을 적극적으로 주장하는 것을 적극부인이라고 한다. 예를 들어 금전대여라는 주장사실에 대해 금전을 수령하였지만 빌린 것이 아니라 매매대금으로 수령하였다고 주장하는 것을 말한다. 적극부인도 부인이므로 상대방이 부인된 사실에 대해 증명해야 하는 점에는 차이가 없다. 물론 위와 같은 사례에서 금전수령사실은 자백한 것이 된다.

항변 반대로 항변은 자신이 증명책임을 지는 사실을 적극적으로 주장하는 것이다. 즉, 상대방의 주장을 인정하지만, 자신이 증명책임을 지는 그와 상반되는 사실(반대사실)을 주장하는 것을 말한다. 따라서 항변에서는 상대방의 주장과 항변자의 주장이 양립할 수(두 개의 주장 모두 인정될 수) 있다. 또한 항변자가 상대방의 주장사실을 자백하는 것을 전제로 한다. 항변의 제출방법에는 2가지가 있다. 상대방의 주장을 인정하면서 제출하는 경우와 상대방의 주장을 인정하지 않으면서 예비적으로 제출하는 경우이다. 전자를 제한부 자백이라고 하고, 후자를 가정항변이라고 한다. 예를 들어 금전대여라는 주장사실에 대해 금전을 빌렸지만 변제하였다는 주장은 전자에 해당되고, 빌렸다는 것을 부인하면서 만일 빌렸다는 것이 되어도 시효로 소멸하였다거나 상계를 한다는 주장은 후자에 해당된다. 가정항변에 대해 법원은 당사자가 붙인 조건에 관계없이 금전대여의 사실이 없다거나 시효로 소멸하였다고 하여 어느 것을 먼저 판단해도 되지만, 예외적으로 판결이유 중의 판단에 기판력이 발생하는 상계의 항변(216Ⅱ)은 제일 마지막으로 심리해야 한다.

② 정지조건부 법률행위의 경우

부인인지 항변인지 구별하기 어려운 경우로 조건부 법률행위가 있다.

정지조건이 붙어 있다는 주장 정지조건은 그 조건의 성취로 인해 법률행위의 효력을 발생시키는 것이다. 정지조건이 없다면 당연히 조건이 없는 유효한 법률행위가 되지만, 있다면 그 조건의 성취에 의해 유효한 법률행위가 된다. 그렇다면 정지조건부 법률행위라는 점은 현재 유효한 법률행위가 존재하고 있지 않다고 하여 권리의 효력을 다투는, 즉 현재 유효한 법률행위가 아닌 정지조건부 법률행위임을 주장하는 것이고, 정지조건부 법률행위라는 사실은 당해 법률행위의 무효를 주장하는 자에게 주장·증명책임이 있다(대판 1993.9.28, 93다20832. Case Note[7-3] 참조).

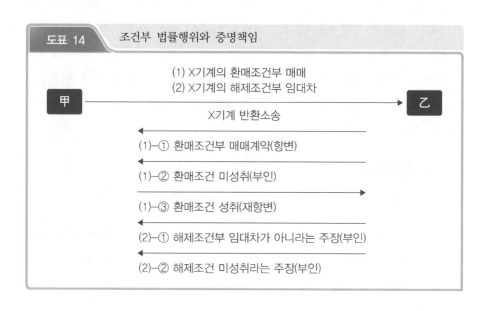

도표 14 조건부 법률행위와 증명책임

甲 ──────────────────────────────→ 乙
(1) X기계의 환매조건부 매매
(2) X기계의 해제조건부 임대차

X기계 반환소송

(1)-① 환매조건부 매매계약(항변)

(1)-② 환매조건 미성취(부인)

(1)-③ 환매조건 성취(재항변)

(2)-① 해제조건부 임대차가 아니라는 주장(부인)

(2)-② 해제조건 미성취라는 주장(부인)

<도표 14>의 (1)에서 보듯이 甲이 乙에게 환매조건부로 X기계를 매도한 후 그 반환을 청구하는 경우, 乙은 사례금 등의 선이행을 해야만 반환하기로 했다는 정지조건부 법률행위(환매조건부 매매계약)라는 사실 자체는 권리의 효력발생을 저지하는 사실로서 항변이다(<도표 14>의 (1)-①).

정지조건이
성취되었다는
주장

그러나 정지조건의 성취라는 사실은 권리의 발생을 주장하는 사실이므로 당해 법률행위의 유효를 주장하는 자가 증명해야 한다. 따라서 만일 환매조건부 매매의 무효를 주장하는 乙이 환매조건이 성취되지 않았다고 주장한다면, 그 조건이 성취되지 않았다는 주장은 부인이 된다(<도표 14>의 (1)-②). 乙이 정지조건부 법률행위라는 항변을 하면 甲은 정지조건이 성취되었다는 재항변을 하게된다(<도표 14>의 (1)-③).

③ 해제조건부 법률행위의 경우

한편, 정지조건과는 다른 해제조건이라면 그러한 조건의 존재만이 아니라 해제조건의 성취도 해제조건부 법률행위임을 주장하는 자가 증명해야 한다. 해제조건부 법률행위라는 점은 물론 해제조건의 성취도, 유효하게 존재하고 있는 법률행위의 효력을 다투는 사유이기 때문이다. <도표 14>의 (2)에서 보듯이 甲이 乙을 상대로 임대차계약 해지를 이유로 X기계의 반환을 청구하는 경우, 甲이 X의 사용료로 일정액을 받기로 하였지만 乙이 이를 이행하지 않아 계약을 해제하고 그 물건 반환을 요구하면, 임대차계약이 유효하다는(해제조건부가 아니라거나 그 조건이 성취되지 않았다는) 乙의 주장(부인)에 대해 해제조건부 법률행위라는 사실과 그 조건의 성취라는 사실은 모두 甲이 주장·증명해야 한다(<도표 14>의 (2)-①,②).

(8) 증명방해

① 의 의

증명방해는 고의로 증거의 조사를 방해하는 것을 말한다. 증명방해에 대해 법에는 직접 그 대책을 규정하는 조항도 있는데(350, 360, 361, 366, 369 등), 그러한 조항이 없을 때 직접 증명책임의 전환을 초래하는지가 문제된다.

| 증명책임의 전환 여부 | 예를 들어 의료과오소송에서 피고인 의사의 진료기록(차트) 등에 대한 법원의 서증조사기일에 제출된 그 기록의 기재 중 환자인 원고에 대한 진단명 일부가 흑색 볼펜으로 가필 |

되어 원래의 진단명을 식별할 수 없도록 변조되어 있는 경우, 법원은 이러한 진료기록의 변조를 이유로 의사의 과실을 인정할 수 있는지 문제되는 것이다.

| 판례와 학설 | 증명방해와 증명책임의 전환에 대해서는 증명도의 경감이 라는 자유심증주의의 문제로 해석하는 입장과, 일반적으로 증명책임의 전환을 초래한다고 해석하는 입장이 있다. 판례 |

(대판 1995.3.10, 94다39567. Case Note[7-9] 참조)는 전자의 해석과 같이 증명책임이 전환되지 않고 자유심증의 문제로서 증명을 방해한 자에게 불리하게 사실인정을 할 수 있다고 해석한다. 증명활동을 방해했다는 사실에 법적 책임인 증명책임의 전환이라는 법률효과를 부여하는 것은 그 행위에 대한 적절한 제재가 아니다. 증명방해에도 여러 가지 형태가 있음을 고려한다면, 일반적으로 증명책임의 전환까지 초래하는 효과를 부여한다는 것은 지나친 해석이고 판례와 같이 자유심증의 문제로 처리할 수 있을 것이다(통설).

② 요건 및 효과

증명방해가 되려면, 단순한 증명활동에 협력을 거부하는 것으로는 부족하고 상당하고 합리적인 이유 없이 적극적으로 증명활동을 방해하는 행위가 필요하다(대판 1996.4.23, 95다23835). 증명방해로 인해 증거조사가 불가능해지고 증명책임을 지는 당사자가 법관에게 확신을 심어줄 만큼 증명을 할 수 없는 경우, 증명방해의 정도에 따라 증명책임, 즉 심증의 정도를 경감해 사실인정을 할 수 있는 것이 증명방해의 효과이다. 증명방해의 정도에 따라 법관은 심증도의 고저를 조절할 수 있고 당사자에게도 공평하게 될 것이다.

6. 자유심증주의

(1) 의 의

자유심증주의는 사실인정을 심리자료나 상황에 따라 법관이 자유롭게 형성하는 심증에 맡긴다는 원칙을 말한다(202). 반대로 특정한 증거에 의해서만 사실인정을 할 수 있다는 것을 법정증거주의라 한다. 자유심증주의가 인정되는 것은 진실발견을 통한 실체법 취지의 실현에 있다. 자유심증에서 말하는 심증이란 사실 및 증거에 대한 법관의 판단을 가리킨다. 법관은 심증을 갖기 위해 변론에 나타난 자료로서 증거조사의 결과와 변론 전체의 취지를 이용할 수 있다. 이 심증의 정도가 일정한 수준(고도의 개연성을 갖는 수준)에 도달해야만 사실인정을 할 수 있고, 그 정도를 가리키는 말로 증명도가 사용된다. 이와 같이 자유심증주의를 채택하고 있는 관계로 증거능력에는 제한이 없는 것이 원칙이다. 그러나 무제한으로 증거능력이 인정되는지의 논란이 있다.

(2) 전문증거의 증거능력

판례(대판 1967.3.21, 67다67; 대판 1964.4.7, 63다637)는 민사소송에서 전문증거의 증거능력을 전적으로 부정하는 것은 채증법칙 위배라고 판단하고 있다. 전문증거는 반대신문을 할 수 없는 증거자료이다. 자유심증주의에 따른다면 판례가 해석하듯이 증거력의 자유로운 평가가 인정되는 이상 전문증거의 증거능력을 부정할 이유는 없을 것이다. 반대로 반대신문이라는 절차권을 보장해야 한다는 입장에서는 제한적으로 해석하게 될 것이다. 그러나 이러한 두 가지 입장에 큰 차이는 없다. 전문증거의 증거능력을 일률적으로 부정해야 할 이유가 없다는 점에는 차이가 없기 때문이다. 결국 전문증거는 증거능력이 있지만, 그 성격상 제3자의 견문이라는 특수한 사실로서 간접적인 증거자료(증거가치가 매우 낮은)에 불과하다.

(3) 위법수집증거의 증거능력

① 판례의 입장

위법수집증거, 예를 들어 상대방이 모르게 대화를 녹음하여 이를 증거로 제출하면 증거능력을 갖는지에 대해, 판례(대판 1981.4.14, 80다2314. Case Note[7-4] 참조)는 자유심증주의를 취하고 있다는 점에서 위법수집된 증거도 증거능력은 있고 그 증명력은 검증이라는 증거조사를 통해 법관이 자유롭게 판단한다는 입장이다. 보통 위법수집증거도 진실발견을 위해서는 참작하는 것이 좋다는 논리가 판례의 배경에 깔려 있다. 그러나 증언거절권이나 문서제출의무가 한정되어 있다는 점에서 본다면, 진실발견의 요구가 절대적인 것은 아닌 점, 위법행위의 유발을 막아야 한다는 점에서 증거로서의 사용을 금지할 필요가 있는 점을 고려해야 하므로, 위법수집증거의 증거능력에는 일정한 제한을 해야 한다.

예외적인 증거능력의 부정 물론 판례도 그 사안의 성격상 상대방이 모르게 녹음하였다는 이유만으로는 증거능력이 없다고는 할 수 없다는 입장이다. 따라서 위법수집이라는 수단의 내용에 따라서는 증거능력을 부정한다는 여지를 남겨 놓고 있다(이와 같은 판례의 견해인 절충설이 통설이다). 위법수집된 증거를 일률적으로 증거능력이 없다고는 할 수 없다는 판례의 견해는 타당하다. 다만, 판례는 위법수집증거의 증거능력이 부정되는 구체적인 기준을 제시하고 있지 않다.

② 수집수단의 위법성과 증거능력

위법수집이라는 점이 문제된 이상은 그 위법수단의 내용에 따라 증거능력의 유무를 결정해야 할 것이다. 형사상 처벌의 대상이 되는 위법행위에 의해 수집되었거나, 위반행위가 신의칙이나 공서양속에 위반되는 것이라면 증거능력을 부정해야 한다. 물론 보다 우월한 법익을 위해서 또는 그 밖에 위법성을 저지할 수 있는 특별한 사정이 있다면 증거능력을 인정할 수 있다.

③ 수집된 증거의 공개가능성과 증거능력

만일 무단으로 녹음한 것이라면 위법수단의 사용이라는 점보다는 그 내용의 공개, 즉 그 증거조사의 결과가 그 증거능력의 판단에 중요한 기준이 된다. 증거조사에 의해 녹음테이프가 공개되었을 때 그것이 인격권이나 프라이버시권을 침해하는 것이라면, 또는 묵비의무가 부과된 사항을 공개하는 것이라면 그 증거능력을 부정해야 한다.

(4) 변론 전체의 취지

① 의 의

변론 전체의 취지(202)는 변론의 과정에서 나타나는 일체의 자료 또는 상황

을 말한다. 이러한 점에서 증거조사의 결과인 증거자료와는 구별되는데, 결국 변론에 나타난 모든 자료에서 증거조사의 결과를 제외한 것이 변론 전체의 취지이다.

예를 들면, 일정한 진술을 한 후에 그것을 철회했을 때 진술 자체는 증거자료로서의 효력을 상실하지만, 철회했다는 사실은 새로운 진술이나 상대방의 주장을 판단할 때에 고려되는 변론 전체의 취지에 해당된다. 또한 필수적 공동소송에서 공동소송인 1인이 한 다른 공동소송인에게 한 불리한 소송행위, 통상공동소송에서의 공동소송인 1인이 한 소송행위는 다른 공동소송인에게 행위 자체의 효력이 없지만 변론 전체의 취지로서 고려된다. 그 밖에 준비절차기일에서의 진술이나 석명처분에 기한 자료의 제출 등이 있다. 그러나 법150조1항 단서에서 말하는 변론 전체의 취지는 변론기일을 일체로 본 당사자의 변론내용을 가리키는 것으로 자유심증주의에서 말하는 변론 전체의 취지와는 구별된다.

② 변론 전체의 취지와 사실인정

다른 증거가 없더라도 변론 전체의 취지만으로 주요사실을 인정할 수 있는지(독립한 증거원인이 될 수 있는지) 문제된다.

판례(대판 1983.7.12, 83다카308. Case Note[7-6] 참조)는 다른 증거방법의 보충적인 작용을 하는 것이 변론 전체의 취지이므로 불가능하다고 해석한다. 즉, 판례는 변론 전체의 취지를 독립한 증거원인으로서 인정하지 않는다. 다만, 판례는 예외적으로 보조사실은 변론 전체의 취지만으로 사실인정을 할 수 있다는 입장이다. 또한 자백의 철회 사유인 차오의 인정도 변론 전체의 취지로 가능하다. 이러한 판례의 태도는 주요사실의 인정은 변론 전체의 취지만으로는 불가능하지만, 그 외의 사실은 가능하다는 입장이다. 학설은 다수설이 판례에 찬성하고 독립된 증거원인으로 보는 견해가 소수설이다.

III. 증거조사

1. 증거신청과 그 처리

(1) 증거신청의 방식

당사자는 구술 또는 서면으로 증거신청을 할 수 있다(161). 증거신청은 공격방어방법의 하나이므로 적시에 해야 하고(146), 기일 전이라도 증거조사신청 및 증거조사가 가능하다(289Ⅱ). 증거신청에는 증명할 사실을 표시해야 한다(289 Ⅰ). 또한 규칙74조에 의해 증명할 사실과 증거와의 관계를 구체적으로 명시해야 한다(그 밖에 규칙75, 규칙77, 80 참조).

철회가능성 증거신청은 신청한 증거의 증거조사 전이라면 언제나 철회할 수 있다. 그러나 증거조사에 들어간 후라면 증거공통의 원칙에 의해 상대방의 동의가 필요하다. 증거조사완료 후라면 이미 법관의 심증이 형성되었으므로 철회할 수 없다.

증거신청에 대한 법원의 처리 증거신청을 하였지만 법원이 증거조사를 하지 않고 변론을 종결하면, 그 신청의 처리가 문제된다. 판례는 단순히 묵과할 수 있다는 태도인데(대판 1965.5.31, 65다159), 학설은 새로운 증거의 준비와 당사자에게 증거신청권이 있는 것을 이유로 각하결정을 해야 한다는 입장이 다수설이다. 증거신청에 대해 상대방에게도 진술기회가 부여되고 (274Ⅰ⑤ 참조), 상대방은 이 기회를 이용하여 증거항변을 할 수 있다.

(2) 증거결정

증거신청에 대해 증거조사의 실시 여부를 판단하는 재판을 증거결정이라 한다. 증거신청을 받아들이지 않는 각하결정과 이를 인용하는 증거조사결정이 있다. 법원은 원칙적으로 재량에 의해 조사의 필요성을 감안하여 증거결정을 하지만(290), 증거의 채택 여부가 전적으로 법관의 자유에 맡겨져 있는 것은 아니다. 증거신청은 당사자의 절차권 보장을 의미하고 결정이라는 재판이 요구되는 이상, 증거신청을 각하하려면 그에 따른 합리적인 이유가 있어야 한다. 다만, 증거결정은 소송지휘에 관한 재판이므로 특별한 규정(문서제출명령에 대한 불복)이 없는 한 그에 대한 불복신청을 할 수 없다.

(3) 유일한 증거방법

유일한 증거에 대해서는 진실발견의 차원에서 반드시 증거조사를 해야 한다(290 단서). 증거조사를 하지 않으면 변론 전체의 취지로서 사실인정을 해야 하는데 이것은 앞서(Ⅱ6(4)) 보았듯이 타당하지 않기 때문이다. 유일한 증거란 주요사실에 관한 증거방법이 유일하다는 것을 말하고, 사건에 대해서가 아닌 쟁점에 대해서 유일한지 여부가 판단되며, 또한 전심급을 통해 판단해야 한다. 과거의 판례(대판 1962.7.19, 62다260 등)는 유일한 증거에 대해 본증만을 의미하는 것으로 해석하지만, 증거방법이 유일하다는 것을 의미하므로 본증과 반증을 구별할 필요는 없을 것이다. 한편, 유일한 증거라도 그 신청이 부적법하면, 예를 들어 증거신청으로서의 방식이 부적법한 경우 등 증거조사가 불가능하거나 그 필요성이 없으면 신청이 각하될 수 있다.

2. 증거조사의 실시

(1) 서

① 집중증거조사

취지 증거조사(상대적으로 그 조사에 시일을 요하는 증인신문과 당사자신문에 한함)는 당사자의 주장과 증거를 정리한 뒤 집중적으로 해야 한다(293). 이러한 집중증거조사는 적시제출주의, 직접주의, 구술주의와 더불어 심리의 충실과 촉진(법원의 심증형성이 쉬어지고 충실한 심리와 신속한 재판을 촉진)을 위한 제도이다. 규칙에서는 이를 뒷받침하기 위해 일괄신청(규칙75Ⅰ), 증인진술서의 제출(규칙79), 증인신문사항의 제출(규칙80) 및 증인출석확보(규칙82)라는 제도가 마련되어 있다.

증거조사기일 증거조사를 하는 기일은 변론기일의 하나이고 법원은 증거조사기일에 당사자에게 변론을 하게 할 수도 있으며, 증거조사만을 위한 기일을 정할 수도 있다. 따라서 증거조사의 내용은, 전자라면 변론조서(152)에, 후자라면 증거조사기일의 조서(160)에 기재된다. 전술(1(1))하였듯이 기일 전이라도 필요에 따라 증거조사가 가능하지만(289Ⅱ), 증인신문과 당사자신문은 불가능하다.

당사자의 절차권 보장 당사자는 절차권 보장의 일환으로 증거조사기일에 입회하여 의견을 진술할 권리가 보장된다. 따라서 법원은 당사자에게 증거조사기일과 장소에 관한 소환장을 송달해야 한다(167, 297Ⅱ). 소환을 받은 당사자 쌍방이 증거조사기일에 결석해도 법원은 증거조사를 할 수 있다(295). 다만, 증거보전은 당사자에게 알리지 않고 할 수 있다.

② 사실조회

법원은 당사자의 신청 또는 직권에 의해, 공공기관이나 학교 그 밖의 단체나 개인 또는 외국의 공공기관에 그 업무에 속하는 사항에 관해 필요한 조사 또는 보관 중인 문서의 등본·사본의 송부를 촉탁할 수 있다(294). 실무상 사실조회라 부르고 활발하게 이용되고 있다. 조회에 대한 결과(회보)가 제출되면, 법원은 이를 양 당사자에게 전화나 팩스 등의 간이한 방법으로 그 사실을 고지하고, 변론기일에 당사자에게 의견진술의 기회를 부여하는 절차를 거쳐야 한다(대판 1982.8.24, 81누270). 회보는 이를 따로 서증으로 제출시키지 않는 것이 실무이다. 회보가 공문서이면 별도의 신빙성 있는 반대자료가 없는 한 법원은 그 기재와 어긋나는 사실인정을 할 수 없다(대판 1990.11.23, 90다카21022).

③ 증거조사의 장소

증거조사는 직접주의와 공개주의의 원칙에 따라 수소법원이 법정에서 하는 것이 원칙이다(297). 필요에 따라 법정 외에서 증거조사를 할 수 있는데, 법정 외에서의 증거조사는 법정 외라는 점에서 공개되지 않고(대판 1971.6.30, 71다1027) 또한 변론을 하는 것도 불가능하다.

④ 실시기관

증거조사는 수소법원이 하는 것이 원칙이다. 그러나 필요에 따라 수명법관이나 수탁판사도 법정 외의 증거조사(증인신문)를 할 수 있다(313).

수소법원이 증거조사를 실시하지 않거나 수소법원이 하더라도 법정 외에서 증거조사를 실시하면, 그 결과를 당사자가 변론에서 주장해야만 증거자료가 되는지 학설의 대립이 있다. 당사자의 원용이 필요하다는 견해는 직접주의나 구술주의라는 원칙에 의한 요청에 부응해야 한다는 점을 이유로 한다. 반대로 원용이 필요 없다는 견해는 증거조사 결과에 관한 당사자의 의견진술 기회를 부여하면 족하다고 한다. 어느 견해에 의하건 증거조사결과에 관한 당사자의 의견진술 기회는 부여되어야 하는 점, 즉 법원이 당해 증거조사의 결과를 제시해야 하는 점에는 차이가 없고, 원용의 유무에 차이가 있을 뿐이다. 외국에서 하는 증거조사가 아닌 한, 예외적인 증거조사로서 인정되었으므로 원용불요설이 타당하다.

(2) 증인신문

① 의 의

증인은 당사자와 법정대리인을 제외한 제3자로서 과거의 사실이나 상황에 대한 자신의 인식을 증언하는 사람이다. 증인의 증언을 증거자료로 하는 증거조사방법을 증인신문이라고 부른다. 증인으로는 특정 사실에 관한 인식이 주관적 지식에 근거하는 감정증인이 포함되지만, 증거방법의 하나인 감정인은 포함되지 않는다. 증인을 신청할 때에는 증인과 당사자의 관계, 증인이 사건에 관여하거나 내용을 알게 된 경위 등을 구체적으로 밝히고, 부득이한 사정이 없는 한 일괄하여 신청해야 한다(규칙75Ⅱ).

② 증인능력

증인능력은 증언의 신빙성 등의 문제가 아니라 증인이 될 수 있는, 즉 증인으로서 증언할 수 있는 능력을 말한다. 자연인이라면 모든 제3자가 증인이 될 수 있다(증인능력의 무제한). 단지 증언의 신빙성에 차이가 있을 뿐이다. 당사자나 법정대리인은 증인능력이 없지만, 참가인, 소송대리인, 판결효가 미치는 자, 수소법원의 법관이나 법원사무관 등의 소송관계인에게도 증인능력이 부여되고 행위능력의 유무도 문제되지 않는다.

③ 증인의무

우리의 재판권이 미치는 자는 모두 증인의무가 있다(303. 일반의무). 증인의무는 출석의무, 선서의무 그리고 진술의무로 구성된다. 이러한 의무는 공법상의 의무이고, 그 위반에 대해서는 일정한 제재가 가해진다. 다만, 공무원 등을 증인으로 출석시키려면 소속기관의 승인이 필요하다(304 내지 307). 그 소속기관은 국가의 중대한 이익을 해치는 경우를 제외하고 승인을 해야 하는데(307), 이러한 승인을 하지 않아도 공무원은 증언거부권이 인정될 수 있다(315 I ①). 증인이 정당한 사유 없이 출석하지 않으면 과태료의 제재를 받거나(311), 구인될 수 있다(312). 또한 신법에서는 과태료의 재판을 받고도 다시 출석하지 않으면 법원이 감치를 명할 수 있다(311 II). 출석하였지만 증언을 거부해도 일정한 제재를 받는데(318), 공무원이 아니라도 형사상 소추당할 염려가 있거나 묵비의무 등이 있으면 증언거부권이 인정된다(314, 315).

증언거부권의 포기와 대가 약정의 효력
한편, 증언거부권이 있는 증인이 그 증언거부권을 포기하고 증언을 조건으로 그 소송의 일방 당사자 등으로부터 통상적으로 용인될 수 있는 수준(예컨대 증인에게 지급되는 일당 및 여비가 증인이 증언을 하기 위해 법원에 출석함으로써 입게 되는 손해에 미치지 못할 때 그것을 전보해 주는 정도)을 넘어서는 대가를 제공받기로 하는 약정은 무효이다(대판 2010.7.29, 2009다56283). 그러한 약정은 국민의 사법참여행위가 대가와 결부됨으로써 사법작용의 불가매수성 내지 대가무관성이 본질적으로 침해되는 반사회적 법률행위에 해당되기 때문이다. 이것은 증언거부권을 포기하는 대가로 정당화될 수 없는 이치이다.

선서의무와 서면에 의한 진술
선서의무(319)의 경우, 선서무능력자(322), 선서의 면제(323), 선서거부권(324)이 인정되고, 그 거부시에는 제재가 가해진다(326). 그 밖에 사물의 형상이나 증명사항의 내용 등을 고려하여 서면에 의한 진술로 충분하다고 인정되면 출석에 대신하여 서면으로 증언하는 것이 인정된다(310). 이에 관한 구체적인 절차는 규칙84조에 규정되어 있다.

④ 증인신문절차

기일에 출석한 증인은 법원에 의해 동일성 확인을 받고(규칙88), 선서를 거친 후 신문을 받게 된다.

증인진술서

법원은 효율적인 증인신문을 위해 필요한 경우 송달기간이나 준비기간 등을 고려한 제출기한(실무상으로는 1주 내지 10일)을 정해 증인진술서의 제출을 명할 수 있고, 증인을 신청한 당사자는 신문에 앞서 증인진술서를 제출해야 한다(규칙79). 증인진술서는 증언할 내용을 적은 서면으로 일종의 서면방식에 의한 증거의 사전제시 제도이다. 증인진술서가 제출되었으나 그 작성자가 증인으로 출석하지 않고, 당사자가 반대신문권을 포기하여 그 증인진술서의 진정성립을 다투지 않으면 법원은 이를 서증으로 채택할 수 있다. 이때 그 증인진술서의 내용이 허위라도 그 작성자에 대하여 위증죄의 책임을 물을 수 없다(대판 2010.5.13, 2007도1397).

증인신문사항

또한 증인신문을 신청한 당사자는 원칙적으로 법원이 정한 기한까지 증인신문사항을 제출해야 한다(규칙80). 이것은 구체적인 신문사항을 제출시켜 상대방의 반대신문사항 작성이나 법원의 조서작성에 활용하려는 것이다. 만일 증인신문 당시 증인신문사항을 미리 교부받지 못한 상대방은 지체 없이 이의를 제기하지 않으면 이의권의 포기·상실이 된다.

증인신문방식

신문은 보통 교호신문방식으로 신청한 당사자에 의한 주신문, 상대방의 반대신문의 순서로 진행된다(327, 규칙89). 반대신문에서는 필요에 따라 유도신문을 할 수도 있지만, 재판장은 유도신문의 방법이 상당하지 않다고 인정하면 제한할 수 있다(규칙92Ⅱ, Ⅲ). 신문과정을 지휘하는 재판장은 보충신문이나 개입신문이 가능하고(327Ⅱ, Ⅲ), 증인신문의 순서도 적절하다고 인정하면 당사자의 의견을 들어 변경할 수 있다(327Ⅳ). 합의부원은 재판장에게 알리고 신문할 수 있다(327Ⅵ).

증인은 구술로 진술하는 것이 원칙인데 재판장의 허가가 있으면 서류를 참조하며 진술할 수 있다(331). 신문은 구체적이고 개별적으로 해야 하고 신문사항에는 일정한 제한이 가해진다(규칙95. 증인신문의 구체적 절차에 대해서는 규칙89 내지 규칙100 참조). 비디오 등 중계장치에 의한 증인신문도 가능하다(327의2).

(3) 당사자신문

의의

당사자(법정대리인과 법인의 대표자를 포함. 372)를 증거방법으로서 신문하는 증거조사이다. 여기서 하는 당사자 진술은 변론이 아니라 증거자료이고(대판 1981.8.11, 81다262,263), 소송자료가 아니며 자백도 성립하지 않는다(대판 1964.12.29, 64다1189). 또한 소송능력이 없는 당사자도 가능하다.

당사자신문 보충성의 폐지

원래 당사자신문은 그 진술이 갖는 객관성 내지는 신빙성이 떨어지는 점에서 증인과 비교하여 증거가치가 떨어지고, 법원이 다른 증거조사에 의해 심증을 얻지 못할 때만 가능하였다(당사자신문의 보충성). 그러나 사안해명에 대한 기여도가 높다는 점에서 신법에서는 소송의 어느 단계에서나 당사자신문을 할 수 있게 개정되었다(367). 이에 따라 당사자도 신문 전에 선서하도록 하며, 선서 후의 거짓진술에 대한 제재가 강화되었다(370). 다만, 당사자신문은 다른 증거방법과의 관계에서 상대적으로 낮은 지위를 갖고 있다는 점은 부정할 수 없을 것이다(또한 다음에서 보는 보충적 증거력을 인정하는 판례 참조).

신문방식

당사자신문은 직권이나 당사자의 신청에 의해 행해진다(367). 신문을 받는 당사자는 증인과 같은 의무를 부담하지만(369), 선서한 당사자가 허위진술을 해도 형법상의 범죄가 되지 않고 과태료에 처해질 뿐이다(370). 다만, 출석·선서·진술을 거부하면 법원은 상대방의 주장(요증사실이 아닌 신문사항에 포함된 사실[대판 1990.4.13, 89다카1084])을 진실한 것으로 인정할 수 있다(369). 당사자신문 결과의 효력에 대해, 판례는 보충적 증거력을 갖고 독립한 증거력이 없다는 해석이다(대판 1981.8.11, 81다262,263 등).

(4) 감 정

① 의 의

감정인은 법규나 경험칙에 관한 전문적 지식 또는 경험칙을 이용해 얻어진

사실판단을 법원에 보고하는 자이다. 이 감정인의 보고를 획득하려는 증거조사를 감정이라고 한다. 법관의 판단능력을 보충하기 위해 이용된다. 감정의 적절한 이용은 분쟁원인 등에 관한 공통인식이 형성됨으로써 화해촉진이나 신속한 분쟁해결에 도움이 된다.

직권감정의 가능성 감정은 보통 당사자가 신청함으로써 하는데, 직권감정도 가능한지가 문제된다. 법292조에서는 직권증거조사를 인정하고 있고, 법관의 판단능력을 보충하는 감정의 이용가능성을 충분히 확보할 필요가 있으므로, 법관의 재량에 따라 감정비용이 당사자에게 과도한 부담이 되는 것을 회피하면서 직권으로 감정을 이용할 수 있다고 해석해야 할 것이다.

사감정 소송 외에서 당사자가 직접 의뢰하여 작성된 감정서(사감정)가 법원에 제출되면, 법원은 서증으로서 사실인정의 자료로 삼을 수 있다(대판 1999.7.13, 97다57979).

② 감정절차

감정인의 지위 등 감정인은 법원이 지정하고 이에 대해 당사자는 불복신청을 할 수 없다(335). 학식경험이 있는 사람은 감정인부적격사유가 없는 한 감정의무가 부여된다(334. 또한 감정인은 자기역량 고지의무, 감정위임 금지의무 등을 부담한다[335의2]). 법인도 감정인이 될 수 있고(341), 복수의 감정인에 의한 감정도 가능하다. 감정인은 넓은 의미의 증인이지만 대체성이 있고(증인처럼 구인할 수 없다[333 단서]), 감정의 공정성을 확보하기 위해 법관처럼 기피의 대상이 된다(337). 감정인에게는 특별한 권한도 부여된다(342). 감정에는 증인신문의 규정이 준용된다(333, 규칙104. 다만, 감정인에 대한 질문 등에 있어서 준용 제외규정만을 정하고 있을 뿐 증인신문규정이 구체적으로 어디까지 준용되는지 명확하지 않았지만, 법원이 감정결과에 대해 당사자에게 서면이나 말로써 의견을 진술할 기회를 부여하고[339Ⅲ], 감정인신문은 법원이 직권으로 신문하는 것을 원칙으로 하면서 당사자도 보충적으로 신문할 수 있도록 개정되었다[339의2, 339의3]).

| 감정의견의 제출 | 감정의견은 변론이나 감정인신문기일에서 구술로 보고하거나 기일 외에 서면으로 보고한다(339). 서면으로 보고되어도 그것은 감정이지 서증이 아니다. 서면 또는 구술에 의한 감 |

정진술에 대해 당사자는 서면이나 구술로 의견을 진술할 수 있다(339Ⅲ). 감정에 대한 당사자의 신뢰를 보호하기 위해 감정인의 조사에 당사자가 입회하는 것이 바람직하기 때문이다. 그러나 당사자가 입회하지 않더라도 감정이 위법한 것은 아니다. 그 이유는 감정인이 하는 조사에 심리의 원칙인 공개주의가 적용되지 않기 때문이다. 또한 감정인이 감정결과에 이유를 붙이지 않더라도 감정의 증거능력이 상실되지 않으므로 위법하지 않다. 이유가 없는 감정결과에 얼마만큼의 증거력을 인정할 것인지는 결국 법원의 자유심증에 맡겨져 있고, 이점은 다른 증거와 차이가 없기 때문이다.

| 감정결과의 이용 | 감정결과는 당사자의 원용에 관계없이 증거자료가 된다(대판 1976.6.22, 75다2227. 통설). 즉, 증거조사가 행해지면 당사자의 원용이 없어도 법원은 그 결과를 증거자료로 할 수 있 |

다. 그 이유는 증거공통의 원칙이 적용되기 때문이다. 또한 감정결과의 증거가치는 법관의 자유심증에 맡겨져 있기 때문이다. 따라서 서로 다른 감정의견 중 어느 하나만을 채택하더라도 그것은 증거 채부의 문제이고 위법하지 않다. 판례 (대판 1989.6.27, 88다카14097 등)도 같다. 그러나 채택한 감정의견이 경험칙 등에 어긋나면 경험법칙이라는 법령위반으로서 상고이유가 된다.

(5) 서 증

① 의 의

서증은 작성자의 사상이 문자나 다른 모양으로 나타나 있는 문서를 법원이 열람하고, 문서에 표현되어 있는 작성자의 사상을 사실인정의 자료로 하는 증거조사방법을 말한다. 문서는 사상을 표현하는 것이어야 하고, 그 기재방법, 표현방법, 매체의 종류 그 밖에 작성목적은 묻지 않는다. 따라서 사상의 표현이 아닌 사진이나 설계도 등은 문서가 아니고 준문서로 취급된다(374). 또한 문서라도 사상이 아닌 매체의 형태나 기호의 특징을 증거조사의 대상으로 한다면, 이러한 증거조사는 서증이 아닌 검증이 된다.

② 문서의 종류

공문서와 사문서

공문서는 공무원이 작성한 것으로 직무수행의 일환으로 권한에 기해 작성된 문서를 말한다. 공문서 이외의 문서는 모두 사문서이다. 공문서는 그 진정이 추정된다는 점에서 사문서와 차이가 있다(356, 357).

처분문서와 보고문서

처분문서는 법률적 행위의 존재를 나타내는 문서이다. 사법상의 행위인지 공법상의 행위인지는 구별하지 않는다. 처분문서에 해당하는 문서로는 판결서(판결서 중에 기재된 사실판단을 그 사실을 증명하기 위해 이용하는 경우에는 보고문서가 된다[대판(전) 1980.9.9, 79다1281]), 행정처분의 고지서, 계약서, 어음, 수표, 유언장 등이 있다. 보고문서는 작성자의 판단, 감상, 기억 등이 기재된 문서로서, 진단서, 회계장부, 메모, 편지 등이 있다. 처분문서는 문서의 성질에 의해 형식적 증거력이 있으면 바로 실질적 증거력이 인정되는, 즉 작성자가 처분문서에 기재된 법률행위를 한 것이 직접 증명되지만(따라서 증서의 진정여부를 확인하는 소[250]가 인정된다), 보고문서는 문서의 진정이 인정되어도 기재내용이 진실이라고 인정되는 것은 아니다.

원본, 정본, 등본, 초본, 부본

기재내용이 동일한 문서를 작성자를 기준으로 구별하는 방법을 말한다. 원본은 작성자 자신에 의해 작성된 문서이고, 나머지는 이를 작성자가 복사한 것이다. 등본은 문서 전부를 복사하여 등본의 작성자가 그 동일성의 증명을 한 것이고, 초본은 문서 일부의 복사라는 점에서만 등본과 차이가 있다. 한편, 정본은 법률상 원본과 동일한 효력이 부여되는 것을 말한다. 부본은 원본의 일종으로 수통의 원본 중 송달에 이용되는 것을 말한다. 복사한 문서가 위에 해당되지 않으면 단지 사본이라고 한다.

③ 문서의 증거력

증거능력

문서의 증거능력에 대해 특별한 제한은 없다. 예외적으로 위법수집증거 이외에 문서의 증거능력이 문제가 되는 예로 제3자가 소제기 후 증인신문을 회피하기 위해 작성한 문서가 있다. 이러한 문서에 대해서는 증거가치의 문제로서 법관의 자유심증에 맡긴다는 입장과 특별한 사정(상대방당사자와 법원의 동의 또는 증인신문의 불가능)이 있으면 증거능력을 인정할 수 있다는 입장이 주장된다. 판례(대판 1964.9.8, 64다315 등)는 제소 후에 그 소송에 사용할 목적으로 작성된 문서라도 증거능력은 있다고 하여 전자의 입장을 취하고 있다.

형식적 증거력과 실질적 증거력 　문서의 증거력은 문서가 갖는 증거가치를 의미한다. 서증은 해당 문서가 작성자에 의해 작성되었는지를 확인하고(문서의 형식적 증거력), 다음으로 기재내용의 진실성을 법원의 자유심증으로 판단해야 한다(문서의 실질적 증거력). 형식적 증거력은 문서가 진정으로 작성자(기재내용인 사상의 주체)에 의해 작성되었다고 인정(진정성립)되는 것을 말한다. 따라서 위조문서라면 작성자가 작성한 것이 아니므로 형식적 증거력을 가질 수 없지만, 작성명의인의 문서가 아닌 위조자가 '작성한 문서로서 형식적 증거력을 가진다.

문서의 진정성립과 추정 　문서가 제출되면 법원은 상대방당사자에게 그 진정성립(형식적 증거력)의 인부를 요구한다. 만일 문서의 진정성립을 부인하면 그 이유를 구체적으로 명시해야 한다(규칙116. 고의나 과실로 진실에 어긋나게 문서의 진정을 다투면 과태료의 제가가 있지만[363], 이유를 구체적으로 명시하지 않아도 특별한 제재는 없고 부인의 주장이 그만큼 신빙성이 떨어지는 것이 될 뿐이다). 상대방이 문서의 진정을 다투면 제출자가 그 진정을 증명해야 하는데(대판 1994.11.8, 94다31549. 다만, 증명방법에는 제한이 없다), 법정증거법칙으로서 문서는 그 진정 성립에 관한 추정규정이 있다(356, 358). 즉, 공문서에 관한 진정성립의 추정과 다음에서 보는 사문서에 관한 2단의 추정을 말한다. 특히 공정증서는 공문서와 같은 추정력을 갖고, 공증인에 의한 사서증서인증서의 인증부분 역시 그러하며(대판 1994.6.28, 94누2046), 공증부분의 진정성립에 의해 공정증서 안의 사문서 부분의 진정성립도 사실상 추정된다(대판 1992.7.28, 91다35816). 또한 실질적 증거력은 형식적 증거력이 있는 문서가 갖는 증거가치를 말하는데 이것은 법관의 자유심증에 달려 있다(사안에 따라 종합적으로 판단한다[대판 1989.8.8, 89다카5628]).

2단의 추정 　사문서에 관한 추정으로서 사문서에 날인된 작성명의인의 인영이 그의 인장에 의한 것이라는 점이 인정되면, 특단의 사정이 없는 한 1단계로 날인행위가 작성명의인의 의사에 의한 것이 사실상 추정되고, 2단계로 법358조에 의해 당해 문서 전체의 진정성립이 추정된다(2단계 추정으로서 법정증거법칙이라고 해석된다). 따라서 인영의 진정성립을 다투는 자는 반증을 들어 날인행위가 작성명의인의 의사에 의한 것인지 여부에 대해 법원으로 하여금 의심을 품게 할 수 있는 사정을 증명(본증이 아닌 반증)하면 그 진정성립의 추정을 깨트릴 수 있다(대판 1986.9.23, 86다카915 등 다수의 판례).

④ 녹음테이프 등의 신종증거

증거조사방법 전통적인 문서 매체인 종이 이외에 녹음테이프, 자기디스크 등이 이용되고 이들 매체도 작성자의 사상을 전달하는 기능을 갖는데, 그 조사방법이 문제된다. 판례(대판 1981.4.14, 80다2314 등)는, 녹음테이프의 증거조사는 검증에 의한다고 해석하고 있다. 신법은 도면·사진 등의 기존의 준문서 이외에 녹음테이프·비디오테이프·컴퓨터용 자기디스크, 그 밖에 정보를 담기 위해 만들어진 물건으로서 문서가 아닌 증거의 조사방법은, 장차 새로운 형태의 정보저장방식에 대비하기 위해 검증·감정·서증 등 기존의 증거조사방법에 준하여 대법원규칙에 의하는 것으로 하였다(374. 규칙120 내지 122). 즉, 문서의 형태로 출력이 가능한 것은 출력문서를 제출하고(서증. 규칙120), 그러하지 않은 음성이나 영상(녹음테이프 등)은 그것을 재생하여 검증(규칙121)하며, 그 밖에 도면·사진 등은 특별한 규정이 없는 한 감정·서증·검증의 절차를 준용한다(규칙122).

음성·영상의 경우 음성이나 영상에 대해서는 일반적으로 서면성이 없다는 점에서 검증이 타당하지만, 그것이 사상의 전달을 위해 작성된 것이라면 준문서로서 서증의 대상으로 될 수 있을 것이다(다만, 판례[대결 2010.7.14, 2009마2105]는 사상의 전달 등에 관계없이 동영상파일에 대해 서증의 대상이 될 수 없다는 해석인 듯하고, 그에 대한 제출명령으로 법366조의 검증목적물 제출명령은 가능하지만 법347조의 문서제출명령은 인정되지 않는다고 해석한다).

⑤ 서증의 절차

신청과 조사방법 서증은 그 신청에 의해 시작되는데 신청의 방법으로는 문서의 제출, 문서제출명령, 문서송부촉탁(그 밖에 문서소재장소에서의 서증신청[규칙112조에 의한 법원 밖 서증조사])이라는 3가지가 있다. 서증의 증거조사는 제출된 문서를 법관이 열독함으로써 한다.

문서제출 문서제출은 신청자가 스스로 소지하는 문서를 제출하는 것이다(343). 문서는 원본이나 정본 또는 인증 있는 등본을 제출해야 한다(355. 그 밖에 규칙105 내지 107 참조). 또한 변론기일이나 준비절차기일에서 현실로 제출해야 하고 준비서면에 첨부한 것만으로는 부족하다(대판 1970.8.18, 70다1240).

문서송부촉탁 문서송부촉탁은 수소법원이 일반적으로 임의제출을 기대할 수 있는 국가기관이나 공무원, 그 밖의 단체 또는 사인에게 문서의 제출을 요구하는 것이다(352). 국가기관이나 공무원 그리고 이에 준하는 자라면 이러한 촉탁요구에 응해야 할 의무가 있다. 사인이라도 재판의 적정 확보 등을 위해 법352조의2가 추가되어, 법원으로부터 문서의 송부를 촉탁받거나 법원 밖에서의 증거조사의 대상인 문서를 가지고 있는 사람은 정당한 이유가 없는 한 이에 협력해야 하는 것으로 되었다. 국가기관이 문서의 제출에 응하지 않으면, 정보비공개처분의 취소를 구하는 행정소송으로 다투게 된다(대판 2003.12.26, 2002두1342). 그러나 그 문서의 교부를 요구할 수 있으면 문서송부촉탁을 신청할 수 없다(352 단서). 또한 문서소재장소에서의 서증의 신청은 규칙112조가 인정하고 있고, 위와 같은 방법을 이용할 수 없을 때 법원이 그 문서소재장소에서 서증의 신청을 받아 조사하는 것을 말한다.

⑥ 문서제출명령

의의와 제출의무 **문서제출명령은 상대방이 임의로 제출하지 않는 문서를 당사자의 신청에 의해 제출하도록 법원이 명령하는 것**을 말한다(347). 따라서 문서가 아닌 동영상 파일은 검증의 방법으로 증거조사를 해야 하므로 문서제출명령의 대상이 될 수 없다(대결 2010.7.14, 2009마2105). 문서제출명령을 하려면 상대방이 그러한 문서를 제출해야 할 의무가 있어야 한다. 이에 대해서는 법344조 각호에 규정되어 있다. 위와 같이 제출된 문서를 서증으로 제출할지는 당사자가 임의로 정한다.

ⅰ) 인용문서(344 Ⅰ ①)

당사자가 소송에서 인용한 문서를 소지하고 있을 때에는 이를 제출할 의무가 있다.

ⅱ) 인도·열람청구문서(344 Ⅰ ②)

신청자가 문서 소지자에게 그 인도나 열람을 구할 수 있는 때에도 소지자는 이를 제출할 의무가 있다. ⅰ)과 ⅱ)의 문서는 그 해당성이 명확하기 때문에 문제가 되는 경우는 거의 없다. 보통 문제가 되는 것은 다음의 문서이다.

ⅲ) 이익문서·법률관계문서(344 Ⅰ ③)

문서가 신청자의 이익을 위해 작성된 경우 또는 문서가 신청자와 문서의 소지자 사이의 법률관계에 관해 작성된 경우에는 제출의무가 있다. 여기서 말하는 이익문서나 법률관계문서는 문서제출명령의 신청자와 그 문서 소지자의 관계에 관한 것이어야 한다(대판 1992.4.24, 91다25444. Case Note[7-10] 참조). 또한 같은 조항의 가목(공무원의 증언거부권), 나목(형사소추와 관련된 증언거부권), 다목(묵비의무와 관련된 증언거부권)에서 정하는 문서는 문서제출의무가 없다.

ⅳ) 그 밖의 문서(344 Ⅱ)

위의 3가지 형태의 문서에 해당되지 않아도 제출의무가 있는 경우를 말한다. 이것은 문서제출의무를 일반의무로 한 것으로도 볼 수 있는 조항이지만, 폭 넓은 제한을 가하였기 때문에 사실상 문서제출의무가 확대되었다고는 말하기 힘들 것이다.

먼저 여기에 해당되는 문서는 공무원이나 공무원이었던 자가 직무상 보관하는 문서나 가지고 있는 문서가 아니어야 한다. 또한 같은 조항 1호에서는 증언거부권이 있는 사항에 관련된 문서를, 같은 2호에서는 자기이용을 위한 내부문서도 문서제출의무에서 제외시키고 있다. 물론 그러한 제한에 해당되지 않는다면 당사자 또는 관련된 제3자는 모든 문서를 제출해야 한다. 판례(대결 2008.4.14, 2007마725)도 피신청인 회사의 영업상의 비밀을 담고 있는 문서라도 법344조2항 각 호에서 규정하고 있는 문서제출거부사유에 해당하지 않으면, 그 소지인에게는 원칙적으로 문서제출의무가 있다고 판단한다.

법원은 문서의 제출을 요구받은 상대방당사자에게 문서목록의 제출을 명할 수 있고(346), 문서의 일부에 제출거부사유가 있으면 그 나머지 부분만의 제출을 명할 수 있다(347 Ⅱ). 법원이 문서제출신청의 허가 여부에 관한 재판을 할 때는 다음과 같은 판단이 필요하다. 즉, 그때까지의 소송경과와 문서제출신청의 내용에 비추어 신청 자체로 받아들일 수 없는 것이 아니면, 상대방에게 문서제출신청서를 송달하는 등 문서제출신청에 관한 의견을 진술할 기회를 부여하고, 그 결과에 따라 그 문서의 존재와 소지 여부, 그 문서가 서증으로 필요한지의 여부, 문서제출신청의 상대방이 법344조에 따라 문서제출의무를 부담하는지의 여부 등을 심리한 후에 판단해야 한다(대결 2009.4.28, 2009무12). 따라서 문서제출신청 후 이를 상대방에게 송달하는 등 문서제출신청에 대한 의견을 진술할 기회를 부여하는 데 필요한 조치를 취하지 않은 채, 문서제출명령의 요건에 관해 별다른 심리도 없이 문서제출신청 바로 다음 날 한 문서제출명령은 위법하다.

문서의 존재와 소지 여부에 관한 증명책임은 원칙적으로 신청인에게 있다 (대결 1995.5.3, 95마415). 물론 문서제출명령의 신청은 서증을 신청하는 방식 중의 하나이므로(343), 법원은 그 제출명령신청의 대상이 된 문서가 서증으로서 필요하지 아니하다고 인정하면 그 제출명령신청을 받아들이지 않을 수 있다(대결 2008.3.14, 2006마1301). 문서제출명령신청에 대한 재판(결정)에 대해서는 즉시항고가 가능하다(348). 그 문서에 대한 증거조사의 가능성을 부정할 수 없는 이상 불복권을 적시에 부여해 줄 필요가 있기 때문이다.

제3자에게 문서의 제출을 명할 때에는 제3자 또는 그가 지정하는 자를 심문해야 한다(347Ⅲ. 심문절차를 거치지 않고 내려진 제3자에 대한 문서제출명령은 그 제3자만이 자기에 대한 심문 절차의 누락을 이유로 즉시항고를 할 수 있다[대결 2008.9.26, 2007마672]). 법원은 또한 문서가 제출의무가 있는 것인지 판단하기 위해 비공개 하에서 문서를 가지고 있는 사람에게 그 문서를 제시하도록 명할 수 있다(347Ⅳ).

문서제출명령을 내렸음에도 그 문서를 제출하지 않으면, 법원은 그 문서에 관해 상대방의 주장을 진실한 것으로 인정할 수 있다(349). 즉, 기본적으로 증명방해에서와 같은 효과가 부여되고 자유심증의 문제로서 법원은 그 문서에 관한 상대방의 주장을 진실한 것으로 인정할 수 있을 뿐이다(349. 이것은 일관된 판례의 입장이기도 하다[대판 1964.9.22, 64다515 등]).

한편, 문서제출명령에 응하지 아니한 사정 등을 종합하여 문서에 관한 상대방의 주장을 진실한 것으로 인정한 판례(대판 1998.7.24, 96다42789)가 있다. 이 사건에서는 국가기관의 민간사찰을 이유로 하는 손해배상소송에서 원고들의 신청으로 해당 국가기관이 갖고 있던 개인신상자료철, 전산개인카드와 개인신상자료철에 대한 문서제출명령이 발령되었다. 그러나 그 기관은 관련 자료를 모두 폐기하였으므로, 제출명령 대상 문서가 작성되었는지 여부를 확인하거나 제출하는 것이 불가능하다는 이유로 문서제출명령에 응하지 아니하였다. 이에 대해 판례는 3가지 자료가 모두 공개된 일부 원고들은 물론이고 다른 원고들에게도 동일한 행위를 한 것으로 추인된다고 판단하였다.

(6) 검 증

| 의의 |

검증은 법관의 시각, 청각 등의 5관의 작용에 의해 문서 자체의 형상이나 필적·인영 등을 조사의 대상으로 하는 증거조사방법이다(특히 서증의 부분에서 규정하고 있는 법359조의 필적 또는 인영의 대조에 의한 증명은 검증에 해당된다). 검증의 대상이 되는 것을 검증물이라 하고, 검증의 절차는 대략 서증의 절차에 준한다(366). 검증의 신청은 검증의 목적을 표시해야 하는데(364), 감정이나 증인신문을 동시에 신청할 수도 있다(365). 검증의 장소는 법원 또는 검증물의 소재지이다. 검증신청자가 검증물을 갖고 있지 않으면 소지인에 대해 검증물제시명령 신청을 한다(366, 343).

| 검증협력의무와 수인의무 |

이 명령을 받은 소지인은 제출하거나 그 소재지에서의 검증을 용인해야 한다(검증협력의무). 이 의무는 증인의무처럼 명문의 규정이 없지만 통설은 일반의무라고 해석한다. 또한 법원은 검증을 위해 필요하면 법342조가 감정에서 인정하는 처분을 할 수 있고, 만일 저항을 받은 때에는 경찰공무원에게 원조를 요청할 수 있다(366Ⅲ). 이 부분은 검증수인의무로 불리고 검증협력의무와 동일한 성격을 갖는다.

또한 가사소송에서는 당사자가 위와 같은 의무에 위반(DNA
감정 등을 위한 혈액채취 등에 응하지 않는 경우)해도 법349조의
적용이 배제되어(가사소송법12조) 위반 자체로 사실인정에서
불이익을 받지 않는다. 실체적 진실을 발견해야 한다는 분쟁의 특성을 감안한
것인데, 반면으로 그러한 위반이 실체적 진실발견을 어렵게 한다는 점에서 혈액
형의 수검명령이라는 방법으로 대처하고 있다(같은 법 29조).

(7) 증거보전

① 의 의

증거보전은 증거방법을 미리 조사하여 그 결과를 확보하려는 부수적인 증
거조사절차를 말한다(375). 소제기 후에는 당사자가 원하였던 증거조사가 불가능
하거나 곤란해질 우려가 있을 때 이용된다. 증거보전은 소송계속 전에도 가능한
데(376), 실제상 제소 전의 증거보전은 증거개시를 하게 하는 기능을 인정하는
것이 된다.

증거보전의 신청은 법375조에 의해 그 보전의 필요성을 소
명해야 한다(377Ⅱ). 예를 들면 증인의 위독, 보존기간의 만
료가 임박한 진료기록 등과 같이 제소 후 본래의 증거조사
가 곤란해지는 경우나, 문서 개찬의 위험 등이다. 어느 정도 구체적으로 소명해
야 하는지는 구체적인 사안에 따라 달라질 수 있다.

② 절 차

관할법원은 제소 후라면 그 증거를 사용하는 심급의 법원이, 제소 전이라면
증인 등의 증거방법의 소재지를 관할하는 지방법원이, 그리고 제소 후라도 급박
한 사정이 있으면 증거의 소재지를 관할하는 지방법원이 된다(376). 절차의 개시
는 서면에 의한 당사자의 신청에 의하지만(신청의 방식에 관해서는 377Ⅰ, 규칙124),
제소 후라면 직권에 의해서도 개시된다(379). 신청에 대해 법원은 증거보전결정
또는 신청각하결정을 하고, 후자에 대해서만 통상의 항고로 불복신청이 가능하
다(380).

증거보전에 의한 증거조사는 그 증거방법의 성질에 의한다 (375, 규칙123). 증거조사기일은 긴급한 경우를 제외하고 신청인 및 상대방에게 통지해야 한다. 또한 직접주의를 관철하기 위해 변론갱신을 할 때의 증인신문과 같이 당사자는 증거보전에서 신문한 증인을 변론에서 다시 신문할 것을 신청할 수 있다(384). 증거보전에 의해 이루어진 증거조사의 결과(소송계속 후 수소법원에 의한 증거보전의 결과를 포함)는 변론에 제출되어야 본래의 증거조사로서 효력을 갖는다.

제7장 **당사자에 의한
소송의 종료**

제7장에서는 당사자에 의해 소송이 종료되는 경우를 다룬다.
기본 개념인 처분권주의를 살펴보고, 구체적인 소송종료방법은
소의 취하, 청구의 인낙과 포기, 소송상 화해를 해설한다.

당사자에 의한 소송의 종료

I. 처분권주의

1. 의 의

당사자는 판결에 의하지 않고 소송을 종료시킬 수 있다. 이것은 당사자에게 사적 자치에 따른 권리관계의 처분권이 인정되기 때문이다. 이러한 원칙을 처분권주의라고 한다. 처분권주의는 당사자에 의한 소송의 종료 이외에도, 소송의 개시, 소송물의 특정 등 당사자가 권리관계에 관한 분쟁의 실체적 해결에 대해 처분권능을 갖고 자유롭게 결정할 수 있다는 원칙이다.

| 변론주의와의 관계 | 처분권주의는 보통 협의의 처분권주의를 가리키지만, 광의의 처분권주의라고 할 때는 소송자료의 수집에 관한 변론주의 또는 소송의 진행에 관한 당사자진행주의를 포함하는 의 |

미로도 사용된다. 그러나 각각의 원칙이 갖는 성질의 차이를 감안하여 일반적으로 변론주의와 처분권주의를 구별한다.

2. 발 현

| 소의 개시 | **민사소송은 당사자의 소의 제기에 의해 개시된다.** 즉, 당사자의 신청이 필요하고 직권에 의해 개시되지 않는다. 다만, |

예외적으로 당사자의 신청 없이 할 수 있는 부수적인 재판, 예를 들면 소송비용 확정의 재판(104), 가집행선고의 재판(213)이 있다.

심판의 대상과 범위의 확정	**당사자는 심판의 대상과 그 범위를 확정한다**(203). 즉, 법원은 당사자가 심판하여 달라고 신청하지 않은 사항에 대해서는 재판하지 못한다(제8장 I 4 참조).
당사자에 의한 소송의 종료	**당사자는 소송종료행위로서 소의 취하, 청구의 포기와 인낙, 소송상 화해를 할 수 있다.**

3. 배 제

처분권주의는 당사자에게 사적 자치에 따른 처분권능이 인정되는 절차에서만 인정되므로, 당사자가 자유롭게 처분할 수 없는 권리관계를 대상으로 하는 절차에서는 배제 또는 제한된다. 비송사건, 혼인·입양·친자관계 등에 관한 가사소송사건, 회사의 설립·합병·총회결의 등의 하자에 관한 회사소송 등에서는 처분권주의가 배제 또는 제한되고, 청구의 포기·인낙이나 소송상 화해가 불가능한 경우가 있다. 또한 이러한 제한이 없어도, 상대방당사자의 이익이나 법원의 사건처리라는 공익을 보호하기 위해 당사자에 의한 소송의 종료에 일정한 요건을 부과하고 있고, 그만큼 처분권주의가 제한될 수 있다.

II. 소의 취하

1. 서

(1) 의 의

소의 취하는 원고가 제소를 철회한다는 법원에 대한 소송행위(의사표시)를 말한다(266). 소취하를 하여 제소를 철회한다는 원고의 의사표시는 단독행위이지만, 원고측 고유필수적 공동소송이라면 원고 전원이 소를 취하해야 한다는 제한이 있다. 소취하가 유효하면 소송계속의 소급적 소멸이 발생하고(267), 이러한 효력은 그 이유를 묻지 않고 법원에 취하의 의사가 도달하면 발생한다.

(2) 유사제도와의 차이

청구의 포기 소취하는 원고의 소송종료행위의 하나인 청구의 포기와 같다. 그러나 청구의 당부에 관한 일정한 효력을 동반하는 청구의 포기와는 달리, 소의 취하는 그러한 효력이 발생하지 않는다. 이 점에서 소취하는 청구의 존부에 관해 아무런 효과도 발생하지 않으므로, 처분권주의의 기초가 되는 사적 자치가 제한 또는 배제되는 경우, 예를 들면 가사소송 등에서는 청구의 포기가 불가능해도 소의 취하는 가능하다.

상소의 취하 또한 일정한 심판의 철회라는 점에서 소의 취하와 상소의 취하는 동일하지만, 상소의 취하는 상소만이 소멸될 뿐 원심이 선고한 판결의 효력이 유지된다는 점에 차이가 있다.

2. 소취하계약

(1) 의 의

소취하는 원고와 피고가 소송 외에서 사법상의 화해계약을 체결하며 그 조항의 하나로 소취하를 정하고 이것을 법원에 주장하는 형식을 취하는 경우가 있다. 이때 소를 취하한다는 당사자 사이의 계약(내지는 합의)을 소취하계약이라고 한다. 당사자 사이에 합의를 통해 분쟁을 해결하는 것을 말한다. 이러한 소취하계약은 묵시적으로 합의해제될 수 있다(대판 2007.5.11, 2005후1202).

(2) 소취하계약의 효력

소를 취하한다는 계약을 하였음에도 원고가 소를 취하하지 않았을 때의 처리가 문제된다(반대로 원고가 소취하계약에 의해 소를 취하한 후에 그러한 취하의 효력을 다투는 경우에 대해서는 소취하에 대한 불복신청 부분에서 다룬다).

소취하계약이 사법상의 효력만을 갖는 것으로 해석하면, 마치 소를 제기하지 않기로 계약한 것과 같이 원고의 소는 권리보호의 이익이 없기 때문에, 법원은 소의 이익이 없다는 이유로 소를 각하한다. 판례(대판 1965.4.13, 65다15. Case Note[8-1] 참조)와 통설은 이러한 입장을 취하고 있다.

소송행위설은 당사자가 소송상의 효과 발생을 목적으로 소취하계약을 하였고 이로써 소취하라는 소송행위가 이루어진 이상, 직접 제소의 소급적 소멸이라는 소송법상의 효력을 인정하여 대처할 필요가 있다고 주장한다. 소수설의 입장이다. 소송행위설에 의하면, 소의 이익이 없다고 하여 소를 각하하는 것이 아니고 이미 소는 취하된 것이라고 하여 소송종료선언으로 소송을 종료시킨다.

위와 같은 사법행위설과 소송행위설에서의 큰 차이는, 전자는 소각하판결을 후자는 소송종료선언을 해야 한다는 점에 있다. 그러나 소각하판결이나 소송종료선언은 모두 소송판결로서 실제상 차이는 없다. 따라서 위와 같은 논의는 논리적으로 볼 때 어느 견해가 보다 타당한지에 관한 것이다.

3. 소취하의 요건과 방식

(1) 요 건

① 소취하가 가능한 시기

소취하는 원고의 일방적인 소송종료행위이므로 이론상으로는 소송이 종료되기 전, 즉 판결확정 전이라면 언제라도 가능하다(대판 1975.4.8, 75다222). 그러나 본안에 대한 종국판결이 있은 후에 소를 취하하면 후술(4(2))하듯이 동일한 소를 다시 제기할 수 없다는 효과(재소금지효)가 발생한다.

② 피고의 동의

판결확정 전이라도 피고가 본안에 관한 준비서면을 제출하거나 변론준비절차에서 진술 또는 변론을 한 후에는, 원고는 피고의 동의를 얻어야 소를 취하할 수 있다(266Ⅱ). 피고의 동의를 요건으로 한 것은 피고의 본안판결을 받을 이익을 보호해야 하기 때문이다. 따라서 피고가 설사 위와 같은 응소를 하였더라도 본안판결을 받을 이익이 없으면, 그 동의를 받을 필요가 없다. 예를 들면 본소가 취하된 후 반소를 취하하는 경우의 반소피고(원고)의 동의(271), 피고가 주위적으로는 소의 각하를 요구하고 예비적으로는 청구기각을 요구한 경우의 동의(대판 1968.4.23, 68다217,68다218)가 그러하다.

③ 소송행위로서의 요건

소의 취하는 소송행위로서 당사자 본인이 하려면 소송능력이 필요하고, 법정대리인이나 소송대리인이 하려면 특별수권이 있어야 한다(56Ⅱ, 90Ⅱ②). 또한 소송절차를 불안정하게 하는 조건을 붙이는 것은 허용되지 않는다. 의사표시의 하자를 이유로 한 소취하의 취소가능성에 대해서는 후술(5)한다.

④ 소의 일부취하의 경우

소의 객관적 병합이나 주관적 병합(고유필수적 공동소송을 제외)에서는 일부의 청구나 일부의 피고에 대한 소의 취하가 인정된다.

청구의 감축 한편, 청구를 감축하는 것에 불과해도 일부청구가 인정되는 한도에서 소의 일부취하로서 통상의 취하와 동일하게 처리된다(대판 1983.8.23, 83다카450. 다수설). 만일 청구원인도 변경되면 후술(제10장Ⅲ)하는 소의 변경의 문제가 된다.

(2) 방 식

소취하는 그 행위가 갖는 중요성 때문에 서면으로 하거나 변론 또는 변론준비절차에서 구술로서 한다(266Ⅲ). 원고가 작성한 취하서는 제3자도 이를 제출할 수 있다(대판 2001.10.26, 2001다37514).

소취하효력의 발생시기 피고의 동의가 필요 없다면 위와 같은 의사표시가 법원에 도달하면 바로 취하의 효력이 발생한다. 피고의 동의가 필요하다면 취하서면을 피고에게 송달해야 하고(266Ⅳ), 구술로 취하의 의사표시를 하였는데 피고가 결석하면 그 변론 또는 변론준비절차의 조서등본을 피고에게 송달해야 한다(266 V). 피고의 동의도 서면이나 기일에서의 구술로 하고 동의된 때에 취하의 효력이 발생한다. 또한 취하서가 송달된 후 2주 내에 피고가 이의를 하지 않거나, 조서등본의 송달 후 또는 원고가 구술로 취하를 표시한 기일출석 후 2주 내에 피고가 이의하지 않으면 동의한 것으로 본다(266 VI).

원고의 소취하에 대해 피고가 일단 확정적으로 동의를 거절하였다면, 원고의 소취하도 효력을 발생할 수 없고 피고가 후에 소취하에 동의를 하더라도 소취하의 효력이 발생하지 않는다(대판 1969.5.27, 69다130,131,132).

4. 효 과

(1) 소송계속의 소급적 소멸

소가 취하되면 처음부터 소가 제기되지 않았다는 효력이 발생한다(267 I). 따라서 소제기와 소송계속을 전제로 한 관련 행위의 효력이 모두 소급하여 소멸하는 것이 원칙이다. 그러나 반소나 소송인수는 독립한 소송행위로서 또한 제소시를 표준으로 정해지는 관할로 이미 발생한 관련재판적은 취하에 의해 영향을 받지 않는다. 소송비용액결정에 있어 취하는 원고의 패소를 의미하지만(98), 예외적으로 피고에게도 부담시킬 여지가 있다(99).

실체법상의 효력의 귀추 한편, 제소에 의해 발생한 실체법상의 효력으로서 시효중단효는 취하에 의해 제소시로 소급하여 소멸한다(민170 I. 그 밖에 기간준수의 효력도 같다). 사법상의 형성권을 행사한 후에 소가 취하되면 그것이 공격방어방법으로서 각하된 경우에 준해 처리된다(전술[제5장 V 3] 참조). 다만, 취하는 사법상의 화해계약과 동시에 이루어지는 일이 많으므로 그러한 당사자의 의사를 고려하여 사법상의 형성권 행사에 대해 합리적으로 해석해야 할 것이다.

(2) 재소금지효

① 의 의

소취하는 판결확정 전이면 언제든지 가능하지만, 본안에 대한 종국판결이 있은 후 소를 취하하면 동일한 소를 다시 제기할 수 없다는 효과(재소금지효)가 동반된다(267Ⅱ). 이러한 효과는 원고의 행위에 대해 일정한 제재를 가하려는 것이고 피고의 이의 유무에 관계없이 발생한다. 따라서 재소금지효는 기판력의 범위나 중복제소금지와 구별해야 한다.

취지 재소금지효는 소취하에 의해 그때까지 한 국가의 노력을 헛수고로 돌아가게 한 원고에 대한 제재로서, 그가 다시 동일한 분쟁을 문제 삼아 소송제도를 농락하는 사태를 방지할 목적에서 인정된 것이다(대판 1989.10.10, 88다카18023. Case Note[8-2] 참조). 즉, 본안판결의 결과를 보고 판결의 효과를 없는 것으로 하려는 원고에 대한 제재로 작용한다. 따라서 법원은 재소금지가 적용되는지 여부에 대해 직권으로 조사해야 한다(그 요건사실의 증명책임은 피고에게 있다). 다만, 소송법에 의한 제재이므로 실체법상 소송물이 되었던 원고의 청구 자체가 소멸되는 것은 아니고 이를 반대채권으로 하여 상계의 항변을 제출하는 것은 가능하다.

입법적으로는 재소금지효를 부과하는 것이 아닌 종국판결 후의 소취하 자체를 금지하는 것이 타당할 것이다. 재소금지효가 적용되는지 여부를 판단하기 어렵고, 소취하 자체를 금지하더라도 당사자는 새로운 화해를 하여 동일한 목적을 달성할 수 있기 때문이다.

② 적용요건

종국판결 후의 소취하 첫째로, 본안에 관한 종국판결 후의 소취하이어야 한다(따라서 소송판결은 제외된다[대판 1968.11.5, 68다1773]). 다만, 종국판결 후라도 그 판결이 상급심에 의해 취소되고 파기환송되었다면 종국판결이 더 이상 존재하지 않기 때문에 재소금지효가 적용되지 않는다.

소송물의 동일 둘째로, 재소된 소가 취하된 소와 동일해야 한다. 이 동일성 여부는 재소를 해야 하는 합리적인 필요성이 있는 경우(재소를 위한 특별한 소의 이익이 존재하는, 예를 들어 아래에서 보는 소의 교환적 변경의 경우 등)를 제외하고, 취하 전후의 2가지 소의 소송물이 동일한 경우에 한정된다. 법원의 판단이 개재된 기판력과는 달리 원고의 행위에 대한 제재이기 때문이다. 따라서 소송물론의 차이에 따라 이 요건충족 여부에 차이가 발생한다.

한편, 취하된 소(전소)가 재소(후소)의 전제관계(선결관계)인 경우에도 이 요건을 적용할 수 있는지 문제된다. 전소가 교수면직처분 무효확인소송이고 후소가 교수로서의 임금 등을 청구하는 소송일 때, 판례(대판 1989.10.10, 88다카18023)는 적용된다고 해석한다. 즉, 후소가 전소 소송물의 선결적 법률관계 내지 전제로 하는 것일 때에도 소송물은 다르지만 재소금지효가 적용된다고 한다. 판례가 그렇게 해석하는 근거는 어차피 전소에 대해서는 다시 판단 받지 못하는 점, 그리고 후소에서 재판을 해야 한다는 불필요한 절차를 회피해야 한다는 점에 있다. 판례의 해석은 기판력의 범위와 같고 기판력에 근거한 이론을 그대로 따르는 것에 해당된다. 그러나 판례도 강조하지만 재소금지효와 기판력은 다르다. 그와 같은 후소(전소와 선결관계인)는 당연히 적절하지 않은 것이고 막을 필요가 있지만, 그것을 재소금지효를 통해 막는 것은 재소금지효의 제도 취지에서 보았을 때 한계가 있다. 따라서 법원의 판단이 개재된 기판력과는 달리 원고의 행위에 대한 제재라는 점에서, 후소가 전소의 소송물을 선결적 법률관계 내지 전제로 하는 것일 때에는 재소금지효가 적용되지 않고 대신 신의칙의 문제로서 처리하는 것이 타당하다.

당사자의 동일 셋째로, 재소금지효가 적용되려면 취하된 소의 당사자(원고만이 해당)와 재소의 당사자가 동일해야 한다(대판 1995.6.9, 94다42389). 이때 재소금지효는 당사자 이외의 제3자(권리의무관계의 승계인이나 소송담당에서의 피담당자)에게도 효력이 미치는지 그 주관적 범위가 문제된다. 포괄승계인이라면 당사자와 동일시할 수 있으므로 재소금지효가 미친다.

판례는 특정승계인은 그러한 자가 '변론종결 후의 승계인'이어야만 재소금지효가 미친다는 해석이다(대판 1969.7.22, 69다760). 또한 소송담당에서는 그것이 임의적 소송담당인지 법정 소송담당인지에 관계없이, 예를 들어 채권자대위권에 의한 소송이 제기된 사실을 피대위자(채무자)가 알게 된 이상 기판력이 미치게 되므로 그 종국판결선고 후 소가 취하된 때에는 피대위자도 위 대위소송과 동일한 소를 제기할 수 없다고 해석한다(대판 1981.1.27, 79다1618,1619).

그러나 판례는 여기서도 재소금지효를 기판력으로 혼동하고 있는 듯하다. 특정승계인에 대한 재소금지효의 범위는 기판력과는 다른 소송법이 정하는 특수한 효력의 주관적 범위로서 관할합의의 효력에서와 같은 원리로 해석하는 것이 타당하다. 즉, 승계 받은 권리의무의 내용이 당사자가 자유롭게 결정할 수 있다면 미친다고 해석하는 것이다. 이렇게 해석하더라도, 특정승계인은 후술하는 새로운 권리보호의 이익의 존재를 이유로 사실상 재소금지효를 받지 않게 될 것이므로 부당한 불이익을 가하는 것이 아니다.

또한 소송담당이라면 임의적 소송담당과 법정 소송담당으로 구분하여 해석할 필요가 있다. 임의적 소송담당이라면 당사자의 임의에 의한 선정이므로 본인에게 재소금지효를 미치게 할 수 있지만, 법정 소송담당이라면 당사자의 의사에 관계없이 법이 허용한 것이므로 그러하지 않다고 해석해야 할 것이다. 임의적 소송담당에서 재소금지효가 미친다고 하여도 마찬가지로 권리보호의 이익의 존재에 의해 자신의 이익을 보호할 수 있다.

| 재소에 관한 특별한 이익의 부존재 |

넷째로, 재소를 해야 할 합리적 사정, 즉 새로운 권리보호이익이 존재한다면 재소금지효는 적용되지 않는다. 예를 들어 피고가 원고의 권리를 인정하여 소를 취하했음에도 다시 권리를 다투는 경우(대판 1981.7.14, 81다64,65), 항소심에서의 소의 교환적 변경의 경우(대판 1997.12.23, 97다45341. 소의 변경을 구소의 취하와 신소의 제기로 해석하면 변경 전의 청구에 대해 재소가 금지된다는 문제가 있지만, 소의 교환적 변경의 의의로서 합리적인 필요성이 있는 재소로 볼 수 있다) 등이다.

| 청구포기가 불가능한 때 |

청구의 포기는 불가능하지만 소의 취하는 가능한 경우(친자관계 등의 가사소송관계)에도 재소금지효가 적용되는지 논의된다. 만일 재소금지효가 적용된다고 하면 결과적으로 청구의 포기를 불허하는 취지와 모순되는 점에서 이를 부정하는 것이 통설이다. 그러나 소취하가 인정되는 이상은 재소금지효를 인정해야 하고, 그 대신 권리보호의 이익이 있는 것으로 하여 재소를 인정하는 것이 보다 적절할 것이다.

5. 소취하에 대한 불복신청

(1) 소취하와 무효·취소사유

소취하는 당사자가 하는 소송행위이고, 전술하였듯이 일반적으로 법률행위를 대상으로 민법 등의 실체법에서 인정하는 의사의 하자 등 취소사유가 적용되지 않는다고 해석하는 것이 판례이다(대판 1963.11.21, 63다441. Case Note[6-9] 참조).

재심사유의 소송내적 고려 다만, 판례는 형사책임이 수반되는 타인의 행위, 즉 강요와 폭행은 소취하의 무효사유로 해석하고 있다(대판 1985.9.24, 82 다카312,313,314. Case Note[8-3] 참조). 형사상 처벌받을 사기나 강박에 의한 소송행위는 그러한 사유가 재심사유에 해당하므로 어차피 취소되어야 할 운명에 있는 것이고, 이것을 재심까지 가기 전에 당사자의 신속한 권리구제와 실효적인 소송운영을 위해 소송내적으로 취소시킨다는 점에 그 이유가 있다. 이러한 재심사유는 유죄의 확정판결이 필요하다(대판 1984.5.29, 82다카963). 특히 판례(대판 2001.1.30, 2000다42939)는 유죄판결 확정 이외에 그 소송행위가 그에 부합되는 의사 없이 외형적으로 존재할 때에 한해 그 효력을 부인할 수 있다고 하여 좁게 해석하려고 한다.

민사상의 사기와 강박 그러나 유죄의 확정판결을 요구하는 것은 재심사유의 소송내적 고려라는 의미를 상실시키는 것이 될 것이다. 유죄판결을 기다려야 한다면 소송내적 고려가 유명무실해질 수 있기 때문이다. 재심사유의 소송내적 고려라고 할 때의 사기나 강박은 원칙적으로 형사상 책임 있는 사유이지만, 확정판결에 대한 재심사유와는 달리 소송내적으로 고려하는 이상 유죄판결까지는 요구되지 않는다고 해석해야 한다. 그렇다면 실질상 유사한 민사상의 사기나 강박 그 밖의 의사의 하자도 취소사유로 인정하는 것이 공평의 견지에서 타당하다. 재심사유를 소송내적으로 고려할 때는 재심의 소와는 달리 유죄판결을 요구하지 않고, 유죄판결을 요구하지 않는 이상 그 내용은 민사상의 사기나 강박과 실질적으로 동일하다고 할 수 있기 때문이다.

소의 취하는 소송의 종료행위이고 그것이 취소된다고 하여도 취하 후에 이루어진, 즉 새롭게 진행된 행위가 없으므로 절차의 안정을 해치지 않는다. 또한 원고의 입장으로는 다시 제소하는 것이 원칙적으로 가능하지만, 제소를 하지 않더라도 취하된 소를 부활시켜 소송비용의 절약을 꾀할 수 있고, 피고의 입장에서도 소의 취하가 취소된다고 불이익을 입는 것이 아니다. 법원도 중단된 절차를 계속하여 진행시키는 것이 되므로 크나 큰 불이익을 감수하는 것은 아니다. 다만, 사건처리의 신속화라는 법원의 입장에서는 일단 종료된 사건(구소)이 부활한다는 점에서 거부감을 갖게 될 것이다.

(2) 소취하의 무효·취소의 주장방법

소취하의 효력 유무는 소송계속의 유무와 직접 관련되므로 법원이 직권으로 조사할 수 있고 당사자도 그것을 주장할 수 있다. 소가 취하되었는데 소송이 종료되지 않으면 기일 등에서 이를 주장한다.

기일지정신청 소취하에 의해 소송이 종료되었지만 그 취소를 주장하는 당사자는 기일지정신청을 한다. 이러한 기일지정신청을 통한 불복처리방법에 대해서는 규칙67조에 규정이 있다. 기일지정신청을 통해 소취하의 취소를 인정하면 구소가 부활하고 심리가 속행되며, 소취하의 취소에 관한 판단은 중간판결이나 종국판결의 이유에서 내려진다. 반대로 소취하가 유효라면 소송종료선언으로 처리된다.

○ 소송종료선언

소송종료선언은 기일지정신청에 대한 처리방법으로서 소송판결을 의미한다. 소송종료선언이 이용되는 것은 소취하에서와 같이 당사자에 의한 소송종료 후 당해 소송종료행위의 효과가 다투어질 때이다. 당사자는 소취하 이외에 청구의 인낙이나 포기, 소송상의 화해 후에 그 효력이 무효라고 주장하며 기일지정신청을 하고, 이 신청에 대해 법원이 그 소송종료행위가 유효하면 내리는 재판이다.

법원은 통상의 기일지정신청과는 달리 소송절차종료의 유무를 판단해야 한다는 점에서 변론기일을 열어 소취하의 유효 여부를 심사한 후, 유효로 본다면 판결의 형식으로 소송종료선언을 한다. 소송종료선언은 종국판결로서 소송판결을 의미하고, 법원은 소송종료선언을 하면서 소송비용에 관한 재판을 함께 하며, 소송종료선언에는 불복신청이 인정된다. 또한 당사자에 의한 기일지정신청이 없어도 다음과 같은 경우 법원은 직권으로 소송종료를 선언해야 한다. 소송의 종료를 간과하고 절차가 진행된 경우, 승계할 수 없는 권리의무관계의 주체인 당사자가 사망한 경우, 추후보완항소에 의해 반소를 제기했지만 당해 항소가 부적법각하된 때의 반소의 경우(대판 2003.6.13, 2003다16962,16979)이다.

III. 청구의 포기·인낙

1. 서

(1) 의 의

청구의 포기·인낙은 당사자가 변론 등의 기일(변론기일 또는 변론준비절차)에 서 소송을 종료시킨다고 하는 법원에 대한 일방적인 의사표시이다. 포기는 원고 가 스스로 자신의 청구가 이유 없음을 인정하는 것이고, 인낙은 피고가 원고의 청구가 이유 있음을 인정하는 것이다. 포기·인낙의 의사표시가 조서에 기재되면 소송종료효 등 확정판결과 동일한 효력이 발생한다(220). 원고와 피고가 동일한 의미로 하는 소송행위로서 포기와 인낙을 하나로 묶어 같이 설명하는 것이 보통 이다. 다만, 포기와 인낙은 실제 소송에서 거의 이용되고 있지 않다.

청구 일부에 대한 포기·인낙 포기·인낙은 수개의 청구의 일부에 대해서도 가능하다. 소 의 객관적 병합이나 통상공동소송의 경우이다. 또한 수량적 가분청구의 일부에 대해서도 포기·인낙이 가능하고, 이때 나머지 청구의 심리가 계속되고 통상의 인낙이나 포기에서처럼 소송종료효를 발 생시키지 않는다(일부청구를 인정하지 않으면 포기·인낙이 아닌 청구원인사실에 관한 자 백이 된다). 한편, 청구의 감축도 일부포기로 볼 여지가 있지만, 잔부청구의 소송 에서 청구를 확장할 수 있으므로 일부포기를 인정할 실익은 거의 없다.

(2) 유사제도와의 차이

포기·인낙은 청구 자체의 해결을 목적으로 한 소송종료행위라는 점에서 청구 자체가 아닌 특정한 사실이나 선결적 권리관계에 관한 자백과 차이가 있다. 청구 자체의 해결 없이 소송이 종료되는 소취하와도 구별된다.

2. 법적 성질

청구의 포기·인낙의 법적 성질에 대해서는 사법행위설, 소송행위설, 절충설(양성설과 병존설)의 3가지 입장이 있다. 그 차이는 소송상 화해에서 자세히 살펴보겠지만 청구의 포기·인낙은 소송행위이라고 해석하는 것이 타당하다(판례·통설). 다만, 소송행위라고 해도 소의 취하에서 보았듯이 실체법규정의 준용을 인정할 수 있다. 또한 포기·인낙을 의사표시가 아닌 청구의 이유 유무에 관한 관념의 표시라는 입장이 있지만, 단순한 사실의 통지가 아닌 소송종료효를 의도로 하는 점, 그리고 청구에 이유가 없음을 알면서 인낙을 해도 그 효력이 인정된다는 점에서 의사표시라고 해야 한다.

3. 요 건

(1) 처분가능성

처분권주의에서 보았듯이 당사자가 소송물인 권리의무를 자유롭게 처분할 수 있는 것이어야 한다.

그러나 예외적으로 해석상 인낙이나 화해는 불가능하지만 포기가 가능한 경우가 있다. 즉, 가사소송관계에서 혼인이나 입양관계 사건은 그 관계의 해소가 아닌 지속을 의미하는 포기는 인정된다(다만, 친자관계소송의 경우에는 포기도 불가능하다). 또한 회사관계소송(합병무효, 설립무효, 설립취소, 총회결의취소 등)에서는 상법이 원고승소판결에 대해서만 대세효를 인정하므로 판결효를 받게 되는 일반 제3자의 이익을 보호하기 위해(다툴 수 없게 되는 것을 막기 위해) 포기만은 가능하다(주주총회결의의 하자를 다투는 소나 회사합병무효의 소 등에서는 청구인낙은 효력이 없다고 한 대판 1993.5.27, 92누14908. 특히 주주대표소송은 상법403조에 의해 포기·인낙을 하려면 법원의 허가를 받아야 한다). 그 밖에 선정당사자나 대위채권자 등의 소송담당에서는 그 담당자의 관리처분권에 달려 있지만 원칙적으로 포기·인낙이 불가능하다.

(2) 청구의 허용성

청구가 공서양속과 법률상 허용되는 것이어야 한다. 법정물권 이외의 물권, 첩 계약의 이행청구, 불법한 원인이나 강행법규위반에 의해 발생한 권리관계(도박채권 등)를 주장하는 청구 등은 포기·인낙이 불가능하다. 그러나 주장 자체에 이유가 없는 것에 불과한 청구에 대해서도 당사자에 의한 자주적 분쟁해결인 이상 인낙할 수 있다.

(3) 소송요건의 구비

다음에서 보듯이 포기·인낙조서에 판결에 갈음하는 기판력을 인정하게 되면 본안판결에서와 같은 소송요건의 구비가 필요하다. 그러나 후술하듯이 포기·인낙조서에 기판력을 부여하는 것은 타당하지 않고, 따라서 소송요건 구비의 정도는 통상의 판결에 비해 낮아진다. 예를 들어 최소한 당사자의 실재나 권리보호의 자격을 갖춘 청구라는 소송요건의 구비는 필요하다.

(4) 소송행위로서의 요건

그 밖에 소송행위로서의 유효요건으로 당사자에게는 소송능력이 있어야 하고 대리인에게는 대리권이 있어야 한다.

4. 방 식

기일에서의 진술　　변론기일이나 변론준비절차에서 구술에 의한 진술로 하고 법원에 대한 의사표시이므로 상대방이 결석해도 가능하다. 종국판결선고 후 상소제기까지 또는 판결확정 전까지는 원법원에 포기·인낙를 위한 기일지정을 신청할 수 있다(화해의 경우에도 같다). 상소제기 후라면 상소심에서 포기·인낙을 할 수 있다.

서면에 의한 진술가능성　　한편, 서면으로 할 수 있는지에 대해 원래 판례(대판 1973.12.24, 73다333)는 반드시 진술을 요하므로 간주되지 않는다고 하였다. 법은 여기에 하나의 예외를 인정하여 공증을 받은 서면으로는 가능하다고 규정하고 있다(184). 그러나 당사자에 의한 자주적 분쟁처리수단이고 소송절차의 신속한 진행이라는 점을 고려해야 하므로, 피고가 준비서면에 인낙의 의사표시를 기재하여 제출하면 기일에 결석해도 준비서면의 기재만으로 인낙의 진술이 간주된다고 해석하는 것이 타당할 것이다.

| 조건부·제한부 포기·인낙 | 포기·인낙은 무조건 유보 없이 해야 한다. 특히 인낙을 할 때 상계나 동시이행항변권을 유보한 채 인낙하거나, 청구의 원인은 인정하지만 그 수액을 다투는 등의 인낙은 허용되지 |

않는다. 다만, 제한부(청구금액 일부에 대한) 인낙(또는 포기)이라면 법원은 피고가 인정한 한도에서 판결을 해야 하고, 원고가 제한부 인낙에 합치하도록 소를 변경하면 이 시점에서 인낙이 성립된다고 해석할 수 있다.

5. 효과와 불복처리

(1) 일반적인 효력

| 소송종료효 | 청구의 포기·인낙은 분쟁해결(소송종료)이 목적이므로 그것이 조서에 기재되면 소송은 그 범위에서 당연히 종료된다. 조서기재는 성립요건이 아닌 효력발생요건이다. 따라서 포 |

기·인낙 진술 후 조서기재 전이라면 재판상의 자백으로서 임의로 진술을 철회할 수 없다(다만, 자백의 철회에 준해 그 철회가 인정된다). 포기와 인낙에 따른 소송비용의 부담 및 금액은 결정으로 재판한다(114). 인낙이나 포기가 있었음에도 본안판결이 내려지면 상소를 제기하여 원판결취소와 소송종료선언의 판결을 구하게 된다(대판 1962.6.14, 62마6).

| 상소심에서의 포기·인낙 | 상소심에서 청구의 일부나 전부에 대해 포기·인낙을 하게 되면 그 한도에서 사건은 종료되고 원법원의 판결은 실효된다. 이때 상소심은 원판결의 변경 여부를 명확히 판단하는 |

일부인용판결을 하는 것이 타당하다.

| 집행력·형성력 등 | 포기·인낙조서는 확정판결과 동일한 효력을 갖는다(220). 인낙조서의 기재가 일정한 급부의무를 내용으로 하면 그 조서 |

는 집행력을 갖는다(민집56⑤). 집행력을 가지려면 급부의무가 집행을 할 수 있을 정도로 구체적이고 특정적으로 기재되어야 한다. 따라서 법원은 조서의 내용이 급부의무에 관한 것이면 특히 주의를 기울여 조서를 기재할 필요가 있다. 또한 형성청구에 관한 것이라면 형성력도 갖는다. 그 밖에 포기·인낙조서는 판결의 경정에 준해 법원의 경정결정에 의해 경정될 수 있다(211).

(2) 기판력

포기·인낙조서는 확정판결과 동일한 효력을 갖는다(220). 기판력에 대해서는 다음의 화해조서에서 보듯이 당사자에 의한 자주적인 소송종료행위인 포기·인낙에 기판력을 인정하는 것은 타당하지 않다. 이 점은 화해조서에서 상술하기로 한다. 판례는 당연무효가 아닌 한 인낙조서도 기판력을 갖는다는 입장이다(대판 1995.7.25, 94다62017).

(3) 불복처리

포기·인낙조서의 무효·취소사유의 주장방법에 대해서도 화해조서의 해당 부분에서 다루는 바와 같다.

IV. 소송상 화해

1. 서

(1) 의 의

소송상 화해는 당사자에 의한 자주적 분쟁처리수단이고, 소송계속 중에 당사자가 서로 양보하여 소송을 종료시키는 기일에서의 합의를 말한다. 양보에는 특별한 형식이 요구되지 않는다. 예를 들어 피고가 원고의 청구를 전부 인정하면서 소송비용에 대해서만 당사자 각자의 부담으로 한다는 것도 가능하다. 또한 소송상 화해가 이루어지는 기일은 판결절차에서의 기일만이 아닌 결정절차(보전절차, 증거보전절차 등)에서의 기일도 포함된다.

| 유사제도와의 차이 | 소송상 화해는 당사자 쌍방의 양보를 통한 분쟁해결이므로 일방적인 양보인 포기·인낙과 차이가 있다. 또한 기일에서의 합의이므로 소제기 전의 화해를 의미하는 제소전 화해와 |

구별되지만, 화해조서를 필요로 한다는 점에서 양자를 포함하는 재판상 화해로도 부른다.

(2) 장점과 단점

| 장점 | 소송상 화해는 다음과 같은 장점이 있다. 당사자 간의 건설적인 관계의 유지, 실정법에 구애받지 않은 유연한 내용에 의한 분쟁해결, 당사자 임의이행의 촉진, 그리고 법원이나 |

변호사 사무처리의 효율성 제고이다.

| 단점 | 반대로 다음과 같은 단점이 있다. 경제적 강자에 의한 반강제적 화해의 강요, 국민의 권리의식 성장의 방해 등이다. |

| 화해율이 낮은 이유 | 그런데 실제로는 화해에 의해 소송이 해결되는 경우가 매우 낮은 실정에 있다. 이에 대해서는 보통 우리의 민족성(양보를 꺼리고 끝까지 싸우려는 감정)에 기인한다고 하지만, 이것은 |

피상적인 인식에 불과하고 그보다는 다음과 같은 점에 원인이 있다고 보아야 할 것이다. 즉, 피고의 높은 결석률로 인해 화해 자체가 불가능한 점, 법원이나 변호사가 적극적이고 실효적으로 화해를 권유하는 의지가 부족한 점, 다음에서 보듯이 화해조서에 기판력을 인정하는 판례에 의하면 화해가 성립한 후 당사자가 화해조서의 내용대로 임의이행을 하지 않아도 화해조서의 강제이행만 요구할 수 있고 구소의 속행(부활)을 요구할 수 없으므로, 양보를 했다는 것이 오히려 불리해질 수 있다는 점 등을 들 수 있다.

(3) 그 외의 재판상의 화해

① 제소전 화해

| 의의 | 제소전 화해는 소가 아직 계속되기 전에 당사자 쌍방이 일정한 민사상의 쟁의(다툼)에 대해 분쟁예방적으로 화해를 하 |

고, 이를 법원에 신청하여 화해조서로 하는 것을 말한다.

소송상 화해와의 차이

제소전 화해는 소송계속 전에 소송을 예방하기 위해 하는 것이므로 소송을 종료시키는 소송상 화해와 다른 점, 제소전 화해에서는 별도로 화해를 위한 기일지정을 신청해야 하는 점에 차이가 있지만, 그 외의 점에서는 거의 동일하게 취급된다. 그러나 소송상 화해보다도 그 효력으로서 기판력을 인정할 근거가 희박하다. 제소전 화해의 대상은 소송요건을 구비한 소송물도 아니기 때문이다(기판력의 객관적 범위가 소송상 화해보다도 문제가 된다).

요건 – 민사상의 쟁의

당사자는 민사상의 쟁의에 관해 제소전 화해를 신청할 수 있다(385). 민사상 쟁의의 의미에 대해서는 화해와 판결을 동일시하여 판결을 하기 위한 소의 이익을 갖춘 것에 한정된다는 해석(다수설)도 있지만 타당하지 않다. 소송예방을 위한 당사자 사이의 자주적인 분쟁해결수단이라는 점에서 현재의 소의 이익만이 아닌 장래의 소의 이익이 긍정되는 경우로 넓게 해석해야 할 것이다.

제소전 화해의 절차

제소전 화해는 서면 또는 구술로(161) 청구의 취지와 원인 그리고 쟁의의 실정을 표시하여 상대방의 보통재판적 소재지의 지방법원에 신청한다(385 I). 탈법수단으로 이용되는 것을 방지하기 위해 당사자는 화해를 위한 대리인의 선임권을 상대방에게 위임할 수 없고, 법원도 대리권의 유무를 조사하기 위해 당사자 본인 또는 법정대리인의 출석을 명할 수 있다(385 II, III). 법원은 화해신청이 요건과 방식에 위배된 것이면 결정으로 각하한다. 신청이 적법하면 기일을 열어 신청인과 상대방을 소환한다. 기일에서 화해가 이루어지면 조서에 기재하고(386), 이 조서는 확정판결과 동일한 효력을 갖는다(220).

화해가 성립하지 않은 경우

신청인 또는 상대방이 기일에 결석하면 법원은 신기일을 정하거나 화해불성립으로 처리할 수 있다(387 II). 기일에서 화해가 성립하지 않으면 당사자는 제소신청을 할 수 있고, 적법한 제소신청이 있으면 화해신청시를 소제기시로 본다(388 I , II). 다만, 제소신청은 늦어도 화해불성립을 알리는 조서송달 후 2주가 경과하기 전까지 해야 한다(388Ⅲ. 같은 조 4항에 의해 이 기간은 불변기간이다). 2주 내에 소를 제기하지 않으면 시효중단효가 실효된다.

② 서면에 의한 화해

당사자는 변론준비기일이나 변론기일에서의 진술에 의하지 않고 공증을 받은 서면을 통해 화해의 의사표시를 할 수 있다(148Ⅱ, Ⅲ). 구법에서는 화해를 하려면 당사자가 반드시 변론준비절차기일 또는 변론기일에 출석하여 그러한 취지의 진술을 해야 했지만, 신법은 서면에 의한 화해 등을 도입한 것이다. 이것은 당사자에게 굳이 출석하게 하여 재판의 종결을 지연시키고 당사자의 불편을 초래할 이유가 없다는 이유에서 도입되었다. 그러나 청구의 포기·인낙에서 보았듯이 당사자에 의한 자주적 분쟁처리라는 점에서는 준비서면에 의한 화해도 인정해야 할 것이다.

③ 화해권고결정

의의 법원(수명법관 또는 수탁판사를 포함)은 소송 진행 중 언제라도 당사자에게 화해권고결정을 할 수 있고, 쌍방 당사자가 그 조서 또는 결정정본을 송달받고 2주 내에 이의신청을 하지 않으면 그와 같은 내용의 화해가 성립한 것이 된다(225 내지 232). 이러한 화해권고결정은 화해를 활성화시키려는 제도로서 신법에 의해 도입된 것이다. 원래 실무상으로는 당사자에게 화해를 권고했을 때 미세한 부분에서만 의견의 일치를 이루지 못하였거나, 또는 재판을 계속하는 것이 상대적으로 화해보다 유리한 판결을 받을 수 있으리라는 막연한 기대로 화해에 응하지 않는 경우가 적지 않았다. 이에 법원이 서면의 화해권고안을 제시하여 명시적·공개적인 판단임을 표시하고, 반면으로 불복이 있는 당사자는 법정절차에 따르도록 하여 화해를 유도하도록 고안된 것이다.

절차와 효과 법원은 계속 중인 사건에 대해 직권으로 당사자의 이익 그 밖에 제반사정을 참작하여 청구취지에 어긋나지 않는 범위 안에서 공평한 해결을 위한 화해권고결정을 할 수 있고, 이

결정은 일정한 방법으로 당사자에게 송달된다(225). 당사자는 그 송달을 받기 전에 또는 송달을 받고 난 후 2주 내(불변기간)에 그 결정에 대해 이의신청을 할 수 있다(226. 이의신청 방식에 대해서는 227).

법원은 이의신청에 대해 형식상의 사유에 의해서만 이를 각하할 수 있다(230. 당사자는 이에 대해 즉시항고를 할 수 있다). 이의신청이 없거나 이의신청각하 결정이 확정되는 경우, 또는 이의신청의 포기가 있으면, 화해권고결정은 재판상 화해와 동일한 효력을 갖는다(231). 반대로 이의신청이 적법하면 화해권고결정 당시의 소송상태가 부활되고 그 결정은 그 심급의 판결선고에 의해 실효된다(232). 한편, 당사자는 해당 심급의 판결선고시까지 상대방의 동의를 얻어 이의 신청을 취하할 수 있고(228), 상대방에게 송달되는 서면에 의해 이의신청권 자체를 신청전까지 포기할 수도 있다(229).

2. 법적 성질

소송상 화해가 어떤 성질을 갖는지에 대해서는 소송행위설(순수한 소송행위라는 견해), 사법행위설(순수한 사법행위라는 견해), 절충설(병존설[소송행위와 사법행위가 병존되어 있다는 견해] 및 양성설[소송행위와 사법행위의 성격을 동시에 갖고 있다는 견해])이 주장된다(절충설이 다수설이다). 소송행위는 그 주된 효과가 소송상의 효과의 발생을 목적으로 하는 행위이고, 실체법의 법률행위가 실체법이 정하는 효과를 주목적으로 하는 것과는 다르다. 이러한 점에서 소송상 화해는 당사자가 소송을 면하기 위해(분쟁을 자주적으로 해결하려고) 양보하는 것이고, 소송을 면하는지 여부에 관계없이 그냥 양보하는 것은 아니라는 점에서 보아 소송행위에 해당된다고 해석해야 할 것이다. 소송행위라면 그 행위가 갖는 의의는 소송상의 효과가 보나 중요하다는 점에 비추어, 보통 소송법규가 전적으로 또는 우선적으로 적용된다. 그러나 전술(제5장 V 2)하였듯이 소송행위라 해도 의사의 하자 등에 대한 실체법규의 유추적용을 인정할 수 있다.

3. 요건과 방식

(1) 요 건

소송상 화해의 요건은, 그 대상인 권리관계가 당사자가 자유로이 처분할 수 있을 것, 그 내용을 이루는 권리관계가 공서양속과 법률상 허용되어야 하는 것, 소송이 계속되고 당사자의 실재나 권리보호의 자격 등 최소 한도의 소의 이익이 있어야 하는 점, 그 밖에 소송행위로서의 요건을 갖추어야 하는 점 등, 포기·인낙에서 본 바와 같다.

한편, 포기·인낙과는 달리 당사자는 소송물 이외의 권리관계, 즉 별개의 소송에서 다루어지고 있는 소송물(병합화해)이나 소송물이 아닌 권리관계(준병합화해)도 병합하여 소송상 화해를 할 수 있다(대판 1981.12.22, 78다2278). 이러한 병합화해는 화해권고결정으로서도 가능한데, 화해권고를 위해 필요하면 소송물 아닌 권리 내지 법률관계를 그 대상에 포함시킬 수 있고, 이때 화해권고결정의 효력은 그 내용에 따라 그 결정에 기재된 당사자에게도 미친다(대판 2008.2.1, 2005다42880).

(2) 방 식

법원은 소송계속 중 언제라도 당사자에게 화해를 권고할 수 있다(145 I). 또한 변호사가 선임되어 있어도 필요에 따라 화해권고를 위해 당사자 본인이나 그 법정대리인의 출석을 명할 수 있다(145 II). 그 밖의 방식은 포기·인낙에서 다룬 바와 같다.

4. 효 력

(1) 서

당사자가 화해의 진술을 하면, 법원은 그 요건의 유무를 조사하고 유효하면 법원사무관으로 하여금 조서에 기재시킨다. 조서 기재에 의해 화해는 확정판결과 동일한 효력을 갖게 된다(220). 다만, 전술하였듯이 조서기재는 성립요건이 아닌 효력발생요건이다. 따라서 화해진술 후 조서기재 전이라면 효력이 발생하지 않지만, 당사자는 임의로 화해진술을 철회할 수 없다. 또한 조서에 기재하지 않아도 화해계약으로서의 효력이 발생할 수 있다(대판 1991.6.14, 90다16825). 화해 조서가 갖는 소송종료효, 집행력, 형성력 등은 포기·인낙에서 본 바와 같다. 그 효력으로 문제되는 것은 이하에서 보는 바와 같이 기판력의 유무이다.

(2) 기판력의 유무

① 판 례

판례는 무제한기판력설이다(대판 1962.2.15, 4294민상914; 대판 1962.10.18, 62다 490. Case Note[8-4] 참조). 판례에 의하면 화해에 강행법규에 위반되는 내용이 있어도 당해 화해조서가 재심에 의해 취소되지 않는 한 유효하다. 다만, 판례도 예외적으로 판결의 무효(당연무효)라는 방법을 이용하여 화해조서의 효력을 부정 한다. 이것은 성질상 당사자가 임의로 처분할 수 없는 사항을 대상으로 한 화해 가 성립한 경우이다(대판 2012.9.13, 2010다97846. 여기서는 '재심대상판결 및 제1심판 결을 각 취소한다'는 조정조항은 법원의 형성재판 대상으로서 당사자가 자유롭게 처분할 수 있는 권리에 관한 것이 아니어서 당연무효라고 판단되었다).

② 학 설

| 무제한기판력설 | 판례와 같이 화해조서의 효력으로 기판력을 인정해야 한다 는 입장이다. 화해조서를 판결과 동일시하고 화해조서의 무 효나 취소의 주장은 판결에서와 같이 재심(461의 준재심)의 |

소에 의해서만 가능하다고 해석한다(과거의 통설).

| 제한기판력설 | 소송상 화해가 실체법 및 소송법의 하자를 갖지 않는 한 법 220조에 의해 기판력이 인정된다는 입장이다. 법461조에 의 한 재심의 소는 실체법상의 하자가 없는 경우의 구제수단이 |

고, 실체법상의 하자가 있다면 그 구제수단으로 기일지정신청이나 신소의 제기 에 의한 화해무효확인청구 등을 인정한다(현재의 다수설).

| 기판력부정설 | 제한기판력설의 입장과 거의 같지만 이론적으로 보아 제한 기판력설보다 기판력부정설이 타당하다는 입장이다. 제한기 |

판력설과의 차이라고 하면, 법461조를 둘러싼 제한기판력설의 해석과는 달리 재심 또는 준재심의 소는 직접적으로는 형식적 확정력을 배제하기 위한 제도이므로, 같은 조가 반드시 기판력을 인정하는 규정이라고 단정할 수는 없다고 해석한다.

③ 기판력부정설이 타당한 이유

무제한기판력설에 대한 비판

무제한기판력설이 근거로 주장하는 법220조의 조문이나 화해에 의한 분쟁해결의 실효성의 확보라는 점에는 물론 무시할 수 없는 면이 있다. 그러나 소송상 화해는 당사자의 자주적 분쟁해결이고 법원의 개입이라는 공권적 요소보다는 자주적 요소를 무겁게 보아야 하므로 기판력부정설이 타당하다. 특히 판례도 화해조서와 판결의 기판력은 다르다는 판단을 하고 있다. 예를 들어 화해조서와 동일하게 해석하는 조정조서의 효력으로서 판결과 동일한 효력을 갖는 것은 아니라고 한 판례가 그것이다. 여기서는 공유부동산을 현물분할하는 내용의 조정조서에 부동산에 관한 물권의 취득에 있어 등기를 요하지 아니하는 민법187조 소정의 '판결'과 같은 효력이 없다고 하였다(대판(전) 2013.11.21, 2011두1917). 이러한 해석도 화해조서는 판결과는 다른 것이라는 점을 명시한 것이라고 이해할 수 있을 것이다.

또한 하자가 없는 유효한 화해임에도 거기에 하자가 있다고 하여 화해로 종료된 분쟁에 대해 다시 제기된 소(재소)의 경우, 물론 화해에 기판력을 인정하면 그 재소를 쉽게 막을 수 있겠지만, 반대로 기판력을 부정하여도 신의칙에 의해 소의 이익이 없다는 이유로 각하할 수 있다. 이 점에서 기판력을 부정한다면 법적 불안정을 초래한다는 무제한기판력설의 비판은 타당하지 않다. 만일 하자 있는 화해라면, 기판력을 인정하여 당사자의 권리구제를 제한하는 이익보다 기판력을 부정하고 폭넓게 당사자의 권리를 구제하는 이익이 크다고 할 수 있다. 이러한 점은 법적 정의를 실현한다는 법원의 사명에서 본다면 용이하게 이해할 수 있을 것이다.

제한기판력설에 대한 비판

제한기판력설은 재심의 소 이외에 화해의 하자를 주장하는 불복수단을 인정하고 있고 무제한기판력설의 문제점을 피할 수 있다. 물론 제한기판력설과 기판력부정설은 소송상 화해의 불복신청방법에 차이가 있을 수도 있지만, 결과적으로는 동일한 내용이고 양자는 실질적으로 비슷한 입장이다. 문제는 불복신청방법의 처리로 옮겨가지만 제한기판력설은 기판력의 존재의의와 상반되는, 즉 당연무효의 주장을 허용하지 않는 점에 기판력의 본질이 있음에도 그러한 주장을 허용하면서 기판력을 인정하는 것은 모순되는 점에서 기판력부정설이 보다 타당하다. 기판력부정설에 의하면 법461조는 부가적으로 준재심을 인정하는 규정이라고 해석해야 한다.

5. 화해의 효력을 다투는 방법

(1) 재심의 소에 의하는 방법

무제한기판력설　준재심에 의한다면, 재심사유에 관한 법451조1항1호나 2호 또는 4호나 5호에 의해 재심의 소가 인정될 가능성은 매우 낮다. 소송상 화해에 대한 재심사유로는 같은 조 3호의 대리권 흠결의 사유가 대부분을 차지한다. 결국 당사자는 기판력이 있는 화해조서에 대해 재심의 소를 제기하는 일은 거의 없을 것이다.

준재심에 의한 절차　제소전 화해라면, 재심의 소가 제기되어 그 소가 적법하면 변론을 열어 재심사유의 존부에 대해 판단하고, 그 화해조서의 효력에 대해 종국판결을 한다. 화해조서가 취소되어 화해가 성립되지 않은 것이 되면 부활할 절차가 없지만(대판 1996.3.22, 95다14275; 대판 1998.10.9, 96다44051 참조), 당사자 쌍방이 새로이 소를 제기한다면 화해신청 시 소가 제기된 것으로 보아야 할 것이다(388Ⅱ 참조). 반면에 소송상 화해라면, 적법한 재심의 소의 절차는 기일지정신청과 같이 구소의 속행이 되므로, 절차의 내용에서 보아 재심의 소의 제기는 기일지정신청과 같다.

(2) 그 외의 방법

재심의 소 이외로는 당사자의 선택에 맡기는 방법(경합설), 원칙적으로 기일지정신청에 의하는 방법, 항상 별소(무효확인소송 또는 청구이의소송)에 의하는 방법이 있다. 이에 대해서는 원칙적으로 기일지정신청에 의하는 처리방법이 타당하다. 왜냐하면 이미 행해진 소송상태를 그대로 이용할 수 있고 화해의 하자에 대해서는 그 화해를 담당한 법원이 심리하는 것이 적당하며, 또한 구소와의 관계도 명료해져 절차의 번복을 피하고 비교적 간단히 사건을 처리할 수 있기 때문이다.

(3) 화해가 해제된 경우의 처리

의의　소송상 화해의 해제는 그 내용인 화해계약을 해제하는 것을 말한다. 예를 들어 화해 조항 자체로서 실효조건을 정했는데 그 조건이 성취된 경우이다. 사법상의 화해계약 해제라면 그로 인해 화해 전의 권리관계가 부활하는 것이 일반적인데, 소송상 화해에서 해제가 발생하면 그 처리를 기일지정신청에 의해야 하는지 아니면 별소의 제기에 의하는지 문제된다. 판례(대판 1965.3.2, 64다1514 등)는 별소의 제기를 인정하는 입장이다.

○ 소송상 화해의 해제 – 통상형 해제와 갱개형 해제

　소송상 화해의 해제에 대해서는 화해의 효력을 다투는 방법으로 앞서 기일지정신청으로 처리하는 것이 원칙이라는 점에서 보았듯이, 해제를 통상형 해제(화해 전의 권리관계의 부활을 동반하는 경우)와 갱개(更改)형 해제(권리관계를 청산하려는 경우)로 나누어, 전자라면 기일지정신청으로 후자라면 신소의 제기에 의해 처리하는 것이 타당하다. 특히 화해의 해제는 크게 법정해제와 약정해제로 나누어지고, 법정해제원인 중 채무불이행에 의한 경우라면 구소 권리관계의 부활을 동반하지만, 사정변경에 의한 경우라면 갱개형 화해의 해제가 될 것이다. 또한 약정해제의 원인 중 유보해제권에 의한 경우라면 권리관계의 부활을 동반하므로 통상형 해제이지만, 합의해제라면 권리관계의 청산을 목적으로 하는 점에서 보아 갱개형 화해의 해제가 된다.

제8장 **재판과 판결 일반**

제8장에서는 판결의 일반적인 내용을 다룬다.
재판의 개념과 종류, 기판력을 제외한 판결의 효력을 해설한다.

제8장 재판과 판결 일반

I. 재 판

1. 재판과 판결의 종류

(1) 재판의 개념

소송은 당사자에 의해 종료되지 않으면 법원의 종국판결로 종료된다. **종국판결은 법원의 재판의 하나이고, 재판은 재판기관으로서의 법원이 형식에 따라 하는 소송행위를 말한다.** 재판은 소송행위로서 일정한 법적 효과의 발생을 목적으로 하는 법원의 의사표시이고 그 효력이나 성질 등에 따라 판결, 결정 및 명령이라는 3가지로 구분된다. 법원사무관이 하는 법률판단은 처분이라 하는데(223) 물론 재판은 아니다.

(2) 재판의 종류

① 판 결

판결은 법원에 의한 재판이고, 소 또는 상소로 판단을 요구한 사항에 대해 내려진다(다만, 중간판결은 예외). 판결을 내리기 위해서는 반드시 변론을 거쳐야 한다(필요적 변론. 예외로 124, 219, 413, 429). 또한 공개법정에서 일정한 방식에 따라 선고해야 하고(205. 208에 의해 엄격한 형식의 판결서를 작성해야 한다), 판결에 대한 불복신청방법으로 상소가 인정된다.

② 결정과 명령

결정은 판결과 같이 법원에 의한 재판이지만 명령은 법관(재판장, 수명법관, 수탁판사 등의 법관)에 의한 재판이다(특히, 압류명령이나 전부명령 등 재판의 명칭이 명령이라도 그 성질이 결정인 경우가 있다). 결정과 명령은 소송지휘로서의 조치나 부수적 사항에 관한 재판이고 임의적 변론을 거쳐 내려진다(134 I 단서). 또한 법관의 서명을 기명으로 갈음하고 이유도 생략할 수 있으며(224 I 단서), 상당한 방법으로 고지(221)하면 족하다. 결정과 명령에 대한 불복신청방법은 항고와 재항고이지만 원칙적으로 불복신청이 보장되지 않는다.

(3) 판결의 종류

판결은 먼저 심급의 종료 여부에 따라, 종료시키는 종국판결(198)과 그렇지 않은 중간판결로 구분된다. 종국판결은 다시 청구 전부에 관해 심판한 전부판결과 일부에 대한 일부판결로 나누어지고 소송형식의 불비를 이유로 한 소송판결과 소송물인 청구에 대한 판단을 말하는 본안판결로도 구분된다. 그 밖에 판결의 누락에서 하는 추가판결이 있다.

2. 종국판결

(1) 전부판결과 일부판결

① 전부판결

전부판결은 원고의 청구 전부에 대한 판결을 말한다. 청구의 객관적 병합, 변론의 병합에서 하나의 판결은 수개의 전부판결이 아닌 하나의 전부판결이다. 따라서 이에 대한 상소는 원칙적으로 청구 전체에 대한 확정차단효를 발생시킨다(대판 1966.6.28, 66다711. 그 밖에 후술[II 1(2)] 참조).

② 일부판결

일부판결은 하나의 사건에서 심리의 대상인 청구의 일부에 대해 그 심리를 완료한 때에 내리는 종국판결을 말한다(200 I). 일부판결 후 나머지 청구에 대해 내리는 판결을 잔부판

결이라고 한다(소송비용재판은 보통 잔부판결로 한다). 일부판결은 종국판결이므로 잔부판결과는 별도로 상소의 대상이 된다(확정 또는 가집행선언에 의해 집행도 가능하다). 일부판결은 신속한 판결의 취득과 심리의 집중·정리에 도움이 된다. 다만, 동일한 사건이 2개로 분리되고 심급을 달리하며 심리된다는 점에서 재판의 모순·저촉이나 동일한 소송자료의 중복사용 등의 문제가 있다. 따라서 일부판결이 가능하더라도 그것을 내리는 것은 어디까지나 법원의 재량이고 당사자는 그 재량 행사에 대해 불복할 수 없다(200).

일부판결이 가능한 경우 일부판결을 하려면, 종국판결로서 일부판결의 대상인 청구에 관해 심리를 완료해야 한다(200 I). 1개 청구의 일부라면 청구의 내용이 가분이고 일부판결과 잔부판결이 저촉되지 않아야 한다. 병합된 수개 청구의 일부, 즉 소의 객관적 병합인 단순병합과 소의 주관적 병합인 통상공동소송에서도 일부판결이 가능하다. 또한 변론이 병합된 경우와 반소가 제기된 경우의 본소 또는 반소 중의 어느 하나에 대해서도 마찬가지로 일부판결이 가능하다(200 II). 전자는 변론의 병합에 의해 앞서 본 청구의 병합과 같은 결과가 초래된다. 후자는 본소에 대한 판결과 반소에 대한 판결이 저촉되지 않아야 한다.

일부판결이 불가능한 경우 청구의 예비적 병합은 일부판결이 불가능하다. 병합된 양 청구 사이에 밀접한 관계가 있고 잔부판결의 결과에 따라 일부판결과 잔부판결 간에 모순이 발생할 우려가 있기 때문이다. 또한 동일한 권리관계를 목적으로 한 본소와 반소의 경우(채무의 부존재확인을 구하는 본소에 대해 그 채무의 이행을 구하는 반소의 경우), 동일목적의 형성청구(이혼의 본소와 반소의 경우)의 경우, 합일확정에 의한 심판이 요구되는 경우(필수적 공동소송과 독립당사자참가[대판 1981.12.8, 80다577 등]), 법률상 병합이 요구되는 경우(상188, 240, 380)에도 불가능하다. 청구의 단순병합에서도, 병합된 2개의 청구의 내용이 서로 관련되고 이들에 대한 저촉된 판결이 확정됨으로써 실체법상 서로 모순된 법률상태가 발생하는 경우라면, 일부판결은 불가능하다고 해석해야 할 것이다.

청구의 선택적 병합의 경우 예비적 병합이 아닌 청구의 선택적 병합에 대해, 판례는 일부판결(병합된 청구의 일부만의 기각판결)이 불가능하다고 해석한다(대판 1998.7.24, 96다99. 이러한 판례의 견해에 찬성하는 것이 통설이다). 물론 1개의 청구인용판결은 전부판결이므로 일부판결의 문제는 발생하지 않는다. 그러나 심리가 완료된 1개 청구만의 기각판결에 대해서는 선택적 병합이라는 병합형태가 인정되는 한, 예비적 병합과는 달리 일부판결과 잔부판결의 저촉 문제가 발생하지 않는다. 따라서 일부(기각)판결이 가능하다고 해석해야 할 것이다.

○ 위법한 일부판결에 대한 구제방법

법원은 일부판결을 재량으로 할 수 있고 당사자는 법원이 일부판결을 할 수 있는데 하지 않아도 이에 대해 불복할 수 없다. 그러나 해서는 안 되는 위법한 일부판결에 대해서는 판단누락의 일종으로 보아 상소를 통해 구제를 받을 수 있다(대판(전) 2000.11.16, 98다22253. Case Note[9-3] 참조). 즉, 법원은 재판의 누락에 해당하여 추가판결로 해결하는 것이 아닌 판단누락의 일종으로 보아 상소로 구제해야 한다. 판결 자체가 위법한 이상 이 점을 직접 다투어야 하고, 이미 한 판결을 적법한 판결로 보고 누락된 부분을 재판하는 추가판결로 처리하는 것은 타당하지 않기 때문이다.

위법한 일부판결에 대해 상소가 제기되면, 상소에 의해 사건 전체가 상소심으로 이전된다. 이때 상소심에서는 판단누락이므로 원판결을 반드시 취소하고 환송 또는 자판하는 것이 타당하다. 판단누락이라는 중대한 하자를 내포하고 있고 그 처리방법을 명확히 하는 것이 사건처리상 당사자나 법원에게 도움이 되기 때문이다. 또한 위법한 일부판결이라는 점은 그것을 해서는 안 된다는 절차의 위법이 소송요건과 유사하다는 점을 감안하면, 직권으로 고려해야 할 것이다. 만일 상소로 취소되지 않거나 상소가 제기됨이 없이 위법한 일부판결이 확정되어도 당사자는 재심의 소(451 I ⑨)를 제기할 수 있다.

---

(2) 재판의 누락과 추가판결

① 재판의 누락

재판의 누락은 하나의 판결로 수개의 청구에 대해 심판해야 함에도 심판의 누락으로 인해 일부판결이 된 경우를 말한다(212). 재판의 누락은 청구에 관한 판단인 판결주문의 누락을 말하고, 공격방어방법에 관한 누락을 말하는 판단누락(451 I ⑨)과 구별된다. 또한 판결의 명백한 오류를 정정하는 판결의 경정과도 구별된다. 선택적 병합청구 중 하나만을 기각한 판결에 항소가 제기되면 판단되지 않은 나머지 청구 부분에 대해서는 재판의 누락이 아닌 판단누락이다. 항소 제기에 의해 모든 청구가 항소심으로 이심되기 때문이다(대판 1998.7.24, 96다99).

판결주문의 누락과 판결이유의 누락

판례는 형식적으로 판결이유가 있어도 판결주문이 없으면 재판의 누락으로(대판 1981.4.14, 80다1881,1882 등), 판결이유는 없지만 판결주문이 있으면 재판의 누락이 아니라고 해석한다(대판 1968.5.28, 68다508). 그러나 전자는 판단의 유무 자체를 문제로 삼는 것이 재판의 누락이므로, 판단은 있고 주문을 표시하지 않은 명백한 오류로서 후술(Ⅱ4(1))하는 판결의 경정에 의하는 것이 타당하다.

② 추가판결

재판의 누락이면 아직 판결을 하지 않은 것이 되고, 이때 누락된 청구에 대해 하는 판결을 추가판결이라고 한다. 당사자는 재판의 누락이면 상소, 재심에 의해 다툴 수 없고, 법원이 추가판결을 하지 않으면 직권 발동을 촉구할 수 있다. 추가판결은 별개의 독립된 판결이므로 독립하여 불복신청을 할 수 있다.

(3) 소송판결과 본안판결

소송요건을 이유로 하여 소의 형식적 요건을 갖추지 않았다고 하는 소극적 판단이 소송판결이다. 소송물인 청구에 대한 판결이 아니므로 그에 관해 판결의 효력이 발생하지 않지만, 소송요건의 흠결이 판결의 효력인 기판력에 의해 확정된다. 소송판결에는 소각하판결 이외에 소송종료선언이 있다. 종국판결로서 소송판결에 대한 불복절차는 본안판결의 경우와 같다.

본안판결은 청구의 당부에 대한 재판이다. 여기에는 크게 원고의 청구를 인정하는 청구인용판결과 부정하는 청구기각판결이 있다. 청구인용판결은 다시 원고가 제기한 소의 유형에 따라 이행판결, 확인판결, 형성판결로 나누어진다. 청구기각판결은 모두 확인판결이 된다.

3. 중간판결

(1) 의 의

중간판결은 종국판결과 구별되는 판결로서 소송자료 일부에 대한 판결이고 소송 중의 다툼이 있는 사항이나 선결사항에 대한 판단이 내려지며 심급을 종료시키는 소송종료효가 없는 판결을 말한다(201). 중간의 다툼을 미리 처리함으로써 심리를 효율적으로 진행하고 종국판결을 내리자는 점에 그 의의가 있다. 따라서 중간판결도 소송지휘의 일환으로서 법원이 재량으로 하고(다만, 454Ⅱ의 경우에는 예외) 당사자에게는 신청권이 없다(201). 그러나 중간판결은 실제로 거의 이용되고 있지 않다.

(2) 대 상

독립한 공격 또는 방어방법

독립한 공격 또는 방어방법으로 다른 공격방어방법과 독립하여 권리관계가 법률효과의 기초가 되는 것이다(201Ⅰ). 예를 들면 매매 또는 시효취득의 주장, 이에 대한 피고의 항변, 독립한 법적 효과의 발생·변경·소멸에 관한 사항이다. 그러나 불법행위에서의 과실은 그 자체로는 법률효과를 발생시킬 수 없고 다른 요건사실의 도움이 필요하기 때문에 독립한 공격방어방법이 아니다. 또한 법률에 관한 사항도 중간판결의 대상이 아니다. 미리 법률판단을 하는 것은 종국판결에 도움이 되지 않기 때문이다.

중간의 다툼

중간의 다툼으로서 소송상의 선결사항 중 변론(필요적 변론)에 의해 판단할 수 있는 것이 대상이다(201Ⅰ). 예를 들면 소송요건의 존부, 당사자에 의한 소송종료행위의 효과, 재심사유의 존부(454Ⅰ) 등에 관한 사항이다. 변론이 필요 없는 것은 결정으로 처리되는데, 여기에는 소송수계, 문서제출명령, 소의 변경, 보조참가 등이 있다.

청구의 원인

청구의 원인 및 그 수액에 대해 다툼이 있으면 그 원인이 대상이 된다(201Ⅱ). 원인을 인정하게 되면 보통 원인판결이라고 한다. 원인이란 통상의 청구원인(소송물 특정을 위한)과는 구별되는 청구권의 존부에 관한 사정이고, 수액은 제외된다. 이러한 중간판결이 인정되는 이유는 원인이 부정되면 수액에 관한 심리가 무용지물이 되기 때문이다.

(3) 효 력

중간판결은 확정판결의 효력을 갖는 것은 아니지만, 법원과 당사자에 대한 구속력을 갖는다. 즉, 법원은 중간판결을 전제로 종국판결을 해야 하고 당사자도 중간판결의 변론종결시를 기준으로 새로운 공격방어방법을 제출하여 다툴 수 없다. 중간판결은 심급종료효가 없기 때문에 그에 대한 불복신청으로 독립상소가 불가능하고 종국판결 후 이와 함께 불복한다(392). 또한 법원에 대한 구속력은 상급심에는 미치지 않기 때문에 상급심은 중간판결에 관계없이 속심으로 새로이 심리할 수 있다.

4. 신청사항과 심판사항

(1) 처분권주의 위반의 여부

처분권주의에 의해 법원은 당사자가 신청한 사항에 대해서만 판결할 수 있다(203). 여기서 말하는 신청이란 법원에 대해 판결을 구하는 신청을 가리키고, 원고로부터의 판결신청, 즉 소를 의미한다. 법원의 심판사항이 원고의 신청사항 이내인지 여부(처분권주의 위반 여부)를 판단할 때에는 소송물, 권리구제의 종류와 순서, 그리고 그 범위를 기준으로 한다.

먼저 소송물에 의한 기준으로 법원은 원고가 신청한 소송물에 대해 판결해야 하는데 소송물론에 의해 결론에 차이가 날 수 있다. 권리구제의 종류와 순서는 이행·확인·형성소송이라는 틀에, 순서는 예비적 병합이라면 그 심판순서에 법원은 구속된다. 다음으로 권리구제의 범위와 관련하여 원고가 청구한 금액을 초과하는 금액을 정하는 판결이나, 부동산의 일부인도를 구하는 청구에 대해 전부인도를 명하는 판결은 처분권주의에 반한다.

(2) 처분권주의에 반하지 않는 경우

한편, 위와 같은 원칙을 엄격히 적용하면 오히려 불합리하거나 부자연스러운 결과를 초래할 위험이 있기 때문에 본인소송의 여부, 소송의 규모, 소송절차의 성격, 석명권행사의 정도 등의 고려에 입각하여 처분권주의에 위반되지 않는다고 해석되는 경우가 있다. 예를 들면 2,000만 원 청구시 그 미만액의 판결을 하는 것과 같은 일부 인용판결, 현재의 이행소송에 대해 장래의 이행을 명하는 판결(대판 1992.11.27, 92다26673)을 하거나, 이 반대의 판결이다(그 밖의 예로서 대판 1998.11.27, 97다41103. Case Note[9-1] 참조). 형식적으로는 당사자가 요구하지 않은 판결을 한 것이므로 처분권주의에 위반된다고 할 수 있지만, 실질적으로는 당사자를 위한 적합한 판결로서 처분권주의에 위반되지 않는다.

(3) 채무부존재확인소송의 경우

청구기각인가 일부인용인가

원고가 100만 원을 초과하는 채무부존재확인의 소를 제기하였는데, 100만 원을 초과하는 채무의 존재가 인정된 경우, 청구기각판결을 내려야 하는지 일부인용판결을 내려야 하는지 처분권주의와 관련에서 문제된다. 판례는 원고의 청구가 가분적인 것이므로 채무의 존재가 인정되는 한 그 금액을 확정해야 하고, 원고가 구한 금액을 초과하는 채무의 존재가 인정되면 청구기각판결을 하는 것이 아닌 일부패소판결을 내려야 한다고 해석한다(대판 1971.4.6, 70다2940. Case Note[9-2] 참조). 이러한 해석의 근거는 일부인용판결이 원고나 피고 모두에게 이익을 부여한다는 점을 들 수 있다. 또한 채무부존재확인소송의 소송물은 원고가 주장하는 채무가 존재하지 않는다고 다투는 부분인데, 청구기각판결을 내리면 원고가 인정한 채무액 이외에는 아무런 확정이 없고 분쟁을 근본적으로 해결한 것으로는 볼 수 없기 때문이다.

구체적인 판결방법

위와 같은 사례에서 200만 원의 채무가 존재하는 것이 인정되면, 법원은 200만 원을 초과하는 채무의 부존재를 확인하고 나머지 청구를 기각한다(아래의 <도표 11> 참조). 이때 200만 원을 초과하는 부분의 부존재와 100만 원의 존재(원고가 존재한다고 주장한 금액을 초과하여 인정된 금액)에 기판력이 발생하고, 원고가 소송물에서 제외한 100만 원에는 기판력이 발생하지 않는다(다만, 채무잔액이 200만 원이라는 판결이유 중의 판단에는 신의칙 등에 의한 일정한 구속력을 인정할 수 있을 것이다).

반대로 50만 원 채무의 존재가 인정된다면, 소송물은 100만 원 초과분이므로 50만 원을 초과하는 부분의 부존재가 아닌 100만 원을 초과하는 부분의 부존재확인을 판결한다. 기판력은 100만 원을 초과하는 채무의 부존재에 발생하고 위에서 본 바와 같이 50만 원의 존재부분에는 발생하지 않는다.

한편, 상한(1,000만 원의 채무의 부존재확인)이나 하한(1,000만 원 중 100만 원을 초과하는 채무의 부존재 확인)을 정하여 청구할 때, 200만 원의 채무의 존재가 인정되었다면 1,000만 원의 채무 중 200만 원을 초과하는 부분의 부존재를 확인하고 그 나머지를 기각하는 판결을 한다. 기판력이 발생하는 부분은 상한을 정하였다면 800만 원 부분의 부존재와 200만 원의 존재 부분이고, 하한을 정하였다면 800만 원 부분의 부존재와 100만 원의 존재 부분에 기판력이 발생한다. 만일 50만 원의 채무의 존재가 인정되어도 위에서 본 바와 같이 1,000만 원 중 50만 원을 초과하는 부분이 아닌 100만 원을 초과하는 부분의 부존재확인을 판결해야 한다.

위와 같은 내용을 알기 쉽게 정리한 것이 다음의 <도표 15>이다.

〈도표 15〉 채무부존재확인소송과 처분권주의

청구내용	법원판단	판결주문	기판력
100만 원 초과 채무부존재	200만 원 채무존재	200만 원 초과 채무부존재 및 나머지 청구 기각	200만 원 초과 부존재, 100만 원 존재
100만 원 초과 채무부존재	50만 원 채무존재	100만 원 초과 채무부존재	100만 원 초과하는 채무부존재
1,000만 원 채무 부존재	200만 원 채무존재	1,000만 원 채무 중 200만 원 초과 채무부존재 및 나머지 청구 기각	800만 원 부분의 부존재와 200만 원 존재
1,000만 원 중 100만 원 초과 채무부존재	200만 원 채무존재	1,000만 원 채무 중 200만 원 초과 채무부존재 및 나머지 청구 기각	800만 원 부분의 부존재와 100만 원 존재

5. 판결과 그 선고

(1) 판결의 성립

판결은 법원의 의사표시로서 선고가 필요하고 선고를 전후하여 판결서의 작성과 판결의 송달 등의 절차가 진행된다. 법원은 변론을 종결하고 직접주의(204)의 원칙상 변론에 관여한 법관이 판결의 내용을 확정한다. 만일 변론종결 전에 법관의 변경이 있으면 변론의 갱신을 하고 변론종결 후에 변경이 있으면 판결내용이 확정되어 있지 않는 한 변론을 재개하여 갱신할 필요가 있다(판결내용 확정 후라면 성립에 영향이 없다). 판결내용은 단독판사는 스스로 하지만 합의부라면 평의와 평결을 거친다(법원조직법65조, 66조 등 참조).

(2) 판결서의 작성

판결내용이 확정되면 판결서를 작성한다. 판결을 선고하려면 판결원본이 필요하다(206). 판결서의 기재사항도 소장처럼 필요적인 것(208)과 임의적인 것(사무처리를 위한 편의적 기재사항)이 있다.

① 표 제

어느 법원의 무슨 판결임이 기재된다. 통상의 종국판결이면 판결이라고만 표시된다.

② 사건의 표시

어떤 사건에 관한 판결임을 명확히 하기 위해 사건명이 기재된다. 사건명은 사건번호와 원고의 소의 이름으로 구성된다. 사건번호는 접수년도의 숫자와 각 법원마다 정해져 있는 민사사건을 의미하는 부호, 그리고 접수번호로 이루어진다. 사건명은 확인청구사건, 손해배상청구사건, 이혼청구사건 등으로 기재된다.

③ 당사자와 대리인

필요적 기재사항이다. 심급에 따라 원고, 피항소인, 피상고인 등의 명칭이 사용된다. 성명 다음에는 주민등록번호와 주소를 기재하여 당사자를 특정한다. 대리인은 법정대리인임을 구체적으로 표시하고 법인의 대표자도 같다. 다만, 법정대리인을 표시하지 않아도 경정으로 처리할 수 있으므로 판결의 효력에는 영향이 없다(대판 1995.4.14, 94다58148). 소송대리인인 변호사는 필요적 기재사항이 아니지만 그 주소와 함께 기재되는 것이 보통이다.

④ 주 문

필요적 기재사항으로 판결의 결론을 간결하게 표시하는 부분으로 가장 중요한 부분이다. 소송판결은 "소를 각하한다"라고, 청구기각판결은 "원고의 청구를 기각한다"고 표시한다. 청구인용은 원고가 청구취지로 요구한 판결의 내용을 기재하게 된다. 일부인용이라면 먼저 인용하는 청구부분을 표시하고 그 다음에 나머지 청구를 기각한다고 표시한다. 그 밖에 주문에는 소송비용의 재판, 가집행선고와 관련된 부분이 표시되기도 한다.

⑤ 청구취지 및 상소의 취지

당사자의 요구를 명확히 하기 위한 필요적 기재사항이다.

⑥ 이 유

필요적 기재사항으로 판결의 주문을 근거 짓는 부분이다. 주문에 이르는 판단과정을 명확히 하는 부분으로 주문이 정당함을 인정할 수 있는 한도에서 당사자의 주장과 공격방어방법의 전부에 대하여 표시한다(208 Ⅱ). 그러나 이유기재의 정도는 법관의 재량에 맡겨져 있고, 사실은 기재하지 않아도 되지만 쟁점을 명확히 하기 위해 그 기재를 하는 것이 보통이다. 또한 제1심 판결 중, 무변론판결, 자백간주에 의한 판결, 공시송달에 의한 판결의 이유로는 청구를 특정함에 필요한 사항과 상계항변의 판단에 관한 사항만을 간략하게 기재할 수 있다(208 Ⅲ). 이유를 명시하지 않거나 모순된 기재는 상고이유(424 Ⅰ ⑥)가, 중요한 사항에 대한 판단누락은 재심사유(451 Ⅰ ⑨)가 된다.

⑦ 변론종결 연월일

기판력의 표준시를 명확히 하기 위한 필요적 기재사항이다.

⑧ 법 원

판결을 한 법관이 소속한 관서로서의 법원이 표시된다. 보통 서울중앙지방법원 민사1부 등 부를 표시하는데 부의 표시는 임의적이다. 법원의 표시 다음에 판결을 한 법관이 서명날인한다(208 I). 판결을 한 법관이란 마지막 변론에 관여한 법관이고 선고에 관여한 법관이 아니다. 합의부의 법관이 서명날인 할 수 없으면 다른 법관이 그 사유를 기재하고 서명날인한다(208Ⅳ). 만일 단독판사가 서명날인을 할 수 없으면 가능할 때까지 선고를 연기하거나, 아니면 법관을 교체하여 변론을 재개해야 한다(204Ⅲ).

(3) 판결의 선고와 송달

판결의 선고

판결은 선고로써 효력이 발생한다(205). 선고는 미리 선고기일을 정해 공개법정에서 해야 한다(헌법109조). 선고기일은 변론종결일로부터 2주 내에 하거나, 복잡한 사건 또는 특별한 사정이 있으면 4주 내에 해야 한다(207 I). 다만, 이 기간은 직무기간으로서 훈시규정이다. 선고기일도 광의의 변론기일에 해당하고 선고기일이 지정됨이 없이 선고되거나 선고기일과는 다른 기일에 선고되면 위법하다(대판 1996.5.28, 96누2699). 그러나 선고는 정해진 기일에 당사자가 출석하지 않아도(207Ⅱ), 소송절차의 중단 중에도 가능하다(247 I). 재판장은 판결원본에 의해 주문을 낭독함으로써 선고를 하고 필요에 따라 이유의 요지를 설명할 수 있다(206).

판결정본의 송달

판결이 선고되면 즉시 법원사무관에게 교부되고(209), 영수일로부터 2주 내에 법원사무관은 판결정본을 당사자에게 송달해야 한다(210). 이때 상소기간과 상소장을 제출할 법원을 고지할 필요가 있다(규칙55의2). 실무상으로는 판결서 말미에 고무인 등으로 이를 표시하여 송달한다.

6. 소송비용의 재판

(1) 소송비용의 의의

소송에 관계되는 비용 중 법원의 물적 설비나 관련 직원의 보수는 납세비용으로 충당된다. 그 밖의 제도 유지에 관한 비용은 일부를 당사자에게 신청수수료로서 부담시키고 있다. 또한 재판비용으로서 사건의 해결에 의해 이익을 얻는 당사자에게 수익자부담으로서 부담시키는 경우가 있다. 송달비용, 증인이나 감정인과 관련된 비용이다. 나아가 법원에 출석하거나 당사자 자신이 부담하는 당사자비용도 있다. 소송비용은 소송구조에서 말하는 광의의 의미(128)로도 사용되지만 당사자 간의 분담이 문제되는 소송비용은 협의의 것(98)으로, 여기에는 재판비용과 당사자비용이 있다. 재판비용은 민사소송비용법, 민사소송 등 인지법 등에 의해 처리된다. 한편, 당사자비용에는 변호사비용도 포함되고(109) 변호사비용의 소송비용 산입에 관한 대법원규칙이 있다(구체적 금액은 재판장 감독 하에 법원사무관 등이 정한다[규칙26]).

(2) 소송비용 부담의 원칙과 예외

협의의 소송비용은 패소자가 부담하는 것이 원칙이다(98). 소송비용은 승소자의 권리신장을 위한 비용이고 일종의 결과책임으로서 패소자에게 부담시킨다. 다만, 당사자의 소송수행 과정 등을 고려한 다음의 예외가 있다. 승소당사자가 야기한 부적절한 비용을 그에게 부담시키는 것(99), 소송지연을 야기한 당사자에게 부담시키는 것(100), 일부패소의 경우의 부담(101)이 있다. 또한 다수당사자소송에서는 공동소송인의 공동부담이 원칙이지만 사정에 의해 변경될 수 있고(102) 참가소송의 경우에도 같다(103). 재판상 화해라면 당사자의 특약이 없는 한 각자가 부담한다(106).

(3) 소송비용부담의 재판

법원은 종국판결을 할 때 직권으로 당해 심급의 소송비용 전부에 대해 재판하고(104 본문), 예외적으로 중간판결에서 할 수도 있다(같은 조 단서). 구체적인 금액이 아닌 당사자 간에 몇 대 몇의 비율로 부담한다고 주문에 기재된다. 만일 상급법원이 원심의 본안재판을 변경하거나 사건의 환송이나 이송을 받은 법원이 종국판결을 하면 소송의 총비용에 대해 재판한다(105). 원판결의 소송비용 재판이 그로 인해 실효되기 때문이다. 다만, 상소가 기각 또는 각하되면 해당 심급에 관한 부담만을 재판한다. 소송비용부담의 재판에 대해서는 불복할 수 없다(391, 425). 상소를 인정하면 상급심이 본안의 당부를 다시 심판하는 것이 되기 때문이다.

(4) 소송비용금액의 결정

소송비용부담의 수액이 정해지지 않아 그 구체적인 금액을 정해야 할 때에는, 소송비용부담의 재판이 확정되거나 그 재판이 집행력을 갖게 된 후 당사자의 신청에 의해 제1심 사법보좌관이 결정으로 정한다(110 I). 이 절차는 오로지 소송비용부담의 수액을 결정하는 것이고 상환과 관련된 권리의무의 존부를 다룰 수 없다. 구체적인 금액은 법원사무관이 계산하는 것이 보통이다(115 참조). 소송이 재판에 의해 종료되지 않아도 당사자의 신청에 의해 부담과 그 수액을 이 소송비용액 확정결정에 의해 결정해야 한다(114). 또한 이때의 관할법원은 제1심 수소법원이 아닌 완결 당시의 소송계속법원(대결 1992.11.30, 90마1003)의 사법보좌관이다.

소송비용금액의 결정에 대해서는 즉시항고를 할 수 있다(110Ⅲ). 다만, 소송비용액의 확정신청에 대한 사법보좌관의 처분에 대해서는 그것이 법관이 한 재판이 아니므로 먼저 법관에 대해 이의신청을 해야 한다(법원조직법54조3항. 따라서 사법보좌관의 그러한 처분은 제1심법원의 사무를 행한 것이고 이에 대한 이의신청에 대해 지방법원 단독판사가 사법보좌관의 처분을 인가하면, 그 이의신청에 의한 즉시항고 사건은 항고법원인 지방법원 합의부가 관할법원이 된다[대결 2008.3.31, 2006마1488]).

○ 소송비용의 담보

원고에게 소송비용의 부담이 요구되는 경우라면, 그 불이행에 대비하여 응소를 강제당한 피고를 보호할 필요가 있다. 특히 국내에 원고의 주소, 사무소와 영업소가 없을 때 그 위험이 높다. 이러한 점을 고려하여 피고의 신청에 의해 담보를 명할 수 있도록 한 제도가 바로 소송비용담보이다. 원래 원고가 대한민국 내에 주소·사무소와 영업소를 두지 않은 경우에 한해 인정되었는데, 그 사유가 지나치게 제한적으로 규정되었다는 점에서 원고가 대한민국에 주소·사무소와 영업소를 두지 않은 경우 등 소송비용에 대한 담보제공이 필요하다고 판단되면, 법원은 직권으로 또는 피고의 신청에 따라 이를 명할 수 있게 되었다(117 I).

II. 판결의 효력

1. 판결의 확정

(1) 형식적 확정력

판결의 확정은 더 이상 상소에 의해 판결이 취소될 수 없게 된 상태를 말하고, 이러한 효력을 형식적 확정력이라고 한다. 판결은 보통 그 확정에 의해 여러 가지 효력이 발생하게 된다. 즉, 소송절차 내에서는 전심급을 통해 발생하는 일종의 구속력이 있고 또한 확정을 전제로 기판력이 발생한다. 판결의 확정시기는 다음과 같다.

상소불가능한 경우 상소불가능한 판결은 그 선고와 함께 확정된다. 상고심판결, 제권판결(490 I)이 있다. 불상소의 합의가 있으면, 합의의 시점이 선고 전후에 따라 전이면 선고시에 후라면 합의시에 확정된다. 상소를 기각하는 판결이 확정되면 원판결도 확정된다.

상소제기기간의 경과 상소제기기간의 경과에 의해 판결은 확정된다(396 I, 425). 상소가 취하되거나 각하되면 소급하여 상소가 제기되지 않은 것이 되므로 기간경과에 의해 판결이 확정된다.

상소권 포기 당사자가 상소권을 포기(394)하면 포기시에 판결이 확정된다.

(2) 확정의 차단 – 상소불가분의 원칙

수개의 청구에 관한 하나의 판결에 대해 일부의 불복신청(상소)을 하면 원칙적으로 전 청구에 대한 확정이 차단된다(상소불가분의 원칙). 그러나 여기에는 다음과 같은 예외가 있다.

통상공동소송의 경우 통상공동소송에서는, 공동소송인 독립의 원칙에 의해 일부의 공동소송인에 의한 상소는 다른 공동소송인에 대한 판결의 확정에 영향을 미치지 않는다.

일부인용판결에 대한 상소제기의 경우 일부인용판결에 대해 일부불복의 상소가 제기되면 불복되지 않은 부분은 언제 확정되는지 문제된다. 판례는 상소심의 판결선고시로 해석하고 있다(항소심의 경우 대판 1994.12.23, 94다44644. 상고심의 경우 대판 1995.3.10, 94다51543). 그러나 부대상소가 가능한 피상소인의 패소부분이 관련되고 상소심판결에 앞서 피상소인의 부대상소권이 소멸하면(부대상소권의 포기나 항소심 변론종결시 또는 상고심 상고이유서 제출기간 도과시), 피상소인은 더 이상 다툴 수 없게 되어 그때(부대상소권 소멸시) 불복되지 않은 부분이 확정된다고 해석해야 할 것이다. 판례는 특별히 항소심에서 변론이 재개되는 경우가 있을 수 있다는 점을 이유로 하는데, 변론의 재개는 예외적인 상황이고 변론이 재개된다 하여도 새로이 변론종결시가 정해지게 되기 때문에 판례의 해석은 그다지 설득적이지 않다.

(3) 확정증명

판결은 그 확정에 따라 여러 가지 효력, 특히 기판력, 형성력, 집행력이 발생한다. 따라서 당사자가 그러한 효력을 주장하여 권리를 실현하려고 하면 판결이 확정되었다는 증명을 받아야 한다. 판결문 자체로는 그 확정의 여부가 명확하지 않기 때문이다. 당사자나 이해관계를 소명한 제3자(판결의 효력을 받게 되는 제3자 등)의 신청에 의해 법원사무관등(제1심법원의 법원사무관이나 기록이 상급심에 있으면 그 상급법원의 법원사무관)이 판결확정증명서를 교부한다(499. 그 밖에 확정판결의 열람복사의 구체적인 절차에 대해서는 164의2).

2. 판결의 효력 일반

(1) 자기구속력·기속력

① 자기구속력

판결을 한 법원이 그 판결을 취소하거나 변경하는 것이 금지되는 효력으로 자박력(自縛力)이라고도 한다. 자기구속력은 판결의 선고와 동시에 발생하므로

(205), 확정 전이라도 중간판결이라도 발생한다. 다만, 이 효력에는 다음과 같은 예외가 있다. 판결이 아닌 결정과 명령이라면 그것이 소송지휘에 관한 것이라면 언제나 취소할 수 있으므로(222) 자기구속력이 없고, 그 이외에도 항고시에 재도의 고안(446)이 인정되므로 자기구속력이 매우 약하다. 또한 후술(4(1))하는 판결의 하자에 해당하는 판결 경정도 자기구속력의 예외에 해당된다.

② 기속력(羈束力)

소송정책적으로 심급에 관계없이 해당 법원이 아닌 다른 법원에 대해 미치는 효력을 말하고, 판결을 한 법원에 미치는 효력인 자기구속력과 구별된다. 여기에는 보통 다음과 같은 3가지 기속력이 있다. 즉, 이송결정의 기속력(38), 사실심의 사실인정이 법률심에 미치는 기속력(432), 파기판단의 기속력(436Ⅱ)이다.

(2) 확정판결의 효력

① 확정판결의 법적 효력

확정판결은 그 판결 내용에 따른 개개의 효력 이외에도 판결 본래의 효력으로 기판력, 집행력, 형성력을 갖는다. 또한 이러한 본래적 효력 이외에 판결의 내용에 따라 발생하는 부수적 효력이 있다.

확정판결의
부수적 효력

부수적 효력으로는 소송법상 인정되는 보조참가의 참가적 효력(77), 광의의 집행력, 실체법의 규정에 의해 인정되는 법률요건적 효력으로 판결의 존재가 일정한 요건이 되고 이에 따라 일정한 법률효과가 발생하는 경우(민165, 178Ⅱ, 442Ⅰ①, 489①), 그 밖에 이론적으로 논의되는 쟁점효, 반사효가 있다.

② 확정판결의 사실상의 효력

확정판결이 사실상 미치는 효력으로 법률상 당연히 인정되는 제도적 효력이 아닌 것을 말한다. 여기에는 판결의 내용이 다른 법원에서의 판단에 사실상의 증명력으로 영향을 미친다는 증명효가 있다. 증명효는 확정판결의 판결서가 중요한 서증으로서 다른 법원의 판단에 사실적 영향을 미치는 작용을 한다. 또한 파급효라는 것이 있고 이것은 제3자에게 파급적인 효과를 미치는 작용을 말한다. 특정한 판단이 행정부나 입법부를 움직이는 효력, 원고의 승소가 동일한 지위에 있는 제3자의 소송에 영향을 미친다는 효력이다.

3. 정기금판결 변경의 소

(1) 의 의

정기금판결(계속적 손해배상판결)은 장래 정기적으로 이행기가 도래하는 의무 (손해의 배상)의 이행을 명하는 판결이다(251). 변론종결시를 기준으로 배상금액 이 정해진다. 이 판결이 확정되면 손해배상액에 대해 기판력이 발생하고, 따라서 원칙적으로 재심에 의해 판결이 취소되지 않는 한, 판결이 정한 금액의 변경 을 구하는 소를 제기하는 것은 기판력에 저촉하게 된다. 그러나 그러한 손해배 상액 산정의 기초가 된 사정이 그 후 현저하게 변동하여 변론종결시를 기준으로 판결에서 예측한 장래의 사정이 정확하지 않다는 것이 명확해졌다면, 그 손해금 액의 변경을 구하는 소(후소)를 허용해야 한다. 그렇지 않으면 당사자에게 매우 가혹하기 때문이다.

이러한 점에서 사정변경을 이유로 전소판결에서 인정된 손
취지 해액을 증액 또는 감액하려는 후소를 허용할 필요가 있다.
법에 규정이 없었던 때에 판례(대판(전) 1993.12.21, 92다 46226. Case Note[10-7] 참조)는 그러한 변경의 가능성을 인정하였고, 이를 토대 로 신법도 규정을 두게 되었다(252). 신법이 규정한 정기금판결변경의 소의 취지 는 사회통념상 수긍하기 어려운 과도한 이득이나 손실의 발생(사정의 현저한 변 경)을 형평의 이념에 입각하여 재배분 할 수 있는 수단을 마련한 점에 있다. 이 러한 변경의 소는 제1심판결법원의 전속관할이다(252Ⅱ).

(2) 요건 – 현저한 사정의 변경

손해배상액을 변경하기 위해서는 그 산정에 기초가 된 사정이 당사자 사이 의 형평을 크게 해할 정도로 변경되어야 한다. 보통 토지가격이 현저히 변동되 어 그 토지의 임대료 상당액도 그에 따라 변경할 필요성이 있는 경우이다. 예를 들어 판결의 변경을 처음 인정한 앞의 전원합의체판결의 케이스에서는 경제사정

의 변동으로 문제가 된 토지의 가격이 6배 내지 10배, 임료는 8배 이상, 지방세법상의 과세시가표준액은 3배가량 상승한 것이 현저한 사정의 변경으로 인정되었다. 반대로 토지의 공시지가가 2.2배 상승하고 임료가 약 2.9배 상승한 것만으로는 현저한 사정의 변경이 있다고 할 수 없다(대판 2009.12.24, 2009다64215). 또한 해고기간 중의 임금지급을 구하는 소를 제기하여 전부승소의 확정판결을 받은 후 임금의 인상을 요구하며 추가지급을 구하는 것도 현저한 사정의 변경으로 인정되지 않는다(대판 1999.3.9, 97다58194 참조).

(3) 정기금판결 변경의 소의 성격

정기금판결 변경의 소는 어떠한 성격의 소인지 이론상 논의된다. 이에 대해서는 위 전원합의체판결에서 다음과 같은 입장이 나왔다.

일부청구에 근거한 견해
정기금판결 변경의 소를 인정한 전원합의체판결의 다수의견은 다음과 같이 해석한다. 즉, 전소판결에서 인용된 임료액이 현저하게 상당하지 아니하게 되면, 일부청구임을 명시하지는 않았지만 명시한 경우와 마찬가지로 그 청구가 일부청구였던 것으로 보아 전소판결의 기판력이 그 일부청구에서 제외된 위 차액에 상당하는 부당이득금의 청구에는 미치지 않는다는 해석이다.

기판력의 시적한계에 근거한 견해
한편, 위 판결의 별개의견은 경제사정의 변동 등으로 그 액수가 변론종결 당시 예상할 수 없을 정도로 증감되어 전소의 인용액이 도저히 상당하다고 할 수 없을 정도가 되었다면, 이러한 사정의 변경은 전소의 변론종결시까지 주장할 수 없었던 사유가 그 후 새로 발생한 것으로 보아야 할 것(전소판결의 기판력이 미치지 않는 것)이라고 해석한다.

소송상의 형성소송
위 견해는 모두 기판력이 미친다는 것을 전제로 하면서, 일부청구에 근거한 견해는 일부청구와 잔부청구의 관계로 보고, 기판력의 시적 한계에 근거한 견해는 손해금액의 변경이 전소 기판력의 영향을 받지 않는다는 이론구성을 하고 있다. 그러나 일부청구라는 논리는 금액을 감액해야 하는 경우에는 타당한 근거가 되지 못한다. 기판력의 시적 한계로 다루는 것도 그 요건이 애매하여 기판력의 범위를 확정하려는 시적 한계의 의미(법적 안정성)를 상실시킬 우려가 있다. 그렇다면 그 근거에 대해서는 전소판결의 기판력이 미치지 않는다는 해석보다는, 기판력은 미치지만 재심이 인정되듯이 직접 전소판결에 의해 확정된 금액의 변경을 요구하는 소송상의 형성소송이라고 해석하는 것이 기판력이라는 법적 안정성이나 전소와의 관계에서 보다 간명하고 알기 쉽다. 이것이 또한 입법으로 명확히 변경을 구하는 소를 제기할 수 있다고 인정한 이상 문리에도 적합한 해석이 될 것이다. 그러나 판례(대판 2011.10.13, 2009다102452)는 여전히 법 도입 전의 판례에 따라 일부청구론으로 해석하는데 위와 같은 점에서 타당하지 않다.

4. 판결의 하자

(1) 판결의 경정

① 의 의

판결의 경정은 판결에 잘못된 계산이나 기재 그 밖에 이와 유사한 잘못이 있는 것이 명백한 경우에 직권이나 당사자의 신청에 의해 법원이 그 잘못만을 고치는 것을 말한다(211 I). 보통 판결에 대한 불복은 상소에 의하지만, 명백한 잘못이면 신속히 당사자를 구제하고 재판에 대한 신뢰를 확보한다는 점에서 자기구속력의 예외를 인정한 것이다. 경정은 판결주문만이 아닌 이유에 대해서도 할 수 있고, 결정명령(224)이나 확정판결과 동일한 효력을 갖는 조서에서도 인정된다.

② 요 건

경정을 하려면 판결에 명백한 잘못이 있어야 한다. 명백한 잘못은 판결서 자체로부터 그것을 일의적으로 판단할 수 있는 것이다. 즉, 실질적 판단근거를 검토하지 않아도 소송기록이나 경험칙 등으로부터 잘못을 알 수 있는 것으로서, 보통 잘못된 기재가 여기에 해당된다. 잘못된 계산은 표현상의 잘못이라기보다 판단의 잘못이라 할 수 있지만, 쉽게 계산의 잘못을 발견할 수 있다면 명백한 잘못이라 할 수 있다.

③ 절차

경정은 시간제한 없이 판결선고 후라면 언제든지 할 수 있다. 상소제기 후, 판결확정 후라도 가능하다. 경정을 하는 것은 원법원이고 법관의 변경이 있어도 가능하며 상소심계속 중에는 상소법원이 할 수도 있다. 경정을 할 때는 결정으로 판결원본에 부기하여 하고 부기가 불가능하면 결정의 정본을 작성하여 당사자에게 송달한다(211 Ⅱ. 판결로도 가능하다는 것이 판례[대판 1965.7.20, 65다888]). 상소심에서 경정을 한다면 판결이유 중에 그 이유를 표시하여 주문에서 경정할 수 있을 것이다.

④ 경정결정에 대한 불복

경정결정에 대해서는 즉시항고를 할 수 있다(211 Ⅲ). 다만, 당해 판결에 대해 적법한 항소가 제기되어 있으면 항소심에서 경정결정에 대한 불복도 주장할 수 있으므로 즉시항고가 불가능하다(211 Ⅲ단서). 반대로 경정신청을 이유 없다고 기각하면 즉시항고가 불가능하다는 것이 판례(대결 1966.7.26, 66마579. 따라서 그 불복방법은 특별항고[449]에 의해야 한다고 해석한다)와 통설의 해석이다. 경정결정은 잘못을 정정하는 것이므로 소급효가 있고(대결 1962.1.25, 61마674), 처음부터 경정된 판결이 내려진 것이 되며 상소기간도 경정결정에 의해 영향을 받지 않는다. 다만, 경정의 내용에 따라 상소의 추후보완이 허용된다(판결경정의 내용이 단순히 그전보다 불리하다는 사정만으로는 추후보완이 허용되지 않는다[대판 1997.1.24, 95므1413,1420]).

(2) 비판결과 무효판결

① 비판결

비판결은 판결의 기본적 표지가 없는 것으로 판결 자체로 취급되지 않는 것을 말한다. 여기에 해당되는 예로는 선고 전이거나 선고를 하지 않은 판결(선고조서가 없으면 판결이 선고되었다고 볼 수 없다[대결 1962.1.18, 4294민상152]), 법원이 아닌 자가 한 판결, 사법연수원 등에서의 교재용 판결이 있다. 비판결은 판결로서 아무런 효력이 발생하지 않는다. 물론 판결의 모습으로 존재하고 그에 의한 법률관계의 명확화를 위해 무엇인가 구제수단이 필요하고 상소제기도 그 하나의 방법이 되겠지만, 그다지 논의할 실익은 없다.

② 무효판결

의의 무효판결은 비판결이 아니지만 기판력 등 판결의 본래적 효력이 부정되는 것을 말한다. 비판결과 달리 무효판결도 수소법원에 의해 선고된 판결이므로 자기구속력이 발생한다. 그러나 그 하자의 중대성에 비추어 무효판결로 취급하는 것이고 당사자는 기판력에 관계없이 당해 소송물에 관한 신소를 제기할 수 있다. 따라서 원칙적으로 재심은 인정되지 않고 또한 판결의 무효확인을 구하는 것도 불가능하다.

무효판결의 예 무효판결에 해당하는 예로는 다음과 같은 것이 있다. 재판권이 미치지 않는 자에 대한 판결, 실재하지 않는 자(사실문제로서 당사자의 부존재를 말하고, 법해석의 문제인 당사자능력의 흠결과 구별된다[소제기 전 사망한 당사자에 대한 판결은 당연무효이고 소송계속 중 사망한 당사자에 대한 판결이 당연무효가 되는 것은 아니다. 대판(전) 1995.5.23, 94다28444])에 대한 판결(대판 2000.10.27, 2000다33775), 소취하 등에 의해 소송계속이 소멸한 후의 판결, 주위청구인용 후에 내려진 예비청구에 대한 판결(대판(전) 2000.11.16, 98다22253), 고유필수적 공동소송에서 필수적 당사자를 누락하고 한 판결, 도박채권을 인정하거나 법률상 인정되지 않는 물권을 인정하는 등 판결에서 인정된 권리관계가 공서양속이나 강행법규에 위반하는 판결, 유사한 것으로 판결주문이 불명확하여 권리관계를 확정할 수 없는 판결, 그리고 이미 이혼되었음에도 내려진 이혼판결(대판 1982.10.12, 81므53) 등 대상이 되는 권리관계가 존재하지 않는 형성판결이다.

(3) 판결의 편취

① 의 의

고의로 허위주소로 송달하게 하거나 공시송달을 하게 하여 상대방당사자의 소송 관여 기회를 배제시키고 얻은 판결을 편취판결(또는 사위판결)이라고 한다. 편취판결은 기판력 등 판결의 효력을 갖는지 문제된다. 만일 기판력이 있다면 그에 따른 구제방법도 정해지고, 기판력이 없다면 아무런 제약이 없게 되어 권리를 보호하기 쉽다.

② 판 례

허위주소로의
송달
판례(대판(전) 1978.5.9, 75다634. Case Note[10-15] 참조)는 허위주소로 송달을 하게 하여 판결을 편취한 경우, 적법한 송달이 아니므로 송달의 효력은 발생하지 않고 따라서 판결은 확정되지 않으며 결국 기판력도 발생하지 않는다고 해석한다. 즉, 판례의 태도는 항소설이라고 할 수 있다.

공시송달에 의한
경우
공시송달에 의한 편취라면 송달 자체는 유효하고 판결은 확정되지만 재심의 소를 제기할 수 있다고 해석한다(대판 1987.3.24, 86다카1958). 즉, 공시송달에 의해 판결이 형식적으로 확정된다면 재심에 의해 그 취소를 구할 수 있다는 태도이다. 또한 소송행위 추후보완(173)도 가능하고, 추후보완이 아닌 재심을 선택한다면 추후보완 상소기간이 도과해도 재심기간 내에는 재심의 소를 제기할 수 있다(대판 2011.12.22, 2011다73540).

③ 학 설

학설은 일반적으로 재심사유(451 I ⑪)에 해당되므로 판결은 형식적으로 확정되고 따라서 상소의 추후보완이나 재심에 의해 그 취소를 구할 수 있다고 해석한다. 판례와 학설의 차이는 허위주소로의 송달에 의한 편취판결에 대해, 판례에 의하면 판결이 확정되지 않지만 학설에 의하면 판결이 형식적으로 확정된다는 점에 있다.

④ 편취판결의 처리방법

판례와 학설의
문제점
위와 같은 판례와 학설의 태도를 살펴보면, 먼저 학설에서 재심사유의 존재를 근거로 하는 것은 타당하지 않다. 재심사유는 한정열거적인 것이 아니고 예시적인 것이며(재심사유란 기판력을 정당화할 수 없는 사유를 의미하므로 기판력의 정당화근거를 흠결하면 재심사유를 유추해야 한다. 예를 들면 사해재심 등이 있다), 재심사유가 있다고 항상 재심에 의해서만 불복을 주장할 수 있다는 해석은 당사자의 권리구제를 부당하게 제한시키는 것이기 때문이다. 이 점에서 본다면, 허위표시에 의한 공시송달은 재심사유에 해당하여 판결이 확정된다는 판례의 태도도 그다지 타당하다고 할 수 없다. 공시송달에 의한 편취도 소송에 관여할 기회가 부여되어야 한다는 절차권 보장의 관점에서 보아 허위주소로의 송달과 동일하게 다루어야 할 것이다.

판결의 무효를 통한 구제의 필요성

한편, 판례는 허위주소로의 송달에 의한 편취에 대해 항소설을 취하는데, 이에 의하면 제1심에 관여하지 못한 당사자로서는 제2심부터 소송에 관여하게 되므로 절차권 보장을 받지 못하게 되고 3심제에 어긋난다. 이 점에서는 판결이 확정되지 않고 기판력이 발생하지 않는 이상, 또한 편취판결의 처리 자체가 항소만이 아닌 별소를 인정하는 취지라고 해석할 수 있다. 따라서 항소도 가능하지만 반드시 그에 의할 필요는 없고 별소(청구이의소송 등)의 제기도 가능하다고 풀이해야 할 것이다(그렇다면 사실상 항소설과 무효설은 실질적으로 차이가 없는 것이 된다).

판결의 편취라면 그러한 판결에 기판력은 인정되지 않고, 만일 그러한 사유가 재심사유에도 해당된다면 당사자에게 재심이라는 구제방법도 선택적으로 인정할 수 있다고 풀이해야 할 것이다. 기판력이 없는데 재심의 소를 제기할 수 있는지 문제되지만, 결정이나 명령에 대한 재심이 인정되듯이 예외적으로 재심을 인정하는 것도 불가능하지 않다. 결국 편취판결은 무효이므로 당사자는 별소, 항소, 재심 그 밖에 청구이의의 소를 선택하여 구제를 받을 수 있다.

5. 가집행선고

(1) 의 의

판결은 확정해야만 그 효력(기판력, 집행력, 형성력 등)이 발생하는 것이 원칙이다. 예외적으로 **가집행선고에 의해 정책적으로 확정 전에도 집행력을 부여할 수 있다.** 즉, 확정되기 전의 종국판결에 집행력을 부여함으로써 확정시까지 기다려야 하는 승소자의 불이익을 막아주는 한편, 패소자에게는 일정한 요건 하에 그 집행의 정지를 구할 수 있게 하는 제도를 말한다. 가집행선고를 이용하면 승소자의 신속한 권리구제와 패소자가 상소포기를 하는 요인이 되어 소송의 신속에 도움을 준다. 가집행선고는 본집행으로서의 집행력을 목적으로 하는 종국판결에서 선고할 수 있고, 고지에 의해 즉시 효력이 발생하는 결정과 명령에서는 이용할 수 없다.

(2) 요 건

① 청구가 재산권에 관한 것이어야 한다(213 I).

이 요건은 가집행선고가 상소에 의해 취소될 수 있으므로 원상회복(금전배상)의 가능성을 남겨두기 위한 것이다. 가집행선고에 의한 집행력은 광의의 집행력을 의미하고, 광의의 집행력을 발생시키는 판결이라면 이행판결에 한하지 않고 가집행선고를 인정할 수 있을 것이다. 그러나 판례(대판 1966.1.25, 65다2374)는 법률에 규정이 있는 경우를 제외하고는 확인판결, 형성판결에서는 불가능하다는 해석이다. 또한 이행판결이라도 의사표시를 명하는 판결(등기를 명하는 판결 등)에서는 집행력에 의해 의사표시를 간주하여 실제 집행을 할 필요가 없고 원상회복이 곤란하기 때문에 가집행선고를 할 수 없다는 것이 통설이다.

② 법원은 판결에 상당한 이유가 없는 한 가집행선고를 해야 한다(213 I).

필요가 있는 경우에 할 수 있다는 문언이 아닌 상당한 이유가 없는 경우에는 선고를 해야 한다는 점에서 가집행선고의 적극적 활용이 요구되고 있다. 상당성은 채권자와 채무자의 이익을 비교하여 상대적으로 고려할 수밖에 없다. 여기에는 채무자의 현저한 손해의 유무, 담보제공의 유무, 상소심에서의 패소가능성, 가집행면제선고의 적부 등의 고려요소가 있다. 다만, 어음금 또는 수표금의 청구에 관한 판결에는 담보 없이 가집행선고를 해야 한다(213 I 단서).

(3) 절 차

가집행선고는 판결주문에 기재하고 당사자의 신청에 관계없이 법원이 직권으로 한다(213 II). 예외적으로 결정에 의하는 경우도 있다(406). 선고시 담보의 제공을 요구할지는 법원이 직권으로 정한다(213 I). 반대로 채무자가 가집행을 면제받으려면 직권 또는 당사자의 신청에 의해 채권 전액의 담보를 제공해야 하고, 이로써 법원은 가집행면제를 선고한다(예외로 406, 435). 이와 같이 당사자에 의해 제공된 담보는 당사자의 손해배상청구권을 보전하기 위한 것이고, 가집행선고의 담보에 대해서는 피고가 가집행면제선언의 담보에 대해서는 원고가 각각 우선변제권을 갖게 된다(214). 이 담보는 집행의 지연에 따른 손해를 담보하는 것이고 집행채권까지 대상으로 하는 것이 아니다.

(4) 효 과

집행력과 상소심에서의 처리

가집행선고에 의한 집행은 본집행이고 보전집행이 아니지만 상소심판결에 의해 가집행선고 또는 본안판결 자체가 변경되면 그 한도에서 효력을 상실한다(215 I). 이러한 특성으로 인해 상급심에서는 집행이 이루어졌다는 가정적인 사실을 무시하고 청구권의 존부에 관한 원판결의 당부를 심판해야 한다. 또한 가집행선고 자체에 대해서는 독립하여 상소할 수 없다(대판 1979.12.11, 79다1731). 다만, 피고는 가집행선고에 의한 집행의 정지를 신청할 수 있다(501).

○ 가집행선고의 실효

상소심판결에 의해 가집행선고가 실효되면 그 효력은 기존의 집행 자체는 유효했다는 점에서 소급효가 없는데, 그로 인해 발생한 피고의 불이익을 방지하기 위해 피고가 신청하면 법원은 원판결 변경시에 피고가 입은 손해(가집행에 의한 또는 가집행을 면하기 위한)의 배상을 원고에게 명해야 한다(215 II, III). 손해는 상당인과관계가 있는 재산적, 정신적 모든 손해를 말하고(대판 1979.9.25, 79다1476), 특별한 사정이 없는 한 임의변제에 의한 경우에도 인정된다(대판 1995.6.30, 95다15827 참조). 이러한 원고의 손해배상책임은 무과실책임이라고 해석하는 것이 판례(대판 1965.5.31, 65다544)와 통설이다.

제9장   기판력

제9장에서는 판결의 효력 중 가장 중요한 기판력을 중심으로 다룬다.
기판력의 의의와 내용, 그 효력의 범위(시적, 객관적, 주관적 범위)를
살펴보고 기판력이 아닌 판결효인 집행력과 형성력은 간단하게 다룬다.

제9장 기판력

제9장

I. 서

1. 기판력의 의의와 본질론

(1) 기판력의 의의

일단 판결이 내려지고 확정되면 그 후 판결에서 판단된 사항에 대해서는 더이상 다툴 수 없고 그대로 따라야 하는 효력을 기판력이라 한다(물론, 그 판결이 무효이거나 재심에 의해 취소되면 기판력은 소멸된다). 기판력은 판결에서 판단된 내용에 관한 구속력이고 형식적 확정력과의 관계에서 실질적 확정력이라고도 부른다. 기판력은 민사소송법학을 지탱하는 중요 개념이기도 하다. 기판력을 체계화한 독일 민사소송법학은 개념을 명확히 하기 위한 추상적인 논의를 하였고, 그것이 기판력을 다루는 첫 단계에서 등장하는 본질론이다. 말하자면 법원이나 당사자는 어떠한 이유로 기판력을 무시할 수 없는지, 실체적 진실에 맞지 않는 판결이 내려지고 확정되면 기판력을 갖게 되는 이유는 무엇인지에 관한 논의이다.

(2) 본질론

기판력의 본질론에서는 크게 실체법설과 소송법설이라는 두 가지 입장이 대립한다. 실체법설은 판결에 의해 실체법적으로 권리관계가 새롭게 정립되었다는, 말하자면 당사자 사이에 새로운 권리관계에 관한 화해가 성립되었다는 의미를 갖게 된다는 것이 기판력에 의한 구속력의 근거라고 한다. 반대로 소송법설은 실체법과는 별개로 재판과 재판 사이의 판단의 통일이라는 점(모순금지설) 또는 분쟁의 공권적 해결에 내재하는 일사부재리라는 점(반복금지설)이 구속력의 근거라고 주장한다. 이러한 2가지 입장은 부당판결의 효력, 기판력은 소극적 작용(각하)과 적극적 작용(기각) 중 어느 쪽이 본질적인지에 대한 논쟁으로 전개하였지만, 현재는 거의 실익이 없는 논쟁이 되었다. 굳이 그 우열을 가린다면 다음(4)에서 보는 직권조사성이나 기판력의 상대성(후술[Ⅳ1]하는 기판력의 주관적 범위 참조)이라는 성질에서 보아 소송법설이 상대적으로 타당하다.

2. 기판력의 작용

(1) 서

의의   기판력은 판결이 확정된 후에 발생하는 효력이다. 즉, 확정된 판결(전소판결)의 기판력은 전소와 일정한 관계가 있는 후소의 법원과 당사자에게 미치는 구속력을 의미한다. 전소판결의 기판력은 후소가 제기되고 진행할 때에 비로소 문제되는데, 그것이 후소의 법원과 당사자를 구속하는 효과를 기판력의 작용이라 한다. 달리 말하면 전소와 후소의 관계에서 전소의 기판력이 후소의 심판에 미치는 효과, 후소의 입장에서는 기판력에 구속되는 효과가 기판력의 작용이다. 또한 그 구속의 모습은 다시 적극적 작용과 소극적 작용으로 구분된다.

적극적 작용과 소극적 작용의 구별   적극적 작용은, 후소법원은 적극적으로 전소 기판력을 받아들이는 판결을 해야 한다는 작용이다. 반대로 소극적 작용은, 후소에서는 소극적으로 전소 기판력과 모순·저촉되는 주장·증명을 금지하는, 말하자면 전소의 판단과 모순 저촉되는 판단을 초래하는 공격방어방법의 제출을 금지(달리 '차단'이라고도 한다)시키는 작용이다.

적극적 작용과 소극적 작용의 관계   이러한 2가지 작용의 관계에 대해서는 원래 기판력의 본질론에서도 나온 모순금지설과 반복금지설의 영향에 따라 어느 한쪽만을 강조하는 경향이 있었다. 그러나 지금은 적극적, 소극적 양 작용은 서로 보완하는 관계에 있다고 이해되고 있다. 이 2개의 작용은 동전의 양면과 같은 것으로, 법원의 입장에서는 법적 안정성의 유지, 그리고 당사자의 입장에서는 판결에서 판단된 사항에 대한 신뢰보호라는 목적을 위해 서로 보완하는 관계에 있는 것이다.

반복금지설과 모순금지설

위와 같은 작용에 의해 발생하는 후소 법원에 대한 구속의 의미를 심판의 금지(반복금지설 또는 일사부재리설)이라고, 아니면 모순금지된 판단의 금지(모순금지설)라고 해석해야 되는지 기판력의 본질론과 연동하여 논의되기도 한다. 즉, 반복금지설에 의하면, 전소 기판력에 저촉되어 후소는 소극적 소송요건을 흠결하므로 각하해야 한다는 의미의 작용을 하고, 모순금지설에 의하면 청구기각의 본안판결을 해야 한다는 의미의 작용을 한다는 논의이다.

그러나 대부분의 학설은, 어느 입장에 의하건 결론에는 큰 차이가 없다. 즉, 전소와 후소의 소송물이 동일한 경우에는 기판력을 이유로 후소를 각하하고, 그 외의 경우에는 기판력을 이유로 각하하지 않는다(기각한다)는 점에 차이가 없다. 반대로 판례는 기판력이 작용하는 경우라면 각하를 하는 것이 아닌 기각을 해야 한다고 해석한다. 따라서 전소와 후소의 소송물이 같은 경우, 후소에서의 처리방법에 대해 판례(기각)와 학설(각하)에 차이가 있다.

후소의 의미

여기서 주의해야 할 점은, 기판력의 작용이란 항상 후소가 부적법하다는 일사부재리를 의미하는 것이 아니고, 전소 기판력을 바탕으로 후소의 심판을 해야 한다는 의미의 작용을 말하는 점이다. 왜냐하면 전소와 후소는 제소시기에 차이가 있고 그러한 시간적 경과에 의해 후소가 전소와 엄밀히 동일한 사건이라고는 단언할 수는 없기 때문이다. 따라서 후소 자체를 부적법 각하하는 것이 아닌, 전소 기판력을 고려한 심리판단이 요구된다는 것이 기판력의 작용이다.

기판력의 범위와의 차이

또한 기판력의 작용과 혼동하기 쉬운 것이 기판력의 범위(한계)이다. 예를 들어 후술(Ⅲ)하는 기판력의 객관적 범위는 기판력이 발생하는 청구의 범위를 가리킨다. 기판력의 작용은 그렇게 발생한 기판력이 어떻게 후소에 작용하는지의 문제이다. 즉, 기판력이 구체적으로 어느 범위에서 발생하는지, 말하자면 얼마만큼 다투지 못하는지 누가 다투지 못하는지는 기판력의 3가지 범위에 의해 정해지고, 그렇게 발생한 기판력이 과연 후소에 영향을 미치는지(어떻게 심리·판단하는지)가 작용이다. 따라서 범위는 전소 기판력의 양에 관한 문제로서 작용하는 기판력이 어느 정도의 양인지를 정하고, 그것이 후소에 어떻게 또는 어느 경우에 영향을 미치는지는 작용의 문제이다.

(2) 기판력 작용의 구체적 예

기판력이 작용하려면 다음과 같이 전소와 후소는 일정한 관계이어야 한다.

① 전소와 후소의 소송물이 동일한 경우

소송물의 동일 기판력은 원칙적으로 소송물인 청구에 대한 판단이므로, 전소와 후소의 소송물이 동일한 경우에 작용한다. 전소에서 발생한 기판력의 대상이 되는 권리관계 자체가 후소의 소송물이 되어 있는 경우이다. 예를 들어 소유권확인의 소에서 패소한 원고가 동일한 물건의 소유권확인을 구하는 후소를 제기하는 경우, 이행소송에서 패소한 원고가 동일한 이행을 구하는 후소를 제기하는 경우, 전소와 후소의 소송물이 동일하여 전소의 기판력이 후소에 작용한다. 또한 소송물이 동일하지 않지만 소송물인 청구와 표리관계에 있는 청구의 경우에도 마찬가지이다. 예를 들어 채무의 이행을 구하는 소에서 패소한 피고가 원고가 되어 동일한 채무의 부존재확인을 구하는 후소를 제기하는 경우, 전소와 후소의 소송물이 표리관계에 있으므로 기판력이 작용한다.

후소의 처리방법 전소와 후소의 소송물이 동일한 경우에 후소를 어떻게 처리할지는 앞서 간단히 언급한 바와 같이 판례와 학설에 대립이 있다. 최근의 학설 대부분은 기판력에 의해 소송물이 동일한 사건을 후소로 제기할 수 있는 권리 자체가 상실되고, 따라서 후소는 항상 부적법한 것이 되어 각하해야 한다는 해석이다(일사부재리설). 그러나 판례는, 후소의 제소 자체를 적법하다고 하면서 이미 판단이 내려져 있으므로 본안판결로서 청구기각을 해야 한다는 해석이다(구속력설. 대판 1989.6.27, 87다카2478. Case Note [10-1] 참조).

소각하인가
청구기각인가

일사부재리설의 논거는 2가지로 요약할 수 있다. 첫째는 반복되는 심리를 막아야 한다는 소송경제적인 측면, 그리고 전소와 후소는 동일하므로 소를 제기할 권리 자체를 상실시켜야 한다는 점이다. 소각하와 청구기각을 단순히 비교한다면 전자가 보다 소송경제에 도움이 될 것이다. 그러나 기판력의 작용으로 청구기각을 한다면, 기판력의 존재, 새로운 공격방어방법의 존재에 대해 심리해야 하는데, 이러한 심리는 기판력의 작용으로 소각하를 하는 경우에도 마찬가지이므로, 후소 법원이나 후소 피고의 부담에는 실질적으로 차이가 없을 것이다. 또한 전소 종료 후의 후소 제기라는 시간의 경과에 따라 분쟁의 내용이 전소 확정판결 후에도 항상 같다고는 말할 수 없고, 이 점에서 후소 자체는 적법하다고 해석해야 할 것이다. 그렇다면 판례와 같이 후소 법원은 청구기각을 하는 것이 타당하다. 이러한 해석은 기판력의 기준시를 후소의 변론종결시로 재설정하는 것이기도 하다. 결국 후소법원은 후소 당사자가 기판력에 의한 차단을 받지 않는 새로운 공격방어방법을 주장하지 않는 한, 전소와 동일한 본안판결을 한다(청구기각). 이 본안판결은 전소가 아닌 후소의 변론종결시가 기준시가 된다는 점에도 의의가 있다. 권리관계의 확정시가 바뀐(늦춰진) 만큼 다시 동일한 소를 제기하여 주장할 수 있는 공격방어방법의 범위가 그만큼 줄어들게 되기 때문이다.

전소에서 승소한
자가 후소를
제기한 경우

반대로 전소에서 승소한 당사자가 동일한 권리의무관계를 대상으로 하는 후소를 제기하는 경우, 위와 같은 기판력이 작용하는 것이라면 후소 법원은 전소 기판력에 구속되어 동일한 판단(청구인용)을 하는 것이 된다. 그러나 후소 원고는 이미 승소판결을 받은 상태이므로, 모든 소에 공통적으로 적용되는 소의 객관적 이익으로서 권리보호의 이익이 없게 된다. 즉, 승소당사자가 동일한 후소를 제기하면 이때는 기판력이 아닌 소의 이익이 없다는 이유로 소가 각하된다. 다만, 예외적으로 후소를 제기할 특별한 이익이 인정되면 가능하다. 예를 들어 시효중단을 위해 달리 적절한 방법이 없는 경우, 판결원본이 멸실되어 강제집행을 신청하는 것이 곤란하게 된 경우, 판결 내용이 특정되지 않아 집행할 수 없는 경우가 그러하다. 이러한 이유로 후소를 제기한 경우 후소 법원은 전소에서 확정된 권리가 인정되는지 여부에 대해 다시 심리할 수 없고, 특별한 이익이 있는지만 판단해야 한다.

② 전소의 소송물이 후소의 소송물의 선결관계가 되는 경우

선결관계의 의의 전소의 소송물인 권리관계와 후소의 그것이 선결적 법률관계에 해당되는 경우에도 기판력이 작용한다. 예를 들어 소유권확인을 구하는 전소에서 패소한 원고가 그 소유권확인의 대상인 부동산에 대해 진정명의회복을 원인으로 하는 소유권이전등기를 구하는 후소를 제기한 경우, 후소 법원은 전소 기판력의 기준시에 소유권이 존재하지 않는다는 것을 전제로 하여 본안판결을 해야 한다. 따라서 전소 기준시 후의 새로운 공격방어방법(기준시 후에 새로 소유권을 취득하였다는 사정 등)이 없다면 전소 기판력은 후소에 미치고 청구기각을 한다(대판 1994.12.27, 94다4684).

③ 전소의 소송물과 후소의 소송물 사이에 모순관계가 있는 경우

모순관계의 의의 전후 양소의 소송물인 권리관계가 실체법상 모순관계인 경우에도 전소의 기판력이 작용한다. 예를 들어 소유권확인을 구하는 전소에서 원고가 승소하였는데 패소한 피고가 다시 동일한 목적물의 소유권확인을 구하는 후소를 제기하면, 전소와 후소의 소송물은 동일하지 않다. 그러나 전소의 기준시를 기준으로 하여 실체법상 1개의 목적물에 2개의 소유권이 존재할 수 없는 이상, 후소 원고(전소에서 패소한 피고)는 기준시 전의 사유를 이유로 공격방어방법을 제출할 수 없고(소극적 작용), 기준시 후에 발생한 소유권취득의 사실을 주장하지 못하면 후소 법원은 전소 기판력에 구속되어 그와 모순·저촉되는 판단을 할 수 없게 되어 결과적으로 청구기각판결을 한다. 이러한 경우에 기판력이 작용하지 않는다면 모순되는 2개의 권리관계를 인정하게 되어 전소판결에 대한 당사자의 신뢰를 저버리게 된다. 반대로 전소에서 원고가 패소(청구기각)하였다면(피고가 승소하였다면), 그 기판력은 원고의 소유권이 존재하지 않는다는 범위에서 발생하고 피고의 소유권이 존재하는 점에는 발생하지 않게 되므로, 전소 피고가 그 소유권확인을 구하는 후소를 제기하면 전소 기판력은 작용하지 않는다. 후소 법원은 전소 피고의 소유권 유무에 대해 새로운 사건으로 판결을 내려야 한다.

3. 쌍면성

기판력은 보통 승소당사자에게 유리하게 작용하지만, 반대로 승소당사자에게 불리하게 작용하는 경우도 있다. 예를 들어 건물의 소유권확인소송에서 승소한 원고는 그 건물이 있는 토지의 소유자가 제기한 그 건물의 인도청구소송에서 자신이 건물의 소유자가 아니라고 주장할 수 없다. 이를 기판력의 쌍면성이라고 한다.

4. 기판력의 직권조사성

기판력이 존재하고 그 작용을 받는지 여부는 당사자가 기판력을 원용하지 않아도 법원이 직권으로 고려해야 한다. 즉, 기판력의 유무는 법원의 직권조사사항이다. 그 증거자료의 수집은 직권탐지주의에 의한다. 그러하지 않으면 자백을 인정하는 것이 되고 직권조사사항으로서 당사자의 원용이 필요하지 않은 점과 어울리지 않기 때문이다(다만, 판례[대판 1981.6.23, 81다124]는 직권탐지주의가 적용되지 않는다고 한다). 따라서 기판력을 배제하는 당사자 간의 합의는 불가능하지만, 기판력으로 확정된 권리관계를 인정하고 다시 새롭게 그것을 변경하는 합의는 가능하다. 만일 기판력의 존재를 간과하여 복수의 동일한 판결이 나오면, 후소판결은 당연무효가 아니고 상소나 재심에 의해 취소된다(451 I ⑩).

5. 기판력을 갖는 재판

(1) 본안판결

본안에 대한 확정판결은 기판력을 갖는다. 여기에는 이행판결과 확인판결 그리고 각 소(이행·확인·형성소송)에서의 청구기각판결이 있다. 형성판결이 기판력을 갖는지는 긍정설과 부정설이 대립한다. 긍정설은 형성판결이 적법하지 않다는 이유로 다시 제기되는 소를 막기 위해 필요하다는 입장이다. 반대로 부정설은 기판력을 인정하지 않아도 형성력으로 충분히 대응할 수 있다는 입장이다. 형성판결도 본안판결로서 판단한 형성권이나 형성원인의 존부를 확정할 필요가 있으므로 긍정설이 타당하다(판례도 공유물분할청구소송의 승소확정판결은 기판력이 있다고 하여 긍정설을 따르고 있다[대판 1981.3.24, 80다1888,1889]). 이와 달리 중간판결은 심급 한도의 자기구속력은 있지만 기판력은 없다.

(2) 소송판결

소송판결도 기판력을 갖는다. 다시 소를 제기하여 소송요건에 관한 분쟁이 반복되는 것을 막을 필요가 있기 때문이다. 따라서 소송판결에서 판단된 개개의 소송요건의 부존재에 대해 기판력이 발생한다.

(3) 기타 조서 등의 경우

판례는 확정판결과 동일한 효력이 있는 화해조서 등의 조서도 기판력을 갖는다고 해석한다(앞의 제7장Ⅳ4 참조). 다만, 확정판결과 동일한 효력이 있다고 소액사건심판법5조의7 제1항이 규정하는 이행권고결정은 기판력이 없다는 것이 판례(대판 2009.5.14, 2006다34190)의 해석이다. 그 밖에 화해권고결정(대판 2012.5.10, 2010다2558. 그 기준시는 이의신청을 할 수 없게 되는 그 확정시가 된다), 조정에 갈음하는 결정(민사조정법30조), 중재판정(중재법35조), 채권표의 기재(채무자회생292조, 460조)도 기판력을 갖는다고 해석하는 것이 일반적이다.

(4) 결 정

판결이 아닌 결정도 예외적으로 절차보장이 있고 실체적인 면에 대해 종국적으로 판단한 것이라면 기판력을 갖는다. 소송비용에 관한 결정(104, 105. 대결 2002.9.23, 2000마5257), 그 밖에 민사집행절차상의 결정 등이다. 다만, 비송사건에서 내려지는 결정은 취소가 가능하기 때문에 기판력이 없다.

(5) 외국판결

① 의 의

외국판결(확정판결과 그와 동일한 효력이 인정되는 재판[확정재판 등])은 법217조가 규정하는 소정의 요건을 갖추면 우리나라 판결과 동일한 것으로 승인 받을 수 있고(대판 1988.4.12, 85므71 [Case Note[10−16]]), 이렇게 승인된 외국판결은 기판력을 갖는다.

② 승인요건

| 국제관할권의 존재 |

첫 번째 요건으로 외국판결을 내린 그 외국법원에 국제관할권이 있어야 한다(217①). 외국판결에는 재산상의 청구에 대한 것만이 아니라 신분상 청구에 관한 것도 포함된다.

| 통상의 송달 |

두 번째 요건으로 패소한 피고가 공시송달이 아닌 통상의 송달을 받아야 한다(217②). 이 송달의 의미는 보충송달이나 우편송달이 아닌 통상의 송달방법에 의한 송달이고 그 송달은 적법한 것이어야 한다(대판 1992.7.14, 92다2585). 예를 들어 미합중국 워싱턴주법은 워싱턴주 이외에 주소를 둔 피고에게 60일의 응소기간을 부여한 소환장을 송달하도록 규정하고 있는데, 한국에 주소를 둔 피고에게 20일의 응소기간만을 부여한 소환장을 송달하고 내린 워싱턴주의 결석판결은 적법한 방식에 따른 송달이 없기 때문에 승인의 요건을 갖추지 못한 것이다(대판 2010.7.22, 2008다31089).

| 공서양속 |

세 번째 요건으로 외국판결의 내용이 우리나라의 공서양속에 반하지 않아야 한다(217③). 예를 들어 동일한 당사자 간의 동일한 사건에 대해 이미 우리나라에서 판결이 확정된 후에 다시 외국에서 상반된 판결이 선고되어 확정되었다면, 그 외국판결은 먼저 확정된 우리 판결의 기판력에 저촉되는 것으로 공서양속에 반한다(대판 1994.5.10, 93므1051,1068). 그러나 미국에서 송달을 받은 피고가 응소하지 않고 귀국하게 되어 내려진 미국 판결이라면, 피고에게 방어할 기회를 부여하였음에도 이를 임의로 포기한 것이므로 공서양속에 반하지 않는다(대판 1997.9.9, 96다47517).

| 상호보증 |

네 번째 요건으로 상호보증이 있어야 한다(217④). 이 요건은 외국판결을 한 그 나라에서도 우리 판결이 외국판결로서 승인될 수 있어야 한다는 점이다. 지금까지 상호보증이 있다고 판단된 사례로는 뉴욕주 법원의 판결이 있다(대판 1989.3.14, 88므184,191). 판례는 상호보증의 유무에 대해 실질적으로 판단하여 외국이 우리의 민사소송법과 같은 요건으로 또는 그보다 관대한 요건으로 우리 판결의 효력을 인정하면

상호보증이 있다고 해석하는 입장이다. 반대로 상호보증이 없다고 한 것으로 미국연방법원의 판결(대판 1971.10.22, 71다1393), 호주의 판결(대판 1987.4.28, 85다카1767)이 있다.

II. 기판력의 시적 범위

1. 의 의

기판력의 범위

기판력은 전소판결로 확정된 사항을 후소에서 다시 다툴 수 없는 효력을 말한다. 후소에서는 어느 정도 다툴 수 있는지 그 범위가 문제되는데, 이것은 시적 범위, 객관적 범위, 그리고 주관적 범위라는 3가지 부분으로 구분된다.

판결의 기준시

기판력은 전소판결의 일정한 시점(전소 사실심변론종결시로서 기준시 또는 표준시라고 부른다)을 기준으로 권리관계의 존부(존재하는지 아닌지)를 확정시킨다(이 점을 민사소송법은 규정하지 않고 간접적으로 민사집행법 제44조2항이 규정하고 있다). 이 기준시는 당사자가 공격방어방법을 제출할 수 있는 한계점을 가리키고, 이 시기가 지났다는 것은 당사자가 더 이상 기준시 전의 공격방어방법을 제출해 기판력으로 확정된 권리관계를 다툴 수 없는 것을 의미한다.

기판력의 시적 범위

위와 같이 기준시 전에 발생한 공격방어방법의 제출을 막아야 하는 이유는, 그러한 공격방어방법의 제출을 허용하면 그로 인해 이미 확정된 권리관계와 모순되는, 즉 전소판결의 기판력에 저촉되는 후소판결이 나올 수 있기 때문이다. 또한 기판력의 시적 범위로서 기준시 전에 발생한 공격방어방법의 제출이 차단되는 효과를 기판력에 의한 차단효라고도 부른다. 따라서 기판력의 시적 범위를 논의할 때에는, 공격방어방법의 제출이라는 관점 및 전소와 후소의 기판력의 저촉이라는 관점에서 고찰해야 한다.

2. 형성권의 기준시 후의 행사

한편, 기판력의 시적 범위가 문제되는 것은 보통 상계권 등의 사법상 형성권을 소송상 행사(항변으로 제출한다)하는 경우이다. 형성권이 아니라면, 예를 들어 대금지급청구소송에서 피고가 기준시 전인 소송 도중에 변제를 하였지만 이를 법원에 주장(변제항변을)하지 않고 기준시 후인 후소에서 주장하는 것은 전소판결의 기판력에 저촉되어 허용되지 않는다. 그러나 형성권은 권리의 성격상 제척기간이라는 보호를 받고 있기 때문에 기준시 전에 발생한 형성권을 기준시 후에도 기판력의 시적 범위와 상관없이 행사할 수 있는지 문제되는 것이다. 예를 들어 <도표 16>에서 보듯이 甲이 乙을 피고로 대여금반환청구소송(전소)을 제기하고 청구인용판결(확정)을 받은 후, 乙이 그 전소판결의 집행을 저지하기 위해 甲을 피고로 청구이의소송(후소)을 제기하고 전소에서 행사할 수 있었던 상계권을 주장할 수 있는지 문제된다. 이하에서는 몇 가지 중요한 형성권에 대해 기준시 전에 발생한 것을 기준시 후에도 행사하는 것이 기판력에 저촉되는지 살펴보기로 하겠다.

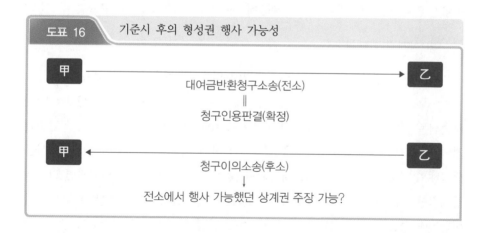

도표 16   기준시 후의 형성권 행사 가능성

甲 ──── 대여금반환청구소송(전소) ────▶ 乙
‖
청구인용판결(확정)

甲 ◀──── 청구이의소송(후소) ──── 乙
↓
전소에서 행사 가능했던 상계권 주장 가능?

(1) 판 례

판례는 상계권을 기준시 후에 행사할 수 있다고 한다(대판 1966.6.28, 66다780. Case Note[10-2] 참조). 그러나 취소권이나 해제권은 행사할 수 없다는 입장이다

(대판 1979.8.14, 79다1105). 즉, 형성권이 무엇인지에 따라 결과가 달라진다.

(2) 학 설

학설에서는, 먼저 상계권은 실권되지 않는다는 견해와 예외적으로 당사자가 알거나 알지 못하는 경우로 나누어 전자라면 실권된다는 견해가 있다. 다음으로 취소권과 해제권은 실권된다는 견해와 일정한 경우에 예외적으로 실권되는 경우가 있다는 견해로 구분된다. 나아가 형성권에 관해 일반적으로 실권되지 않는다는 견해도 있다.

(3) 형성권의 행사가 기판력에 저촉되는 경우

① 기판력 저촉의 유무

기판력의 시적 범위에서 문제되는 것은 기본적으로 후소 판결이 전소판결의 기판력에 저촉되는지에 있다. 기준시 전에 발생한 공격방어방법을 주장하더라도 후소가 전소와는 다른 권리관계의 확정을 목적으로 하는 것이라면, 기판력의 저촉은 문제되지 않는다. 즉, 기판력의 범위가 문제되지 않는다. 그 대신 기판력에 저촉되지 않더라도 공격방어방법의 제출에 대해서는 신의칙으로도 규율할 수 있다.

② 상계권의 행사

상계권의 행사는 전소판결의 기판력에 의해 확정된 권리관계(수동채권[소구채권이라고도 한다]의 존재[<도표 16>의 전소에서 甲이 소로써 주장한 대여금반환청구])와 모순되는 것이 아니다. 상계권을 행사하려면 수동채권이 존재한다는 것이 전소판결의 기판력에 의해 확정되었음을 인정해야 하기 때문에, 후소에서 상계권행사를 인정해도 전소판결의 기판력에 저촉되지 않는다. 상계권 행사가 인정되면 그로써 상계적상시로 소급하여 수동채권이 소멸되는 것은 실체법이 부여한 특별한 효과이다(민493Ⅱ). 따라서 상계권의 행사는 전소판결의 기판력에 저촉되지 않고, 기판력의 시적 범위에서 보아 상계적상이 기준시 전이라도 기준시 후의 상계권 행사를 차단할 수 없다. 한편, 일부의 학설은 상계권자의 주관적 의사(고의 또는 과실)에 의해 행사가능성을 판단해야 한다고 하지만, 이러한 해석은 조건(상계권자의 주관적 사정)부 기판력과 같은 것으로서 기판력의 성질과 어울리지 않는다.

예외적으로 상계권의 행사는 공격방어방법인 항변을 제출하는 것이므로, 신의칙에 의해 그 행사를 차단하는 것(공격방어방법의 각하)도 가능하다. 즉, 상계권의 행사가능성을 충분히 알고 있었으면서도 후소인 집행단계에 이르러 비로소 이를 행사하는 경우이다(다만, 전술[제5장 V 3]하였듯이 이로써 사법상의 상계권이 소멸되는 것은 아니다).

③ 한정승인

기준시 전에 행사할 수 있었던 한정승인을 항변으로 제출하지 않고 후소인 청구이의소송에서 비로소 행사하는 것은 전소판결의 기판력에 저촉되는지 문제된다. 판례(대판 2006.10.13, 2006다23138)는, 한정승인에 대해 전소에서 아무런 심리판단을 한 것이 아니므로 전소판결의 기판력이 문제되지 않고, 따라서 후소인 청구이의소송에서 이를 주장해도 무방하다고 해석한다. 그러나 판례의 해석은 결론적으로는 타당하다고 할 수 있지만, 이론적으로는 타당하지 않다. 기판력의 시적 범위와의 관계에서 본다면 그러한 한정승인의 행사도 기준시 전의 사유로서 원칙적으로 기판력에 저촉된다고 해석해야 하기 때문이다. 판례는 강제집행을 막아야 할 필요에서 그러한 해석을 취한 것이지만, 기판력이 아닌 강제집행 자체를 허용하지 않는 이론구성이 보다 적절할 것이다. 즉, 전소에서 승소한 원고는 피고가 한정승인을 한 것을 알면서도 집행을 구한 것이고, 그러한 집행 자체를 신의칙위반 내지 권리남용으로서 불허할 수 있기 때문이다.

④ 그 외의 형성권의 행사

기준시 전에 행사할 수 있었던 해제권을 기준시 후에 행사하면 전소판결의 기판력에 저촉되는지 문제된다. 해제권을 행사하는 것은 권리관계의 유효한 존재를 전제로 하면서 새롭게 그것을 해소하는 것을 말한다. 이것은 다음에서 보는 취소권과 구별된다. 다만, 해제의 효과는 소급해서 발생하므로 처음부터 해제의 대상인 권리관계가 존재하지 않았던 것이 된다. 이러한 해제권 행사의 효력을 어떻게 받아들일지 기판력의 저촉과 밀접히 관련되어 있다. 단순히 해제권을 행사해도 기준시의 권리관계를 그대로 인정하는 것이므로 상계권의 경우와 마찬가지로 처리할 수 있지만, 이와 달리 권리관계의 소급적 소멸을 강조하면 전소판결의 기판력으로 인정된 권리관계가 존재하지 않게 되어 결과적으로 기판력에 저촉된다고 해석할 수도 있다.

취소권　　반대로 취소권은 전소판결의 기판력으로 인정된 권리관계의 부정을 목적으로 하는 것이므로, 취소권 행사 후의 권리관계는 당연히 기준시의 권리관계와 모순된다. 따라서 기준시 후의 취소권 행사는 전소판결의 기판력에 저촉된다.

그 밖의 형성권　　지상권자나 임차인이 기준시 후에 건물매수청구권을 행사하는 것은 임대차계약의 유효를 전제로 하는 것으로 상계권의 경우와 동일하게 해석해야 한다(대판 1995.12.26, 95다42195. 학설도 보통 상계권과 동일하게 해석하고 있다). 그러나 기준시 후의 백지어음보충권 행사는 전소판결의 기판력(어음요건을 흠결하였다는 판단)에 저촉된다(대판 2008.11.27, 2008다59230).

III. 기판력의 객관적 범위

1. 서

(1) 의 의

기판력의 객관적 범위는 전소에서 기판력으로 확정되어 후소에서 다시 주장할 수 없는 전소의 객체, 즉 기판력으로 그 존부가 확정된 청구는 무엇인지를 말한다. 전소에서 기판력으로 확정된 청구는 판결주문에서 판단된 청구이다(216 I). 판결주문은 청구취지에 대응한 것이므로, 전소의 소송물로서 주문에서 판단된 청구에 기판력이 발생하고 후소에서 그 청구를 다시 주장하면 전소판결의 기판력(객관적 범위로서)이 미치게 되는 것이다. 결국 전소의 소송물로서 판단된 청구를 후소에서 다시 주장하는 것은 전소판결의 기판력에 저촉된다(전소판결이 확정되기 전이라도 후소는 중복제소로서 각하될 수 있다).

소송물과
기판력의 객관적
범위

위와 같이 소송물은 전부는 아니지만 기판력의 객관적 범위나 중복제소의 문제를 해결할 때에 중요한 기준이 되고, 따라서 개별 소송에서는 소송물론에 의해 구체적인 범위에 차이가 발생한다. 한편, 기판력은 판결주문에만 한정되지 않고 판결이유 중의 판단(216Ⅱ이 규정하는 예외의 대상이 되지 않는 경우)에도 기판력과 유사한 효력이 있다는 주장이 있다. 이러한 주장의 타당성을 논하는 것은 매우 어려운 문제이다(이에 대해서는 후술[7] 참조). 만일 그러한 효력을 인정하게 되면, 기판력은 아니지만 결과적으로는 기판력과 거의 동일한 효력을 인정하는 것이 되고, 결과적으로 소송물의 기준이 그대로 기판력의 객관적 범위를 정하는 기준과 항상 동일하다고는 할 수 없다(후자가 넓을 수도 있다는 상황이 발생한다).

(2) 판례에서의 원칙과 예외

원칙

앞서 보았듯이 후소의 청구가 전소 소송물과 같다면 당연히 후소 청구에 전소판결의 기판력이 미친다. 판례는 '소송물=기판력의 객관적 범위'라는 공식을 존중하여 기판력이 미치는지 여부를 소송물에 의해 판단하려는 경향에 있다. 따라서 건물의 소유자(피고)임을 전제로 그 부지 점유로 인한 부당이득반환을 명하는 전소확정판결의 기판력은, 주문에서 판단된 부당이득반환청구권의 존부에만 발생하고, 후소로서 전소의 판결이유에서 판단된 해당 건물의 소유자라고 하여 (전소 피고가) 제기한 강제집행의 불허를 구하는 제3자 이의소는 소송물이 다르므로 전소판결의 기판력이 후소에 미치지 않는다(대판 2009.3.12, 2008다36022).

또한 전소에서 원고가 단독상속인이라고 주장하여 소유권확인을 구하였으나 공동상속인에 해당된다는 이유로 상속분에 해당하는 부분에 한하여 원고의 청구를 인용한 판결의 기판력은, 전소 변론종결 후 상속재산분할협의에 의해 원고가 소유권을 취득한 나머지 상속분에 대한 소유권확인을 구하는 후소에는 마찬가지로 소송물이 다르므로 미치지 않는다(대판 2011.6.30, 2011다24340). 그 밖에 부당이득반환청구권과 불법행위로 인한 손해배상청구권은 서로 실체법상 별개의 청구권으로 존재하고 그 각 청구권에 기초하여 이행을 구하는 소는 소송물을 달리하므로, 어느 하나의 청구권에 관한 소에서 내려진 기판력은 다른 나머지 청구권에 관한 후소에 미치지 않는다(대판 2013.9.13, 2013다45457).

　　반대로 소송물이 같다면, 예를 들어 전소의 소송물과 후소의 소송물이 모두 동일한 매매계약을 원인으로 하는 소유권이전등기청구권이면, 설사 전소는 해당 토지가 토지거래허가구역 내에 위치하고 있음을 전제로 한 반면, 후소는 해당 토지에 대한 토지거래허가구역 지정이 해제되었음을 전제로 한다고 하더라도, 후소는 전소 확정판결의 기판력에 저촉된다(대판 2014.3.27, 2011다49981).

예외　　물론 판례는 소송물 자체의 기준을 넓게 파악함으로써 소송물이 동일하다는 확대해석을 통해, 후소의 청구에는 전소의 기판력이 미친다는 해석을 하는 경우도 있다. 이러한 예로는 먼저 말소등기청구소송이 있다. 즉, 말소등기청구소송에서의 소송물은 당해 등기의 말소등기청구권이고 그 동일성 식별의 기준이 되는 청구원인, 즉 말소등기청구권의 발생원인은 당해 '등기원인의 무효'에 국한되고, 무효사유인 무권대리행위, 불공정한 법률행위, 통모허위표시 등은 등기원인이 무효임을 뒷받침하는 공격방법에 불과하다고 해석한다(대판 1981.12.22, 80다1548; 대판 1982.12.14, 82다카148,149). 따라서 무권대리행위를 이유로 제기된 말소등기청구소송(전소)에서 내려진 판결의 기판력은, 그 후 통모허위표시를 이유로 제기된 동일한 부동산의 말소등기청구소송(후소)에도 소송물이 동일하므로 미치게 된다.

　　그 밖에 과세처분무효확인소송이 있다. 이 소송에서의 소송물은 권리 또는 법률관계의 존부확인을 구하는 것이고 이는 청구취지만으로 소송물의 동일성이 특정되므로, 당사자가 청구원인에서 무효사유로 내세운 개개의 주장은 공격방어방법에 불과하다(대판 1992.2.25, 91누6108). 또한 전소는 기망을 이유로 한 의사표시의 취소와 그에 따른 대금반환청구이고, 후소는 후발적인 이행불능을 이유로 한 계약해제와 그에 따른 대금반환청구이면, 부당이득반환청구로서 두 소의 소송물이 같으므로 후소는 전소의 기판력에 저촉된다(대판 2000.5.12, 2000다5978. Case Note[10-4 참조]).

2. 손해배상청구소송판결의 기판력

(1) 판례·학설

판례(대판 1976.10.12, 76다1313. Case Note[10－5] 참조)는 인신 사고(불법행위)에 의한 손해배상청구소송의 소송물을 적극적 재산상의 손해, 소극적 재산상의 손해 그리고 정신상의 손 해라는 3가지로 나누는 입장이다. 즉, 판례는 하나의 불법행위로 신체상의 손해 가 발생하여 그 배상을 구하는 소송에서의 소송물은 적극적 손해와 소극적 손해 그리고 위자료, 즉 정신적 손해라는 3가지라고 인정하고 있다.

학설로는 전손해 1개설과 재산적 손해와 비재산적 손해로 구 분하는 2분설이 있다. 학설의 경우에는 대략 신소송물을 주 장하는 입장에서 위와 같은 판례의 태도를 강하게 비판한다.

(2) 판례와 학설의 타당성

판례의 태도를 신소송물론과 구소송물론의 우열을 통해 비판하는 것은 물 론 이론적으로는 가능하지만 그리 실제적이지 않다. 판례는 나름대로 법적 안정 성을 중시해야 하는 입장에서 구소송물론을 취하고 있다고 할 수 있으므로, 구 소송물론이라는 판례의 입장에 따르더라도 그러한 결론이 타당하지 않다는 비판 을 하는 것이 보다 실제적일 것이다. 판례는 합리적으로 그 사건의 대상인 소송 물의 범위를 정하려는 추세에 있다. 그렇다면 위와 같은 하나의 인신사고를 원 인으로 한 손해배상청구소송에서 3분설에 의한다면 3번씩 소송을 할 수 있는 경 우도 발생하게 되므로, 이러한 부적절한 결과는 피하는, 즉 불법행위를 이유로 한 손해배상청구권이라는 하나의 소송물로 해석하는 것이 타당할 것이다. 이러 한 해석은 불법행위에 의한 손해배상청구소송에서의 판결의 기판력은, 그 청구 가 적극적 손해인지 여부에 관계없이 동일한 불법행위를 이유로 하는 손해배상 청구(후소)에 미친다는 결론이 된다.

(3) 후유증에 의한 손해배상청구의 경우

후유증을 이유로 한 제소가능성

불법행위로 인한 손해배상청구소송에서 기판력의 객관적 범위가 문제되는 또 다른 예이다. 치료비 등 적극적 손해배상청구를 하고 그 판결이 확정된 후, 다시 후유증이 발생하였다면 그 치료비 등 적극적 손해를 구하는 후소를 제기하는 것은 전소판결의 기판력에 저촉되는지 문제된다. 소송물과 그에 따른 기판력의 원칙을 엄격히 적용한다면, 후유증에 의한 손해배상청구도 전소의 소송물이었고, 따라서 전소 변론종결시까지 주장하지 않는 한, 후소에서는 전소판결의 기판력에 의해 제출할 수 없게 된다. 그러나 그러한 결과는 후유증이 발생한 원고에게는 지나치게 가혹하다. 후유증은 전소에서 발생하지 않았고 또한 예측할 수 없었다는 점에서, 후소에서 후유증에 기한 손해배상청구를 하는 것은 전소판결의 기판력에 관계없이 인정할 필요가 있고, 이는 판례와 학설 모두 인정하는 점이다. 다만, 그러한 결론을 끌어내기 위한 해석론에 차이가 있다.

판례의 해석

판례(대판 1980.11.25, 80다1671. Case Note[10-6] 참조)는, 소송물이 다르다는 점(별개 소송물이라는 점)을 근거로 후유증에 의한 손해배상청구(후소)에는 전소판결의 기판력이 미치지 않는다고 판단한다. 또한 후유증에 의한 후소가 인정되기 위한 요건으로 별개 소송물이 되기 위해서는 특별한 사정이 존재해야 하고, 그 예로서 손해발생의 예측불가능과 청구를 포기하지 않았을 것을 들고 있다. 이때 청구를 포기하지 않았다는 것은 예측불가능이라는 점을 추정시키므로, 사실상 전소에서는 예측할 수 없었던 후유증에 의한 손해배상청구(후소)는 별개 소송물이라는 것이 판례의 해석이다.

학설

학설로는 다음과 같은 3가지 해석을 생각할 수 있다. 첫 번째로 후유증에 의한 손해배상청구를 전소에서는 행사하지 않은 잔부청구로 보고, 당사자는 명시의 일부청구를 한 것으로 간주하여 잔부청구에 대해 다시 제소할 수 있다는 해석이다(일부청구론). 두 번째로 후유증에 의한 손해배상청구는 전소 변론종결 후에 발생한 것이므로 전소의 기판력에 관계없이 제소할 수 있다는 해석이다(기판력의 시적 한계설). 세 번째는 판례와 같은 해석으로 후유증에 의한 손해배상청구는 당사자가 전소에서 제출할 수 없었던 것이고, 따라서 전소의 기판력이 미치지 않는 전소와는 별개 소송물이라는 해석이다(별개소송물설).

후유증에 의한 손해배상청구가 인정되는 이유

일부청구론에 의하면 후술(6)하듯이 명시의 유무라는 기준으로 판단할 수밖에 없고, 또한 원고가 소에서 자기 채권의 금액이나 규모를 알 수 있어야 함에도 후유증에 의한 경우에는 그것을 미리 알 수 없다. 따라서 일부청구론으로 해석하는 것은 논리적 한계가 있다.

그렇다면 기판력의 시적 한계론이나 별개소송물론으로 해석하는 것이 논리적으로는 보다 타당하다고 할 수 있는데, 이 두 해석은 사실상 큰 차이가 없다. 이 2개의 해석 모두 후소에서 제기되는 후유증에 의한 손해배상청구는 전소판결 기준시 후에 발생한 청구로 보는 점에서 차이가 없으므로, 동일한 결과를 다른 각도에서 표현한 것에 불과하기 때문이다. 따라서 후소 원고는 후유증에 의한 손해배상청구를 전소 청구와는 별개의 소송물로서 전소판결의 기판력에 관계없이 적법하게 소구할 수 있다. 굳이 차이점이라고 한다면, 별개소송물론에서는 전소판결의 기판력의 유리한 점을 원용할 수 없지만(물론 이 부분은 전소판결에 의한 신의칙적인 효력으로 보는 것이 가능하다), 기판력의 시적 한계론은 전소판결의 기판력을 원용할 수 있다.

예측가능성

한편, 판례가 말하듯이 별개소송물이 되려면 원고의 주관적 의사로서 예측가능성이 중요한 요건이 된다. 이 요건은 예측할 수 있음에도 주장하지 않았다는 사태를 회피하고, 이 것이 원고의 절차권 보장이나 피고에 대한 불이익을 회피한다는 점에서 필요하기 때문이다. 그러나 손해를 예측한다고 해도 원고로서는 정확한 손해의 내용이나 규모를 알지 못하는 한 후유증에 의한 손해배상청구를 전소 변론종결시까지 주장할 수 없다. 따라서 후소에서 제기하는 후유증에 의한 손해배상청구로는 기준시 후에 현실로 발생한 치료비 등의 객관적인 것이 대상이 된다.

3. 등기청구소송판결의 기판력

(1) 등기청구소송의 소송물

이전등기청구 소송의 경우

판례는 이전등기청구소송의 소송물을 각 등기원인마다 별개로 존재한다고 해석한다(대판 1997.4.25, 96다32133). 이것은 이전등기청구는 보통 채권적인 등기청구권을 주장하는 것이기 때문이다. 따라서 매매를 등기원인으로 한 이전등기청구소송(전소)에서 내려진 판결의 기판력은 증여를 이유로 한 동일한 부동산에 대한 이전등기청구소송(후소)에 미치지 않는다.

말소등기청구 소송의 경우

반대로 말소등기청구소송의 소송물은 전술(1(2))하였듯이 그 소송물을 넓게 해석하기 때문에 소송물은 하나라는 입장을 취하는 것이 판례이다(대판 1981.12.22, 80다1548).

진정명의회복의 경우

한편, 전소인 말소등기청구소송 판결의 기판력은 동일한 부동산을 목적으로 한 진정명의 회복을 위한 이전등기청구소송(후소)에 미치는지 문제된다. 판례는 2개의 소송 모두 등기명의의 회복을 위한 등기청구소송으로서 법적 근거와 성질이 동일하므로 소송물도 동일하다고 보고, 전소인 말소등기청구소송의 기판력은 후소인 진정명의회복을 위한 이전등기청구소송에 미친다고 해석한다(대판(전) 2001.9.20, 99다37894. Case Note[10-8] 참조). 판례의 해석은 말소등기청구와 진정명의회복을 위한 이전등기청구가 형식적으로 그 명칭은 다르지만, 말소등기청구라는 권리관계의 범위를 넓게 보아 여기에는 진정명의 회복을 위한 이전등기청구라는 권리관계도 포함하는 것으로 판단하고, 후자는 전자에 갈음하여 특별히 인정된 것으로 소유권회복이라는 점에서도 2개의 권리관계가 동일하다는 점을 이유로 한다. 이러한 판례의 해석은 매우 타당하다. 2개 청구의 형식론에 급급하여 후소인 이전등기청구를 인정하게 되면 무엇보다도 말소등기청구는 아무런 의미도 없게 되고, 전소에 관여한 법원이나 당사자의 노력을 무용지물로 만드는 것으로 재판의 실효성이 상실되기 때문이다.

(2) 등기청구소송과 소유권의 귀속

소유권의 존부와 기판력

등기청구소송의 기판력은 그 판결의 직접 대상이 된 등기청구권만이 아니라 그 전제가 되는 부동산의 소유권 존부에도 미치는지 문제된다. 판례는 앞서 보았듯이 "소송물＝기판력의 객관적 범위"라는 등식에 따라 미치지 않는다고 해석한다(대판 1965.3.2, 64다1499 등). 등기청구소송에서의 소송물은 등기청구권 자체이고, 그 소유권이 아니기 때문이다(통설이기도 하다). 그러나 등기청구소송에서 패소한 당사자가 새로이 소유권확인의 소를 제기하고 이에 대한 본안판결을 받을 수 있다면, 경우에 따라서는 전소로 해결된 등기청구소송을 무의미하게 할 수도 있다.

등기회복의 가능성과 소유권의 존부

먼저 등기청구소송 후에 동일한 부동산의 등기청구소송을 재차 제기하는 것은 전소의 기판력에 저촉될 수 있다. 원칙적으로 등기청구소송을 제기하여 패소한 자는 이 기판력에 의해(변론종결시를 기준으로) 후소로 동일한 부동산의 등기청구를 할 수 없게 되고 결국 그 부동산의 등기를 회복할 수 없게 되는 것이다. 이러한 결론은 결과적으로 등기청구소송에 의해 소유권의 존부도 확정된다는 것을 의미한다. 특히 앞서 본 전원합의체판결이 기존의 판례를 변경하고 등기명의를 회복하는 것이 불가능하다고 판시한 점에서 보아도 소유권확인도 불가능하다는 결론이 된다. 물론 소유권 자체를 확인하는 것과 등기청구권을 행사하는 것은 형식적으로 본다면 소송물을 달리 하지만, 등기청구소송 후에는 다시 그 부동산에 관한 등기의 취득이 전소의 기판력에 의해 불가능해지는 점을 간과할 수 없다. 그렇다면 등기청구권이라는 특수한 형태의 권리행사는 그 소유권의 존재와 밀접불가분한 관계에 있다고 해석할 필요가 있다. 민법은 등기를 취득해야만 소유권자라고 규정한다(민186). 즉, 등기를 취득하지 못한 상태에서는 소유권자라고 할 수 없는 것이다.

소유권의 존부에 대한 판결의 효력

따라서 등기청구소송 후에 같은 부동산에 대해 소유권확인의 소를 제기하는 것은 전소의 기판력과 저촉된다고도 해석할 수 있다. 이를 도출하기 위한 논리적 근거로는, 직접 등기청구소송의 소송물에 소유권의 귀속도 포함된 것으로 보아 기판력이 직접 미친다는 해석이 있다. 그러나 현재의 판례와 이론의 테두리에서 본다면 취하기 어려운 해석이다. 오히려 판결이유 중에서 판단되는 소유권 귀속에 대한 부분에 일정한 구속력이 발생한다고 하여 소유권확인의 후소가 허용되지 않는다는 이론구성이 적절할 것이다. 이 근거에 대해서는 위 전원합의체판결의 별개의견에서 말하는 신의칙이라는 논거가 적합하다. 즉, 소유권확인이라는 후소를 배척하는 근거는, 직접 소송물의 동일성을 도출하는 이론으로는 한계가 있고 신의칙에서 찾을 수 있다.

4. 일부청구의 기판력

(1) 서

일부청구는 금전이나 불특정물의 급부를 목적으로 하는 채권 중 그 일부의 수액만을 청구하는 것을 말한다(나머지 부분을 잔부청구라고 한다). 예를 들면 금전 1억 원의 반환채권 중 그 일부인 5,000만 원만을 청구하는 경우이다. 일부청구가 이용되는 것은 소송비용을 절약하고 재판결과를 미리 예측할 수 있기 때문이다. 일단 당사자에게 처분권이 인정되므로 일부청구 자체는 적법하다(다만, 소액사건심판법의 적용을 받기 위한 일부청구는 인정되지 않는다[소액사건심판법5의2]). 문제는 일부청구에 대해 내려진 판결의 기판력은 잔부청구에 어떠한 영향을 미치는지에 있다.

(2) 잔부청구에 대한 효력

판례(대판 1976.9.28, 76다2007 Case Note[10-3] 참조)는 원고의 의사, 즉 명시적인 일부청구인지 여부에 따라 일부청구에 대한 판결의 기판력이 잔부청구에 미치는지 여부가 결정된다고 해석한다. 원고가 자신의 청구를 일부청구라고 명시했다면 당해 청구에 대한 판결의 기판력은 잔부청구에 미치지 않고, 반대로 명시하지 않았다면 잔부청구에 미친다는 것이다. 또한 명시방법에 있어서도 판례는 반드시 전체 손해액을 특정하여 그중 일부만을 청구하고 나머지 손해액에 대한 청구를 유보하는 취지임을 밝혀야 할 필요는 없고, 일부청구를 하는 손해의 범위를 잔부청구와 구별하여 그 심리의 범위를 특정할 수 있을 정도로 표시하여 전체 손해의 일부로서 우선 청구하고 있는 것임을 밝히면 족하다고 해석한다(대판 1986.12.23, 86다카536). 결국 형식적 명시만이 아니라, 실질적 묵시적 명시도 포함된다는 것이 판례의 태도이다.

<table>
<tr><td>학설</td><td>학설은 위와 같은 판례의 입장을 따르는 것이 통설이다. 그 이유는 대략 명시를 하지 않은 상태로 잔부청구를 하는 것은 신의칙위반이고, 따라서 이 반대해석으로 명시했다면 잔</td></tr>
</table>

부청구가 가능하다는 논리이다. 보통 절충설이라고도 불린다. 그 밖에 명시에 관계없이 언제나 잔부청구가 가능하다는 입장(일부청구긍정설), 그것이 불가능하다는 입장(일부청구부정설이라 불린다)이 있다.

(3) 일부청구의 판단 대상

당사자의 입장을 고려한다면 판례와 같이 해석하는 것이 타당하다. 그러나 명시방법을 폭넓게 인정한다면 명시의 유무가 명확해지지 않고, 기판력의 유무도 그에 따라 명확하지 않게 되어 법적 안정성이라는 기판력의 존재의의에 반하게 된다. 일부만을 청구할 때의 일부청구란 채권 자체의 일부청구를 의미하는 것이 아니다. 하나의 채권이 있는데 거기서 일부(금액이나 수량)만을 청구하는 것이므로, 법원은 전체로서 채권의 존재를 판단해야 하기 때문이다. 즉, 일부청구를 심판하려면 반드시 잔부청구를 포함한 청구 전부의 존재를 판단한 후에 해야 하고, 존재하는 청구 중 원고가 그 수액의 일부를 요구한 것이므로 법원은 그것을 판결의 주문으로 명시할 뿐이다. 따라서 일부청구의 소송물은 잔부청구를 포함한 청구 전부라고 해석하는 것이 타당하다. 마찬가지로 일부청구에 의한 시효의 중단은 채권 전부에 미친다고 해석해야 할 것이다.

(4) 판결의 결과에 따른 구분

<table>
<tr><td>일부청구기각의 경우</td><td>위와 같은 점은 일부청구에 대한 청구기각판결에서 잘 나타난다. 법원이 일부청구를 기각하려면 청구 전부가 존재하지 않음을 판단해야 한다. 이것은 원고가 일부청구임을 명시하</td></tr>
</table>

였는지 여부와 관계가 없다. 전체로서 하나의 청구가 존재하지 않는다고 인정될

때 비로소 일부청구도 기각할 수 있기 때문이다(또한 일부청구에 대한 상계의 항변으로 청구를 기각하게 되는 경우에도 후술[6(3)]하듯이 외측설에 의해 판단하게 되므로 달라지지 않는다). 따라서 청구기각판결의 경우에는 원고의 명시 유무와 관계없이 잔부청구에도 기판력이 미친다고 해석하는 것이 타당하다.

<table>
<tr><td>일부청구인용의
경우</td><td>법원은 채권의 전부에 대해 그 존재를 인정하더라도 처분권주의에 의해 원고가 일부청구로서 제시한 상한액에 맞게 판결을 내려야 한다. 일부청구임을 명시한 것이라면(적어도 신</td></tr>
</table>

의칙상 피고에게 불리하다고 할 수 없는 정도의 명시) 판례의 해석과 같이 일부청구에 대해서만 기판력이 발생하고 잔부청구에는 기판력이 미치지 않는다. 반대로 원고가 명시적으로 일부청구임을 밝히지 않았다면, 법원은 청구 전부에 대해 판결을 내린 것이므로 잔부청구에도 기판력이 미친다.

5. 원본채권청구의 기판력

<table>
<tr><td>원본청구와
이자청구</td><td>원본채권청구에 대한 원고패소(청구기각)판결의 기판력은 당해 원본의 이자청구에도 미치는지 문제된다. 이 문제는 원본과 관련된 어떠한 이자청구인지 나누어서 생각할 필요가</td></tr>
</table>

있다(대판 1976.12.14. 76다1488).

<table>
<tr><td>변론종결 전의
이자를 청구하는
경우</td><td>먼저 이자청구가 원본대여 당일부터 전소의 변론종결일까지의 것(약정이자)이라면, 전소확정판결의 기판력은 이유 중의 판단(예를 들어 소비대차의 불성립 등)에는 발생하지 아니하므로, 그 이자청구에는 전소판결의 기판력이 미치지 않는</td></tr>
</table>

다. 물론 소비대차가 성립하지 않는다는 이유 중의 판단에는 기판력과 유사한 신의칙 등에 의한 구속력을 인정할 수 있다.

<table>
<tr><td>변론종결 후의
이자를 청구하는
경우</td><td>반대로 전소 변론종결일 다음 날부터의 이자청구(지연이자)라면 전소의 청구와 후소의 청구는 별개이므로 직접 기판력이 미치지 않는다. 그러나 변론종결일에 원본채권이 존재하지 않는다는 것이 확정되었으므로, 선결관계로서 원본의 부</td></tr>
</table>

존재에 의해 이자도 발생하지 않게 되고, 결국 기판력의 작용으로서 이자채권이 존재한다는 주장은 전소의 기판력에 저촉된다(청구를 기각한다).

6. 상계의 항변과 기판력

(1) 기판력의 발생이유

피고가 제출한 상계의 항변은 판결이유 중에서 판단되지만, 상계로 대항한 금액(보통 '대등액'이라 한다[민492])에 기판력이 발생한다(216 Ⅱ). 상계의 항변은 소가 아닌 공격방법에 해당되므로 판결의 주문이 아닌 그 이유 중에서 판단된다. 그럼에도 판결의 이유에서 이루어진 상계의 항변에 대한 판단에 기판력을 인정하는 것은, 원고의 청구(소송물인 수동채권 또는 소구채권이라고도 한다)를 소멸 또는 감액시킨 피고의 자동채권(반대채권이라고도 한다)이 후소에서 다시 소송물로 행사되는 것(피고가 이중으로 행사하려는 것)을 막기 위해서이다.

기판력이 발생하는 상계의 항변의 범위

상계의 항변이라도 기판력이 발생하는 것은 수동채권(소구채권)에 대해 주장된 상계의 항변이다. 만일 수동채권(소구채권)이 소송물로 주장된 채권이 아닌 공격방어방법으로서의 동시이행항변으로 행사된 채권이라면, 그러한 상계의 항변에 대한 판단에는 기판력이 발생하지 않는다(대판 2005.7.22, 2004다17207). 왜냐하면 기판력을 인정하면 동시이행항변으로 행사된 채권의 존부나 범위에 관한 판결 이유 중의 판단에 기판력이 발생하기 때문이다.

상계항변에 대한 원고의 상계재항변

피고의 상계항변에 대해 원고가 다시 피고의 자동채권을 소멸시키기 위해 상계의 재항변을 하는 것은 허용되지 않는다(대판 2014.6.12, 2013다95964). 피고의 상계의 항변이 인정되건(대등액으로 소멸) 부정되건(수동채권의 부존재) 재항변의 대상이 없어지게 되고, 원고는 재항변을 하지 않아도 소의 추가적 변경이 가능하기 때문이다.

(2) 상계의 항변에 대한 기판력의 범위

상계의 항변에 의해 발생하는 기판력은, 원고의 청구인 수동채권의 소멸 또는 감축을 야기하는 자동채권의 소멸(부존재)에 미친다. 즉, 수동채권에 대항하여 공제된 자동채권의 범위에 한해 기판력이 발생한다. 예를 들어 원고의 100만 원 청구에 대해 피고가 120만 원 상계의 항변을 제출하였지만 자동채권이 존재하지 않는다고 하여 상계의 항변이 부정된 경우, 기판력은 상계의 항변으로 주장한 금액 전체 120만 원이 아니라 판결의 주문에서 인용된 원고의 청구금액(100만 원)에 대항한 100만 원의 부존재에 발생한다. 따라서 나머지 20만 원 부분은 기판력이 발생하지 않고 다시 소를 제기할 수 있다. 같은 이치로 자동채권의 존재가 인정되어 상계가 받아들여졌을 때 기판력이 발생하는 것은 상계에 의해 소멸한 자동채권의 부존재이다. 즉, 위의 예에서 상계의 항변이 인정되어 청구기각 판결이 내려졌을 때 기판력이 발생하는 것은, 상계에 의해 수동채권과 대등액으로 소멸한 자동채권의 부존재 부분인 100만 원이다.

상계항변에 대한 법원의 판단방법 위와 같이 상계항변에 기판력이 발생하므로 금액의 표시 등에 있어 그 범위를 명확히 하기 위한 법원의 판단이 필요하다. 예를 들어 상계의 항변이 이유 있고 일견 자동채권의 수액이 수동채권의 수액을 초과한 것이 명백한 경우라도, 상계적상의 시점 이전에 수동채권의 변제기가 이미 도래하여 지체가 발생한 상태라고 인정되는 경우이다. 법원은 상계에 의해 소멸되는 채권의 금액을 일일이 계산할 것까지는 없어도, 최소한 상계적상의 시점 및 수동채권의 지연손해금 기산일과 이율 등을 구체적으로 특정함으로써 자동채권에 대해 어느 범위에서 상계의 기판력이 미치는지 판결 이유 자체로 당사자가 분명하게 알 수 있을 정도까지는 밝혀 주어야 한다(대판 2011.8.25, 2011다24814).

또한 상계항변에 대한 제1심과 항소심의 판단이 달라지는 경우, 예를 들어 소구채권 그 자체를 부정하여 원고의 청구를 기각한 제1심판결과 소구채권은 인정하면서도 상계항변을 받아들인 결과 원고의 청구를 기각한 항소심판결은 기판력의 범위를 달리한다(대판 2013.11.14, 2013다46023. 이때 항소심으로서는 그 결론이 같아도 원고의 항소를 기각할 것이 아니라 제1심판결을 취소하고 다시 원고의 청구를 기각하는 판결을 해야 한다).

(3) 일부청구에 대한 상계의 항변의 기판력

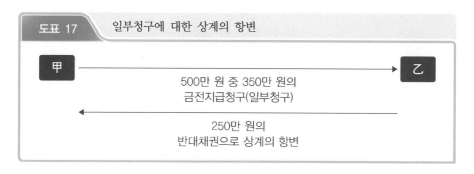

도표 17   일부청구에 대한 상계의 항변

甲 ──────────────────────────────→ 乙
         500만 원 중 350만 원의
         금전지급청구(일부청구)
←──────────────────────────────
            250만 원의
         반대채권으로 상계의 항변

원고의 청구가 일부청구인 경우, 자동채권의 공제는 원고의 채권총액에서 하는지 아니면 제소한 일부청구액에 한해서 하는지 문제된다. 예를 들어 <도표 17>에서 보듯이 甲은 乙을 피고로 500만 원 채권 중 350만 원의 지급을 구하는 청구를 일부청구로 하여 소를 제기하였고, 乙은 이에 대해 250만 원의 반대채권으로 상계의 항변을 하였을 때, 법원은 甲과 乙의 채권의 존재를 모두 인정한다면 어떠한 주문의 판결을 내려야 하는지의 문제이다.

학설 이에 대해서는 청구된 금액에서 공제한다는 내측설, 공제금액의 비율로 안분한다는 안분설 그리고 잔액을 포함한 채권총액에서 공제한다는 외측설이 있다. 먼저 내측설은 원고가 청구한 350만 원에서 250만 원을 공제하게 되므로 100만 원의 인용판결이, 안분설은 반대채권(자동채권)은 원고 총채권의 50%이므로 350만 원에서 그 반을 공제한 175만 원의 인용판결이, 그리고 외측설에 의하면 총액 500만 원에서 250만 원을 공제하게 되므로 250만 원의 인용판결이 각각 내려지게 된다.

판례 판례(대판 1984.3.27, 83다323. Case Note[10-9] 참조)는 외측설에 따르고 있다. 일부청구에서는, 일부만 청구된 채권의 부존재가 확정되면, 잔부청구의 부존재도 확정된다는 관계에서 판례와 같은 외측설이 타당하다. 이러한 해석은 과실상계에 관해 외측설을 따른 판례(대판 1970.3.24, 69다733)와 궤를 같이 한다.

위의 사례에서는 상계에 의해 대등액으로 소멸된 후의 금액 (250만 원)은 일부청구액 350만 원을 초과하지 않는 금액이 었다. 만일 반대채권이 100만 원에 불과하여 전자(대등액으로 소멸된 후)의 금액(400만 원)이 일부청구액인 350만 원을 초과하는 경우, 법원은 일부청구한 금액 전액인 350만 원만을 인용하는 판결을 내려야 한다. 원고는 명시적으로 일부청구를 하였기 때문이다. 또한 원고가 후 소를 제기하여 잔부청구를 한다면 잔부청구 150만 원 중 이미 상계의 항변으로 기판력이 발생한 100만 원을 제외한 50만 원에 한하여 가능하다.

7. 판결이유 중의 판단의 구속력

(1) 서

판결이유 중의 판단에도 판결효로서 기판력이 아니라도 무엇인가 효력이 인정될 수 있을까? 판결이유는 주문이 정당함을 뒷받침하는 부분이다. 이러한 판단에 아무런 효력이 없다는 것은 판결 자체를 무의미하게 할 수도 있다. 예를 들어 토지 소유자와 그 토지에 대해 관습에 의한 지상권을 주장하는 자 사이에서 지료급부이행소송이 진행되고, 그 판결이유에서 정한 지료에 관한 결정은 소송물에 대한 판단은 아니다. 따라서 기판력은 없다. 그러나 판결이유에서 판단된 지료에 관한 결정은 소송물에 준한 심판대상이 되고, 그 소송의 당사자인 토지 소유자와 관습에 의한 지상권자에게는 지료결정의 효력이 있다(대판 2003.12.26, 2002다61934). 이와 같이 판결이유 중의 판단에도 일정한 효력을 인정해야 하는 경우가 적지 않다.

(2) 학설의 주장

한편, 판결이유 중의 판단에 구체적으로 어떠한 효력을 부여해야 하는지 논의하는 것 또한 어려운 문제이다. 앞서 보았듯이 그 효력으로 기판력 자체를 직접 도출하는 것은 곤란하다. 그 대신 기판력과 유사한 효력을 부여해야 한다는 입장도 있다(소수설).

첫째로, 그러한 유사한 효력으로 쟁점효를 주장하는 학설이 있다. 둘째로, 신의칙에 의한 반복금지라는 효력(권리실효의 법리)이라는 주장도 있다(다수설). 이 2개의 입장 사이에는 큰 차이가 있는 것처럼 보이지만, 자세히 본다면 그렇게 큰 차이가 나는 것은 아니다. 2개의 입장 모두 결론적으로 전소판결이유 중의 판단에 의해 후소에서 일정한 판단을 금지하는 기능을 인정하기 때문이다. 굳이 차이를 들자면 전자는 기판력과 유사한 제도적 효력으로 파악하지만 후자는 신의칙에 의한 소송행위의 제한이라고 파악하는 점, 그리고 자백되어 쟁점이 되지 않은 사항에 관해 전자는 그 부분에 쟁점효가 발생하지 않지만 후자는 그 부분과 반대되는 주장이 금지된다는 점에서 찾을 수 있다.

(3) 판례의 입장

판례(대판 1984.10.23, 84다카855. Case Note[10-10] 참조)는, 판결이유 중의 판단에 아무런 효력이 없다고 단정하는 해석은 아니다. 원래 판례는 판결이유 중의 판단에 기판력이 발생하지 않는다는 입장이지만(대판 1965.7.6, 65다893), 예외적으로 판결이유 중의 판단의 중요성을 강조하기도 하고(대판 1970.7.28, 70누 66,67,68), 앞서 보았듯이 일정한 구속력을 인정하는 경우도 있다(대판 2003.12.26, 2002다61934).

(4) 구속력의 내용

판례의 태도는 판결이유가 갖는 중요성에 비추어 본다면 타당하고 유연한 입장이라고 할 수 있다. 또한 후술하는 참가적 효력이나 파기판결의 기속력은 판결이유 중의 판단에 대해 발생한다는 점을 상기할 필요가 있다. 물론 판결이유 중의 판단이 갖는 구속력은 구체적으로 무엇이고, 그러한 구속력이 발생하는 요건은 무엇인지 기판력에 준하는 효력이라는 점에서 중요한 문제가 된다. 이에 대해서는 신의칙의 문제로서 판결이유 중의 판단으로 인해 후소가 불가능하거나 후소에서 특정 주장이 불가능해지는 것으로 이해해야 할 것이다. 쟁점효라는 제도적 효력을 도출하는 것은 아직 확고한 이론적 기반이 없고 법에 규정도 없다는 점에서 적절하다고는 할 수 없을 것이다.

IV. 기판력의 주관적 범위

1. 의 의

기판력의 상대성

기판력은 절차권이 보장된 당사자에게만 그 효력이 미친다(기판력의 상대성). 예를 들어 원고가 피고 종중을 상대로 제기한 분묘굴이 및 토지인도청구소송에서의 청구인용판결의 기판력은 당사자가 아닌 피고 종중의 구성원에게는 미치지 않는다(대판 2010.12.23, 2010다58889). 또한 후술(제11장 Ⅵ)하는 당사자가 아닌 보조참가인에게는 미치지 않는다(다만, 참가적 효력이 미친다. 반대로 독립당사자참가인은 당사자와 동일한 지위를 갖게 되므로 당사자로서 기판력을 받게 된다). 그 밖에 소송상의 대리인 등의 소송관계자에게도 기판력은 미치지 않는다.

기판력의 확장

그러나 기판력이 미치는 범위를 항상 당사자로 한정하는 것은 분쟁의 실효적 해결이라는 점에서 적당하지 않은 경우가 있다. 이에 따라 **당사자와 유사한 지위를 갖는 일정한 자에게도 기판력이 확장된다고 규정되어 있다**(218). 이때 전소판결의 기판력을 받게 되는 당사자와 유사한 지위를 갖는 자는 전소 당사자였다면 받게 되는 기판력을 받는다. 당사자였다면 받지 않는 기판력, 즉 전소의 소송물과 후소의 소송물이 같거나 선결관계나 모순관계에 의해 기판력이 미치는 객관적 범위에 해당하지 않는 청구에 관한 후소에서는 승계인도 전소판결의 기판력을 받지 않는다(대판 2014.10.30, 2013다53939 참조).

2. 변론종결 후의 승계인

(1) 의 의

전소의 목적물을 그 변론종결 후에 승계한 자(승계인)에게는 전소판결의 기판력이 미친다(218 Ⅰ). 판결의 결과를 보고 그것을 무력화 시키는 것을 방지하기 위해, 절차권 보장(공격방법방법 제출)의 한계점(변론종결시)을 기준으로 기판력을 확장시킨 것이다. 전소 목적물의 승계가 변론종결 전에 조건부로 이루어지고 그 조건이 변론종결 후에 성취되어도 변론종결 후의 승계인이 된다. 물론 전소판결이 조건부이행을 명하는 경우에는 조건의 성취시가 아닌 변론종결시가 기준이 된다. 반대로 변론종결 전의 승계인에게는 기판력이 미치지 않는다(후술[제11장 IX]하는 소송승계주의).

(2) 승계의 대상

형식적으로 변론종결 후의 승계인이라면 항상 기판력이 미치는지 판례와 학설 간에 대립이 있다.

① 판 례

판례는 승계의 대상인 소송의 목적물이 물권적 청구라면 승계인에게 기판력이 미치지만(대판 1992.10.27, 92다10883. Case Note[10-11] 참조), 그것이 채권적 청구라면 그렇지 않다고 해석한다(대판 1991.1.15, 90다9964).

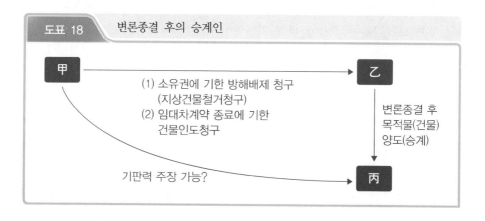

<도표 18>에서 보듯이 甲이 乙을 피고로 소유권에 기한 방해배제청구로서 지상건물철거청구소송을 제기하고, 그 변론종결 후에 목적물인 건물을 乙이 丙에게 양도(승계)하면, 甲과 乙 사이 기판력은 丙에게 미친다. 반대로 甲이 乙을 피고로 임대차계약종료에 기한 건물인도청구소송을 한 경우라면, 丙에게 기판력이 미치지 않는다. 판례는 물권적 청구라면 대세적인 효력(절대권)이 있으므

로 승계인에게도 기판력이 미치지만, 채권적 청구라면 대인적인 효력(상대권)만이 있으므로 그렇지 않다는 해석이다.

판례가 위와 같이 소송의 목적물을 물권적인 것과 채권적인 것으로 나눠 기판력이 미치는 승계인이 되는지 여부를 판단한다. 대세적인 권리와 대인적인 권리의 차이를 기준으로 하는 판례의 입장은 소송승계(후술[제11장Ⅸ] 참조)에서 보듯이 변론종결 전의 승계에 의한 소송승계를 소송물의 승계에만 인정하고 계쟁물에는 인정하지 않는 입장과 일맥상통한다. 물권적 청구라면 1물1권주의에 의해 승계의 목적물이 전소의 소송물이라 할 수 있지만, 채권적 청구라면 복수의 당사자만큼 복수의 채권이 존재하고 전소의 소송물을 승계하였다고는 말할 수 없기 때문이다.

② 학 설

학설은 물권적 청구와 채권적 청구로 구별하는 입장, 반대로 그러한 구별을 하지 않는 입장, 그리고 절충적인 입장으로 채권적 청구를 교부청구권(예를 들면 매매에 의한 목적물의 인도)과 환수청구권(예를 들면 기간만료에 의한 임대인의 임차물 반환청구)으로 나누어 후자에 한해 기판력이 미친다는 입장도 있다.

③ 물권적 청구와 채권적 청구의 구별의 문제점

판례는 소송물 논쟁 당시의 해석을 충실히 따르는 것이지만 이론적으로는 타당하다고 하기 어렵다. 물권적 청구라면, 예를 들어 소유권에 기한 인도청구권이라면 목적물의 승계인은 완전한 권리를 승계한 자로서 실질적으로 당사자와 동일시 할 수 있는 것이 된다. 반대로 채권적 청구라면, 예를 들어 임대차계약의 해제에 의한 원상회복으로서의 인도청구라면, 매매에 의해 당해 건물을 매수한 제3자에게는 "매매는 임대차를 깨트린다"는 실체법상의 원칙상 대항할 수 없고, 변론종결 후의 승계인도 되지 않는다는 해석이다.

그러나 아래에서 보는 바와 같이 형식설에 의해 승계인의 범위가 결정된다면, 전소의 소송물이 물권적인지 채권적인지 여부에 따라 승계인의 범위가 변하는 것은 아니라고 해석해야 할 것이다. 승계인에게 미치는 기판력의 범위에 차이가 있지만, 처음부터 승계인이 아니라는 해석은 타당하지 않다. 판례가 부정하는 채권적 청구권이라도, 이를 변론종결 후에 승계한 이상 전소판결로 확정된 원고의 피고에 대한 채권적 청구권의 존부에 대해서는 승계인도 그와 모순되는 주장을 못하게 하는 것이 합리적이기 때문이다.

(3) 실질설과 형식설

학설의 문제점

학설은 변론종결 후의 승계인의 범위에 대해, 다시 승계인의 주관적 의사에 의해 구별하려는 논의를 한다. 매우 이해하기 힘든 형식설과 실질설의 대립이다. 학설은 위와 같은 판례의 해석을 형식설과 실질설이라는 두 가지 틀로 구분한다고 할 때, 실질설이라고 부르는 경우가 일반적이다(다수설).

실질설과 형식설을 알기 쉽게 말하면, 목적물을 승계한 제3자에게 고유의 항변이 있으면 기판력이 미치는 승계인이 아니라는 것이 실질설, 이것이 있어도 기판력이 미치는 승계인이지만 후소에서 전소의 기판력에 관계없이 승계인은 고유의 항변(승계한 권리의무관계에 대해 자신은 선의의 제3자라는 항변)을 주장할 수 있다는 것이 형식설이다. 그러나 판례가 실질설이라고 하는 것은 적합한 호칭이 아니다. 판례는 실질설과 형식설의 차이로 부각되는 점(고유의 항변을 기준으로 판단하는 점)에 대해 명확히 언급한 것이 없기 때문이다. 즉, 판례는 "고유의 항변이 있기 때문에 승계인에 해당하지 않는다"고는 말하지 않는다. 결론적으로 학설이 주장하는 실질설과 형식설의 대립은 중요한 의미를 갖지 않고 형식설에 따라 문제에 대처해야 할 것이다.

실질설의 존재의의

실질설과 형식설의 대립은 당사자가 아닌 변론종결 후의 승계인 중에서, 전소판결의 기판력을 받는 자와 그렇지 않은 자를 구별하기 위해 등장한 논의이다. 따라서 양설에 의하면, 한편의 승계인은 기판력을 받지만 다른 한편의 승계인은 기판력을 받지 않는다고 하는 결론상의 차이가 발생해야 한다. 그러나 실질설은 반드시 그렇게 되지 않는다. 실질설은 물권적 청구권의 경우에는 승계인이 된다고 하는 입장에서 알 수 있듯이 당사자와 동일시할 수 있는 승계인이 아니면 기판력은 미치지 않는다는 해석이다(이 점에서 결론적으로 판례와 같다). 즉, 당사자가 아닌(당사자와 동일시 할 수 없는) 승계인은 처음부터 기판력의 범위에서 제외한다.

따라서 당사자가 아닌 승계인 중에서 어느 범위만큼의 승계인에게 전소판결의 기판력이 미치는지에 대해 실질설은 특별한 의미를 갖지 않는다. 굳이 실질설에 따른다고 하여도, 즉 승계인이 되는 제3자의 범위에 관해 당사자와의 동일성이라는 기준을 고수한다고 해도 다음과 같은 문제가 예상된다. 먼저 고유의 항변 유무와 그 성립 여부에 관한 실체적인 심리판단이 내려질 때까지, 전소판결의 기판력이 미치는 승계인에 해당되는지 여부가 판명되지 않는다. 그 한도에서 당사자가 아닌 승계인에게는 기판력의 확장 여부가 불분명하게 된다. 또한 결과적으로 고유의 항변이 있기 때문에 기판력이 미치지 않는다고 하면, 그 승계인은 전소판결의 기판력에 의해 확정된 모든 권리의무 관계를 후소에서 다시 다툴 수 있게 되어 부당하다.

형식설이 주장하듯이 기본적으로 전소의 계쟁물에 관한 당사자적격을 취득한 자는 승계인에 해당하고, 전소의 당사자라면 받게 되는 기판력을 받더라도 후소에서 고유의 항변을 제출할 수 있다(고유의 항변에는 전소판결의 기판력이 미치지 않는다)고 해석해야 할 것이다. 여기서 말하는 계쟁물이란, 특정 청구를 대상으로 하는 소송물이 아니라 그보다 넓은 의미에서의 특정 청구의 전제가 되는 권리의무나 법률관계를 의미한다. 실체법적으로 말한다면 실질권과 청구권의 관계이고, 청구권을 대상으로 하는 것이 소송물이며 청구권의 전제가 되는 실질권을 대상으로 하는 것이 계쟁물이다.

○ 기판력의 확장과 집행력의 확장

① 형식설, 실질설 그리고 집행력의 확장

학설은 더 나아가 형식설과 실질설을 판결효의 하나인 집행력 부분에까지 확대하고, 형식설에 의하면 기판력은 미치지만 집행력이 미치지 않는다는 논리를 전개하는 경우도 있다. 또한 이 연장선에서 민사집행법 부분에 해당하는 집행문 부여의 문제를 형식설과 실질설을 논하면서 다루기도 한다. 그러나 위와 같이 기판력의 주관적 범위에서 볼 수 있는 실질설과 형식설의 대립은 실익을 찾기 힘든 논의에 해당되므로, 집행력을 논의할 때 형식설과 실질설의 논의를 반복하는 것은 타당하지 않다.

② 기판력과 집행력의 차이

원래 기판력과 집행력은 그 취지와 작용이 다르다. 형식설과 실질설의 대립을 만든 일본의 학설도 처음에는 기판력과 집행력의 범위가 일치한다고 보았지만, 그 차이가 명확해지면서 결국 민사집행법 제정시에 구법상의 조문을 수정하여 기판력의 주관적 범위와는 별개의 조문으로 규정하였다. 다만, 우리 민집25조는 구법을 그대로 따랐다.

기판력은 전소와 후소와의 관계이고 전소에서 확정된 것은 후소에서 다툴 수 없다는 법적 안정성에 그 목적이 있다. 한편, 집행력은 전소와 강제집행의 관계이고 어떻게 하면 신속하고 경제적으로 강제집행을 할 수 있는지에 목적이 있다. 또한 집행력은 기판력이 없어도 인정될 수 있고 기판력이 있어도 집행력이 없는 것이 많다. 더 나아가 중요한 차이로서, 승계인의 입장에서 볼 때 기판력이 확장되면 후소에서 일정한 주장을 할 수(다툴 수) 없게 되지만, 집행력이 확장되면 자신의 재산에 대해 직접 강제집행을 감수해야 하기 때문에 이해관계에 큰 차이가 있다. 따라서 기판력이 확장된다는 것과 집행력이 확장된다는 것은 동일한 선상에서 논할 수 없는 별개의 문제이다.

③ 집행력의 주관적 범위

변론종결 후의 승계인이 고유의 항변을 갖고 있다면, 이러한 승계인을 상대로 승계집행을 통해 강제집행을 하는 것은 허용되지 않는다. 최종적으로 강제집행을 인정하면 안 되는데, 승계인이 갖고 있는 고유의 항변을 집행의 어느 단계에서 심리해야 하는지 집행법 차원에서 문제된다.

승계인을 상대방으로 하여 승계집행문(민집31)을 부여해야 하는지에 대해 두 가지 견해가 있다. 먼저 권리확인설은 집행문 부여 단계에서 고유의 항변을 판단하여 승계집행문을 부여해야 한다고 한다. 두 번째로 제소책임전환설은 해당 승계인은 청구이의소송 등 통상의 소로써 고유의 항변을 주장해야 한다고 풀이한다. 이에 대해서는 제소책임전환설이 타당하다. 강제집행은 원칙적으로 집행권원이 있으면 그에 의해 집행권원의 실체적 당부를 판단하지 않고 이루어진다. 만일 실체적인 하자가 있는 집행이라면, 그러한 부당집행의 위험은 채무자가 청구이의소송 등을 제기하여 제거해야 하기 때문이다.

(4) 추정승계인

한편, 법218조2항은 추정승계인에 대해 규정하고 있다. 이 조문은 변론종결시까지 승계사실을 진술하지 않으면 변론종결 후의 승계인으로 추정한다고 규정한 것이다. 그러나 고유의 항변 유무가 중요한 점에서 보았을 때 그다지 실효가 있는 규정은 아니다. 추정되는 것은 오로지 변론종결 후에 승계했다고 하는 사실에 불과하다. 따라서 승계인이 변론종결 전에 승계한 점을 증명한다면, 처음부터 소송계속 사실을 알고 있었다고 해도 기판력이 미치는 승계인이 되지 않는다. 또한 그러한 증명에 실패해도 자신이 선의의 제3자라는 고유의 항변을 주장할 수 있기 때문이다. 법에 규정을 둔다고 하면 추정이 아닌 간주로 규정할 필요가 있다. 간주로 규정해도 승계인은 고유의 항변을 주장할 수 있으므로 부당하다고는 할 수 없다.

3. 청구의 목적물의 소지자

특정물인도청구소송의 기판력은, 그 특정물을 당사자 또는 그 승계인을 위해 소지하는 자에게도 미친다(218 I). 인도청구권이 물권적인지 채권적인지를 묻지 않고, 목적물이 동산인지 부동산인지를 묻지 않으며, 소지인의 소지 시기나 변론종결 전후도 문제되지 않는다. 여기서 말하는 소지는 당사자 본인을 위한 점유를 말하므로, 점유를 매개로 한 권리관계가 발생하지 않는 독립한 점유권이 없는 점유기관(법인의 기관, 법정대리인) 및 본인을 위한 것이 아닌 법률상 고유한 점유권한을 갖고 있는 자(임차권자, 질권자)의 점유를 의미하지 않는다. 소지자에 해당하는 예로는 수치인, 관리인 또는 동거자·가족 등이 있다.

4. 소송담당의 경우의 본인

(1) 소송담당의 경우의 기판력의 범위

소송담당자에 대한 확정판결의 기판력은 피담당자(본인)에게도 미친다(218Ⅲ). 소송담당으로 주로 이용되는 채권자대위소송에도 이 규정을 충실히 적용하면, 피담당자인 채무자에게 일률적으로 기판력이 미친다는 결론이 된다(주의해야 할 점은, 채무자는 채권자대위소송의 소송물인 피대위채권[채무자의 제3채무자에 대한 채권]의 존부에 관한 기판력을 받고, 피보전채권[채권자의 채무자에 대한 채권]이 없어서 내려진 소각하판결의 기판력을 받는 것이 아니다[대판 2014.1.23, 2011다108095]). 그러나 판례(대판(전) 1975.5.13, 74다1664. Case Note[10-12] 참조)는 채권자대위소송의 기판력이 일률적으로 피담당자(채무자)에게 미치는 것은 아니라고 해석한다. 즉, 판례는 피담당자가 채권자대위소송이 제기된 사실을 알았을 경우에만 미친다는 해석이다.

(2) 채권자대위소송에서의 기판력

① 판결저촉 회피의 필요성

판례는 기판력을 제한적으로 인정하려는 해석이다. 이것은 기판력을 부정하면 다음과 같은 문제점이 발생하기 때문이다. 즉, 채권자대위소송판결의 확정 후에 채무자가 다시 자신의 채권을 구하는 소를 제기하면, 그 내용은 전소인 대위소송과 전적으로 동일한 내용(소송물의 동일)을 다투게 되는데, 이렇게 되면 전소판결 기판력과 저촉되는 판결이 나올 수 있다. 이러한 이유로 판례를 포함하여 채무자에게도 기판력을 확장하려는 여러 입장이 있다.

② 기판력의 확장을 시도하는 이론

채무자에게 유리한 경우에만 인정하려는 이론

첫 번째 입장은 채무자에게 유리하게만 기판력이 미친다는 견해이다. 즉, 채권자대위소송의 판결이 청구인용이면 그 판결의 효력은 채무자에게도 미치지만, 반대라면 채무자에게는 미치지 않는다는 해석이다. 그러나 이 견해에 대해서는 과연 단순히 승소판결만을 미치게 하는 것이 타당한지, 피고인 제3채무자의 이익은 어떻게 보호되는지 등 문제가 제기되었다.

절차보장설

두 번째로 등장한 것이 바로 판례의 해석인 채무자에게 소송고지(후술[제11장 XI] 참조)를 하는 등, 채무자의 절차권을 보장한다면 기판력도 확장된다는 이론이다. 현재의 다수설이라 할 수 있다. 이 입장은 절차보장설이라고도 하며, 기판력이 미치는 것은 절차권의 보장을 받았기 때문이라는 일반적인 기판력의 근거론에서 발생·전개된 이론이다.

채권자대위소송이 소송담당이 아니라는 이론

그 밖에 채권자대위소송을 소송담당으로 파악하지 않고 고유적격에 의한 채권자의 독립한 제소로 본다면, 판결효는 당연히 채무자에게 미치지 않는다. 그러나 소송담당(전술[제4장 III 3] 참조)에서 보았듯이 소송담당이 아닌 고유적격에 의한 제소로 보는 점에는 문제가 있다.

(3) 채무자에게도 기판력이 미치는 이유

판례의 문제점

피담당자인 채무자에게 대위소송의 기판력이 전혀 미치지 않는다는 해석은 타당하지 않다. 제한적으로 미친다는 입장이라면, 판례의 해석인 절차보장설이 가장 설득적이다. 그러나 일률적으로 기판력이 미친다는 해석이 보다 타당하다. 왜냐하면 절차보장설에서와 같이 피담당자의 주관적 사정에 의해 기판력의 확장 여부를 정하는 것은 법적 안정성이라는 기판력의 성질과 어울리지 않기 때문이다.

기판력이 미치는 이유

법218조3항은 명확하게 소송담당에서 피담당자가 알거나 모르거나에 관계없이 그에게 기판력이 확장한다고 규정하고 있다. 이 점은 변론종결 후의 승계인의 경우에서처럼 승계인이 알거나 모르거나에 관계없이 기판력의 확장이 정해지는 점에서도 수긍할 수 있다. 또한 실제로는 피고(제3채무자)의 결석이 아니라면 법원이 채권자대위소송에서 피담당자인 채무자의 증인신문이 이루어지도록 또는 소송에 참가하도록 소송지휘를 하는 것이 일반적일 것이다. 따라서 피담당자의 주관적 의사로 기판력의 확장 유무를 정하는 것은 타당하지 않다.

또한 절차보장설에서는 소송고지를 통해 소송계속사실을 피담당자에게 알려야 한다고 하지만, 소송참가를 해도 참가적 효력이 발생할 뿐이다. 심지어 원고인 채권자가 승소해도 소송계속사실을 채무자가 몰랐다면 그 기판력이 미치지 않게 될 수도 있고, 채무자는 다시 제3채무자에게 재차 동일한 소를 제기할 수 있다는 불합리한 결과를 초래할 수 있다. 이와 반대로 원고인 채권자가 패소해도 소송계속사실을 모른 채무자는 다시 제3채무자를 상대로 소를 제기할 수 있다는 해석도 앞서 보았듯이 합리적이지 않다. 만일 채무자가 모르는 사이에 채권사와 제3채무자가 공모하여 채무자의 이익을 침해하려고 일부러 원고인 채권자가 패소판결을 받았다면, 기판력은 인정된다고 해도 상법406조나 행정소송법31조를 유추하여 채무자에게 사해재심이라는 형태로 구제수단을 인정하는 것이 타당하다.

나아가 채무자의 절차권 보장을 위해 피담당자인 채무자가 소송계속사실을 알아야 한다면, 누군가 그에게 통지할 의무를 부담해야 한다. 그러나 이 의무를 현행법의 해석으로는 인정하기 곤란하다(민집227, 238에 의해 추심소송의 경우에는 채무자에게 압류명령이 송달되고 소송이 고지되는 것과 비교할 필요가 있다). 다만, 민법의 해석으로 채권자가 채권자대위권을 행사할 때에는 반드시 채무자에게 통지할 것을 의무화하는 것은 물론 불가능하지 않지만, 이것은 입법으로 해결할 필요가 있다.

5. 판결의 대세효

(1) 기판력의 상대효와 대세효

기판력은 상대성을 갖지만, 이를 고수하면 오히려 법률관계의 혼란을 초래하여 분쟁의 해결에 도움이 되지 않을 수도 있다. 이는 분쟁의 발생을 미연에 방지하기 위해 획일적으로 기판력을 미치게 할 필요가 있는 경우를 가리킨다. 예를 들어 가사소송과 회사소송 등이 그러하다. 당사자가 아닌 제3자에게도 기판력이 미치지만, 그러한 제3자에게는 절차권을 보장해 줄 필요가 있다.

(2) 특정 범위의 제3자에 대한 기판력의 확장

법이 특별히 규정한 제3자에게는 기판력이 미친다. 예를 들어 파산채권확정소송의 판결은 파산채권자 전원에게 기판력이 확장된다(채무자회생468조1항). 또한 회생채권·회생담보권의 확정소송의 판결은 회생채권자, 회생담보권자, 주주, 지분권자 전원에게 효력이 미친다(채무자회생176조1항). 그 밖에 추심소송의 판결은 소환을 받은 채권자에게도 그 효력이 미친다(민집249Ⅳ). 이와 같이 법이 특정 제3자에게 기판력을 확장하는 이유는 권리관계의 획일적 확정의 필요가 있다는 점, 그리고 그 대상인 특정 제3자에게는 절차권이 보장되어 있기 때문이다.

(3) 일반 제3자에 대한 확장 – 대세효

의의

법은 제3자의 범위를 특정하지 않고 일반적으로 기판력이 확장된다고 규정하는 경우도 있다. 기판력이 확장되는 제3자는 기판력으로 확정된 법률관계와 관련이 있는 자이지만, 미리 그 범위를 정형적으로 확정할 수 없는 경우이다. 이러한 기판력의 확장을 대세효라고 부른다.

가사소송법2조가 규정하는 사건 중, 가류·나류 사건은 가
사법률관계의 안정을 도모하는 점에서, 청구인용의 기판력
은 일반 제3자에게, 청구배척(기각)의 기판력은 정당한 사유
없이 당해 소송에 참가하지 않은 경우에 한해 제3자에게 각각 미친다(가사소송법
21조). 다만, 가사법률관계의 존부를 확정하는 것이 아닌 소송판결은 이에 해당
되지 않는다.

이러한 소송에서는 해당 단체에 관여하는 주체가 다수에 이
르기 때문에, 단체의 운영을 원활히 하기 위해 다수인 사이
에 문제가 되는 법률관계의 획일적 확정이 필요하다. 또한
이로써 그러한 법률관계에 의해 파생되는 법률관계에 관한 분쟁도 발본적으로
해결할 수 있게 된다. 이러한 이유로 법은 일반적으로 회사·사단관계소송에서도
대세효를 규정한다.

예를 들어 설립무효 또는 설립취소소송의 판결(상190), 결의취소의 소(상376),
결의무효 및 부존재확인의 소(상380) 등이 있다. 다만, 어느 경우에나 기판력이
확장되는 것은 청구인용판결의 경우이고, 청구기각판결의 경우에는 확장되지 않
는다. 이것은 앞서 본 가사관계소송과의 차이점이다. 단체의 법률관계에서는 주
체가 복수이고 각자에게 제소할 권리를 인정할 필요가 있기 때문이다. 그러나
이사회결의무효확인판결은 대세효를 갖지 않는다고 해석된다(대판 1988.4.25, 87누
399. Case Note[10-14] 참조). 기판력이 확장되는 제3자에 대한 절차권보장의 방
법을 법은 규정하고 있지 않기 때문이다.

또한 청구기각판결이 내려지면 기판력이 확장되지 않고 재소할 가능성이
있지만, 이에 따른 법률관계의 안정을 위해 출소기한의 제한(상328 I 등)이라는
대책이 마련되어 있다(그 밖에 행정소송의 경우에도 청구인용의 판결은 대세효가 있지
만 청구기각의 판결은 그러하지 않다[행정소송법29조1항, 38조1항]).

(4) 제3자에 대한 절차권보장

특정 범위의 제3자에 대한 기판력 확장에서는 법이 그 제3
자에게 절차권이 보장되어 있음을 전제로 기판력을 확장하
고 있으므로 크게 문제되지 않는다.

일반 제3자에 대한 기판력 확장이라면, 먼저 가사관계소송

가사관계소송에서의 절차권보장

에서는 그러한 소의 당사자적격을 가장 밀접한 이해관계를 갖는 자나 적절히 소송수행을 할 수 있는 자에게만 인정된다. 또한 가사관계소송은 후술(제11장Ⅱ3(2) 참조)하는 필수적 공동소송이 되는 경우가 많은데, 이것은 이해관계인이 소송에서 배제되지 않도록 하기 위한 것이다. 또한 심리방식으로는 변론주의가 아닌 직권탐지주의가 채택되어 있고(가사소송법12조, 17조), 공동소송적 보조참가나 독립당사자 참가에 의해 제3자가 심리에 참가할 수 있다. 판결이 확정되어도 재심의 소를 제기할 수 있는데, 이것은 제3자가 부당한 손해를 받지 않도록 제도적으로 보장한 것이다.

회사·사단관계소송에서의 절차권보장

회사·사단관계소송에서도 가사관계소송과 유사한 대책이 마련되어 있다. 먼저 법은 당사자적격 중 원고적격을 규정하는 경우가 많다. 그러한 규정이 없더라도 해석상 원고적격자는 가장 밀접한 법률상의 이해관계를 갖는 자이다. 한편, 제3자의 절차권 보장으로 사해적 소송수행의 방지를 위해 처분권주의의 제한이나 변론주의의 제한이 주장되기도 한다. 그러나 이러한 소송에서도 법률관계의 형성 및 변동이 사인의 의사에 맡겨져 있다는 점을 간과할 수 없다. 따라서 처분권주의와 변론주의를 근간으로 하면서, 법원에 의한 화해의 통제나 제3자의 소송참가 등에 의해 사해적 소송수행을 방지해야 할 것이다. 그 밖에 상법 406조에 의해 사해재심의 소를 제기할 길이 열려 있다. 제3자의 절차보장을 위해 피고인 회사가 소제기를 공고하게 하는 것(상187 등)도 제3자에 의한 참가를 유도하는 것으로 실익이 있다.

6. 반사효

(1) 의 의

반사효는 학설에서 주장하는 판결효로서 판결의 부수적 효력을 말한다. 판결의 법률요건적 효력의 일종이라고도 말할 수 있다. 본래의 법률요건적 효력은 판결이 당사자에게 실체법적으로 일정한 효력을 부여하는 경우, 예를 들면 판결이 확정되면 시효가 진행하거나 변화하는 등(민178Ⅱ, 165Ⅰ 참조)의 효력을 의미

한다. 이에 따라 당사자가 아닌 제3자도 당사자와의 관계(의존관계나 종속관계)에 따라 일정한 실체법상의 지위를 취득하게 되고, 이로써 당사자에 대한 판결효가 제3자에게도 영향을 미친다는 것이 판결의 반사효라고 불리는 것이다. 반사효는 기판력과 달리 직권조사사항이 아닌 원용사항이고, 반사효를 받게 되는 제3자는 공동소송적 보조참가가 아닌 통상의 보조참가가 가능하다고 반사효를 주장하는 학설은 해석한다.

(2) 적용예

반사효를 주장하는 학설이 보통 반사효의 예로 드는 것은 다음과 같다. ① 주채무자와 채권자 사이의 주채무자승소판결은 제3자인 보증인에게 유리하게 반사효를 미친다. ② 합명회사와 채권자 사이의 회사채무에 관한 판결은 무한책임사원에게 반사효를 미친다. ③ 공유자의 1인이 제3자에 대해 공유물반환·방해배제청구에서 승소하면 다른 공유자에게도 유리하게 반사효가 미친다. ④ 연대채무자의 1인이 채권자에 대해 상계의 항변을 주장하여 승소판결을 받으면 다른 연대채무자에게 유리하게 반사효가 미친다. ⑤ 임대인과 임차인 사이의 임차권의 존재를 확정하는 판결은 전차인에게 유리하게 반사효가 미친다.

(3) 판례의 입장

판례(대판 1993.2.12, 92다25151. Case Note[10−13] 참조)는, 학설에서 주장하는 반사효를 인정하지 않고 기판력 자체의 문제로서 처리한다. 예를 들어 이전등기청구소송에서 패소한 원고가 피고로부터 해당 부동산의 이전등기를 받은 제3자에게 다시 피고를 대위하여 제3자 명의의 소유권이전등기말소청구소송을 제기하면, 앞서 확정된 패소판결의 기판력은 후소에 어떠한 효력이 미치는지가 문제된다. 판례는 전소판결의 기판력으로 인해 당사자적격(채권자대위소송으로서의 담당적격)이 없으므로 직권으로 후소를 부적법한 것으로 각하해야 한다고 해석한다.

(4) 반사효를 부정해야 하는 이유

학설이 주장하는 반사효에도 나름대로 판결의 실효성을 확보한다는 의미가 있지만, 다음과 같은 이유에서 판례의 해석이 보다 타당하다.

| 실체법상의 근거규정의 부재 |

실체법상의 근거규정이 없음에도 반사효에 의해 청구(제소) 할 수 없다는 결론을 도출하는 것은 매우 어려운 해석이다. 예를 들면 반사효 적용의 주요 형태인 ①의 주채무자승소판결에서 보증채무의 소멸이라는 효과를 도출하기 위해서는 실체법이 아닌 소송법상 기판력에 의해 그러한 효력을 도출해야 하기 때문이다(반사효가 아닌 기판력 자체로서 도출해야 한다).

| 기판력과의 실질적 동일성 |

또한 반사효는 사실상 기판력과 동일한 작용(제소 불가능)을 함에도 불구하고, 직권조사사항이 아닌 원용사항이고 공동소송적 보조참가가 아닌 보조참가가 가능하다는 해석은 기판력과 다른 반사효를 인정할 실익이 없음을 인정하는 것과 같다.

| 필수적 공동소송과의 관계 |

앞서 본 학설은 반사효를 적용하지 않으면 ①의 주채무자승소판결에서 실체법상 모순이 발생한다고 주장한다. 그러나 실체법상 모순이 발생하는 경우라면 그러한 소송은 모두 필수적 공동소송이 되어야 함에도, 주채무자와 보증인은 필수적 공동소송의 관계가 아니다. 또한 설사 주채무자와 보증인이 통상공동소송으로 병합되어도, 채권자를 포함한 3자 사이의 관계가 친족관계나 거래관계에 있으면 반드시 이해관계가 공통된다고는 볼 수 없고, 주채무자와 보증인 사이에 인부(認否)가 갈리는 경우에는 변론을 분리할 수도 있다. 이러한 특징은 반드시 실체법상의 모순 방지가 소송법상 관철될 수 없고 반사효가 꼭 필요한 것은 아니라는 점을 의미한다.

V. 집행력과 형성력

1. 집행력

판결이 이행판결(이행소송의 청구인용판결)이면 집행력을 갖는다. 집행력은 집행기관 또는 국가기관에 판결의 내용을 강제적으로 실현해 줄 것을 요구할 수 있는 권리이다. 후소법원에 대한 효력인 기판력과는 이 점에서 차이가 있다. 집행력에는 국가기관에 판결의 실현을 요구할 수 있는 것으로, 이행판결 이외에 확인판결이나 형성판결에도 인정되는 광의의 집행력이 있고, 가족관계등록부의 정정신청, 등기 변경 등의 신청, 그리고 집행정지·취소의 신청에서도 그 예를 찾을 수 있다. 반대로 협의의 집행력은 집행기관에 대해 청구권의 강제적 실현(강제집행)을 신청할 수 있는 권리를 말한다. 협의의 집행력이 인정되는 판결은 확정된 이행판결에 국한되고, 이 이행판결 그 밖에 화해조서, 공정증서, 지급명령 등을 집행권원이라 부른다(민집24, 56). 집행력의 자세한 내용은 민사집행법에서 다루게 된다.

2. 형성력

판결이 형성판결(형성소송의 청구인용판결)이면, 형성소송의 대상인 권리관계를 변동시키는 효력을 갖고 이것을 형성력이라 한다. 형성력에 관해서는 전술(제2장 I 3(4))한 형성의 소 부분을 참조하기 바란다.

제10장 # 소의 객관적 병합
- 복수청구소송

제10장에서는 소송의 대상인 청구가 병합되어 복수가 되는 경우를 다룬다.
하나의 소송에서 복수의 청구를 처리하는 특별한 경우로서
구체적으로는 소의 객관적 병합, 소의 변경, 중간확인의 소, 반소라는
4개의 형태로 나누어 그 구체적인 내용과 특징을 검토한다.

I. 서

1. 의 의

소를 제기할 때에는 보통 한 명의 원고가 한 명의 피고에게 하나의 청구를 주장한다. 그러나 복수의 당사자 사이에 복수의 청구가 소의 대상이 되는 경우도 있다. 이러한 경우 각각 별개의 소에 의해 개별적으로 처리한다면 당사자 쌍방이나 법원에게 복수의 소를 처리해야 한다는 부담을 주고, 재판의 내용도 모순될 우려가 있다. 이에 당사자나 법원은 각 청구를 하나의 소로 병합하여 심판하는 것이 경제적이고 편리하다는 점에서 관련 분쟁을 하나의 소에서 처리하려는 절차가 모색된다.

복잡소송형태 하나의 소로써, 당사자 사이에 복수의 청구를 처리하는 방법(소의 객관적 병합 또는 복수청구소송)과, 다수의 당사자 사이에 복수의 청구를 처리하는 방법(소의 주관적 병합 또는 다수당사자소송)이 그것이다. 양자를 합하여 복잡소송형태라고도 부른다. 복잡소송형태는 특히 복수 청구에 대응해야 하는 상대방당사자의 절차권을 침해할 우려가 있다. 따라서 통상의 소송과는 다른 특별한 요건(병합요건)이 추가된다.

2. 구 분

소의 객관적 병합은, 청구병합(253. 보통 협의로 말하는 소의 객관적 병합), 소의 변경(262), 중간확인의 소(264), 반소(269)에 의해 발생한다. 이 중에서 중간확인의 소는 소의 변경과 반소의 특별형태이다. 법원의 행위인 변론의 병합(141)도 소의 객관적 병합과 같은 결과가 초래된다. 또한 원시적 복수청구와 후발적 복수청구라는 기준으로도 나눌 수 있는데, 청구의 병합은 전자이고 그 나머지가 후자이다. 후발적 복수청구에서는 상대방의 방어, 효율적인 소송의 처리라는 점에서 전자의 요건에 더하여 추가적인 요건이 필요하다. 소의 객관적 병합을 정리하면 다음의 <도표 19>와 같다.

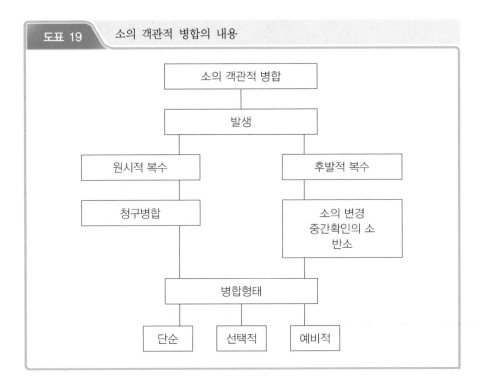

도표 19 　소의 객관적 병합의 내용

소의 객관적 병합

발생

원시적 복수　　후발적 복수

청구병합　　소의 변경 / 중간확인의 소 / 반소

병합형태

단순　선택적　예비적

II. 소의 객관적 병합

1. 의의와 요건

(1) 의 의

소의 객관적 병합은 원고가 하나의 소장으로 피고에게 복수의 청구를 주장함으로써 청구의 병합이 발생하는 것을 말한다(253). 피고의 입장에서도 개별적으로 제소 당하기보다 하나의 소에서 대응하는 것이 합리적이고 중대한 불이익을 받는 것이라고는 할 수 없다. 병합청구에는 관련재판적(25)이 발생하고, 병합에 의해 심리가 복잡해지면 변론을 분리할 수도 있다(141).

> **병합형태** 소의 객관적 병합에는 단순병합, 선택적 병합, 그리고 예비적 병합이라는 3가지 병합 형태가 있다. 선택적 병합이나 예비적 병합은 피고에게 불이익이 없어야 가능하고 피고의

방어권이 상실되면 불가능하다.

(2) 요 건

① 복수청구가 동종의 절차에 의하는 경우

병합된 청구를 동일한 심리준칙에 의해 처리해야 하는 점에서 필요한 요건이다. 따라서 소송절차와 비송절차, 그 밖에 소송절차 중 통상소송과 소액사건, 행정사건, 가사소송사건 등에서는 각 절차법에 특별한 규정이 있어야 병합할 수 있다(가사소송법14조1항, 행정사건소송법10조). 특별히 병합이 인정되었을 때 그 심리는 각 청구에 대한 심리방식이 개별적으로 적용된다. 즉, 변론주의가 적용되는 청구와 직권탐지주의가 적용되는 청구가 개별적으로 존재하는 것이 된다. 재심소송에 통상의 민사소송 청구를 병합할 수 있는지에 대해 판례(대판 1971.3.31, 71다8)는 불허하지만, 통설은 분쟁의 일회적 해결과 다른 병합제도와의 균형을 이유로 병합을 허용해야 한다고 해석한다.

② 각 청구에 관한 관할권의 존재

병합된 청구에 대해서는 독립된 청구로서 법원이 그 관할권을 가져야 한다. 그러나 전속관할이 따로 있는 청구가 아닌 한, 전술(제1장Ⅱ3(4))한 관할 부분에서 보았듯이 관련재판적이 인정된다.

③ 법률상의 병합금지조항의 부존재

위와 같은 요건을 갖추더라도 법률에 의해 청구의 병합이 금지되는 경우가 있다. 예를 들면 행정소송법10조, 가사소송법14조가 그것이다.

2. 병합의 형태

(1) 단순병합

단순병합은 양립(병립)하는 모든 청구에 대한 인용을 요구하는 병합형태이다. 따라서 모든 청구에 대해 인용판결이 가능하면 단순병합이다.

단순병합과
예비적 병합의
구별

예를 들어 목적물의 인도청구와 장래의 강제집행 불능에 대비한 손해배상청구(대상청구)를 병합하는 경우이다. 대상청구를 장래 강제집행의 불능에 대비한 것으로 하면 두 개 청구를 모두 인용할 수 있고, 현재 이행청구와 장래 이행청구의 단순병합이 된다(대판 1975.7.22, 75다450. Case Note[11-1] 참조). 대상청구의 인용 금액은 사실심변론종결시를 기준으로 산정한다(대판 1960.8.18, 4292민상733).

만일 목적물의 인도청구와 대상청구의 병합에서 장래 집행시가 아닌 변론종결시 현재의 이행불능에 대비한 대상청구를 병합하면, 이행불능이 되는 한 인도청구는 기각할 수밖에 없으므로 다음에서 보는 예비적 병합이 된다(대판 1962.6.14, 62다172 참조). 즉, 변론종결시 현재 이행불능이 아니라면 법원은 인도청구를 인용하고 대상청구에 대해서는 아무런 판단을 하지 않는다. 반대로 이행불능이면 인도청구를 기각하고 대상청구에 대해 판단한다. 그러나 인도청구가 인정되어도 어차피 집행시 이행불능이 될 가능성이 남아 있고 그렇게 되면 원고는 다시 대상청구로 소를 제기해야 하므로, 변론종결시 현재의 이행불능에 대비한 대상청구를 예비적으로 병합하는 것은 그다지 실제적이지 않다. 이러한 차이가 있기 때문에 원고로서는 명확히 병합의 형태를 정할 필요가 있다. 법원도 그 점이 명확하지 않으면 석명권을 행사해야 한다.

단순병합을 선택적 또는 예비적 병합으로 하는 경우

위와 같은 단순병합과 예비적 병합의 구별에서 보았듯이 당사자는 단순병합으로 제기해야 할 수개의 청구를 선택적 또는 예비적으로는 병합할 수 없다. 예를 들어 당사자가 단순병합으로 할 것을 예비적 병합으로 하였는데, 법원이 당사자에게 단순병합으로 보정하게 하는 등의 조치를 취하지 않고 본안판결을 하면서, 그중 하나의 청구에 대해서만 심리·판단하여 이를 인용하고, 나머지 청구에 대한 심리·판단을 모두 생략하는 판결을 하면, 이것은 단순병합청구에 대해 재판의 누락을 한 것이 된다. 이러한 판결에 대해 피고만이 항소하면 제1심법원이 심리·판단하여 인용한 청구만이 항소심으로 이심될 뿐, 나머지 심리·판단하지 않은 청구는 여전히 제1심에 남게 된다(대판 2008.12.11, 2005다51495. 주의해야 할 점은 단순병합된 2개의 청구 모두에게 판결이 내려진 경우와 혼동하지 말아야 한다). 결국 법원은 당사자가 단순병합을 예비적으로 병합해도 그러한 병합은 어디까지나 단순병합이고 본래의 이행청구가 인용되어도 당사자가 병합한 예비적 청구에 대한 판단을 생략할 수 없다(대판 2011.8.18, 2011다30666,30673).

(2) 선택적 병합

의의

선택적 병합은 복수의 청구에 대해 택일적으로 하나의 청구 인용을 요구하는 병합형태를 말한다. 선택적 병합은 보통 동일한 목적을 위해 양립하는 복수의 청구, 즉 청구권경합에서 인정할 필요가 있다. 다만, 구소송물론에서는 그 가능성 내지는 유효성이 인정되지만 신소송물론에서는 거의 실익이 없다. 신소송물론에서는 더 나아가 선택적 병합의 무효를 주장하는 견해도 있지만, 처분권주의가 인정되는 이상 일률적으로 당사자의 선택을 무시하는 것은 타당하지 않다. 참고로 민법380조의 선택채권(A 또는 B를 인도하라)에 의한 청구는 하나의 청구권만이 존재하므로 청구의 병합이 아니다.

복수의 청구가 양립하지만 반드시 동일한 목적을 갖는 것이라고 할 수 없는 경우에도 선택적 병합을 인정할 수 있는지 문제된다. 이에 대해서는 두 개 청구의 실질적 동일성에 착안하여 양립하는 청구의 선택적 병합을 인정할 수도 있을 것이다. 예를 들어 유산상속청구와 상속에 의해 취득한 재산의 공유지분확인청구를 선택적으로 병합하는 경우, 또는 불법행위에 의한 손해배상의무를 부동산으로 대물변제한다는 합의가 있지만 그 의무가 이행되지 않아 손해배상청구와 그 부동산의 이전등기청구를 선택적으로 병합하는 경우이다.

(3) 예비적 병합

예비적 병합은 양립할 수 없는(어느 하나만이 인정되는) 청구에 대해 그 심판에 순위를 붙여 요구하는 청구병합의 형태이다. 당사자가 우선적인 심판을 바라는 제1순위 청구를 주위청구(주위적 청구), 제2순위 청구를 부위청구(예비적 청구 또는 부위적 청구)라고 한다. 예비적 병합이 인정되려면 실체법상 양립할 수 없는 청구 중 어느 하나에 원고가 승소할 이익이 있어야 한다. 또한 병합된 청구를 예비적으로 심판해야 할 합리적 필요성이 존재해야 한다.

예비적 병합과 다른 병합의 차이점은 병합된 청구의 심판순서(조건)를 원고가 붙였다는 점이다. 즉, 법원은 주위적 청구를 먼저 심리하고 그것이 인정되지 않을 때 예비적 청구를 심리해야 한다. 일반적인 예비적 병합의 예는, 매매계약에 의한 대금지급청구와 매매계약무효에 대비한 매매목적물반환청구를 병합하는 것이다. 예비적으로 병합하는 이유는 단순병합이나 두 개의 개별적 제소에 의하면 별도의 심리·판단에 따른 모순된 사실인정 등으로 이중패소를 당할 사태를 방지하기 위해서이다.

○ 진정예비적 병합과 부진정예비적 병합

  예비적 병합을 위와 같은 진정예비적 병합 이외에도 부진정예비적 병합으로 구분하는 경우도 있다. 다만, 부진정예비적 병합이라는 개념을 만든 일본과 독일에서는 그 내용에 차이가 있다. 즉, 일본에서는 부진정예비적 병합을 양립할 수 있는 청구를 대상으로 하는 청구권경합이고 보통 선택적 병합으로 해석한다. 예를 들어 상계가 불가능한 불법행위에 기한 청구를 제1순위로 상계가 가능한 채무불이행에 기한 청구를 제2순위로 하여 병합했을 때, 법원이 그러한 순서에 따라 심리·판단했다면 부진정예비적 병합으로서 의미가 있다고 한다(대판 2002.9.4, 98다17145에서도 이러한 병합형태를 인정하였다). 부진정예비적 병합에서 법원이 주위적 청구의 일부를 기각하고 예비적 청구보다 적은 금액만을 인용하는 때에는 당사자에게 예비적 청구의 심리 여부에 관해 석명권을 행사하고 당사자의 의도에 따라 예비적 청구를 심판해야 한다(대판 2002.10.25, 2002다23598).

한편, 독일에서는 주위적 청구를 기각하면 예비적 청구를 심판할 필요가 없고 주위적 청구가 인정되어야만 예비적 청구를 심판할 수 있다는 병합을 말한다. 예를 들어 선결적 법률관계의 확인의 요구와 이를 전제로 하는 이행청구와의 병합이 그러한 병합의 예라고 주장된다.

3. 병합소송의 심판

(1) 병합요건의 조사

법원은 병합소송을 심판할 때 먼저 소송요건과 병합요건을 조사한다. 이러한 요건을 흠결하면 병합청구로 인정할 수 없지만 병합요건을 흠결하여도 당사자로서는 어차피 별소로 제기할 수 있으므로, 법원은 당사자의 편의를 위해 가능한 한 독립한 소송으로 처리하는 것이 바람직하다. 청구병합에서는 하나의 절차에서 심리되는 이상 개별청구에 대한 소송자료와 증거자료는 나머지 청구에 대해서도 동일한 소송자료와 증거자료가 된다. 이것은 후술(제11장 I 4)하는 주관적 병합에서의 공동소송인 독립의 원칙과는 다른 차이점이기도 하다.

(2) 심리·재판

① 단순병합

병합된 모든 청구를 심리·재판한다. 심리의 형태는 법원의 재량이지만 하나의 청구에 대해 내려진 판결에 대한 상소는 판결 전체의 확정을 차단하고 전 청구를 상소심으로 이전시킨다. 상대방에게 부대상소의 기회를 부여해야 하기 때문이다.

② 선택적 병합

선택적 병합은 이하에서 보는 예비적 병합과 달리 심리순서에 제한이 없지만, 그 외의 사항은 거의 예비적 병합과 동일하다. 상소를 하면 모든 청구가 이심된다. 청구인용판결에 대한 상소에서 상소심은 원심이 인용한 청구가 아닌 청구를 인용할 수 있다. 당사자는 하나의 청구가 기각되면 나머지 청구에 관한 심판을 받겠다는 의도였기 때문이다. 이때 원판결을 취소할 필요 없이 인용할 수 있고 원판결은 당연히 실효된다고 해석해야 할 것이다(그러나 판례는 제1심판결을 취소한 다음 새로이 청구를 인용하는 주문을 선고해야 한다고 해석한다[대판 1992.9.14, 92다7023]).

선택적 병합을 예비적 병합으로 청구한 경우

선택적 병합임에도 예비적 병합으로 하면 다음과 같이 처리된다. 즉, 병합의 형태가 선택적 병합인지 예비적 병합인지는 당사자의 의사가 아닌 병합청구의 성질을 기준으로 판단해야 한다. 항소심에서의 심판 범위도 마찬가지이다. 따라서 실질적으로 선택적 병합 관계에 있는 두 청구를 당사자가 예비적 병합으로 청구하였고, 제1심법원은 주위적 청구를 기각하고 예비적 청구만을 인용하는 판결을 선고하여 피고만이 항소를 제기하여도, 항소심은 선택적 병합으로 보고 두 청구 모두를 심판의 대상으로 삼아 판단해야 한다(대판 2014.5.29, 2013다96868). 다음에서 보듯이 예비적 병합이라면 항소심은 예비적 청구에 대해서만 판단해야 한다.

③ 예비적 병합

병합된 청구가 조건관계에 있으므로 법원은 예비적 병합에 대해 일괄적으로 처리해야 한다. 따라서 변론의 제한은 가능하지만 분리는 불가능하다(주위적 청구만을 기각 또는 각하하고 예비적 청구에 대해서는 아무런 판단을 하지 않으면 앞의 일부판결에서 다루었듯이 추가판결로 처리하는 것이 아닌 상소로써 처리해야 한다[대판(전) 2000.11.16, 98다22253]). 법원은 주위적 청구를 인용하든지 아니면 주위적 청구를 기각(각하)하면서 예비적 청구를 인용하거나 예비적 청구도 기각(각하)하게 된다. 어느 경우에나 원고나 피고는 상소를 제기할 수 있고 이에 대해서는 다음에서 다룬다.

4. 예비적 병합과 상소

(1) 서

| 주위적 청구
인용의 경우 |

먼저 주위적 청구를 인용하면 예비적 청구를 심리할 필요가 없고 주위청구인용판결에 대해서는 피고만이 상소의 이익을 갖는다. 이때 제1심에서 심판되지 않은 예비적 청구에 대해 제1심과는 달리 상소심이 주위적 청구를 기각하면 당사자의 심급 이익과 관계없이 심판할 수 있다(대판(전) 2000.11.16, 98다22253). 예비적 청구에 대해서는 제1심에서 아무런 심리나 판결도 없었던 것이므로, 원고의 부대항소가 필요하지 않은 점, 주위적 청구와 예비적 청구는 관련 청구로서 소송자료와 증거자료의 공통으로 인해 사실상 제1심에서 심리된 것이라고 해석할 수 있는 점, 그리고 원고는 항소심에서 소의 변경에 의해 추가적 병합이 가능하므로(262, 408) 이것과의 균형을 유지해야 한다는 점을 고려해야 하기 때문이다. 또한 제1심판결은 하나의 전부판결이기 때문이다. 주위적 청구를 인용하면 예비적 청구에 대해 심판할 필요가 없고 설사 예비적 청구에 대해 판단했다 하더라도 그 효력이 없다(대판(전) 2000.11.16, 98다22253).

| 예비적 반소로
병합된 경우 |

한편, 예비적 병합의 형태가 원고가 2개의 청구를 예비적으로 병합하는 것이 아닌 원고의 본소청구에 대해 피고가 예비적 반소를 제기하고, 제1심법원이 본소청구를 배척하고 피고의 예비적 반소도 각하하자 원고만이 제기한 항소의 처리방법이 문제된다. 제1심에서 피고의 예비적 반소를 각하한 것은 본래 효력이 없으므로(본소청구가 배척되었기 때문이다), 항소심은 피고가 항소를 제기하지 않아도 원고의 항소를 받아들여 원고의 본소청구를 인용하려면 피고의 예비적 반소청구도 심판대상으로 삼아야 한다(대판 2006.6.29, 2006다19061,19078).

(2) 주위청구기각·예비청구인용시의 상소심 심판의 범위

① 원고만의 상소

원고와 피고 모두가 상소의 이익을 갖고 어느 쪽의 상소이건 확정차단효가 발생한다. 원고만이 상소하였을 때, 상소심은 주위청구가 이유 있다고 판단하면 피고의 부대항소에 관계없이 예비적 청구인용부분도 실효됨을 명확히 한다는 점에서 판결주문으로 원판결의 취소를 하고 주위청구인용을 판결한다. 즉, 주위청구기각 부분도 확정이 차단되어 상소심으로 이심된다. 이 이유는 앞서 말한 바와 같이 하나의 전부판결이기 때문이다.

② 피고만의 상소

반대로 피고만이 상소를 제기하고 원고는 상소나 부대상소를 하지 않았을 때, 상소심의 심판범위가 문제된다. 즉, 상소심은 예비적 청구를 기각하는 대신 상소되지 않은 주위적 청구를 인용할 수 있는지 문제된다.

판례

상소심에서 판단의 대상이 되는 것은 무엇인지에 대해 판례 (대판 1995.2.10, 94다31624. Case Note[11-2] 참조)는 일관되게 다음과 같이 해석한다. 즉, 이심의 효력은 사건 전체에 미치지만, 원고가 부대상소를 하지 않았기 때문에 상소심의 심판대상으로 되는 것은 예비적 청구에 국한된다(따라서 제1심판결 중 주위적 청구기각 부분은 그대로 확정되고, 항소심은 제1심 판결 중 예비적청구인용 부분에 대해서만 심판하여야 한다). 판례의 해석은 상소를 제기한 피고에게 불이익하게 원판결을 변경할 수 없다는 점(법 415조의 불이익변경금지의 원칙), 그리고 어차피 원고는 상소를 제기하지 않았으므로 원고에게 부당하지 않다는 점을 이유로 한다. 이러한 해석은 학설에서도 큰 차이가 없다(통설).

인용할 수 있다는 해석

위와 같이 해석하면, 원고의 입장에서는 항상 자신도 부대상소를 해야만 한다는 것이 된다. 앞서 본 것처럼 주위청구 부분은 상소에 의해 상소심으로 이심되고 확정도 되지 않지만, 사실상 변경이 불가능해지므로 확정된 것과 거의 같은 결과를 초래한다. 그렇다면 상소를 제기하지 않아도 확정되지 않은 채로 이심된다는 논리는 그다지 합리적이지 않다. 또한 상소심에서는 예비적 병합이라는 점에서 필연적으로 예비적 청구 자체는 물론 주위적 청구와의 관계도 심리하게 되는데, 주위적 청구를 인용하고 싶어도 원고가 상소를 하지 않은 이상 예비적 청구부분만 취소해야 한다는 결론이 된다. 이러한 결론(원고의 전면패소)은 이중패소를 피하려고 예비적으로 청구를 병합하여 제소한 원고의 입장과는 모순된다. 이러한 점에서 원고가 명시적으로 부대항소를 제기하지 않아도 상소심이 주위청구부분도 심판할 수 있다는 해석도 주장되는 것이다. 그 논거는 정책적으로 예외를 인정하여 사적인 분쟁의 합리적인 해결을 꾀하자는 점, 하나의 불가분인 전부판결인 이상 상소심도 그 전부에 대해 심판해야 한다는 점, 그리고 위에서도 언급한 원고의 의사(전면패소를 피하려는)를 존중하자는 점이라고 정리할 수 있다.

인용할 수 있다는
해석이 타당하지
않은 이유 그러나 위와 같은 해석에 나름대로 일리가 있지만, 극복하기 어려운 점은 불이익변경금지의 원칙이다. 피고만이 상소하면, 처분권주의에 의해 피고가 요구한 불복의 범위(예비청구인용판결)에 법원은 구속된다. 따라서 피고가 예상치 못한 부분에 재판을 한다면 결국 불이익변경금지의 원칙에 저촉된다. 만일 원고의 이익을 보호해야 한다면 법원으로서는 부대항소를 촉구하는 석명권을 행사해야 할 것이다.

III. 소의 변경

1. 서

(1) 의 의

소의 변경은 소 계속 중에 그 소의 대상인 청구를 변경하는 것을 말한다 (262). 청구취지와 청구원인에 의해 특정된 청구를 변경하는 것이므로 청구취지·원인의 변경으로 이루어진다. 후술(Ⅴ)하는 반소도 소이므로 그 요건을 갖추면 반소의 변경도 소의 변경으로 허용된다(대판 2012.3.29, 2010다28338,28345).

소의 변경이
아닌 경우 그러나 다음은 소의 변경이 아니다. ㉠ 소취하가 되는 청구금액의 감축(청구금액의 확장은 소의 변경이 된다), ㉡ 임의적 당사자변경 등 당사자의 변경, ㉢ 청구취지를 명확하게 하기 위한 그 표시의 정정, ㉣ 공격방어방법의 변경은 소의 변경이 아니다.

(2) 종 류

소의 변경에는 새로운 청구를 추가하는 추가적 변경과 구청구를 신청구로 대체하는 교환적 변경이 있다. 후자는 구청구 취하에 해당되므로 피고의 동의가 필요하다(266Ⅱ)는 견해(다수설로서 동의가 없으면 추가적 변경이 된다고 해석한다)와 반대로 해석하는 견해(판례[대판 1962.1.31, 4294민상310]로서 변경 전후의 청구 기초사실이 동일한 점을 이유로 한다)가 있다. 추가적 변경에서 변경된 복수의 청구 관계는 앞서 본 소의 객관적 병합에서와 같은 3가지 형태로 구분된다.

(3) 인정되는 이유

청구의 변경이 소의 변경으로 인정되지 않으면 구소를 취하해야 하고, 만일 취하가 불가능하다면 두 개 소의 변론병합을 요구할 수밖에 없다. 소의 변경은 이러한 우회적인 절차보다는 권리의 신속한 보호와 소송경제를 위해, 가능한 기존의 소송의 결과를 그대로 이용하여 적절한 판결을 받을 수 있게 하려고 인정된 것이다. 원고에게는 매우 유리한 제도인 반면 피고는 상대적으로 기존의 소송결과를 감수해야 하고 구청구에 대해 본안판결을 받을 기회를 상실할 여지가 있다. 이러한 원고와 피고의 이익을 조정하기 위해 소의 변경은 청구 병합으로서의 기본적인 요건을 갖추는 것 이외에 추가적으로 다음과 같은 요건을 갖추어야 한다.

2. 소의 변경의 요건

(1) 소송절차를 현저히 지연시키지 않을 것

소의 변경을 인정해도 심리가 현저히 지연되지 않아야 한다(262Ⅰ단서). 항소심 계속 중에 하는 소의 변경에서는 이 요건을 엄격히 적용할 필요가 있다. 이 요건은 공익적 요건으로서 당사자의 합의에 의해 바꿀 수 없다.

(2) 사실심의 변론종결 전일 것

소의 변경은 새로운 청구를 주장하는 것이므로 신소의 제기와 유사하고 사실심 변론종결 전에 해야 한다. 항소심에서 하는 소의 변경도 제1심에서 하는 소의 변경과 요건에 차이가 없다(다만, 1심에서 전부 승소한 원고가 소의 변경만을 위해 항소를 제기하는 것은 인정되지 않고 부대항소에 의해야 한다[제12장 II 2(3) 참조]). 또한 소의 변경은 소송계속을 전제로 하므로 구소청구에 대한 소장송달 후에 할 수 있다. 소장송달 전의 변경은 소의 변경이 아닌 소장기재의 정정이다.

(3) 청구의 기초에 변경이 없을 것

① 의 의

소의 변경이 인정되려면 변경 전후의 청구 기초에 변경이 없어야(청구의 기초가 동일해야) 한다(262 I). 이것은 청구의 기초에 변경이 있다면 신청구를 소의 변경으로 주장하는 것이 불가능하고 새로운 소의 제기가 필요하다는 것을 의미한다. 청구 기초의 변경 여부에 대해서는 소송물론에 의해 차이가 발생할 수 있다.

청구 기초의 동일성과 소송물론
'청구의 기초'에서 말하는 청구란 소송물을 의미하는 것으로 풀이된다. 따라서 소송물의 변경이라면 소의 변경에 관한 요건을 구비하느냐에 따라 그것이 소의 변경이 되는 경우가 있고, 반대로 소송물의 변경이 아니라면 소의 변경 자체도 문제가 되지 않는다. 예를 들어 이전등기청구소송의 소송물은 각 등기원인에 따라 달라진다는 판례에 의하면, 등기원인의 변경이 소의 변경이 될 수 있지만(대판 1997.4.25, 96다32133; 대판 1997.4.11, 96다50520 등에서 이러한 소의 변경을 인정한다), 소송물을 넓게 파악하여 등기원인을 공격방어방법으로 본다면 소송물의 변경이 아니므로 소의 변경이 아니다.

소송물이 실질적으로 동일한 경우
다만, 예외적으로 변경 전후의 소송물이 실질적으로 동일하더라도 소의 변경이 인정된다. 예를 들어 파기환송된 항소심에서 원래의 부당이득반환청구에서 교환적으로 파산채권확정청구로 변경하는 경우이다. 여기서는 부당이득반환청구와 교환적으로 변경된 파산채권확정청구는 어느 것이나 파산채권자가 자신이 보유하는 동일한 채권을 회수하기 위한 것으로 그 목적이 실질적으로 동일하고, 부당이득반환청구라는 그 실체법상 법적 근거와 성질이 동일하며, 다만 파산절차의 개시라는 특수한 상황에 처하여 그 청구취지만을 이행소송에서 확인소송으로 변경한 것에 불과하다(대판 2013.2.28, 2011다31706). 실질은 동일하지만 권리구제를 위해 이행청구에서 확인청구로의 소의 변경이 인정되는 것이다. 특히 이러한 소의 변경에서는 구청구에 대해 판결로 확정된 부분은 신청구에 대해서도 다른 판단을 할 수 없게 한다.

② 판례의 입장

청구 기초의 동일성에 관한 판례의 전체적 특징은 청구의 근거가 되는 사실관계의 동일성에 중요한 포인트를 두는 점이다(학설은 약간의 견해의 대립이 있지만 결론상 큰 차이가 없다). 예를 들면 2개 청구의 심판의 기초가 되는 사실자료가 공통된 것(대판 1969.12.23, 69다1867 등), 청구의 수량적 확장(대판 1984.2.14, 83다카514. Case Note[11-4] 참조) 또는 각 청구가 동일한 생활사실 또는 경제적 이익에 관한 것(대판 1997.4.25, 96다32133 등)이라면 청구 기초의 동일성이 인정된다.

③ 피고의 동의가 있는 경우

청구 기초의 동일성이라는 요건은 기존 소송의 결과를 유용함으로써 발생될 수 있는 피고의 불이익을 방지하기 위해 존재한다. 따라서 설사 청구의 기초에 변경이 있더라도 피고가 그러한 변경에 동의한다면, 청구 기초의 동일성이라는 요건은 불필요하다(판례와 통설). 청구 기초의 변경에 대해 피고가 지체 없이 이의를 진술하지 않고 신청구에 관한 본안의 변론을 한 때에도 같다(대판 1982.1.26, 81다546 등). 항소심에서의 소의 변경에 대해 상대방이 이의 없이 응소한 경우가 그러하다.

3. 변경절차와 법원의 처리

(1) 변경절차

소의 변경 중 청구취지의 변경은 신소의 제기라는 의미를 가지므로 서면으로 해야 한다(262Ⅱ). 청구원인의 변경에 대해서는 규정이 없고 판례(대판 1965.4.6, 65다170 등)는 구술로도 가능하다고 해석하며, 학설에서는 긍정설과 부정설의 다툼이 있다. 신소의 제기라는 점에 비추어 본다면 청구원인도 소장의 기재사항으로서 그 변경은 서면으로 해야 할 것이다. 다만, 서면이 아니라도 이의권의 상실로 치유될 수 있다(대판 1982.7.13, 82다카262).

소의 변경은 신소를 제기하는 것이므로 변경 서면은 피고에게 송달되어야 한다(262Ⅲ). 또한 변경된 신청구에 대한 시효중단효는 그 서면이 법원에 제출된 때에 발생한다(265).

(2) 법원의 조치

소의 변경이 인정되는 경우

법원이 소의 변경신청을 인정한다면 그대로 신청구에 대해 심판한다. 이에 대해 피고가 다투면 변경허가결정을 하고(법 263조의 유추), 이 결정에 대해 피고는 불복할 수 없다.

소의 변경이 없는 경우

법원은 소의 변경이 없다고 판단(소송물이 변경되지 않는 경우)하였지만 당사자가 이를 다투면, 중간판결로서 또는 종국판결 중의 이유에서 그에 대한 판단을 한다.

소의 변경요건을 흠결한 경우

소의 변경에 해당하지만 그 요건을 흠결하면, 법원은 직권 또는 상대방(피고)의 신청에 따라 변경불허결정을 해야 한다(263). 변경을 불허하는 중간적 재판에 대해서는 독립한 불복수단이 없다(대판 1992.9.25, 92누5096). 또한 법원은 소의 변경불허가결정을 하지 않고 종국판결의 이유에서 변경불허의 판단을 할 수 있고, 불허가결정을 전제로 구청구에 대해 내려진 판결은 변경을 요구한 청구의 묵시적 각하를 포함하는 전부판결이다.

변경을 묵시적으로 각하한 전부판결에 대한 항소

이 전부판결에 대해 항소가 제기되면 신·구 청구가 이심되고, 항소심은 변경을 인정하면 스스로 신청구를 심판하거나 제1심으로 환송할 수 있다고 해석해야 할 것이다(소의 교환적 변경이라면 구청구에 대해서는 소송종료선언을 한다). 논자에 따라서는 임의적 환송을 폐지한 관계로 그러한 환송을 무리한 해석이라고 하지만, 필수적 환송이라는 원칙을 고수하면(특정 사유가 있어야만 환송할 수 있다고 한다면) 임의적 환송이 불가능하여 항소심은 제1심을 거치지 않은 신청구를 심리해야 하는 것이 되어 당사자의 절차권 보장에 문제가 있다. 법 418조의 반대해석(필수적 환송임에도 예외적으로 자판할 수 있으므로, 반대로 자판하여야 하는 경우라도 예외적으로 환송할 수 있다는 해석)으로 임의적 환송이 가능하다고 해석할 수 있을 것이다.

소의 변경신청에 대해 아무런 판단을 하지 않은 경우 법원이 소의 변경과 관련된 신청에 대해 아무런 판단을 하지 않은 채 구청구에 대해서만 심판한 경우, 그것이 추가적 변경이었다면 판례(대판(전) 2000.11.16, 98다22253)의 해석에 비추어 그 판결에 대해 항소를 제기할 수 있다. 항소심에서는 위와 같은 절차(자판 또는 환송)로 처리되어야 할 것이다. 반대로 교환적 변경이었다면 구청구에 대한 제1심판결은 취하된 청구에 대한 판결이 되기 때문에 항소심은 이를 취소한 후 구청구의 소송종료선언을 해야 하고, 신청구에 대해서는 제1심이 아무런 판단을 하지 않아 재판의 누락으로 제1심에 그대로 계속 중인 것이 된다(대판 2003.1.24, 2002다56987).

항소심에서의 소의 변경 항소심에 이르러 소가 교환적으로 변경되면, 구청구는 취하되어 그에 해당하는 제1심판결은 실효되고 신청구만이 항소심의 심판대상이 된다. 따라서 제1심의 일부인용판결에 대해 피고만이 항소하였고 항소심에서 원고가 소의 교환적 변경을 하면, 항소심은 구청구에 대한 재판에 해당되는 피고의 패소부분을 취소한다거나 원고의 청구를 기각한다거나 피고의 항소를 기각한다는 판결주문을 표시할 수 없다(대판 2009.2.26, 2007다83908 등). 그 주문에서는 예를 들어 "당심에서 교환적으로 변경된 원고의 청구를 기각한다"는 표시를 하는 것이 실무이다.

제1심판결에서 청구기각판결을 받은 원고가 항소한 후 항소심에서 예비적 청구를 추가하는 소의 변경을 하고, 항소심은 종래의 주위적 청구(제1심에서 제기한 청구)에 대한 항소가 이유 없고 예비적 청구를 인용한다면, 제1심판결 중 원고 패소 부분을 취소하는 것이 아니라, 원고의 항소를 기각하고 제1심으로서 새로이 추가된 예비적 청구를 인용해야 한다(대판 2017.3.30, 2016다253297).

위와 같은 내용을 정리하면 다음 <도표 20>과 같다.

〈도표 20〉 소의 변경신청의 처리

심급	변경신청	법원의 처리	불복 등
1심	변경신청 인정	신청구 심판	피고가 다투면 변경허가결정 = 불복불가능(항소로 불복)
	변경이 없는 경우	구청구 심판	원고가 다투면 중간판결 또는 중국판결 이유에서 판단 (항소로 불복)
	변경요건의 흠결	직권이나 신청에 의해 변경 불허결정 또는 종국판결 이유에서 판단하거나 구청구에 대해 판단(변경신청의 묵시적 각하)	항소로 불복
항소심	소의 변경신청의 묵시적 각하에 대한 항소	신·구청구가 이심, 변경인정 - 모든 청구에 대해 자판	교환적 변경이라면 구청구에 대해 소송종료선언, 신청구에 대해서는 재판의 누락
	1심 일부인용판결에 대해 피고가 항소하고, 원고가 항소심에서 교환적 변경신청	신청구기각이면, '당심에서 교환적으로 변경된 원고청구를 기각'	1심판결 피고패소 부분을 취소하거나 원고 청구기각 또는 피고 항소기각은 불가능
	1심 청구기각판결에 대해 원고가 항소하고 원고가 항소심에서 추가적 변경신청	1심판결인용이면 항소를 기각하고 추가적으로 변경된 신청구에 대해 1심으로 판결	1심판결 원고패소 부분을 취소하는 것은 불가능

$\mathbf{IV.}$ 중간확인의 소

1. 서

(1) 의 의

계속 중인 소에서 그 소송물의 전제가 되는 권리관계(쟁점이 된 법률관계)의 확인을 구하며 제기하는 소를 중간확인의 소라 한다(264). 예를 들면 원고가 피고를 상대로 부동산에 관한 소유권 이전등기청구의 소를 제기하여 소송을 진행하다가 그 부동산에 관한 소유권확인청구를 추가하는 것이다. 중간확인의 소는 소의 추가적 변경(소의 객관적 병합)의 한 형태이다(반대로 피고가 제기할 수도 있고 이것은 반소가 된다).

(2) 필요성

위의 예에서 이전등기청구소송의 판결은 소유권의 존부에는 그 기판력이 미치지 않지만, 중간확인의 소로 소유권확인을 함으로써 소유권의 존부를 둘러싼 분쟁을 사전에 예방한다는 목적이 있다. 즉, 기판력이 소송물에 한정된다는 이유 때문에 기초(전제)가 되는 권리관계의 확인을 병합하여 구한다는 점에 의의가 있다. 또한 중간확인의 소가 있기 때문에 기판력은 판결의 주문에만 발생하고, 판결의 이유에는 발생하지 않는다는 근거가 되기도 한다. 그러나 중간확인의 소는 그다지 이용되고 있지 않다.

2. 요 건

(1) 소의 변경으로서의 요건

중간확인의 소는 소의 변경(추가적 변경)으로서 일반적으로 소의 객관적 병합의 요건을 포함하는 소의 변경에 관한 요건(피고가 제기하였다면 반소의 요건)을 갖추어야 한다. 따라서 법정 전속관할의 부존재, 소송절차를 현저히 지연시키지 않을 것, 사실심 변론종결 전 등의 요건이 요구되고, 항소심에서도 중간확인의 소를 제기할 수 있다(대판 1973.9.12, 72다1436. Case Note[11-3] 참조). 그러나 전제가 되는 법률관계의 성립 여부에 관한 제소이므로, 소의 변경과는 달리 청구기초의 동일성이라는 요건은 당연히 갖춘 것이 된다. 또한 피고가 항소심에서 반소를 제기하면 원고의 동의가 필요하지만(412), 중간확인의 소를 제기하면 원고의 동의는 필요하지 않다.

(2) 확인의 소로서의 요건

또한 확인의 소로서의 요건(특히 다툼이 있는 권리관계에 관한 확인의 이익)을 갖추어야 한다. 중요한 것은 중간확인의 소라는 점에서 확인의 대상이 기존 청구의 전제가 되는 선결적 권리관계(조문상의 "쟁점이 된 법률관계의 성립 여부")이어야 한다는 점이다. 다툼의 유무는 중간확인의 소의 제소시점을 기준으로 판단한다.

추상적
선결관계설과
구체적
선결관계설

또한 선결성에 대해서는 그것이 본소의 승패에 영향을 미치는 법률관계이면 충분하다는 추상적 선결관계설과 선결관계가 실제로 본소의 승패를 좌우하면 인정된다는 구체적 선결관계설이 있다. 예를 들어 부동산에 대한 불법침해를 이유로 손해배상청구를 하는 본소에서 소유권확인의 중간확인의 소를 제기하였는데, 법원은 불법행위의 성립요건을 갖추지 못했다는 이유로 청구기각을 하려고 하면, 전자는 선결관계를 인정하지만 후자는 선결관계를 인정하지 않는다. 구체적 선결관계설에 의하면 중간확인의 소의 적법성이 지나치게 본소에 대한 법원의 판단에 얽매이게 되고, 그만큼 그 제소 가능성이 제한된다는 점에서 추상적 선결관계설이 보다 타당하다 할 것이다.

3. 절 차

(1) 신소로서의 취급

중간확인의 소도 하나의 소이므로 신소의 제기에 관한 요건에 준해 규율된다. 서면으로 해야 하고(264Ⅱ), 그 서면은 상대방에게 송달해야 한다(264Ⅲ). 그러나 절차의 위배는 상대방이 이의를 제기하지 않는 한 이의권상실로 치유된다. 또한 변호사의 특별수권사항인지가 문제되는데, 신소의 제기라는 점에서는 그렇지만 원래의 소의 전제 관계임을 고려한다면 아니라고 해석하는 것이 타당하다.

(2) 원래의 청구와의 관계

원래의 청구와 중간확인청구는 단순병합이고 그에 대해서는 하나의 전부판결을 해야 한다. 전제관계가 되는 이상 변론의 분리는 인정되지 않는다. 반면 소의 변경이나 반소에 해당하므로 기존의 소송결과를 이용할 수 있다. 또한 원래의 소가 취하되거나 각하되어도 중간확인의 소는 그 요건에 의해 소의 변경, 반소 또는 독립한 소로 취급할 수 있다(원고가 본소를 취하하면 피고는 중간확인의 소를 원고의 동의 없이 취하할 수 있다). 다만, 항소심에서의 중간확인의 소라면 제1심을 거치지 않는 소가 되는 관계로 이러한 처리가 불가능해진다(또한 후술[Ⅴ3] 반소 부분 참조).

V. 반 소

1. 의 의

반소는 피고가 원고의 청구(본소청구)에 대한 방어방법과 관련된 청구를 소를 제기함으로써 병합하는 것을 말한다(269). 원고는 소의 객관적 병합, 소의 변경 그리고 중간확인의 소에 의해 소를 병합할 수 있다. 피고는 중간확인의 소 이외에 반소에 의해 소의 병합을 할 수 있다. 반소는 독립된 소제기에 의해 주장할 수 있는 청구에 관한 것이지만, 본소청구와 병합심판을 받겠다는 점에 그 의의가 있다. 이와 같이 반소는 관련청구의 일회적 해결을 도모하고 피고에게도 병합의 기회를 인정하는 제도이다.

반소의 형태 반소청구와 본소청구의 관계는 단순병합(단순반소)이나 예비적 병합(예비적 반소)관계가 된다. 후자는 본소청구가 인용된다면 반소청구를 주장하겠다는 것이다. 그 밖에 반소의 병합이나 원고의 재반소도 인정된다.

2. 요 건

(1) 제소로서의 요건

반소는 하나의 제소이므로 사실심 변론종결 전까지 해야 한다(269 I). 또한 단순히 방어방법에 지나지 않는 반소, 예를 들어 본소에 대한 청구기각신청 이상의 적극적 내용이 내포되어 있지 않은 반소청구는 반소로서 청구할 소의 이익이 없다(대판 1964.12.22, 64다903). 또한 채권이행청구인 본소에 대해 동일한 채권에 관한 채무부존재확인의 반소도 그 청구의 내용이 실질적으로 본소청구의 기각을 구하는 데 그치는 것이므로 인정되지 않는다(대판 2007.4.13, 2005다40709,40716).

(2) 청구병합요건

반소도 소의 객관적 병합으로서 그 병합요건을 갖추어야 한다. 따라서 반소청구가 다른 법원의 전속관할에 속하지 않고(269 I 단서), 소송절차를 현저히 지연시키지 않는 경우이어야 한다(269 I 본문)는 등의 요건이 필요하다. 또한 피고가 원고 이외의 제3자도 반소피고로 추가하여 반소를 제기하는 경우, 그러한 반소가 필수적 공동소송이라면 법68조의 필수적 공동소송인 추가로서 적법하다(대판 2015.5.29, 2014다235042).

(3) 원고의 동의

항소심에서 제출하는 반소에 대해서는 원고의 동의가 필요하지만, 원고가 이의 없이 반소의 본안에 대해 변론을 하면 동의한 것이 된다(412). 이 요건은 원고의 심급의 이익을 보호하기 위한 것이다. 그러나 이러한 원고의 동의에 대해서는 완화된 입장을 보이는 것이 다수의 판례이다(대판 1969.3.25, 68다1094,1095). 즉, 판례의 입장은 원고의 심급의 이익을 해치지 않으면 원고의 동의는 필요불가결하지 않다는 것이다. 예를 들어 반소청구의 기초를 이루는 실질적인 쟁점이 제1심에서 본소의 청구원인 또는 방어방법과 관련하여 충분히 심리되고 상대방에게 제1심에서의 심급의 이익을 잃게 할 염려가 없는 경우(대판 2005.11.24, 2005다20064,20071), 소의 변경이나 중간확인의 소에 해당하는 것으로 그에 관한 요건을 갖춘 반소(대판 1969.3.25, 68다1094,1095), 소송물인 권리관계와 동일한 내용의 반소를 들 수 있다.

여기서 말하는 피고가 반소를 제기할 수 있는 항소심에는, 형식적으로 확정된 제1심판결에 대해 적법한 피고의 항소추후보완신청으로 개시된 항소심을 포함한다(대판 2013.1.10, 2010다75044,75051).

(4) 관련관계

필요성

위와 같은 요건에 더하여 반소가 인정되려면 소의 병합에 관한 일반적 요건 이외에도 반소 특유의 요건, 즉 본소청구와 반소청구와의 관련관계(관련성)가 있어야 한다(269 I 단서). 피고에게 쉽게 반소제기를 인정하게 되면 절차지연의 수단으로 반소가 남용되어 원고의 신속한 권리실현에 도움이 되지 않기 때문이다. 이와 같은 원고의 이익보호라는 취지에서 본다면 관련관계가 없어도 원고가 동의하면 반소를 제기할 수 있다. 또한 원고가 피고의 반소청구에 대해 이의를 제기하지 않고 변론을 하면 반소청구의 적법 여부에 대한 이의권을 포기한 것이 된다(대판 1968.11.26, 68다1886).

일반적으로 생각할 수 있는 관련관계의 예는, 저당권설정등기의 본소청구에 대한 그 피담보채무부존재확인의 반소청구, 교통사고에 기한 손해배상의 본소청구에 대한 동일사고에 기한 손해배상의 반소청구, 대금지급의 본소청구에 대한 반대채권의 상계항변과 그 초과부분의 반소청구, 소유권에 기한 인도를 구하는 본소청구에 대한 유치권항변과 그 피담보채권의 변제를 요구하는 반소청구이다.

또한 판례가 인정한 예로는 다음과 같은 것이 있다. 대지의 소유권이 자신에게 있음을 이유로 그 위에 설치된 가옥의 철거를 구하는 본소청구에 대해 그 소유권을 다투고 그 이전등기의 말소를 구하는 반소청구(대판 1971.12.14, 71다2314. Case Note[11−5] 참조), 건물에 대한 소유권이전등기말소의 본소청구에 대해 그 건물의 소유권이 원고에게 있어도 그 대지의 소유권은 피고에게 있다고 하여 그 건물의 철거를 구하는 예비적 반소청구(대판 1962.11.1, 62다307), 임대차 종료를 원인으로 한 건물인도 본소청구에 대해 피고인 임차인이 건물소유자인 원고가 그 건물에 대한 급수 및 전기공급을 단절하여 입은 손해의 배상을 구하는 반소청구(대판 1967.3.28, 67다116), 본소인 이혼청구에 대한 이혼의 반소청구(대판 1998.6.23, 98므15,22 등)에 관련관계가 인정된다.

3. 절 차

반소도 하나의 소이므로 본소의 절차에 따라 진행된다(270). 물론 본소청구에 병합하여 제기되기 때문에 반소라는 점을 명확히 해야 하고, 수수료는 본소청구의 경제적 목적과 중복하는 한 납부할 필요가 없다(민사소송등인지법4조2항). 또한 반소요건을 갖추지 못해도 하나의 소(독립한 소)로서 인정해야 할 것이다.

본소가 단독판사의 관할이고 반소가 합의부의 관할이면, 변론관할이 발생하지 않는 한 직권이나 당사자의 신청에 의해 결정으로 합의부로 이송해야 한다(269Ⅱ). 반소는 소의 병합으로서 본소청구와 병합하여 심리하는 것이 원칙이지만, 원고의 동의에 의한 관련관계가 없는 반소라면 변론을 분리할 수 있을 것이다(통설). 판결은 하나의 전부판결로서 본소와 반소에 대해 각각 판결주문을 작성한다. 피고가 본소청구를 다투면서 사해행위의 취소 및 원상회복을 구하는 반소를 적법하게 제기하였고, 법원이 반소 청구가 이유 있다고 판단하여 사해행위의 취소 및 원상회복을 명하는 판결을 선고하는 경우, 형성소송인 반소 청구에 대한 판결이 확정되지 않더라도 사해행위취소로 법률행위가 취소되었음을 전제로 하여 본소청구를 심리할수 있다(즉, 반소 사해행위취소 판결의 확정을 기다리지 않고 반소 사해행위취소 판결을 이유로 본소청구를 기각할 수 있다[대판 2019.3.14, 2018다277785,277792]). 실무상 소송비용의 재판은 특별한 사정이 없는 한 총비용에 관한 부담을 정하는 것이 보통이고, 예외적으로 본소와 반소를 모두 기각하게 되면 본소와 반소의 비용을 구분하여 부담을 정한다고 한다.

본소가 취하·
각하된 경우 반소는 본소청구로 인해 제기된 것이므로 본소가 취하되어도 반소에는 영향이 없고, 이때 반소 취하시에는 본소를 취하한 원고의 동의가 필요하지 않다(271. 대판 1970.9.22, 69다446).

한편, 본소의 청구포기나 부적법각하라면 본소취하와 동일하게 해석할 수 있을지 문제된다. 판례(대판 1984.7.10, 84다카298)는 취하와 달리 본소가 원고의 의사와 관계없이 부적법하다고 하여 각하됨으로써 종료된 경우까지 유추적용 할 수 없고, 원고의 동의가 있어야만 반소취하의 효력이 발생한다고 해석한다. 그러나 본소의 종료라는 점에서 반소를 제기한 피고의 입장에는 차이가 없다고 할 수 있고 취하와 동일하다고 해석해야 할 것이다.

항소심에서의
반소 항소심에서 하는 반소의 경우 항소가 취하되거나 각하되면 제1심을 거치지 않은 소가 되는데, 독립한 소라는 점에서 제1심으로 이송해야 할 것이다. 그러나 판례(대판 2003.6.13, 2003다16962,16979)는 항소가 부적법각하되면 반소에 대해 판결할 필요 없이 소송절차가 종료된다고 해석한다.

제11장   소의 주관적 병합
- 다수당사자소송

제11장에서는 앞서 본 청구의 병합이 아닌 당사자의 병합을 다룬다.
크게 공동소송과 소송참가로 구분된다. 그 구체적인 절차의 진행방법 등에
관해 통상공동소송과 필수적 공동소송, 소의 주관적 예비적 병합과
추가적 병합, 선정당사자, 각종 참가제도(보조참가, 독립당사자참가,
공동소송참가, 공동소송적 보조참가), 참가를 유발하는 소송고지
그리고 소송승계와 임의적 당사자변경 등을 설명한다.

제11장 소의 주관적 병합
– 다수당사자소송

I. 통상공동소송

1. 공동소송 개관

(1) 의 의

소송은 보통 원고 1인과 피고 1인으로 진행되지만, 권리의무의 내용에 따라서는 다수인이 하나의 소송에 관여해야 할 때가 있다. 법은 이러한 다수의 당사자가 관여하는 소송을 처리하기 위한 특별한 절차를 규정하고 있다. 이것을 공동소송, 소의 주관적 병합 또는 다수당사자소송이라고 부른다. 공동소송은 원고와 피고가 각각 1 대 1로 대립하는 개개의 소송이 아니라 하나의 소송으로 복수 당사자들 사이의 모든 분쟁을 일회적으로 해결한다는 목적을 갖는다. 그러나 공동소송을 수행하는 개별 당사자의 입장에서는 1 대 1로 진행되는 소송과는 달리 자신의 권리(절차권)가 제한될 우려가 있다. 이에 공동소송에서는 통상의 소송절차와는 다른 많은 특별한 요건과 절차가 마련되어 있는 것이다. 공동소송의 전체적 모습은 다음의 <도표 21>에서 보는 바와 같다.

〈도표 21〉 공동소송의 일반적 분류

병합시기	병합방법			병합형태
원시적 복수 (소제기시)	단순병합			통상공동소송 또는 필수적 공동소송
	예비적 선택적 병합			
소송 도중	예비적 선택적 병합			
	추가적 병합			
	소송승계			
	임의적 당사자변경			
	소송참가	보조인으로서 참가	보조참가	
			공동소송적 보조참가	
		당사자로서 참가	독립당사자참가	
			공동소송참가	

※ 그 밖에 공동소송의 특수형태로 선정당사자, 소송고지, 소송탈퇴가 있다.

(2) 종 류

공동소송에서는 원고 쪽 다수인을 공동원고 피고 쪽을 공동피고라 하고, 하나의 절차에서 모든 소송당사자에 관한 모든 청구가 심판된다. 따라서 1인이 한 소송행위의 효력이 나머지 당사자에게 어떤 영향을 미치는지 논의되고, 이것은 각각의 공동소송 형태에 따라 차이가 발생한다. 공동소송에는 크게 통상공동소송과 필수적 공동소송(고유필수적인 것과 유사필수적인 것으로 구분)이라는 두 가지가 있다. 공동소송은 소제기에 의해 발생하는 것 이외에도 후발적으로 소송참가나 주관적 추가적 병합 또는 변론의 병합 등에 의해서도 발생한다.

2. 통상공동소송의 의의

통상공동소송은 굳이 공동소송에 의하지 않더라도 개별소송이 가능한 공동소송을 말한다. 따라서 그 심리의 원칙은 이하에서 보는 바와 같이 공동소송인 독립의 원칙이 적용되고, 법원은 각 당사자 간의 변론을 분리할 수도 있다. 이 점은 합일확정을 통한 통일적 심판이 요구되는 필수적 공동소송과의 차이점이다.

3. 통상공동소송의 요건

특징 통상공동소송이 인정되기 위한 요건(65)은 다수당사자소송이 인정되는 기본적인 요건으로 모든 형태의 다수당사자소송에서 공통적으로 적용된다. 그러나 이러한 주관적 병합요건은 직권조사사항이 아니고 피고의 이의에 의해 판단된다(원고는 임의로 당사자가 되었으므로 문제되지 않는다). 이들 요건은 분쟁과 관계없는 자에게 병합심판을 강제하지 않기 위해 존재하기 때문이다. 물론 이러한 주관적 병합요건 이외에도 동종절차이며 관할권이 있어야 한다는 청구의 병합에서와 같은 요건이 추가된다. 여기서도 청구상호 간에 관련성이 있으면 관련재판적이 인정되지만 이하에서 보는 (3)의 요건은 그러한 관련성이 없어 관련재판적도 인정되지 않는다(25Ⅱ).

통상공동소송은 이하에서 보는 주관적 병합요건 중의 어느 하나에 해당되어야 한다.

(1) 권리의무가 공통인 때

공동소송인 사이에 소송의 목적이 되는 권리나 의무가 공통되는 경우를 말한다. 예를 들면 수인의 연대채무자를 피고로 하는 경우, 동일한 물건의 소유권 확인을 수인에게 제기하는 경우, 공동소유자가 당사자가 되는 목적물인도청구 등이 있다.

(2) 권리의무가 동일한 사실상 또는 법률상의 원인으로 말미암아 생긴 때

공동소송인 사이에 소송의 목적이 되는 권리나 의무가 사실상 또는 법률상 같은 원인으로 말미암아 생긴 경우이다. 예를 들면 주채무자와 보증인을 피고로 하는 경우, 동일사고의 다수의 피해자가 공동원고가 되는 손해배상청구 등이 있다.

(3) 권리의무가 동종(同種)이고 사실상 또는 법률상 동종의 원인으로 말미암은 것인 때

공동소송인 사이에 소송의 목적이 되는 권리나 의무가 같은 종류이고, 사실상 또는 법률상 같은 종류의 원인으로 말미암은 것인 경우를 말한다. 예를 들면 수통의 어음의 각 발행인에 대한 제소, 동종계약에 따른 수인의 매수인에 대한 제소, 임대인이 동일한 건물 내의 다수의 임차인에 대해 제기하는 차임청구 등이 있다. 청구상호 간의 관련성은 앞의 두 가지 요건에 비해 관련재판적이 인정될 만큼은 존재하지 않는다(25 II). 따라서 모든 공동소송인에 대해 독립한 관할권이 있어야 한다.

4. 통상공동소송의 심판 - 공동소송인 독립의 원칙

(1) 의 의

통상공동소송은 개별적인 제소 또는 응소도 가능한 경우이므로 공동소송의 당사자들에게는 독립된 지위가 인정된다. 이러한 원칙을 통상공동소송에서의 공동소송인독립의 원칙이라고 한다(66). 공동소송인은 자신에게 유리하게 소송을 수행할 수 있고, 반대로 자신이 한 행위는 다른 공동소송인에게는 영향을 미치지 않는다.

원칙의 내용

예를 들면 소송의 발생 또는 종료와 관련된 행위(소의 취하, 청구의 포기와 인낙, 화해나 상소의 제기)는 다른 공동소송인에게 영향을 미치지 않는다. 사실의 주장이나 자백 등 소송자료와 관련된 행위도 다른 공동소송인에게는 영향이 없다. 또한 공동소송인 중의 1인에 대한 소송절차의 중단이나 중지사유의 발생도 마찬가지이고, 공동소송인 중의 1인만이 상소를 해도 상소를 하지 않는 나머지에게는 영향이 없다. 이 점에서 통상공동소송에서는 판결의 내용이 각 공동소송인 간에 서로 모순될 가능성도 배제할 수 없다. 반대로 후술(II 4)하는 필수적 공동소송에서는 통상공동소송과 정반대의 결론, 즉 판결 결과의 합일확정으로 공동소송인들은 동일한 판결을 받는 것이 된다.

(2) 공동소송인독립의 원칙의 제한

한편, 공동소송인독립의 원칙을 관철한다면, 통상공동소송은 다른 공동소송인의 소송행위 내용을 알게 되고 이것을 자신에게 유리하게 사용하는 것에 불과하다. 이것과 위에서 본 각 공동소송인 간의 판결결과의 모순가능성을 고려하면 굳이 통상공동소송이라는 주관적 병합형태를 인정할 실익이 적어진다. 특히 통상공동소송이 되기 위한 요건(65)을 부과해야 한다는 의미도 퇴색한다. 이러한 이유로 다음과 같은 2가지 점에서 공동소송인독립의 원칙을 제한할 수 있는지 논의된다.

(3) 증거공통의 원칙

의의

통상공동소송이라도 일반적으로 인정(공동소송인독립의 원칙이 제한)되는 것이 증거공통의 원칙이다. 공동소송인 중의 1인이 제출한 증거는 다른 공동소송인에게도 그 원용 없이 증거가 된다는 원칙을 말한다. 증거공통의 원칙이 적용되기 때문에 공동소송인 중의 1인이 제출한 증거에 대해 다른 공동소송인에게는 그 증명력을 다투는, 예를 들어 제출한 증인에 대해 보충신문 내지 반대신문의 기회가 부여된다.

제한되는 이유

이러한 원칙을 인정하게 된 이유는 법관의 자유심증주의 때문이다. 즉, 하나의 심리를 통해 인정할 수 있는 사실은 하나이다. 증거조사를 통해 법관은 심증을 갖게 되는데, 만일 증거공통의 원칙이 인정되지 않는다고 하여 이러한 심증을 그 증거를 제출한 자에게만 사용할 수 있고 다른 공동소송인에게는 사용할 수 없다면, 하나의 심리를 통해 하나의 사실을 밝혀내야 하는 자유심증주의의 취지에 반하기 때문이다. 또한 하나의 심리로 분쟁을 일회적으로 해결해야 한다는 공동소송의 취지에도 반한다.

자백의 예외

그러나 자백은 당사자가 제출한 증거로서 판단하는 것은 적합하지 않고, 소송행위로서 공동소송인독립의 원칙이 적용되는 부분이다(대판 1971.2.9, 70다231). 자백은 불리한 행위가 되기 때문이다.

| 변론 전체의 취지 | 한편, 공동소송인 중의 1인에 의한 변론 전체의 취지는 증거조사의 결과와 유사한 것으로 그 공통을 인정해야 한다. |

변론 전체의 취지를 자유롭게 이용할 수 있는 것 또한 법관의 자유심증주의에서 볼 때 필수 불가결하기 때문이다. 자백이라면 다른 공동소송인에게는 효력이 없지만 법원은 공동소송인 중의 1인이 자백을 하였다는 점을 변론 전체의 취지로서 사실인정에 이용할 수 있다(통설).

(4) 주장공통의 원칙

| 원용의 필요성 | 통상공동소송인 중의 1인이 한 주장은 증거와 같이 이를 원용하지 않은 다른 공동소송인도 주장한 것으로 보고 소송자료로서 사용할 수 있는지 문제된다. 판례(대판 1994.5.10, 93 |

다47196. Case Note[12-1] 참조)는 사용할 수 없다고 해석한다. 그 이유는 변론주의가 적용된다는 점이다. 학설은 명시적 원용이 필요하다는 견해와 묵시적 원용을 인정할 수 있다는 견해가 있다.

판례가 변론주의를 근거로 한 것은 아마도 소송자료의 설정은 당사자에게 맡겨져 있다는 주장책임을 고려한 것으로 이해할 수 있다. 변론주의에 의해 당사자는 특정한 사실을 심리의 대상으로 할 수 있고 이러한 내용 자체가 공동소송인독립의 원칙에 포함되어 있는 것이므로, 판례의 입장은 타당하다. 증거조사를 위한 특정 사실의 주장은 당사자에게 맡겨져 있는 것이고, 당사자가 주장하지 않은 사실을 주장했다고 하는 것을 증거공통의 원칙의 예외를 인정하는 근거로, 즉 자유심증주의로 합리화할 수 없기 때문이다.

| 묵시적 원용의 가능성 | 다만, 공동소송인 중의 1인이 한 행위가 다른 공동소송인에게도 유리하다면 그 원용의 정도를 합리적으로 해석할 필요가 있다. 예를 들면 공동소송인 중의 1인이 한 주장과 모순 |

되지 않으며 그것을 전제로 다른 공동소송인이 소송수행을 한 경우이다. 이때 적극적으로 또는 명시적으로 원용하였다고 할 수 없어도 당사자의 의사 해석으로 묵시의 원용을 충분히 인정할 수 있을 것이다.

II. 필수적 공동소송

1. 서

필수적 공동소송은 공동소송인독립의 원칙이 적용되지 않고, 모든 당사자에 대한 판결의 내용이 합일적으로 이루어져야 하는(같은 원고[또는 같은 피고]라면 모두 그 승패가 같아야 하는 원칙을 말하고 '합일확정'이라 불린다) 공동소송형태를 말한다. 필수적 공동소송은 다음과 같은 두 가지 형태, 즉 소의 제기는 개별적으로 가능하지만 일단 다수인이 공동소송인이 되면 합일확정의 필요성이 있는 유사필수적 공동소송과, 개별적인 제소가 불가능하고 다수인이 공동소송인이 되어야만 하는 고유필수적 공동소송으로 구분된다. 따라서 고유필수적 공동소송이라면 공동소송인 중 한 명이라도 소송요건에 흠이 있으면 전원의 소를 각하하고, 유사필수적 공동소송이라면 흠이 있는 당사자의 부분만 분리하여 각하한다.

2. 유사필수적 공동소송

(1) 의 의

유사필수적 공동소송은 각 당사자에게 개별적으로 당사자적격이 인정되지만(단독으로 원고나 피고가 될 수 있지만) 당사자가 되지 않아도 당사자적격을 갖는 모두에게 판결의 효력이 미치게 되어, 그러한 자들이 공동소송인이 되면 합일확정의 필요성이 요구되는 필수적 공동소송을 말한다. 예를 들어 원고 또는 피고가 한명이어도 되지만, 일단 공동으로 당사자가 되면 판결의 모순저촉을 피하기 위해 합일확정이 요구되는 공동소송의 형태이다. 따라서 유사필수적 공동소송인지 여부는 판결의 효력을 받게 되는 자가 공동소송인이 되었는지에 달려 있다.

(2) 예

유사필수적 공동소송이 되는 예로는 회사관계소송이나 가사관계소송의 경우가 대부분이다. 당사자가 되지 않은 자에게도 판결효가 확장되는 경우가 많기 때문이다. 공동원고가 제기하는 주주총회결의취소 또는 무효확인의 소나 회사의 합병 또는 설립의 무효나 취소에 관한 소, 이사회결의무효확인의 소(대판 1963.12.12, 63다449)가 있고, 그 밖에 공동원고가 제기하는 혼인무효 또는 취소의 소 등이 있다.

(3) 다수의 채권자가 제기한 대위소송의 경우

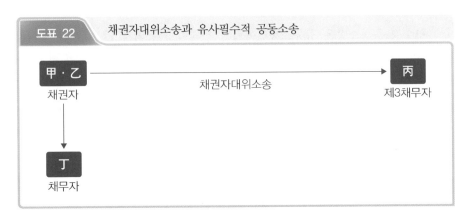

한편, <도표 22>에서 보듯이 채무자 丁의 채권자인 甲과 乙이 공동원고가 되어 제3채무자 丙을 상대로 제기한 채권자대위소송은 어떠한 형태의 공동소송인지 문제된다. 채권자대위소송의 판결은 원고가 되지 않은 다른 채권자(만일 원고가 되지 않은 乙)에게 직접 미치지 않지만, 대신 채무자 丁에게 미치게 되는 점에서 합일확정의 필요성이 요구되는지(甲은 승소하고 乙은 패소해도 되는지) 문제되기 때문이다.

판례

판례(대판 1991.12.27, 91다23486. Case Note[12-2] 참조)는 채무자인 丁에게 판결의 효력이 미치기 때문에 유사필수적 공동소송이 된다고 판단하고 있을 뿐, 반대로 이하의 학설에서 보듯이 반사효가 甲과 乙에게 미치는 관계로 유사필수적 공동소송이 된다고는 언급하고 있지 않다.

학설

통설은 판결효로서의 반사효가 甲과 乙에게 미치기 때문에 유사필수적 공동소송이 된다고 해석한다.

유사필수적 공동소송이 되는 이유

그러나 앞서(전술[제9장 IV 6] 판결효로서의 반사효 부분) 보았듯이 통설에서 근거로 하는 반사효라는 판결의 부수적 효력을 인정할 실익은 적고, 유사필수적 공동소송이라 해석하기 위해서는 채무자인 丁에게도 기판력이 미치게 되어 丁이 자신의 채권을 행사할 수 없다면 甲과 乙도 대위행사가 불가능하다는 논거를 제시할 필요가 있다.

채권자대위소송에서의 채권자와 채무자의 관계는 학설에서 말하는 판결효로서의 반사효를 의미하는 것은 아니고, 본인이 할 수 없는 것은 담당자도 할 수 없다는 소송담당에 따른 소송법상의 효과(판결효가 아니다)를 의미한다고 해석해야 할 것이다. 채무자인 본인에게 기판력이 미치는 관계로 그에 따른 소송법상의 효과로서 채권자도 영향을 받게 되는 점을 감안해야 하기 때문이다. 따라서 채권자대위소송에서 청구기각판결이 내려지면 원고가 되지 않은 다른 채권자도 대위권을 행사할 수 없게 된다. 채권자대위소송 이외에도 유사한 소송담당으로서 복수의 주주에 의한 주주대표소송을 예로 들 수 있다.

3. 고유필수적 공동소송

(1) 의 의

고유필수적 공동소송은 앞서 본 유사필수적 공동소송과 달리 **제소 단계에서부터 공동소송이 강제되는 필수적 공동소송을 말한다.** 즉, 필수적 당사자 모두가 당사자가 되지 않는 한 부적법 각하되는 경우이다. 특정 소송이 고유필수적 소송이면, 원고측 고유필수적 공동소송은 모든 당사자가 원고가 되지 않는 한 제소가 불가능하고 제소를 거부하는 자에게 제소를 강제할 수단도 없다. 원고측 고유필수적 공동소송(예를 들어 토지 공유자가 원고가 되는 경계확정소송)에서 원고가 되는 것을 거부하는 자가 있을 때, 일본 최고재판소는 제소가능성을 확보하기 위해 그러한 자를 피고로 하는 것을 인정하였다.

반대로 피고측이라면 제소가 약간 쉬워지지만 모든 피고를 찾아내야 하는 어려움이 있다. 따라서 고유필수적 공동소송이 인정되려면 그에 따른 특별한 요건이 필요하고 이것은 청구의 실체법적 성격에 좌우된다. 왜냐하면 특정 청구에 관한 소송에서 꼭 당사자가 되어야 하는 정당한 권리자는 누구인가라는 당사자 적격의 문제이기 때문이다.

(2) 고유필수적 공동소송이 되는 일반적인 경우

① 관리처분권이 수인에게 귀속된 경우

고유필수적 공동소송으로는 소송의 대상인 권리관계의 관리처분권이 수인에게 귀속된 경우가 있다(판례[대판 1965.6.20, 64다412]·통설).

예를 들면 수인의 소송담당자에게 관리처분권이 귀속되어 있는 수인의 파산관재인, 수인의 정리회사관재인 그 밖에 수인의 수탁자와 수인의 선정당사자이다. 유증의무의 이행을 구하는 소송에서 피고가 되는 수인의 유언집행자도 마찬가지이다(대판 2011.6.24, 2009다8345).

② 타인 간의 권리관계의 변동을 요구하는 경우

관리처분권이 공동으로 귀속되어 있다고 할 수 있는 타인 간의 권리관계의 변동을 요구하는 경우에도 그러한 타인은 고유필수적 공동소송인이 된다.

예를 들면 제3자가 제기하는 혼인무효·취소소송에서의 부부(대판 1965.10.26, 65므46), 청산인해임의 소에서의 회사와 청산인(대판 1976.2.11, 75마533), 집합건물의 구분소유자들이 집합건물의 소유 및 관리에 관한 법률24조3항에 근거하여 관리인의 해임을 구하는 소에서의 관리단과 관리인의 경우가 있다. 또한 제3자가 그러한 관계의 무효나 취소를 구하는 경우로서 친자관계를 직접적인 대상으로 하는 소에서 피고가 되는 부모와 자(子)가 고유필수적 공동소송인이 된다(대판 1970.3.10, 70므1). 입양무효·취소의 소의 공동피고로 된 양친자(養親子), 인지무효·취소의 소의 공동피고로 된 인지자와 자(子), 공유자가 제기하는 공유물분할소송에서의 공유자 전원, 경계확정소송의 피고가 되는 공유자 전원은 고유필수적 공동소송에 해당된다.

(3) 공동소유에서의 문제

보통 고유필수적 공동소송 여부가 문제가 되는 것은 공동소유의 경우이다.

① 총유의 경우

| 원칙 | 총유는 공동소유자의 지분권이 인정되지 않으므로(민276 I), 원칙적으로 총유재산의 관리 및 처분에 관한 소송은 그 단 |

체의 명의로 사원총회의 결의를 거쳐 하거나 또는 구성원 전원이 당사자가 되어야 한다(대판 1994.5.24, 92다50232 등). 이러한 해석은 이하에서 보는 합유가 구성원 각자가 개별적으로 관리처분행위를 할 수 있는 경우와 차이가 있다.

보존행위의 경우 한편, 총유물의 보존행위에 관한 소송은 구성원이 개별적으로 제소할 수 있다고 풀이해야 할 것이다(민276 II 참조). 과거의 판례(대판 1994.4.26, 93다51591 등)는 그러한 해석이었지만, 총유재산의 보존행위로서 소를 제기하는 경우에도 고유필수적 공동소송이 된다고 판례(대판(전) 2005.9.15, 2004다44971. Case Note[12−3] 참조)가 변경되었다. 그 이유는 총유는 공유나 합유처럼 보존행위를 그 구성원 각자가 할 수 있다는 규정(민265 단서 또는 272 단서)을 두고 있지 않다는 점이다. 판례의 변경은 단순히 민법의 규정만을 비교하여 도출된 이론으로서 제소가능성의 확보를 위해서도 고유필수적 공동소송의 범위 축소를 추진할 필요가 있고, 또한 민법276조2항에 의해 사용수익은 개별적으로 할 수 있다는 점에서 보았을 때 의문이다.

② 합유의 경우

원칙 합유는 지분권이 인정되지만 그 지분권의 처분이나 분할에 제한이 가해지므로 총유와 동일한 결론이 되는 것이 원칙이다. 이것은 관리처분권이 합유자 전원에게 귀속되어 있기 때문이다. 따라서 합유인 조합재산에 속하는 권리(채권)에 관한 소송(대판 1967.8.29, 66다2200 등)은 합유자 전원이 당사자가 되어야 한다. 조합의 재산에 속하는 분양대금청구권을 행사하여 그 지급을 구하는 소를 제기하는 경우에도 마찬가지이다(대판 2012.11.29, 2012다44471). 위와 같이 합유재산에 관한 소는 전원이 당사자가 되지 않으면 제소가 불가능하지만, 합유라면 보통 임의적 소송담당이 인정된다(제4장 III 3(3)③).

예외 – 보존행위가 되는 경우 그러나 합유재산의 보존행위는 각 구성원이 독자적으로 할 수 있으므로(민272 단서), 합유물에 관해 경료된 원인무효인 소유권이전등기의 말소를 구하는 소송은 합유물에 관한 보존행위로서 합유자 각자가 할 수 있다(대판 1997.9.9, 96다16896). 또한 조합의 채무는 각 조합원의 채무로서 그 채무가 불가분의 채무이거나 연대의 특약이 없는 한, 조합채권자는 각 조합원에 대해 지분의 비율에 따라 또는 균일적으로 변제의 청구를 할 수 있기 때문에 그러한 소송은 고유필수적 공동소송이 아니다(대판 1985.11.12, 85다카1499 등).

(4) 공유의 경우

원칙

공유도 그 관리처분권 귀속의 내용에 따라 고유필수적 공동소송인지 여부가 결정된다. 즉, 보존행위가 아니라면 고유필수적 공동소송이고 보존행위라면 각 공유자가 단독으로 소를 제기할 수 있다(통설).

고유필수적 공동소송이 되지 않는 예

판례(대판 1965.6.20, 64다412)는 공유자를 상대로 제기된 이전등기청구소송은 그 관리처분권이 공동에 속하지 않는다는 이유에서 고유필수적 공동소송이 아니라고 해석한다. 즉, 공유자를 피고로 하는 소송(수동소송)이라면, 소유권 확인 및 등기말소청구(대판 1972.6.27, 72다555) 등은 고유필수적 공동소송이 아니다. 그 이유는 일반적으로 관리처분권이 각 공유자에게 분속되어 있다는 점에 있다. 이에 덧붙여 공유자의 채무를 불가분채무로 보고 불가분채무의 이행은 각자가 전부를 이행할 의무를 진다는 논거를 추가할 수 있다. 따라서 타인 소유의 토지 위에 설치되어 있는 공작물을 철거할 의무가 있는 수인을 상대로 그 공작물의 철거를 청구하는 소송은 고유필수적 공동소송이 아니다(대판 1993.2.23, 92다49218).

또한 공유자가 원고가 되는 소송(능동소송)이라면, 공유물에 관한 각 공유자의 보존행위에 속하는 소송은 단독 제소가 가능하다. 공유물의 인도청구(대판 1969.3.4, 69다21), 방해배제청구, 등기말소청구, 구분소유자가 제기하는 아파트에 발생한 하자와 관련된 손해배상청구(대판 2012.9.13, 2009다23160) 등이다. 또한 공동명의로 담보가등기를 마친 수인의 채권자가 각자의 지분별로 별개의 독립적인 매매예약완결권을 가지고 있다면, 그 채권자 중 1인은 단독으로 자신의 지분에 관하여 가등기담보 등에 관한 법률이 정한 청산절차를 이행한 후 소유권이전의 본등기절차 이행청구를 할 수 있다(대판(전) 2012.2.16, 2010다82530).

한편, 공유자 전원에게 관리처분권이 귀속된 공유재산 자체에 관한 공유권의 확인소송(대판 1994.11.11, 94다35008), 공동상속인이 다른 공동상속인을 상대로 어떤 재산이 상속재산임의 확인(유산확인)을 구하는 소송(대판 2007.8.24, 2006다40980. 다만, 공동상속재산의 지분에 관한 지분권존재확인을 구하는 소송은 고유필수적 공동소송이 아니라 통상공동소송이다[대판 1965.5.18, 65다279]), 공유재산 자체에 대한 이전등기청구소송(대판 1961.5.4, 4292민상853), 준공유에 해당하는 청약권에 의해 청약의 의사표시를 하고 그에 대한 승낙의 의사표시를 구하는 소송(대판 2003.12.26, 2003다11738)은 고유필수적 공동소송이다.

4. 필수적 공동소송의 심판

(1) 합일확정의 필요성

필수적 공동소송에서는 합일확정을 통한 재판의 통일이 요구된다. 이것은 필수적 공동소송의 존재이유이기도 하다. **합일확정의 필요성은 모든 공동소송인에 대한 소송 결과의 통일이다.** 즉, 당사자가 복수라도 하나의 팀(원고 또는 피고)으로서 그 구성원에게 동일한 승패가 내려진다는 의미이다. 공동소송인 간의 승패가 제각기 나누어질 수 있다는 공동소송인독립의 원칙과의 차이점이다. 물론 변론의 병합을 통해서도 유사한 결과가 초래되지만, 이것은 어디까지나 사실인정의 통일에 불과하고 법적인 의미에서 재판의 통일까지를 의미하는 것은 아니다.

(2) 소송자료의 통일 – 공동소송인 1인을 둘러싼 소송행위의 효력

① 공동소송인 중의 1인이 한 유리한 행위

공동소송인 중 1인이 한 소송행위는 그것이 유리한 것이라면 다른 공동소송인에게도 효력이 발생한다(67 I). 공동소송인은 이익공동체라는 입장에서 유리한 소송행위라면 전원이 승소하려는 것이고 합일확정의 필요성에 반하지 않기 때문이다.

② 공동소송인 중의 1인이 한 불리한 행위

반대로 공동소송인 중 1인이 한 불리한 소송행위는 공동소송인 전원은 물론 그것을 한 자에게도 효력이 발생하지 않는다. 이를 인정하면 판결의 결과가 모순되고 합일확정을 기할 수 없기 때문이다. 여기서 유·불리의 구분은 공동소송인의 입장을 기준으로 결정할 수밖에 없다. 상대방의 주장을 다투고 적극적으로 자신들의 권리를 주장하는 것은 유리한 행위이고, 상대방의 주장을 다투지 않고 자신들의 권리를 포기하는 행위는 불리한 행위이다. 따라서 예를 들어 패소를 의미하는 공동피고 중 1인이 한 청구인낙(대판 1996.12.10, 96다23238. Case Note[12-4] 참조), 화해를 하거나 상소권을 포기하는 것은 불리한 행위가 되고, 반대로 공동피고 중 1인이 원고의 주장을 다투는 항변, 부인, 상소의 제기 등은 유리한 행위이다.

소의 취하 — 한편, 소의 취하는 고유필수적 공동소송이라면 필수적 당사자의 이탈로 소가 부적법한 것이 되어 불리한 행위가 된다 (대판 1996.12.10, 96다23238). 그러나 유사필수적 공동소송이라면 제소 자체가 강제되는 것이 아니므로, 소송에서 탈퇴해도 소가 부적법한 것이 되지 않고 취하가 가능하다. 예를 들어 고유필수적 공동소송인 공유물분할 소송이 항소심 계속 중에 당사자인 공유자의 일부 지분이 제3자에게 이전되었다면, 항소심 계속 중에 승계참가나 소송인수 등의 방식으로 그 일부 지분권을 이전받은 제3자가 당사자가 되지 않으면 부적법하게 된다(대판 2014.1.29, 2013다78556). 만일 그것이 유사필수적 공동소송이라면 부적법하지 않다.

③ 상대방이 한 행위

공동소송인 중 1인이 하는 행위와는 달리 상대방이 공동소송인 중 1인에게 하는 행위는 다른 공동소송인에게도 효력이 발생한다(67Ⅱ). 상대방은 전체로서 하나의 당사자와 소송을 수행하는 것이 되기 때문이다. 또한 이것은 소송절차의 효율적인 진행을 위해서도 필요불가결하다. 다만, 법원이 공동소송인에게 기일의 소환 등을 할 때에는 공동소송인 전원에게 해야 한다.

(3) 소송진행의 통일

필수적 공동소송에서는 공동소송인 전원에 관한 하나의 절차를 통해 재판을 한다는 소송진행의 통일이 요구된다. 따라서 변론의 분리나 일부판결이 불가능하다. 또한 공동소송인 1인에 대한 중단이나 중지의 사유는 공동소송인 전원에게도 동일한 사유가 된다(67Ⅲ). 따라서 공동소송인 중의 1인이 상소를 제기하면, 그것은 유리한 행위로서 다른 공동소송인에게도 효력이 미치므로 전원이 상소를 제기한 것이 되고, 전원에 대해 원판결의 확정차단과 이심의 효력이 발생한다(대판 1991.12.27, 91다23486 참조). 반대로 상대방이 공동피고 중의 1인에 대해 상소하였다면, 전원에 대해 상소를 제기한 것이 된다. 상소기간의 도과도 공동소송인 전원에게 해당되어야 한다(반대로 통상공동소송이라면 개별적으로 도과 여부를 판단한다).

상소심에서의
처리 필수적 공동소송에서 상소를 제기하지 않거나 상소를 제기 당하지 않은 공동소송인은 상소심에서 어떤 지위를 갖는지 문제된다. 상소심에서는 단순히 상소심당사자가 된다는 상소심당사자설이라는 견해(통설)도 있고, 판례는 명확하지 않지만 학설과 동일하다고 해석되는 것도 있다(대판 1993.4.23, 92누17297 참조). 그러나 필수적 공동소송의 심판원칙에 의해 공동소송인 중의 1인이 상소하면 나머지 공동소송인도 상소를 한 것이 되므로 상소인으로 다루고, 공동소송인 중의 1인에 대해 상소하면 나머지 공동소송인에게도 상소한 것이 되므로 피상소인으로 해석하는 것이 타당하다. 예를 들어 필수적 공동소송인 중의 1인이 상소를 제기하여 모두가 상소한 것이 되었을 때, 상소취하를 하려면 모두가 해야 하기 때문이다(대판 2017.9.21, 2017다233931 참조). 즉, 필수적 공동소송인 중의 1인이 상소를 제기하면 상소를 제기하지 않은 나머지도 상소인이 되어야 하는 것이다.

(4) 필수적 당사자를 흠결하고 내린 판결의 효력

필수적 공동소송인 공유물분할청구소송의 피고들 중 1인이 소 제기 당시 이미 사망한 사실을 간과하고 제1심에서 원고승소판결이, 항소심에서 항소기각 판결이 각각 선고되었다. 이에 대해 상고가 제기되었는데 상고심에 이르러 비로소 위 피고의 사망사실이 밝혀졌을 때, 상고심에서의 처리방법이 문제된다. 판례는 합일확정의 필요성에 의해 공동소송인 중 1인에게 소송요건의 흠이 있으면 전 소송이 부적법하게 되고, 상고심에서는 당사자 표시 정정의 방법으로 그 흠결을 보정할 수 없다고 해석한다(대판 2012.6.14, 2010다105310). 결국 상고심은 자판으로 원심판결을 파기하고 제1심판결을 취소하며 소를 각하하는 판결을 내려야 한다. 그렇지 않고 그대로 원심판결이 확정되어도 이 판결은 무효이다.

III. 예비적·선택적 공동소송

1. 서

(1) 의 의

예비적·선택적 공동소송은 공동소송인 중 1인의 청구가 다른 공동소송인의 청구와 법률상 양립할 수 없거나, 공동소송인 중 1인에 대한 청구가 다른 공동소송인에 대한 청구와 법률상 양립할 수 없는 경우, 법원이 필수적 공동소송의 심판원칙을 준용하여 모든 공동소송인에 관한 청구에 대해 심판하는 공동소송을 말한다(70). 즉, 원고 또는 피고가 예비적 또는 선택적으로 병합된 경우, 그러한 병합이 유효하다면 법원은 그에 대해 필수적 공동소송의 심판원칙을 준용하여 당사자 사이의 모든 청구에 대해 심판해야 한다는 공동소송이다.

(2) 일반적인 예

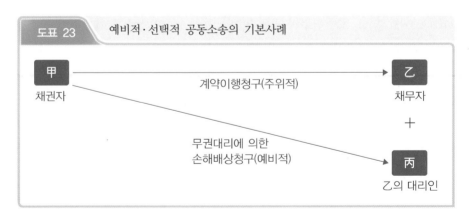

도표 23   예비적·선택적 공동소송의 기본사례

예를 들어 <도표 23>에서 보듯이 甲은 乙과 그 대리인 丙을 통하여 계약을 체결하였다. 乙이 계약을 이행하지 않아 소를 제기하려는 경우, 乙과 丙을 공동피고로 하여 乙에게는 계약이행의 청구를 하고 이것이 인정되지 않는 것을 대비하여 丙에게는 손해배상청구를 구하는 소를 제기하는 경우이다. 乙과 丙에 대한 청구에 순서를 붙여 심판하여 달라면 예비적 병합의 형태가 되고 그러하지 않고 순서에 관계없이 심판하여 달라고 하면 선택적 병합이 된다. 또 다른 예로는 공작물의 점유자에게 손해배상청구를 하면서 그 소유자에게도 손해배상청구를 병합하여 제기하는 경우가 있다. 주관적 예비적·선택적 병합은 분쟁을 신속하고 통일적으로 해결하고, 또한 과거 학설과 판례에서 논의되었던 소의 주관적 예비적 병합에 관한 문제점을 해결하기 위해 신법이 도입한 특수형태의 공동소송이다.

2. 소의 주관적 예비적 병합을 둘러싼 판례와 학설의 대립

(1) 의 의

원래 소의 주관적 예비적 병합은 원고가 공동피고에 대한 소를 각 피고에 대한 심판의 순서를 붙여 제기한 공동소송을 말한다. 예를 들어 앞서 <도표 13>에서 보았듯이 대리인 丙에 의해 계약이 체결되었을 때, 甲이 계약의 이행을 요구하며 乙을 상대로 소를 제기하지만 만일 무권대리로서 계약 자체가 무효가 되는 것에 대비하여 예비적으로 丙에게도 소를 제기한다면, 甲의 乙에 대한 청구와 丙에 대한 청구는 법률상 양립(병존)할 수 없다(어느 하나의 청구만이 인정된다).

주관적·예비적 병합의 취지

위와 같은 사례에서 원고 甲의 입장(적어도 2개 중의 하나의 청구권이 인정된다는 입장)은 법적으로 보호해 주어야 하고 그것을 위해서는 모든 피고에게 패소하는 것을 막기 위해 2개의 청구를 하나의 절차에서 다룰 필요가 있다. 즉, 원고가 가장 원하는(우선적으로 심판할 것을 요구하는) 피고(주위적 피고)에 대한 권리의 심리를 먼저 하고, 그것이 인정되지 않는다면 비로소 그러한 심리를 바탕으로 나머지 피고(예비적 피고)에 대한 권리의 심리를 요구하는 병합형태가 바로 주관적 예비적 병합이다. 따라서 이러한 예비적 청구는 주위적 청구가 인용되는 것을 해제조건으로 하는 조건부 제소를 의미한다.

(2) 허용성

주관적·예비적 병합에 대해 판례(대판 1972.11.28, 72다829 등)는 주로 예비적 피고의 상대적 불이익을 이유로 이를 허용하지 않았다. 또한 판례에 찬성하는 학설은 예비적 피고의 지위의 불안 이외에도 공동소송인 독립의 원칙에 의해 상소심에서 심판의 통일이 보장되지 않는다는 점(각 피고에 대한 청구의 양립불가능이라는 관계가 관철되지 않는다는 점), 조건부 소송이 되는 점, 그리고 예비적 피고에 대해서는 소송고지를 활용할 수 있으므로(이를 통해 보조참가를 강제) 굳이 주관적 예비적 병합을 인정할 필요가 없다고 주장하였다.

긍정설은 채무자를 명확히 확정하기 곤란한 경우가 있고 이를 위해서는 주관적 예비적 병합을 인정할 실익이 있는 점, 다른 방법을 쓴다면 소송경제에 도움이 되지 않고 재판의 모순저촉의 가능성이 있다는 점(2개의 소를 제기해야 하며 법원도 2개의 소를 처리해야 하고 그 결과 원고가 양쪽 모두 패소할 수 있는 점), 예비적 피고의 지위 불안정이라는 것도 상대적인 점(완화할 수 있다는 점), 그리고 소송고지를 통해 보조참가를 강제할 근거가 명확하지 않다는 점을 주장하였다.

3. 요 건

위와 같은 논란을 거쳐 새로 도입된 예비적·선택적 병합은 그 요건으로 통상공동소송의 일반적인 요건에 추가하여 '법률상 양립할 수 없다'는 것이 규정되었다(70). 이 요건은 예비적·선택적 공동소송의 존재의의를 가리키고 2개의 청구가 법률상 양립할 수 없는 경우의 처리방법으로서 특별히 인정된 것이다.

(1) 법률상 양립불가능

판례(대결 2007.6.26, 2007마515. Case Note[12-5] 참조)는 다음과 같이 해석하고 있다. 즉, 법률상 양립불가능이란, ㉠ 동일한 사실관계에 대한 법률적인 평가를 달리하여 두 청구 중 어느 한 쪽에 대한 법률효과가 인정되면 다른 쪽에 대한 법률효과가 부정됨으로써 두 청구가 모두 인용될 수는 없는 관계에 있는 경우, 또는 ㉡ 당사자들 사이의 사실관계 여하에 의해 또는 청구원인을 구성하는 택일적 사실인정에 의해 어느 일방의 법률효과를 긍정하거나 부정하고 이로써 다른 일방의 법률효과를 부정하거나 긍정하는 반대의 결과가 되는 경우이다. 두 청구들 사이에서 한쪽 청구에 대한 판단이유가 다른 쪽 청구에 대한 판단이유에 영향을 주어 각 청구에 대한 판단과정이 필연적으로 상호 결합되어 있는 관계를 의미하고, 실체법적으로 서로 양립할 수 없는 경우뿐 아니라 소송법상으로 서로 양립할 수 없는 경우를 포함하는 것으로 해석된다. ㉠의 경우가 순수한 의미에서의 법률상 양립할 수 없는 경우이고 ㉡의 경우는 사실상 양립할 수 없는 경우를 가리킨다.

위와 같은 판례의 해석에 의하면, 예를 들어 법인 또는 비법인 등 당사자능력이 있는 단체의 대표자 또는 구성원의 지위에 관한 확인소송에서 그 대표자 또는 구성원 개인뿐 아니라 그가 소속된 단체는 공동피고로서 예비적·선택적으로 병합될 수 있다. 왜냐하면 누가 피고적격을 가지는지에 관한 법률적 평가에 따라 어느 한쪽에 대한 청구는 부적법하고 다른 쪽의 청구만이 적법하게 될 수 있어 각 청구가 서로 법률상 양립할 수 없는 관계에 있기 때문이다. 앞서 본 ㉠의 순수한 의미에서의 법률상 양립할 수 없는 경우를 말한다. 또한 주위적 피고에 대한 주위적·예비적 청구(객관적으로 병합) 중 주위적 청구 부분이 받아들여지지 않을 경우 그와 법률상 양립할 수 없는 관계에 있는 예비적 피고에 대한 청구를 받아들여 달라는 취지로 병합하여 소를 제기하는 것도 가능하다(대판 2015.6.11, 2014다232913).

반대로 부진정연대채무의 관계에 있는 채무자들을 공동피고로 하여 이행의 소를 제기해도, 그 공동피고에 대한 각 청구가 서로 법률상 양립할 수 없는 것이 아니므로 예비적·선택적 공동소송이 아니다(대판 2009.3.26, 2006다47677. 다만, 주위적 피고에 대한 예비적 청구와 예비적 피고에 대한 청구가 서로 법률상 양립할 수 있는 관계에 있으면 양 청구를 병합하여 통상의 공동소송으로 보아 심리·판단할 수 있다고 해석한다).

(2) 사실상 양립불가능

한편, 판례(대결 2007.6.26, 2007마515)는 ㉡의 경우인 사실상 양립할 수 없는 경우에도 예비적·선택적 병합이 가능하다는 해석을 하고 있다. 예를 들어 불법행위의 가해자가 A 또는 B 중 어느 한 명인데 그 2명을 피고로 하는 경우이다. 이 2명에 대한 손해배상청구권은 물론 병존할 수 없지만 이것은 사실상 양립할 수 없다는 것을 의미한다. 같은 사실이 한편으로 어느 청구권을 발생시키는 사실이고 다른 한편으로 별개의 청구권 발생을 방해하는 사실인 관계에 있을 뿐, 법률상 양립할 수 없는 경우에 해당되지 않는다.

학설은 ㉠의 경우에만 해당된다는 견해와 ㉡의 경우도 포함된다는 견해가 있다. 이에 대해서는 순수한 의미에서의 법률상 양립할 수 없는 ㉠의 경우만을 포함한다는 견해가 타당하다.

요건이 될 수 없는 이유 예비적·선택적 병합은 필수적 공동소송의 심판원칙을 적용하여 동시에 심판을 내려야 한다는 구조를 갖고 있다. 따라서 법원의 소송지휘권을 엄격히 제한하는 것에 해당되므로 그 요건은 한정적이고 명확하게 해석해야 한다. 특히 법70조의 문언에서도 '청구'가 법률상 양립할 수 없다는 점을 명시하고 있다. 이와 달리 사실상 양립할 수 없는 경우까지 포함된다면 그 적용범위가 지나치게 확대될 우려가 있다. 그러한 경우라면 오히려 변론의 병합 등의 적절한 소송 운영으로 처리하는 것으로 충분하다.

4. 절 차

(1) 심리방법

조문상으로는 명확하지 않지만 예비적 또는 선택적 병합은 원고의 신청에 따라 원고들 또는 피고들을 그와 같이 병합한다는 것으로 해석된다. 물론 조문(70Ⅱ)을 보면 모든 공동소송인에 관한 청구에 대해 판결을 내리는 것이 되어 선택적 병합도 아니고, 심리의 순서에 대해서도 아무런 언급이 없으므로 예비적 병합이라고 하기도 어렵다. 단지 과거의 판례와 학설 간의 대립을 해소한다는 입법취지에 비추어 주관적 예비적 또는 선택적 병합(공동소송)을 인정한 것이라고 해석할 수 있을 것이다. 특히 위와 같은 병합을 추가적으로도 할 수 있다(70Ⅰ에 의한 68의 준용).

(2) 필수적 공동소송원칙의 준용

예비적·선택적 공동소송의 요건을 갖추면 법원은 필수적 공동소송에 관한 규정을 준용하여 절차를 진행한다. 이 준용의 범위는 조문상으로는 명확하지 않다. 이론적으로는 원래 통상공동소송에 해당하여 반드시 합일확정을 할 필요가 없는데도, 원칙적으로 필수적 공동소송에 관한 규정을 준용하는 점에 문제가 없지 않다. 해석상 해결할 문제는 많지만 대략 후술(Ⅷ4)하는 독립당사자참가절차에 준하는 심판원칙이 적용될 수밖에 없을 것이다.

① 구체적인 절차진행의 방법

판례(대판 2008.7.10, 2006다57872)는 예비적·선택적 공동소송에는 법67조 내지 69조가 준용되어 소송자료 및 소송진행의 통일이 요구된다고 하고, 그 근거로 법70조1항의 본문을 인용한다. 반대로 청구의 포기·인낙, 화해 및 소의 취하는 공동소송인 각자가 할 수 있고(70 Ⅰ 단서), 조정에 갈음하는 결정이 확정되면 재판상 화해와 동일한 효력이 있으므로 그 결정에 대해 일부 공동소송인이 이의하지 않았다면 원칙적으로 이의하지 않은 공동소송인에 대한 관계에서는 조정에 갈음하는 결정이 확정될 수 있다고 해석한다.

일부의 소송종료행위가 인정되지 않는 경우 그러나 청구의 포기·인낙, 화해 및 소의 취하는 공동소송인 각자가 할 수 있다고 하는 법70조1항 단서의 규정은, 병합된 사건의 내용에 따라서는 적용될 수 없는 경우가 있다. 그러한 예가 바로 위의 판례(2006다57872)에서와 같이 "분리확정을 허용할 경우 형평에 반하고 또한 이해관계가 상반된 공동소송인들 사이에서의 소송진행 통일을 목적으로 하는 법70조1항 본문의 입법 취지에 반하는 결과가 초래되는 경우"이다.

② 추가판결의 가능성과 상소심에서의 처리

주관적·예비적 공동소송에서 일부 공동소송인에 대해서만 판결을 하고 남겨진 자를 위해 추가판결을 하는 것이 허용되는지 문제된다. 또한 관련하여 주위적 공동소송인과 예비적 공동소송인 중 어느 한 사람이 상소를 제기한 경우의 상소심 심판대상도 문제된다. 이에 대해 판례(대판 2011.2.24, 2009다43355)는 다음과 같이 해석한다. 즉, 추가판결을 하는 것은 허용되지 않는다. 그리고 주위적 공동소송인과 예비적 공동소송인 중 어느 한 사람이 상소를 제기하면, 다른 공동소송인에 관한 청구 부분도 확정이 차단되고 상소심에 이심되어 심판대상이 된다. 이러한 경우 상소심의 심판대상은 공동소송인들 및 상대방당사자 사이의 합일확정 필요성을 고려하여 판단해야 한다는 해석이다.

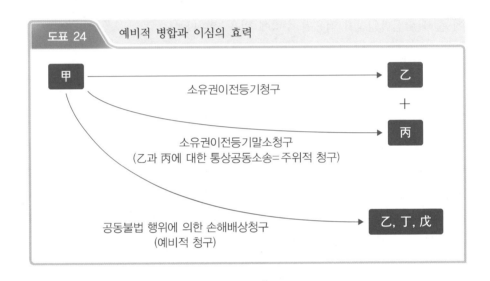

도표 24 예비적 병합과 이심의 효력

甲 → 乙
소유권이전등기청구
+
丙

소유권이전등기말소청구
(乙과 丙에 대한 통상공동소송＝주위적 청구)

乙, 丁, 戊
공동불법 행위에 의한 손해배상청구
(예비적 청구)

이심의 효력이 없는 경우

그러나 이심의 효력이 발생하지 않는 경우도 있다. 예를 들어 <도표 24>에서 보듯이 甲은 乙이 甲에게 교환계약이나 소유권이전등기청구권 양도에 따라 이 사건 토지에 관한 소유권이전등기의무를 부담하고 있음에도, 丙에게 위 토지를 매도하여 그 소유권을 이전한 것은 통정허위표시 또는 반사회질서의 법률행위에 해당한다고 주장하면서, 주위적 청구로 乙에게 소유권이전등기, 乙을 대위하여 丙에게 소유권이전등기의 말소를 구하는 소를(통상공동소송으로) 제기하였다. 그 후 乙이 이 사건 토지를 매도하여 甲에 대한 위 소유권이전등기의무가 이행불능의 상태에 빠졌고, 丁과 戊가 乙의 배임행위에 적극 가담하여 공동불법행위가 성립한다고 주장하면서 예비적 청구로 乙, 丁, 戊에게 연대하여 손해배상을 구하였다. 제1심은 丙에 대한 청구만 기각하고 乙에 대한 주위적 청구와 丁, 戊에 대한 예비적 청구를 인용하였다. 이에 대해 甲은 패소한 丙에 대해서만 항소를 제기한 경우, 乙·丁·戊에 대한 예비적 청구 부분은 이심의 효력이 발생하지 않는다(대판 2011.9.29, 2009다 7076). 乙에 대한 청구(소유권이전등기)와 丁·戊에 대한 청구(손해배상)는 예비적 공동소송에 해당되지만, 丙에 대한 청구(소유권이전등기말소)와 乙·丁·戊에 대한 청구(손해배상)는 통상공동소송이기 때문이다(참고로 소유권이전등기가 차례로 경료된 경우 최종 명의인을 상대로 그 말소를 구하는 소송과 그 직전 명의인을 상대로 소유권이전 등기를 구하는 소송은 필수적 공동소송이 아니라 통상공동소송이다[대판 1991.4.12. 90다 9872]).

(3) 심리절차의 정리

이와 같이 주관적 예비적 병합의 심리절차는 병합형태에 따라 합일확정의 심판 원칙이 적용되는 경우와 그러하지 않은 경우가 있다. 결국 예비적·선택적 공동소송에서는 그 심판에 있어서 필수적 공동소송에서와 같은 합일확정을 전제 로 하면서(70 I 본문), 같은 조 단서에서 보듯이 청구의 포기·인낙, 화해 및 소의 취하가 가능하다는(분리 확정이 가능하다는) 절차가 되지만, 분쟁해결의 필요성에 따라 같은 단서가 적용되지 않는(분리 확정이 허용되지 않는) 경우가 예외적으로 있을 수 있다. 이러한 해석에 의하면, 법70조1항 단서가 적용되는 분리 확정이 가능한 경우라면, 예외적으로 필수적 공동소송인의 추가에 관한 법68조의 준용 은 위와 같은 취지에서 인정될 수 없을 것이다.

IV. 소의 주관적 추가적 병합

1. 의 의

소의 주관적 추가적 병합은 소제기 후 당사자를 병합하여 공동소송관계가 성립하는 경우를 말한다. 소제기시부터 병합하는 통상의 주관적 병합과 구별된 다. 추가적 병합은 당사자의 행위에 의한 것과 제3자의 행위에 의한 것이 있는 데, 하나의 절차에서 관련 당사자 간의 분쟁을 일회적이고 통일적으로 처리할 수 있다는 이점이 있다. 그러나 소송절차의 진행 도중에 추가로 병합되는 당사자의 절차권 보장과 소송절차의 복잡화에 따른 기존 당사자나 법원의 이익도 고려해야 한다.

2. 주관적 추가적 병합의 형태

일정한 주관적 추가적 병합은 법에 의해 인정된다.

제3자의 의사에 의한 경우　먼저 제3자의 의사에 의한 경우이다. 여기에는 법83조가 규정하는 공동소송참가가 있다. 이것은 참가에 의해 유사필수적 공동소송이 되는 경우에 한정되고 당사자로서의 권리보호 기회를 부여하기 위해 인정한 병합형태이다. 보통 원고로서 병합되는 경우를 말하고, 피고로서 병합되는 경우는 생각하기 힘들다(일부러 피고가 되려고 하는 것은 생각하기 힘들다). 그 밖에 법81조의 참가의 경우에도 추가적 병합이 된다.

당사자의 의사에 의한 경우　다음으로 당사자의 의사에 의한 경우인데 법82조에 의해 승계인에게 소송을 인수시키는 경우가 있다. 추가로 병합되는 제3자가 권리나 의무의 승계인이라는 점에서 합리적인 필요성이 있다. 당사자에 의한 경우에는 제3자에 의한 경우와는 달리 보통 피고의 병합이 된다.

3. 법률에 규정이 없는 경우의 추가적 병합

(1) 판례·학설

판례(대판 1980.7.8, 80다885. Case Note[12-6] 참조)는 추가적 병합은 당사자를 변경하는 것이고 이것은 표시의 정정으로는 불가능하며 신소의 제기의 요건을 갖추어야 한다고 해석한다. 또한 법률에 규정이 있는 경우는 그러한 추가적 병합을 인정하지만 법률에 규정이 없다면 신소의 제기로 보고 법원의 소송행위로서 변론의 병합에 의해 공동소송관계를 성립시킬 수 있다는 논리이다. 이러한 판례의 입장에 대해서는, 신소의 제기와 변론의 병합이라는 우회적인 절차보다는 직접적으로 주관적 추가적 병합을 인정하자는 견해도 있다.

(2) 인정가능성

법률에 규정이 없어도 법률이 인정하는 취지를 유추 적용할 수 있다면 근거법률이 없어도 주관적 추가적 병합을 인정할 수 있을 것이다. 즉, 판례에서와 같이 일률적으로 추가적 병합을 불허하는 것이 아닌 구체적 상황에 따라 그 허용가능성을 예외적으로 인정하는 것도 가능하다. 추가되는 것이 제3자에 의한 경우와 당사자에 의한 경우로 나누어 예외적 인정가능성을 보면 다음과 같다.

제3자에 의한 경우 | 예를 들면 동일 사고의 피해자가 이미 같은 피해자가 제기한 소송에 원고로 가입하는 경우이다. 이때 제3자의 이익은 스스로 소송에 가입을 했다는 점에서 고려할 필요가 없다. 반대로 기존 당사자의 이익으로서 새로운 당사자는 소송의 결과를 보고 무임승차하게 된다는 점을 지적할 수 있을 것이다. 또한 새로운 원고의 출현으로 절차의 진행이 반복되는 경우도 있을 수 있다. 법원의 이익은 그다지 문제되지 않겠지만 기존 당사자의 이익은 위와 같이 큰 문제가 된다. 따라서 기존 당사자의 불이익이 있는 한 추가적 병합을 인정하는 것은 곤란할 것이다.

당사자에 의한 경우 | 다음으로 당사자에 의한 경우라면 연대채무자 중의 나머지 채무자를 병합하는 것이나 고유필수적 공동소송에서 탈락한 공동피고의 추가를 생각할 수 있다. 후자는 법68조에 근거법률이 있다. 전자에서 문제되는 것은 제3자에 의한 경우와는 달리 기존의 소에 추가로 가입해야 되는 제3자의 불이익이다. 불시에 피고로서 소송에 가입하고 그때까지의 소송 결과를 승인해야 한다는 제3자의 불이익은 중대하다. 따라서 그러한 불이익이 있는 한 제3자를 피고로 추가 병합하는 것은 곤란할 것이다. 물론 추가로 병합하는 것이 불가능하더라도 당해 제3자에 대한 신소를 제기하고 이 소와 기존의 소의 변론을 병합하는 것을 생각할 수 있는데, 이 경우에도 변론의 병합은 그 제3자의 불이익(기존 소송결과의 유용가능성)을 고려해 주의 깊게 인정해야 할 것이다.

V. 선정당사자

1. 의 의

선정당사자는 공동의 이해관계가 있는 다수의 당사자 중에서 총원(선정자)을 위해 당사자로 선정된 자를 말한다(53). 선정당사자는 일체의 소송행위를 할 수 있고 결과적으로 법률로 인정되는 임의적 소송담당의 한 형태이다. 총원이 법인이나 당사자능력이 인정되는 비법인단체라면 이용할 수 없다. 소의 제기 전부터 선정하는 경우가 있고 소제기 후에 선정하면 기존 당사자들은 그 소송에서 탈퇴한다(53Ⅱ). 만일 선정당사자 자신도 공동의 이해관계를 가진 사람으로서 선정행위를 하였다면 선정행위를 했다는 의미에서 선정자로 표기하는 것이 허용된다 (대판 2011.9.8, 2011다17090). 선정당사자제도는 그 운영 여하에 따라서는 다수인을 당사자로 하는 소송을 쉽게 해결할 수 있는, 즉 판결의 효력이 총원에게 미치게 되어 소송절차가 단순화된다는 이점이 있다.

2. 요 건

선정당사자를 이용하려면 그에 따른 일정한 요건을 갖추어야 한다. 기본적으로 법53조1항은 간단히 "공동의 이해관계가 있는 다수자"라는 점을 요구하고 있다. 이것은 다수자가 관련된 소송을 선정당사자에게 담당시킨다는 점에서 당연한 요건이기도 하다.

(1) 다수의 당사자

'다수자'라는 요건에는 특별한 제한이 없으므로 이론상으로는 1인이 아닌 복수라면 가능하다.

(2) 선정행위

선정행위에서는 선정자의 수권이 반드시 필요하다. 그러나 일단 수권을 한 선정자가 소송계속 중 사망해도 상속인들이 선정행위를 철회 또는 취소하는 등 특별한 사정이 없는 한 소송수계 여부에 관계없이 선정당사자의 소송행위에 아무런 영향이 없다(대판 2001.10.26, 2000다37111). 선정당사자는 법정대리인과 유사한 기능을 한다는 점에서 선정행위라는 수권의 사실은 서면으로 증명해야 하고(58 I), 수권이 소멸되면 상대방에게 소멸사실이 통지되어야 그 효력이 발생하는(63 II) 등 법정대리인과 동일한 규제를 받는다.

(3) 공동의 이해관계

"공동의 이해관계"에 대해 판례(대판 1997.7.25, 97다362. Case Note[12-7] 참조)는 기본적으로 다수자 상호 간에 공동소송인이 될 관계에 있고 주요한 공격방어방법을 공통으로 하는 것을 의미한다고 해석한다. 전자는 소송의 목적이 된 권리가 동종이고 발생원인이 동종이며, 다수자가 공동소송인이 될 수 있어야 한다는 점이다. 즉, 이러한 공동소송은 다음의 주요한 공격방어방법의 공통에서도 보듯이 당사자 사이의 관계가 필수적 공동소송이 아니라는 의미이다.

주요한
공격방어방법의
공통

"주요한 공격방어방법을 공통으로 하는 경우"라는 요건에 대해 판례(대판 1999.8.24, 99다15474)는 동일 건물의 임차인들을 예로 들고 있다. 즉, 원고인 각 임차인들과 피고의 법률관계는 피고가 임대인으로서 계약당사자라는 공통된 법률관계에 관한 것이므로 주요한 공격방어방법을 공통으로 한다. 이와 유사한 예로는 동일한 사고에 의해 손해를 입은 다수의 피해자, 연대채무자, 공동소유자, 그리고 약관을 다투는 동종의 보험금청구권자 등을 들 수 있다.

반대로 저당권설정자(건축회사)가 임의로 선정한 아파트의 등기부등본만 확인하고 직접 아파트를 확인하지 않은 채 금원을 대여하고 아파트에 관하여 근저당권설정등기가 경료되었기 때문에 그 아파트를 분양받은 사람들이 저당권자를 상대로 그 저당권등기의 말소를 구하는 소를 제기하고 분양자 중의 1명을 선정당사자로 선정한 것에 대해, 판례(대판 1997.7.25, 97다362)는 주요한 공격방법을 공통으로 하지 않는다고 판단하였다. 즉, 선정당사자의 상대방인 근저당권자는 개별적으로 저당권설정계약을 하였고 선정자와 근저당권자 사이의 법률관계는 각각의 입장에 따라 달라질 수 있기 때문이다. 또한 특정 종중이 자신의 임야1과 임야2는 소유권보존등기의 명의인들에게 명의신탁한 것이라고 주장하면서,

그 등기명의인들을 상대로 명의신탁 해지를 원인으로 한 소유권이전등기절차의 이행을 구한 소송에서, 당해 임야1과 임야2에 대해 피고가 된 총 25명 중의 1명을 선정당사자로 선정하는 것에 대해, 판례(대판 2007.7.12, 2005다10470)는 단지 소송의 목적이 된 권리가 동종이고 발생원인이 동종인 것에 불과하며 주요한 공격방어방법을 공통으로 하는 경우가 아니라고 판단하였다.

3. 요건흠결을 간과하고 내려진 판결의 효력

선정당사자의 자격에 흠이 있음에도 법원이 이를 간과하여 그를 당사자로 한 판결이 확정되면 그 효력이 있다. 선정자가 스스로 공동소송인 중 1인인 선정당사자에게 소송수행권을 수여하는 선정행위를 한 것이고 그 선정자로서는 실질적인 소송행위를 할 기회 또는 적법하게 그 소송에 관여할 기회를 박탈당한 것이 아니므로, 그러한 사정은 법451조1항3호의 재심사유에 해당하지 않기 때문이다(대판 2007.7.12, 2005다10470).

VI. 보조참가

1. 의 의

보조참가는 소송의 결과에 이해관계를 갖는 제3자가 계속 중인 소의 당사자 일방을 승소시키기 위해 그 소송에 참가하는 것을 말한다(71).

일반적인 예로 <도표 25>에서 보듯이 채권자 甲이 보증인 乙을 피고로 제기한 보증채무이행소송에 주채무자 丙이 乙을 승소시키기 위해 乙에게 참가하는 경우이다. 주채무자인 丙을 보조참가인, 丙이 승소시키려는 당사자(보증인인 乙)를 피참가인(주된 당사자), 그리고 피참가인의 상대방(채권자인 甲)을 상대방 당사자 또는 상대방이라고 호칭한다. 보조참가인은 당사자가 되는 것이 아니지만, 그 행위는 피참가인을 위해 효력을 갖고 대리인과는 달리 자신의 이름으로 소송행위를 한다.

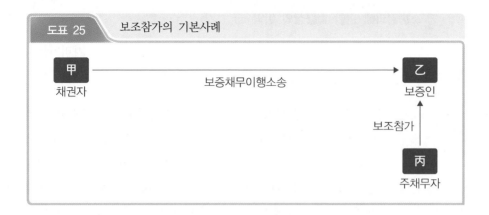

도표 25 　보조참가의 기본사례

甲
채권자

보증채무이행소송 →

乙
보증인

↑ 보조참가

丙
주채무자

2. 요 건

(1) 타인 간의 소송

보조참가는 타인 간에 소송이 계속되어 있어야만 가능하다. 그러나 당사자로 참가하는 것이 아니므로 계속 중인 소의 심급을 묻지 않고 상고심에서도 가능하다. 즉, 피참가자가 패소판결을 받았는데 이에 대해 상소하지 않은 경우에도 그 상소기간 내에 보조참가와 동시에 상소를 제기할 수 있다(대판 1999.7.9, 99다12796). 또한 스스로 재심의 소를 제기함으로써 소송계속을 부활시켜 개시된 소송에 보조참가를 할 수도 있다. 보조참가가 가능하려면 소송당사자가 아닌 제3자이어야 하는데, 여기에는 소송담당의 경우의 피담당자 또는 다른 공동소송인이나 그 상대방을 위해 보조참가하는 통상공동소송인 중의 1인이 포함된다.

(2) 소송의 결과에 대한 이해관계 – 보조참가의 이익

① 제3자로서의 법률상의 이익

보조참가를 하려면 그에 따른 법률상의 이익, 즉 소송의 결과에 이해관계가 있어야 하고 이것을 보통 소송결과에 대한 법률상의 이익(또는 단순히 보조참가의 이익)이라고 한다. 보조참가의 이익은 사실적, 감정적 또는 경제적 이해관계(이익)가 아닌 법률상의 이해관계를 말한다(대판 1979.8.28, 79누74. Case Note[12-8] 참조). 위와 같은 법률상의 이익은 제3자로서의 법률상의 이익을 의미한다(대판 1997.3.25, 96후313,320).

② 소송결과에 관한 법률상의 이익

소송결과에 법률상의 이익이 있어야 한다면 소송결과란 무엇을 가리키는지 문제된다.

소송결과의 의의 소송결과란 판결주문(소송물로 한정)만이 아닌 판결이유 중의 판단도 포함된다(대판 1979.8.28, 79누74 등). 판례는 전체적으로 보조참가가 가능한 보조참가인의 이해관계를 판결이유 중의 판단에 관한 이해관계라고 해석하고 있다. 후술(5)하듯이 보조참가인에게는 일정한 판결의 효력(참가적 효력)이 미친다. 이 효력은 피참가인이 패소했을 때 참가인이 판결 이유 중의 판단을 다시 다툴 수 없는 효력이다. 그렇다면 이해관계의 대상인 판결의 결과는 판결의 주문에 국한되지 않는다. 판결의 주문에 대해서만 법률상의 이해관계가 발생한다면, 당연히 판결의 이유가 갖는 효력에 대해 이해관계를 가져도 법률상의 이익을 갖는다고는 할 수 없을 것이다. 이것은 법률상의 이해관계가 없음에도 참가적 효력은 발생한다는 이상한 결과가 된다. 달리 말하면 참가인은 어떠한 참가적 효력을 받게 되는지에 이해관계를 갖고 있다고 말해야 할 것이다. 예를 들어 채무의 소멸을 이유로 주채무자가 채권자에 대해 제기하는 저당권설정등기 말소청구소송에 보증인이 참가하는 경우, 항공기의 구조결함을 이유로 항공회사를 피고로 하는 손해배상청구소송에 그 기체의 제조자나 설계자가 참가하는 경우 등, 판결주문만이 아닌 판결이유라는 소송결과에도 보조참가의 이익이 있음을 알 수 있다. 따라서 이해관계를 판결주문에 국한시키는 해석은 타당하지 않다.

반대로 소송의 결과로서 판결의 파급효를 받게 된다는 사정만으로는 소송의 결과에 법률상 이해관계가 있다고 할 수 없다(대판 1997.12.26, 96다51714).

3. 참가절차

참가신청 보조참가의 신청은 참가인이 소송행위를 하려는 법원에 대해 서면이나 구술로 하고 보조참가인에게 인정되는 소송행위를 하면서 동시에 참가신청을 할 수 있다(72). 신청을 할 때는 참가취지와 이유를 명확히 해야 하고(72 I) 신청서면의 부본은 당사자 쌍

방에게 송달된다(72Ⅱ). 참가신청에 대해 당사자의 이의가 있으면 참가인은 참가
이유를 소명해야 하고 법원은 결정으로 그 허부를 재판한다(73). 당사자가 이의
하지 않거나 이의 없이 변론하여 이의권을 상실하면 당연히 참가가 인정된다는
것이 구법(구법67, 68조)의 태도였지만, 신법73조2항은 직권으로 조사하여 참가를
불허할 수 있다는 규정을 추가하였다.

참가허부결정에 대해서는 즉시항고를 할 수 있다(73Ⅲ). 이
재판이 확정될 때까지 참가인은 소송행위를 할 수 있는데
참가가 확정적으로 인정되지 않으면 참가인이 한 소송행위
의 효력은 상실되지만, 당사자가 원용하면 효력을 갖는다(75). 참가신청의 취하는
당사자로서 참가한 것이 아니므로 당사자 쌍방의 동의 없이 소송계속 중 언제나
가능하다고 해석해야 할 것이다. 취하되면 참가인이 한 소송행위는 소급적으로
무효가 되지만, 법75조2항의 유추를 근거로 당사자의 원용을 인정할 수 있다.

4. 보조참가인의 지위

(1) 독립성과 종속성

보조참가인은 자신의 이름으로 공격방어방법의 제출, 상소
의 제기 등 모든 소송행위를 할 수 있고 이 효과는 피참가
인에게 귀속된다(76. 독립성). 따라서 보조참가인에게는 기일
의 소환이나 송달 등이 별도로 이루어진다. 보조참가인에게 기일통지서나 출석요
구서를 송달하지 않고 변론의 기회를 부여하지 아니한 채 행해진 기일의 진행은
적법하지 않지만, 기일통지서를 송달받지 못한 보조참가인이 변론기일에 직접 출
석하여 변론할 기회를 가졌고 위 변론 당시 기일통지서를 송달받지 못한 점에 이
의하지 않으면, 기일통지를 하지 않은 절차진행의 흠은 치유된다(대판 2007.2.22,
2006다75641. Case Note[12-9] 참조).

그러나 당사자가 아니므로 보조참가인에게 중단의 사유가
발생해도 절차는 중단되지 않고, 상소도 피참가인이 상소를
제기할 수 있는 한도 내에서 가능하며 보조참가인에게 독자

적인 기피사유가 인정되지 않는다(종속성). 또한 증거방법으로서 당사자신문의 대상이 아닌 증인이나 감정인능력이 있다.

(2) 보조참가인의 소송행위의 제한

보조참가인의 종속성에 의해 그 소송행위 중 일정한 경우에는 다음과 같은 제한이 가해진다(76 I 단서, 76 II 참조).

구체적인 예 첫 번째로 피참가인이 더 이상 할 수 없게 된 행위가 있다. 예를 들어 시기에 늦은 공격방어방법, 이의권 상실, 철회할 수 없는 자백 등이다. 다만, 상소기간은 예외를 인정할 여지가 있지만 판례(대판 1969.8.19, 69다949)는 부정적이다. 즉, 피참가인이라면 상고제기기간 경과 후이고 보조참가인이라면 상고제기기간 내에 제기된 상고에 대해, 보조참가를 할 때의 소송 진행의 정도에 따라 피참가인이 할 수 없는 소송행위는 보조참가인도 할 수 없다는 이유에서 부적법하다고 하였다.

두 번째로 주된 당사자의 소송행위와 저촉하는 행위이다. 예를 들면 피참가인이 자백한 사항을 다투는 것, 피참가인이 상소권을 포기한 후에 하는 상소 제기 등이 있다. 원칙적으로 참가인들이 제기한 항소를 피참가인은 저촉행위로서 포기 또는 취하할 수 있는데(대판 2010.10.14, 2010다38168), 예외적으로 피참가인이 단지 지연손해금 부분에 대해 불복이라는 이유로 항소한다고만 하고 원금부분에 대해서는 그 의사가 명시되지 않은 경우, 참가인이 원금부분에 대해 제기한 항소는 적극적으로 저촉하는 행위가 되지 않는다(대판 2002.8.13, 2002다20278).

세 번째로 소송의 계속(소의 변경이나 반소의 제기)이나 소멸에 관한 사항(청구의 포기나 인낙 그리고 화해 등)이다.

네 번째로 주된 당사자에게 불이익한 소송행위(자백)가 있다.

다섯 번째로 피참가인에게 속하는 실체법상의 권리행사(시효의 원용이나 상계의 항변 등의 형성권의 행사)가 있다.

5. 보조참가인에 대한 판결의 효력

(1) 참가적 효력의 의의

보조참가인이 참가한 재판의 효력은 특별한 예외를 제외하고 그 참가인에게도 미친다(77). 보조참가인에게 미치는 판결의 효력을 일반적으로 참가적 효력이라 한다. 참가적 효력은 그 주관적 범위로서 피참가인과 보조참가인과의 사이에서만 발생한다(대판 1988.12.13, 86다카2289. Case Note[12-10] 참조). 참가적 효력을 인정하는 이유는 패소책임의 공동부담에 있다. 학설도 판례의 해석에 찬성하는 것이 보통인데, 학설 중에는 상대방과 보조참가인 사이에도 참가적 효력이 미친다고 주장하는 견해가 있고 이 견해를 보통 신기판력설이라고 한다.

(2) 참가적 효력의 필요성

참가적 효력은 보조참가인이 참가했음에도 피참가인이 패소하였다면, 그 책임은 보조참가인과 피참가인이 공평하게 분담해야 한다는 취지의 효력을 말한다. 이것을 인정하지 않으면 누구나 쉽게 아무런 부담 없이 보조참가를 하게 되므로, 보조참가를 한 이상은 그에 대해 응분의 책임을 부담해야 하기 때문이다. 또한 다음과 같은 예로서 주채무자가 피고인 보증인에게 보조참가하여 주채무가 없음을 다투었는데 청구인용판결이 나온 경우(보증인패소), 보증인이 주채무자에게 구상권을 행사하면 주채무의 존재를 주채무자는 다툴 수 없다는 예에서도 쉽게 이해할 수 있다.

(3) 참가적 효력의 내용

참가적 효력은 통상의 판결 효력, 즉 기판력과는 다음의 점에서 차이가 있다고 풀이된다. 기판력은 당사자 간에 그 승패와 관계없이 발생하지만, 참가적 효력은 승패에 관련되는 점(피참가인이 패소했을 때만 발생), 앞의 예에서 보듯이 주채무의 존부는 소송물이 아니고 판결의 이유에서 판단되는데 참가적 효력은 판결의 주문은 물론 판결이유 중의 판단도 포함한다는 점, 그리고 기판력은 직권조사사항이지만 참가적 효력은 당사자 간의 공평을 위해 존재하므로 당사자의 원용이 있을 때 참작된다는 점이다.

(4) 참가적 효력의 범위

보조참가인과 피참가인 간의 효력

참가적 효력은 보조참가인과 피참가인 사이에서만 발생한다. 기판력과 동일하다고는 할 수 없는 참가적 효력을 인정할 수밖에 없고, 참가적 효력이 인정되는 이유가 참가인과 피참가인 간의 패소책임의 분담에 있기 때문이다. 앞서 본 참가인과 상대방에게도 참가적 효력이 발생한다는 신기판력설은 그 주장하는 바가 쟁점효을 기반으로 하는 것이고 쟁점효가 인정된다면 충분히 설득력을 갖는다. 그러나 참가인과 상대방 간의 행위를 규율함에 있어서는 쟁점효보다는 신의칙에 의한 특정한 제한으로서 대응하면 충분할 것이다.

참가적 효력의 객관적 범위

참가적 효력의 객관적 범위로는 판결이유 중의 판단에 참가적 효력이 발생하는데, 판결이유 중의 판단이라도 모든 판결의 이유가 포함되는 것은 아니다. 참가적 효력은 판결결과에 대한 패소책임의 공평부담을 기조로 하는 것이므로, 확정판결 결론의 기초가 된 사실상 및 법률상의 판단으로서 보조참가인이 피참가인과 공동이익으로 주장하거나 다툴 수 있었던 사항에 한해 발생한다(대판 1986.2.25, 85다카2091).

따라서 피참가인의 자백으로 패소하게 되면 참가적 효력이 발생하지 않는다. 또한 확정판결에 필수적인 요소가 아니어서 그 결론에 영향을 미칠 수 없는 부가적 또는 보충적인 판단이나 방론 등에는 참가적 효력이 미치지 않는다(대판 1997.9.5, 95다42133). 전소가 확정판결이 아닌 화해권고결정에 의해 종료된 경우에도 확정판결에서와 같은 법원의 사실상 및 법률상의 판단이 이루어졌다고 할 수 없으므로 참가적 효력이 발생하지 않는다(대판 2015.5.28, 2012다78184).

Ⅶ. 공동소송적 보조참가

1. 의 의

공동소송적 보조참가는 통상의 보조참가와 유사하지만 그 참가인의 지위가 후자에 비해 보다 강력한(당사자와 유사한) **참가형태**를 말한다(78). 이와 같이 통상의 보조참가인과 공동소송적 보조참가인과의 지위에 차이가 있는 것은 그 참가인에게 는 그러한 필요성이 있기 때문이다. 신법은 78조에서 판례와 통설에 의해 인정된 공동소송적 보조참가를 명문으로 정하고 필수적 공동소송의 심판원칙이 준용된다 고 규정하였다. 그러나 실제로 공동소송적 보조참가의 실례는 많지 않다.

일반적인 예 일반적으로 이에 해당하는 것은 행정처분취소소송에서 처분 의 유효를 주장하며 참가하는 보조인(대판 1969.1.21, 64누39. Case Note[12-13] 참조), 회사를 피고로 하는 주주총회결의 취소소송에 참가하는 이사, 파산관재인을 당사자로 하는 소송에 참가하는 파산자 등이다. 모두 그 재판의 효력이 참가인과 상대방의 사이에서도 발생하지만 당사 자적격이 인정되지 않아 공동소송참가는 불가능하고 보조참가를 하는 경우이다.

2. 요 건

공동소송적 보조참가를 하려면 참가인에게 그 참가대상인 소에서 내려지는 판결효가 미쳐야 한다. 이 요건만으로 충분한지 명확하지는 않지만, 조문과 판 례에 따른다면 재판의 효력이 미치게 되는 보조참가인은 공동소송적 보조참가인 의 지위를 갖는다. 따라서 판결효가 미치는 제3자가 아니라면 공동소송적 보조 참가를 할 수 없다. 예를 들면 乙로부터 그 소유부동산을 매수한 丙이 소유권이 전등기를 미루고 있는 사이에 甲이 乙에 대한 채권이 있다고 하여 아직 乙의 소 유명의로 남아 있던 위 부동산에 대해 가압류를 하고 본안소송을 제기하자 丙이 피고 乙에게 보조참가를 하면, 甲과 乙 사이에 판결이 내려져도 그 효력은 丙에 게 미치지 않으므로 공동소송적 보조참가가 아니다(대판 2001.1.19, 2000다59333).

3. 공동소송적 보조참가인의 지위

(1) 보조참가인과의 차이

공동소송적 보조참가인은 통상의 보조참가인보다는 당사자에 가까운 특별 한 지위가 부여된다. 그 이유는 재판의 효력이 미치므로 그 한도에서는 당사자에 버금가는 절차권을 부여해야 하기 때문이다. 물론 다음에서 보는 공동소송적 보조참가에 관한 특칙 이외에는 통상의 보조참가에 준한다.

(2) 가능한 행위

통상의 보조참가와의 차이로는 피참가인의 소송행위와 저촉되는 행위도 피참가인에게 유리하면 효력이 발생한다는 점이다(대판 1967.4.25, 66누96). 예를 들어 피참가인의 상고권포기라는 소송행위와 저촉되는 보조참가인의 상고도 유효하다. 따라서 공동소송적 보조참가인에게 불리한 피참가인의 행위는 그 효력이 부정될 수 있다.

(3) 불가능한 행위

그러나 필수적 공동소송인에 준하는 지위를 부여받기는 하였지만 원래 당사자가 아니라 보조참가인의 성질을 가지므로, 통상의 보조참가인과 마찬가지로 참가할 때의 소송 진행 정도에 따라 피참가인이 할 수 없는 행위는 할 수 없다(76 I 단서. 대판 2015.10.29, 2014다13044). 예를 들어 보조참가인의 재심청구 당시 피참가인인 재심청구인이 이미 사망하여 당사자능력이 없다면, 이를 허용하는 규정 등이 없는 한 보조참가인의 재심청구는 허용되지 않는다(대판 2018.11.29, 2018므14210).

(4) 기간의 진행

피참가인과 공동소송적 보조참가인의 상소기간은 별개로 진행되지만, 공동소송적 보조참가인에게 소송절차의 중단이나 중지사유가 발생하면 절차가 중단되거나 중지된다(78에 의한 67Ⅲ의 준용). 다만, 필수적 공동소송이 아니고 당사자 적격을 갖는 것도 아니라는 점에서는 일률적으로 법67조3항을 준용할 수 있다고 해석하는 것은 타당하지 않고, 공동소송적 보조참가인에게 판결의 효력이 미친다는 점에서 절차권보장을 위해 필요한 경우에만 소송절차를 정지해야 할 것이다.

위와 같은 절차의 특징을 통상의 보조참가와 비교하면 <도표 26>과 같다.

<도표 26> 보조참가와 공동소송적 보조참가의 차이

	보조참가	공동소송적 보조참가
의의	소송결과에 이해관계를 갖는 제3자가 당사자를 승소시키기 위해 참가하는 형태. 주로 보증인이 피고인 소송에 주채무자가 보증인을 승소시키기 위해 참가	보조참가인이 당사자와 유사한 지위를 갖는 참가형태. 필수적 공동소송의 심판원칙이 준용. 주로 행정소송과 회사소송의 경우
요건	① 타인 간의 소송(상고심이라도 가능, 재심을 제기하여 참가하는 것도 가능) ② 소송결과에 대한 이해관계 – 제3자로서의 법률상의 이익(보조참가의 이익) – 소송결과는 판결주문만이 아닌 이유 중의 판단도 포함	① 참가인에게 재판의 효력이 미치는 경우 ② 공동소송참가를 할 수 있는 당사자적격은 인정되지 않는 경우
참가절차	① 참가신청에 대해 당사자가 이의신청을 하면 허부재판으로 처리 – 이 재판이 확정되기까지 보조참가인이 한 소송행위는 무효가 될 가능성이 있지만, 당사자가 원용 가능 ② 참가신청은 언제라도 취하 가능	보조참가와 동일
참가인의 지위	당사자로서 소송행위를 하지만 당사자가 아님. ① 독립성과 종속성 – 자신의 이름으로 소송행위가 가능(독자의 소환), but 중단사유가 발생해도 중단하지 않고 상소는 당사자가 할 수 있는 범위에서 가능, 독자의 기피사유가 인정되지 않으며 당사자신문이 되지 않음 ② 소송행위의 제한 – 피참가인이 할 수 없게 된 소송행위, 피참가인의 소송행위와 저촉되는 행위(보조참가인이 제기한 상소를 피참가인은 취하 가능), 소송계속이나 소멸에 관한 행위, 피참가인에게 불리한 행위, 피참가인에게 속하는 실체법상의 권리행사	당사자적격이 없는 당사자 ① 피참가인의 소송행위와 저촉하는 소송행위라도 참가인에게 유리하면 유효 ② 참가인의 중단사유는 절차중단사유 ③ but 피참가인이 할 수 없는 소송행위는 참가인도 불가능
참가인에 대한 판결의 효력	① 참가적 효력 – 피참가인 패소시 발생, 패소책임의 공동부담 – 판결이유 중의 판단에도 발생, 당사자의 원용 필요 ② 주관적 범위 – 피참가인과의 사이에서 발생 ③ 객관적 범위 – 판결이유 중의 판단 중에서 판결 결론의 기초가 된 사실상 및 법률상의 판단으로서 공동이익으로 주장 또는 다툴 수 있었던 사항 – 피참가인이 자백하여 패소한 경우 등	승패에 관계 없이 피참가인과 상대방 사이의 재판의 효력이 참가인에게 미침

VIII. 독립당사자참가

1. 의 의

　　독립당사자참가는 참가인이 원고와 피고에게 참가하는 것이 아닌 독립된 지위에서 참가하여 원고와 피고를 상대로 다각적인 분쟁의 해결을 하려는 당사자참가를 말한다(79). 따라서 제3의 입장이 아닌 당사자로서 원고나 피고에게 참가하는 공동소송참가와 차이가 있고, 당사자로서 참가한다는 점에서는 보조참가와도 구별된다. 독립당사자참가에는 권리주장참가(79 I 전문)와 사해방지참가(79 I 후문)가 있다.

> **편면참가**

독립당사자참가에서 편면참가가 가능한지 문제되고 있었다 (과거의 판례[대판 1965.3.16, 64다1691,1692 등]는 부적법하다고 하였다). 편면참가란, 예를 들어 소유권확인소송에 피고만을 상대로 소유권을 주장하며 독립당사자참가를 하는 등 원고와 피고 모두에게 권리주장을 하지 않는 경우를 말한다. 법79조1항은 편면적 참가가 가능하다고 규정하여 이 문제를 입법적으로 해결하였다.

2. 사해방지참가

> **의의**

사해방지참가는 원고와 피고가 참가인을 사해하려는 의사가 있을 때 인정되는 독립당사자참가이다. 당사자에게 참가인을 해치려는 사해의사가 객관적으로 인정되어야 한다는 사해의사설에 의해 참가가능성을 판단하는 것이 보통이다. 그러나 사해의 증명이 곤란하고 사해방지참가를 해야 하는 경우가 많지 않은 이유로 실무에서는 권리주장참가에 비해 이용도가 낮다. 다만, 청구의 양립불가능이라는 권리주장참가의 요건을 갖출 필요는 없다.

> **구체적인 예**

사해방지참가의 예로는 다음과 같은 경우가 있다. <도표 27>에서 보듯이 甲이 乙에 대해 부동산에 관한 대물변제계약을 원인으로 한 소유권이전등기절차의 이행을 구하는 소에서, 乙이 유일한 재산인 위 부동산을 가장양도형식에 의해 타인명의로 소유권이전등기를 넘겨 丙에 대한 채무를 면탈한다는 이유로, 丙이 그 소송결과에 의해 권리침해를 받을 위험이 있다고 하여 甲·乙 사이의 대물변제계약의 무효확인을 구하며 참가하는 경우이다(대판 1990.4.27, 88다카25274,25281). 또한 말소된 근저당권설정등기의 회복등기를 구하는 소에서, 그 목적물에 설정된 후순위 근저당권자가 원·피고에게 그 회복등기소송의 대상인 근저당권의 부존재확인을 구하는 청구를 주장하여 참가하는 경우이다(대판 2001.8.24, 2000다12785,12792).

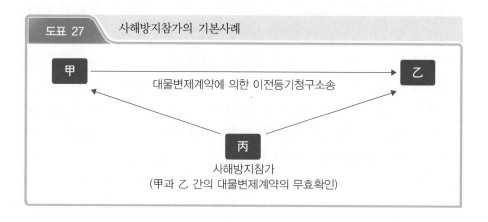

도표 27 사해방지참가의 기본사례

甲 → 乙

대물변제계약에 의한 이전등기청구소송

丙

사해방지참가
(甲과 乙 간의 대물변제계약의 무효확인)

사해방지참가를 하려면 그 참가에 의해 자신의 권리를 보호할 수 있어야 한다. 예를 들어 위의 <도표 27>에서와 같이 丙이 甲의 乙에 대한 본소청구(대물변제약정에 의한 이전등기청구)의 원인행위(대물변제행위)가 사해행위라는 이유로, 甲에 대해 사해행위취소를 청구하면서 사해방지참가를 하는 것은 참가요건을 갖추지 못해 부적법하다. 왜냐하면 사해행위취소소송의 상대적 효력에 의해 乙에게는 아무런 효력이 없어 丙의 청구가 그대로 인용되어도 甲과 乙 사이의 법률관계에는 아무런 영향이 없기 때문이다(대판 2014.6.12, 2012다47548,47555). 위와 같은 경우 丙은 甲과 乙을 상대로 그 대물변제약정의 무효확인을 구하며 사해방지참가를 해야 한다.

3. 권리주장참가

(1) 의의와 요건

권리주장참가는 소송의 목적이 된 권리가 자신에게 있다고 하며 참가하는 독립당사자참가를 말한다.

권리주장참가가 인정되려면 본소청구와 참가인의 청구가 법률상 양립하지 않아야 한다. 삼면소송(대판 1980.7.22, 80다362,363 등)인 독립당사자참가는 합일확정을 통해 하나의 승자, 하나의 청구권의 존재만을 인정해야 하는 절차이고, 원고도 승소할 수 있고 참가인도 승소할 수 있다면 독립당사자참가를 인정할 필요가 없기 때문이다. 또한 권리주장참가는 소송 목적의 전부나 일부가 자기의 권리임을 주장하면 되고, 참가하려는 소송에 수개의 청구가 병합되어도 그중 어느 하나의 청구라도 참가인의 주장과 양립하지 않는 관계에 있으면 그 본소청구에 대한 참가가 허용된다. 양립할 수 없는 본소청구의 본안에 대해 심리한 결과 이유가 없는 것으로 판단되어도 참가신청이 부적법하게 되는 것은 아니다(대판 2007.6.15, 2006다80322,80339). 따라서 원고의 주위적, 예비적 동산인도청구 중 주위적 청구만이 소유권에 기초한 참가인의 주장과 양립하지 않는 관계에 있다면, 본안에 대한 판단 결과 주위적 청구를 기각하게 되어도 권리주장참가가 부적법하게 되는 것은 아니다.

(2) 부동산의 이중양도와 권리주장참가

권리주장참가의 가능성이 문제되는 주요 사안으로서 부동산의 이중양도가 있다. <도표 28>에서 보듯이 甲이 乙을 피고로 제기한 소유권이전등기를 구하는 소에 丙이 乙에 대해서는 소유권이전등기청구를 하고, 甲에 대해서는 소유권확인청구를 하는 경우이다. 판례(대판 1964.6.9, 63다987. Case Note[12-11] 참조)는 권리주장참가의 요건을 엄격히 요구하여 甲의 청구와 丙의 청구가 법률상 양립한다는 점에서 권리주장참가가 불가능하다고 해석한다. 판례의 해석(결과적으로 부동산의 이중양도의 경우에는 각 매수인 사이의 권리의 양립이 인정되고 권리주장참가는 인정되지 않는다)에 의하면, 부동산의 이중양도시 매수인(보통 등기를 취득하지 않은 제1매수인)은 등기를 취

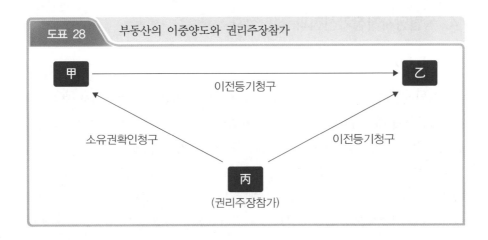

도표 28 부동산의 이중양도와 권리주장참가

甲 ──────이전등기청구──────→ 乙

소유권확인청구

이전등기청구

丙
(권리주장참가)

득하지 않은 관계에서 소유권확인을 구하는 것도 불가능하고, 이전등기를 청구하는 것도 매수인의 이전등기청구는 법률상 양립할 수 있기 때문에 권리주장참가를 할 수 없다.

학설의 주장 이러한 난점(부동산 이중양도에서 관련 당사자 간의 분쟁을 일회적으로 해결할 필요성)을 완화하기 위해 법률상 양립하지 않는다는 결론을 도출하려는 해석(학설)이 주장되기도 한다. 본안심리의 결과 양립되어도 참가인의 청구 자체에 의해 양립하지 않으면 권리주장참가를 인정해야 한다는 견해로서 다수설이다.

판례의 타당성 그러나 권리주장참가의 존재의의에서 본다면 청구의 양립이라는 요건은 피할 수 없는 부분이다. 원고와 참가인의 청구가 양립하고 모순되지 않다면 굳이 서로 대립하면서 소를 수행하고 합일확정으로 판결을 내려야 하는 이유를 찾기 힘들기 때문이다. 또한 부동산 이중양도에서 등기를 누가 먼저 취득해야 하는지(매도인이 누구에게 먼저 등기를 이전해야 하는지)를 법원이 정하는 것은 불가능하고, 매수인의 각 이전등기청구권 자체가 실체법이 인정하는 독립한 별개의 권리가 되기 때문이다(법원은 매수인 모두에게 이전등기청구권이 있다고 인정해야 한다). 판례의 해석이 타당하다.

4. 독립당사자참가신청과 심판절차

(1) 참가신청

참가는 제1심 또는 항소심 계속 중에 가능하지만 보조참가에서 보았듯이 잠재적인 소송계속이라도 가능하므로, 재심의 소를 제기함과 동시에 참가신청을 할 수 있다. 참가신청의 구체적인 방식 등은 보조참가의 예에 의한다(79Ⅱ). 독립당사자참가는 독립된 제소를 하는 것이므로 소의 제기방식을 갖추어야 한다. 따라서 참가서의 제출이 소장제출에 해당하고 그때 시효중단 등의 효력이 발생한다. 또한 제소이므로 소송요건으로서 참가신청의 적법성이 변론에 의해 판단된다.

특히 참가신청이 확인의 소라면 확인의 이익을 갖추어야 한다. 예를 들어 참가인이 자신과 피고 사이에 전속계약이 존재한다는 적극적 확인을 구하는 것은 확인의 이익이 있고 원고와 피고 사이에 전속계약이 존재하지 않다는 소극적 확인을 구하는 것은 확인의 이익이 없다면, 소극적 확인을 구하며 참가하는 것은 참가요건을 갖추지 못한 것이 된다(대판 2012.6.28, 2010다54535,54542). 다만, 확인의 이익이 없어 참가요건을 갖추지 못해도 당사자의 의사에 따라 독립된 별소가 될 수 있다면 신소의 제기(항소심에서의 참가라면 1심으로의 이송도 가능하다고 해석할 수 있을 것이다)로 취급할 수 있을 것이다.

(2) 심판절차

독립당사자참가는 필수적 공동소송의 심판원칙(합일확정)에 의해 심판한다(79Ⅱ. 대판 1981.12.8, 80다577). 이 점에서 결과적으로 독립당사자참가는 유사필수적 공동소송이 된다. 필수적 공동소송의 심판원칙이 적용되므로, 피고의 참가인에 대한 인낙(대판 1964.6.30, 63다734; 대판 1968.12.24, 64다1574), 원고와 피고 사이의 재판상 화해(대판 2005.5.26, 2004다25901,25918 [독립당사자참가인이 화해권고결정에 대해 이의하면 이의의 효력은 원고와 피고 사이에도 미친다]) 또는 자백이나 상소취하(대판 1964.6.30, 63다734)는 불가능하다. 참가신청을 취하하는 경우에도 통상의 소처럼 상대방인 원고와 피고 쌍방의 동의가 필요하다(대판 1981.12.8, 80다577). 다만, 피고가 원고와 참가인 모두에게 인낙이나 자백을 하거나 2당사자 간의 화해의 내용이 나머지 당사자에게 불이익하지 않으면, 그 효력이 인정된다. 1인에게 소송절차정지의 사유가 있으면 절차가 정지되고, 변론을 분리하거나 일부판결을 할 수 없다.

5. 독립당사자참가와 상소 – 1인이 제기한 상소의 처리

(1) 이심의 효력

독립당사자참가소송에서 내려진 판결에 대해 패소한 자 2명 중 1명은 상소를 제기하고 나머지 1명이 상소를 하지 않는다면, 상소하지 않은 자에 대한 판결 부분도 확정되지 않고 항소심으로 이심된다(판례[대판 1981.12.8, 80다577]·통설). 독립당사자참가 자체가 대립하는 2명의 당사자 간의 소송형태에 대한 예외를 인정한 것이고 소(참가신청)의 취하나 소송탈퇴가 인정되는데 그러하지 않은 이상은 이심되는 것은 어쩔 수 없는 효력이다.

(2) 상소를 제기하지 아니한 자의 지위와 상소심의 구조

이러한 이심을 전제로 상소심에서 전체적으로 어떠한 형태로 분쟁을 처리하는지, 즉 상소하지 않은 자의 상소심에서의 지위가 문제된다.

판례 판례 중에는 아래에서 보는 상소심당사자설에 가까운 입장을 보여주는 것(대판 1981.12.8, 80다577)도 있다. 그러나 이 판례에서는 취하신청에 대한 동의가 필요하다는 판단을 함에 있어서 필요한 한도에서 '항소심에서의 당사자'라는 표현을 한 것에 불과하고, 나아가 '항소심에서의 당사자'라고 한 표현도 그 후의 판례에서는 찾을 수 없다. 판례는 상소심당사자설인지 여부에 대해 명확하게 판단하고 있다고는 말할 수 없을 것이다. 단지, 상소를 제기하지 않은 자에게 유리한 상소심판결을 내릴 수 있다는, 즉 '합일확정이 필요한 한도'에서 상소하지 않은 자에게 이익으로 변경이 가능하다는 해석을 하고 있다(대판 2007.10.26, 2006다86573,86580. Case Note[12–12] 참조). 판례는 굳이 다음의 학설에서 말하는 것과 같은 어느 하나의 입장을 취하지 않아도 상소심에서의 심리구조는 합일확정의 필요성이라는 한도 내에서 합리적으로 처리할 수 있다는 입장이다.

학설은 상소심에서의 지위가 무엇인지에 따라 연역적인 해석방법으로 문제를 처리하는 것이 보통이다. 먼저 상소인 또는 피상소인 중의 어느 한쪽의 지위를 갖는다는 입장으로 상소인이 된다는 설(상소인설)과 피상소인인 된다는 설(피상소인설)이 있다. 반대로 절충적인 입장으로 상소인 또는 피상소인으로 일률적으로 정하게 되면 상소심에서의 지위와 관련하여 적절한 심리 판단이 불가능하다는 이유에서 양지위겸유설과 상소심당사자설이 주장된다. 전자는 상소인인 동시에 피상소인이라는 2가지 지위를 갖는다는 견해이고, 후자는 상소인도 피상소인도 아닌 단순한 상소심당사자라는 견해이다. 이러한 절충적 견해는 소송행위론에서 볼 수 있는 병존설과 양성설과 흡사하다. 즉, 전자가 양지위겸유설 후자가 상소심당사자설에 해당한다.

독립당사자참가 자체가 특수한 형태의 소송으로 상소심에서도 그러한 특성을 반영할 수밖에 없으므로, 상소심에서는 상소를 제기하지 아니한 자에 대한 판단 부분을 포함하여 합일확정의 필요성이 인정되는 한도 내에서 모두 심리 판단된다. 즉, 2당사자 간의 소송에서와 같은 통상의 상소심 심리구조가 되는 것이 아니다. 달리 말하면 제1심에서의 3당사자 소송구조가 어느 한 당사자가 항소를 제기하지 않아도 항소심에서는 계속 3당사자 소송으로서 합일확정의 심판원칙이 적용되는 것이다. 따라서 판례가 당사자 간의 모순 없는 해결을 위해 통상의 소송에서 피상소인에게 적용되는 이익변경금지의 원칙(상소인이라면 불이익변경금지의 원칙)도 배제될 수 있다고 판단한 것은 타당한 해석이다.

위와 같이 해석한다면, 논리적으로는 상소를 제기하지 않은 자의 지위도 상소인 또는 피상소인이라는 어느 한쪽으로 결정될 것이다. 물론 앞의 학설에서 보았듯이 상소심당사자라고 해석하는 것도 하나의 방법이 될 수 있다. 그러나 상소심당사자라는 입장은 당사자대립구조를 취하는 소송구조와는 어울리지 않는다. 즉, 쟁송성을 갖는 소송에서 원고(상소인)도 아니고 피고(피상소인)도 아닌 제3의 입장을 가진 것이라고 인정하는 것이 되기 때문이다. 따라서 합일확정의 필요성이 인정되는 한도에서 상소를 제기하지 아니한 자의 지위도 논리적으로 상소인 또는 피상소인 중의 어느 하나로 각각의 케이스에 따라 정해진다.

구체적 상황에
따른 지위의 구분

결론적으로 말한다면, ㉠ 피고 승소시의 원고 또는 참가인의 상소, 원고 또는 참가인 승소시의 피고의 상소에서는, 상소하지 않은 원고 또는 참가인은 피상소인이 된다. 유일한 승소자가 되려는 상소인과의 공동이익관계에서 본다면 이미 패소한 원고나 참가인을 다시 승소시킬 필요가 없기 때문이다. 또한 원고 또는 참가인은 피상소인이 되므로 상소를 제기하지 않은 그들에 대한 청구기각부분을 인용으로(이익으로) 변경할 수 없다. 반대로 상소를 제기하지 않은 원고나 참가인을 상소인으로 하는 것은 인용으로 변경할 수 있게 되어(합일확정에 반하게 되어) 타당하지 않다.

한편, ㉡ 원고나 참가인이 승소하고 그중 1인이 상소하였지만 피고는 상소를 제기하지 않았다면, 피고는 법67조1항을 준용하여 상소인이 된다. 원고나 참가인은 자신이 유일한 승소자가 되기 위해 일단 피고도 승소시킬 공동이익관계가 있기 때문이다. 따라서 피고는 상소인이 되므로 청구인용부분(피고패소)을 기각(피고승소)으로 변경할 수 있지만, 피상소인으로 하면 이익변경금지의 원칙에 의해 기각(피고승소)으로 변경할 수 없고, 상소인은 나머지 2명 모두에 대한 유일한 승자가 될 수 없게 된다.

6. 당사자의 탈퇴에 따른 처리

(1) 취 하

독립당사자참가가 성립한 후라도 다음의 사유(취하와 탈퇴)로 삼면관계가 해소되고 2당사자 소송관계로 복귀한다. 먼저 소 또는 독립당사자참가를 취하하는 것이다. 다음에서 보는 소송탈퇴와는 달리 판결효를 받지 않고 3면관계를 해소하는 방법이다. 소 취하에 필요한 상대방의 동의로는 피고만이 아니라 합일확정을 원칙으로 한 참가인의 이익을 보호해야 하므로, 참가인의 동의도 얻어야 한다. 한편, 참가신청의 취하도 소의 취하와 동일한 요건이 필요하다. 참가가 취하되면 원고와 피고 사이의 본래의 소송관계가 되지만, 일방의 청구만을 대상으로 한 참가의 취하라면 편면적인 독립당사자참가가 되고 2당사자관계로 복귀하지 않는다.

(2) 소송탈퇴

의의와 요건

권리주장참가에서 원고 또는 피고가 판결효의 영향을 받을 것을 각오하고 삼면관계에서 탈퇴하는 것을 소송탈퇴라 한다(80). 예를 들면 참가인이 채권의 양수를 주장하자 피고가 원고와 참가인 간의 소송의 결과에 따르겠다고 하거나, 아니면 원고가 채권양도의 사실을 인정하고 탈퇴하는 것을 말한다. 탈퇴는 소송행위로서 서면 또는 구술로 할 수 있고 소송행위로서의 일반적인 요건을 갖추어야 한다. 상대방(원고 또는 피고)의 동의를 요하는지에 대해 법80조는 상대방의 승낙을 요구하고 있지만, 사실상 동의를 하지 않아도 탈퇴하려는 자가 소송을 수행할 리 없으므로 특별한 의미를 갖지 않고 따라서 입법적으로는 불필요한 조문이다.

탈퇴의 효과

탈퇴는 실질적으로 원고의 입장에서는 피고와 참가인에 대한 청구포기, 피고의 입장에서는 원고와 참가인에 대한 청구인낙이 된다. 탈퇴는 취하와는 달리 소급효가 없다. 따라서 탈퇴당사자가 한 주장이나 증명이 실효되는 것은 아니므로, 탈퇴당사자를 대상으로 한 삼면관계가 완전히 소멸되는 것은 아니다.

IX. 소송승계

1. 의 의

소송승계는 소송계속 중이고 변론종결 전에 당사자의 사망 등 포괄적인 권리의무의 양도 또는 계쟁물(그 소송의 목적인 권리의무)의 양도라는 사태가 발생하여 진정한 당사자로 하여금 소송을 승계시키는 제도이다. 권리의무관계의 포괄승계는 당연승계로서 승계의 가능성이 문제되지 않지만(수계의 문제가 된다), 특정 권리의무의 승계라는 특정승계는 기존 소송과의 관계에서 승계의 가능성이 문제된다. 보통 소송승계라 하면 특정승계를 말한다.

특정승계에는 승계인이 스스로 소송에 가입해 오는 참가승계 (81)와 승계인을 소송으로 끌어들이는 인수승계(82)가 있다. 어느 경우에나 권리승계인 및 의무승계인의 참가승계나 그에 대한 인수승계가 인정된다.

소송이 승계되면 시효중단(승계인이 새로 추가변경한 것이 아닌 원래의 권리승계에서 대상이 되었던 청구에 한정된다[대판 2012.7.5, 2012다25449]), 기간준수 효과의 유지(81)와 종전 소송상태의 유지라는 효력이 발생한다. 소송비용은 포괄승계와 특정승계 간에 차이가 있고, 후자라면 소송비용은 승계되지 않는다.

2. 당연승계

승계인의 의사에 관계없이 당연히 당사자로서의 지위를 취득하는 승계이다. 당연승계에서는 절차가 중단되므로 절차의 중단사유 중에서 당연승계의 원인을 찾을 수 있다. 자연인의 사망(233), 법인의 합병(234) 등이 있다(그 이외의 당연승계에 관해서는 236, 237, 239, 240 참조). 전술(제5장 I 4(2))하였듯이 당연승계의 원인이 발생하면 절차는 당연히 중단되고, 당연히 수계할 수 있는 경우가 아니면 승계인 또는 그 상대방으로부터의 수계신청에 따른 수계결정(243) 또는 속행명령(244)에 의해 절차가 속행된다.

3. 계쟁물의 양도

(1) 양도가능성

소송승계(특정승계)에서 말하는 소송목적물(계쟁물)의 양도에 대해서는 그 가능성에 관한 다음과 같은 입법형태가 있다. 계쟁물양도금지, 당사자항정주의 그리고 소송승계주의이다. 계쟁물양도금지는 계쟁물의 매매를 벌금형에 해당하는 범죄로 보고 그 계약을 무효로 하여 양도 자체가 소송 내외에서 아무런 효과도 없다는 원칙이다. 당사자항정주의는 양도금지원칙과는 달리 소송상으로만 그 계약을 무효로 하여 그 판결의 효력을 소송계속 중(변론종결 전)의 승계인에게까지 확장시키는 원칙을 말한다. 우리 법이 취하는 소송승계주의는 계쟁물 양도가 소송 내외에서 유효하게 되어 승계인을 새로운 당사자로 소송에 가입시킬 필요가 있다는 원칙이고, 승계인의 보호가 가장 확실하다(소송을 승계하지 않는 한 변론종결 전의 승계인에게는 기판력이 미치지 않는다). 다만, 당사자항정주의를 취하는 독일과 달리 당사자를 고정(항정)시키기 위한 가처분(점유이전금지, 처분금지 등)이 다용되고 있다.

(2) 계쟁물의 의의

소송승계에서는 또한 위에서 말한 계쟁물의 의미가 무엇인지 논란이 있다.

견해의 대립   판례의 대부분은 계쟁물을 소송물로 보는 입장을 취한다(대판 1971.7.6, 71다726. Case Note[12−15] 참조). 따라서 판례에 의하면, 건물의 철거를 구하는 소송 도중에 피고가 그 건물소유권의 등기를 제3자에게 이전하면, 피고의 철거의무가 승계된 것이 아니고 피고의 소유권이 이전된 것이므로 소송물이 다르기 때문에 승계가 허용되지 않는다.

한편, 학설은 일반적으로 판례에 찬성하는 견해, 반대로 소송물에 국한되지 않고 소송물이 아닌 계쟁물 양도라도 승계가 가능하다는 입장(다수설)이 있다. 다만, 학설은 변론종결 후의 승계인에서 보았듯이 승계의 대상에 관해 물권적 청구권 또는 채권적 청구권의 구분을 반영하는 것이 일반적이다. 또한 변론종결 전후에서 승계의 대상은 같다(특정 소송 목적물을 변론종결 전에 승계하면 소송승계를 할 수 있고, 변론종결 후에 승계하면 기판력이 미친다)는 해석이 일반적이지만, 일부의 학설은 변론종결 전의 승계의 범위가 종결 후의 그것보다 넓다는 해석이다.

위와 같은 판례와 학설을 정리하면, 판례와 이에 찬성하는 학설은 변론종결 전후에 관계없이 소송물로서 물권적 청구권이 승계의 대상이 된다는 입장이다. 다음으로 변론종결 전후에 관계없이 소송물로서 물권적 청구권과 채권적 청구권을 포함하는 것이 승계의 대상이 된다는 견해가 있다. 마지막으로 변론종결 전의 승계의 대상을 종결 후의 그것보다 넓게 계쟁물로 보는 것이 제3의 입장이다.

계쟁물을 판례에서와 같이 소송물이라는 틀로 제한하면 승계를 할 수 있는 예는 매우 적어질 것이다. 명확하게 소송물만이 승계된다는 것을 특정하기 곤란하고, 진행 중인 소송을 수행해야 할 정당한 당사자에게 소송을 승계시켜야 한다는 소송승계의 취지와 어긋나기 때문이다. 따라서 소송물이 아닌 그보다 넓은 개념인 계쟁물, 즉 특정 청구를 대상으로 하는 소송물만이 아니라 그보다 넓은 의미에서의 특정 청구의 전제가 되는 권리의무나 법률관계의 양도에 의해 당사자적격이 이전되면 소송승계를 할 수 있다고 해석해야 할 것이다(계쟁물의 양도가 당사자적격의 상실을 의미한다는 대판(전) 1969.5.27, 68다725 참조).

예를 들어 철거소송이나 이전등기청구소송 중에 피고가 소송의 목적인 부동산에 관한 자신의 소유권을 제3자에게 양도하고 그러한 사실이 소 제기 전에 판명된다면, 원고는 피고가 아닌 제3자에게 그러한 소송을 제기해야 할 것이고, 따라서 제3자는 원고가 제기한 소송의 피고적격의 이전을 받은 자에 해당된다. 결국 소송승계의 대상을 소송물에 국한하는 태도는 타당하지 않고, 계쟁물이 양도되고 이로 인해 원고가 제기한 소의 당사자(피고)적격을 이전받은 제3자라면 승계의 대상이 된다고 해석해야 할 것이다.

4. 승계의 절차

(1) 참가승계와 인수승계

소송승계는 권리의 승계인지 의무의 승계인지 관계없이 인정된다. 그러나 피고(양도인=피승계인)가 계쟁물을 양도했을 때 그 양수인이 스스로 소송에 참가승계를 하는 것은 생각하기 힘들다. 소송에서 탈퇴하게 되는 양도인이 스스로 인수승계를 요구할 수 있는지에 대해서도 원칙적으로 불가능하다고 해석해야 한다. 피승계인(양도인)의 상대방(원고)이 인수승계를 요구하지 않는데도 피승계인이 소송에서 탈퇴할 수 있는지 문제되고, 인수승계를 요구하는 것은 피승계인이 승계인에 대해 청구를 주장하는 것인데, 피승계인이 권리보호의 이익(소의 이익)이 있는 청구를 주장하는 것은 생각하기 힘들기 때문이다.

(2) 승계방법

승계신청과
그 처리 참가승계나 인수승계의 신청은 새로운 청구의 정립을 동반
하는 것이므로 사실심 변론종결시까지 해야 한다. 신청에
대해서는 결정으로 재판하고 배척하는 결정에 대해서는 즉
시항고가 가능하지만, 소송승계를 인정하는 결정에 대해서는 중간재판이라는 점
에서 독립하여 불복할 수 없다(대결 1981.10.29, 81마357 등).

특히 인수신청이 있으면 신청이유로서 주장하는 사실관계 자체로 그 승계
적격의 흠결이 명백하지 않는 한, 승계인에 해당하는지 여부에 관계없이 결정으
로 그 신청을 인용해야 한다(대판 2005.10.27, 2003다66691). 승계인에 해당하는지
여부는 피인수신청인(승계인이라고 신청된 자)에 대한 청구의 당부와 관련하여 판
단할 사항이고, 인수결정 후 심리한 결과 승계사실이 인정되지 않으면(인수원인
의 부존재) 청구기각의 본안판결을 하면 되지, 인수신청 자체를 부적법하게 하는
사유가 아니기 때문이다.

승계 후의
심리원칙 소송승계 후의 심리절차는, 원칙적으로 참가승계는 독립당
사자참가의 형태(권리주장참가)가 되고, 나머지는 통상의 공
동소송형태를 취한다. 승계인이 스스로 참가하는 참가승계
와는 달리 승계인이 자신의 의사에 관계없이 소송상태를 승계해야 하는 인수승
계라면, 승계인은 기존 소송상태를 승계하는 것이 원칙이지만 자신의 고유한 공
격방어방법을 제출할 수 있다.

상소심에서의
승계와 그 처리 항소심에서 승계가 있고 기존의 당사자가 탈퇴하였다면 다
음과 같이 판결하게 된다. 즉, 제1심에서는 원고가 승소하
고 이에 대해 피고가 제기한 항소심에서 원고에 대한 승계
참가가 이루어져 원고는 적법하게 탈퇴하게 되고, 항소심은 항소의 이유가 없다
고 판단한 경우, 단순히 피고의 항소를 기각하는 판결을 함으로써 1심판결을 그
대로 유지하는 것은 허용되지 않고, 항소심은 제1심판결을 변경하여 승계참가인
의 청구에 대한 판단을 해야 한다(대판 2004.1.27, 2000다63639).

X. 공동소송참가

1. 의 의

공동소송참가는 제3자가 원고나 피고에게 당사자로서 참가하는 형태이다(83). 이 점에서 보조참가나 공동소송적 보조참가와 차이가 있고, 당사자로서 참가하는 것은 독립당사자참가와 같지만 독립된 제3의 당사자가 아닌 원고나 피고와 같은 공동소송인으로 참가하는 형태에 차이가 있다. 또한 참가에 의해 필수적 공동소송으로 합일확정이 요구되고 법률에 의해 주관적 추가적 병합이 인정되는 경우에 해당된다.

2. 요건과 절차

요건 공동소송참가를 하려면, 첫째로 소송참가로서 타인 간의 소송이 계속 중이어야 한다. 둘째로 당사자로서 참가하게 되므로 참가인은 당사자적격을 구비해야 한다. 셋째로 앞서 보았듯이 참가로 인한 합일확정이라는 요건의 구비가 요구되고 이로써 공동당사자의 관계는 유사필수적 공동소송이 된다.

고유필수적 공동소송에서의 이용가능성 한편, 공동소송참가는 고유필수적 공동소송에서도 이용할 수 있다는 견해가 있다. 예를 들어 고유필수적 공동소송에서 제외된 공동소송인이 공동소송참가를 하여 당사자가 되면 공동소송인의 일부누락이라는 흠이 치유되고 이것은 항소심에서도 이용할 수 있으므로 의의가 있다는 주장이다. 그러나 제1심 단계에서의 누락이라면 필수적 당사자 추가의 방법이 별도로 만들어져 있고(68), 제1심 각하판결에 대해 제기된 항소심에서 스스로 자발적으로 공동소송참가를 한다는 것도 생각하기 힘들다(원고라면 제1심부터 하려고 할 것이고, 피고라면 항소심에서 굳이 스스로 공동소송참가를 하는 것이 되어 더 생각하기 힘들다). 따라서 공동소송참가가 고유필수적 공동소송에서도 이용할 수 있다는 논리는 이론적으로는 생각할 수 있지만, 실제로는 특별한 의미를 갖는 것이 아니다.

참가취지의
주장방법

제3자가 원고에게 참가한다면 스스로 피고에게 적극적으로 청구를 주장하는 것이어야 한다. 반대로 피고에게 참가한다면(이러한 경우는 사실상 거의 없겠지만) 독립당사자참가에서 편면적 참가가 인정되었으므로 단순히 청구기각 또는 소각하를 요구하는 것으로 충분하다.

채권자대위소송과
채무자의
공동소송참가

한편, 채권자대위소송에 채무자가 공동소송참가를 할 수 있는지에 대해, 다수설은 채무자가 중복소송을 제기하는 것이 되어 불가능하다고 해석한다. 그러나 공동소송참가에 의해 심리가 병합되고 합일확정으로 판단되므로 중복제소의 금지에 저촉될 여지가 없다. 따라서 다수설의 논거는 타당하지 않다(주주대표소송의 원고에게 회사가 공동소송참가를 하여도 중복제소금지가 되지 않는다고 판시한 대판 2002.3.15, 2000다9086 참조). 오히려 채무자에게 대위사실을 통지하거나 채무자가 대위소송을 알고 있다면 당사자적격을 상실하여(대판 1993.4.27, 92다44350) 공동소송참가를 할 수 없게 된다. 반대로 채권자대위소송 계속 중에 다른 채권자는 동일한 채무자를 대위하여 동일한 피대위채권에 의한 채권자대위권을 행사하면서 공동소송참가신청을 할 수 있다(대판 2015.7.23. 2013다30301,30325). 전술(Ⅱ2(3))하였듯이 복수의 원고인 채권자들의 관계는 유사필수적 공동소송이 되기 때문이다.

XI. 소송고지

1. 의 의

소송고지는 제3자에게 계속 중인 소에 참가할 기회를 부여함과 동시에 불참시의 제재를 가하려는 제도를 말한다(84 내지 86). 소송에 참가할 수 있는 자라면 참가의 형태가 보조참가에 한하지 않고 모든 참가형태에서 인정된다. 소송고지의 실제상 필요성은 이하에서 보는 바와 같이 참가하지 않는 자에게 참가적 효력을 미치게 하는 점에 있다. 또한 예외적으로 소송고지를 반드시 해야 하는 경우가 있다(추심소송의 경우인 민집238 등).

2. 요건과 절차

소송고지는 소송이 계속되고 참가가 가능하다면 심급에 관계 없이 가능하다. 다만, 고지를 받게 되는 피고지자의 절차권 보장 여하에 따라 그에 대한 참가적 효력이 제한될 가능성이 있다. 고지자의 자격은 당사자나 그 밖에 당사자를 위한 보조참가자, 그리고 피고 지자(84Ⅱ)이다. 한편, 피고지자의 자격은 제3자로서 소송참가를 할 수 있어야 한 다(84Ⅰ). 여기서 말하는 참가란 일반적으로는 보조참가의 경우를 가리킨다. 또한 제3자의 범위에는 상대방당사자는 포함되지 않지만 보조참가인이나 자신의 공동 소송인이 포함되고, 당사자 모두로부터 고지를 받는 것도 가능하다.

소송고지는 법정의 소송고지서를 작성하여 피고지자에게 송 달(제출한 고지서를 그대로 송달)함으로써 한다(85Ⅱ). 피고지자 에게 송달되지 않으면 고지의 효력은 발생하지 않는다(대판 1975.4.22, 74다1519).

3. 피고지자에 대한 소송고지의 효과

(1) 참가적 효력의 발생

소송고지가 피고지자에게 송달되고 당해 피고지자가 소송에 참가하지 않는 다면(참가 가능한 때 참가한 것으로 간주되어), 피고지자에게 참가적 효력이 미치는 것이 원칙이다(86. 판결에는 피고지자의 이름은 표시하지 않는다[대판 1962.4.18, 4294민 상1195]). 다만, 소송고지를 하면 언제나 참가적 효력이 미치는 것은 아니다. 판 례(대판 1986.2.25, 85다카2091. Case Note[12−14] 참조)는 피고지자가 고지자에게 보조참가하는 것이 불가능하다면 참가적 효력이 미치지 않는다고 해석한다. 적 어도 보조참가를 시키기 위해 소송고지를 한 것이므로 보조참가 자체가 불가능 하다면 참가적 효력이 발생할 근거가 없기 때문이다. 또한 설사 보조참가 자체는 가능해도 피고지자가 고지자에게 참가하는 것을 기대하기 어려운 경우(예를 들면 공동이익으로 주장하거나 다툴 수 없었던 경우)에도 동일하다.

(2) 참가적 효력의 범위 및 그 밖의 효과

참가적 효력의 범위

참가적 효력은 전소확정판결의 결론의 기초가 된 사실상·법률상의 판단에 미친다. 따라서 예를 들어 전부채권자(전부명령에 의해 새로이 채권자가 된 경우)가 원래의 채권을 양도한 채권자를 상대로 제기한 전부금청구소송에서 채권양수인이 그 채권자(피고)로부터 소송고지를 받고도 그 소송에 참가하지 않은 경우, 이 소송에서 해당 전부명령과 채권양도의 효력의 우열에 대해 아무런 사실인정이나 법률판단을 하지 아니한 채 피고(고지자)에게 패소판결이 내려졌다면, 피고지자(채권양수인)는 이 소송의 판결결과에 따른 참가적 효력을 받지 않는다(대판 1991.6.25, 88다카6358).

○ 소송고지와 시효중단

참가적 효력 이외에도, 어음법과 수표법을 유추하여 시효중단의 효력을 인정하거나, 민법상 최고로서의 효과를 부여할 여지가 있다. 판례는 소송고지의 요건을 갖추고 그 소송고지서에 고지자가 피고지자에 대해 채무의 이행을 청구하는 의사가 표명되어 있으면 민법174조에 정한 시효중단사유로서 최고의 효력을 인정한다(대판 1970.9.17, 70다593 등). 또한 소송고지에 의한 최고는 통상의 최고와는 달리 법원의 행위를 통해 이루어지는 것이다. 따라서 만일 법원이 소송고지서의 송달사무를 우연한 사정으로 지체하는 바람에 소송고지서의 송달 전에 시효가 완성되는 경우에는, 고지자가 예상치 못한 불이익을 입게 된다는 점 등을 고려할 필요가 있으므로, 소송고지에 의한 최고는 법265조를 유추적용하여 당사자가 소송고지서를 법원에 제출한 때에 시효중단의 효력이 발생한다(대판 2015.5.14, 2014다16494).

XII. 임의적 당사자변경

1. 의 의

임의적 당사자변경은 소 제기 후 당사자의 의사에 의해 당사자가 변경되는 것을 말한다(260). 당사자의 변경에 해당하므로 당사자가 추가적으로 가입되는 경우와 기존의 당사자가 새로운 당사자로 교체되는 경우를 포함한다. 그러나 전자는 소의 주관적 추가적 병합이나 당사자의 인입(引入)이론에 해당하는 분야이고 협의로는 후자만을 가리킨다.

2. 유사제도와의 차이

(1) 소의 변경

소의 변경(262)은 당사자의 변경 없이 상대방에 대한 청구를 변경하는 것이다. 따라서 당사자가 변경되는지 여부에 차이가 있다.

(2) 법정당사자변경

법정당사자변경에는 ① 당연승계, ② 참가 또는 인수승계라는 소송승계가 있다. 법정당사자변경은 법률에 의해 직접 당사자의 변경이 요구되거나 허용되므로, 변경의 가부 자체에 대한 문제점이나 전소와 후소와의 관계라는 문제점은 거의 없다. 즉, 변경 전의 당사자도 애당초 당사자적격자였고 이 적격이 이전되었다는 점에 차이가 있다.

(3) 표시의 정정

당사자 표시의 정정은 당사자 동일성의 변경 없이 그 표시만을 바꾸는 것이다. 소장의 표시를 정정하는 것이지만 당사자의 변경을 의미한다는 점에서는 임의적 당사자변경과 가장 유사하다. 그러나 표시의 정정은 변경 전후의 당사자의 인격(동일성)에 변경이 초래되지 않아야만 가능하다.

3. 임의적 당사자변경이 인정되는 이유

임의적 당사자변경은 진행 중인 소송에서 당사자를 변경하는 점에 제도의 취지가 있다. 단순히 하나의 소가 진행 중일 때 여기에 새로운 소(신소)를 병합하고 구소를 취하한다는 결합을 의미하는 것이 아니다. 변경 전 소(전소)와의 단절을 받아들일 수밖에 없다면 임의적 당사자변경을 굳이 인정할 필요는 없으므로, 당사자의 절차권을 보장하면서 소취하와 전소 결과의 유용을 가능케 한다는 점에 이 제도의 취지가 있다. 따라서 법원이 명백히 잘못 지정된 당사자의 변경을 허가한다는 의의는, 당사자가 잘못 지정되었을 때 그 변경이 인정되면 전소와 후소의 관계에 대해 일정한 연계관계를 인정한다는 취지로 파악해야 할 것이다. 말하자면 당사자변경을 허가하는 결정은 소장인지의 유용과 전소결과의 유용을 절차적인 면에서 허가한다는 재판이다. 이렇게 파악하지 않는다면 허부의 결정이라는 재판은 특별한 의미가 없게 되기 때문이다.

4. 법적 구조

임의적 당사자변경의 법적 성격에 관해 복합설과 특수행위설이 주장된다.

(1) 복합설

복합설은 임의적 당사자변경을 신소의 제기와 구소의 취하라는 두 개의 소송행위가 복합된 것이라고 해석한다(다수설). 구체적으로는 신소와 구소의 병합(꼭 필요한 것은 아니다) 후에 구소가 취하된다고 해석하는 입장이다. 이 설을 엄격히 적용하면 임의적 당사자변경은 신소의 제기이므로 제1심에서만 가능하고, 그 효과도 소의 병합에 불과하므로 앞서 본 바와 같이 임의적 당사자변경이라는 제도의 취지가 퇴색하게 된다. 그러나 복합설에 의해서도 그 취지를 살리는 해석, 즉 제소수수료나 전소결과의 유용(변론의 병합)을 인정하는 유연한 해석이 가능하다. 다만, 복합설을 취하는 한 신소의 제기임을 부인할 수 없으므로 임의적 당사자변경이 인정되는 것은 제1심에 한정된다.

(2) 특수행위설

임의적 당사자변경을 하나의 특수한 소송행위로서 파악하는 것이 특수행위설이다. 이 입장은 어떻게 보면 소의 변경에 상당하는 당사자의 변경이라는 하나의 행위로 보고 그에 따른 요건과 효과를 제시하는 입장이다. 특수행위설은 변경 전후의 당사자에 대한 소송의 관련성 존재, 구피고의 동의의 필요성, 항소심에서의 신피고 동의의 필요성, 그리고 상고심에서의 불가능을 들고, 이러한 요건이 갖추어지면 신청에 의해 당사자가 변경되고 기존의 소송이 속행된다고 해석한다.

(3) 차이점

복합설을 엄격히 적용하면 위 견해의 차이는 현저하지만, 복합설을 탄력적으로 해석 적용한다면 그 차이는 거의 없다. 두 견해의 차이가 실질적으로 없다면 소송법에 특별한 소송행위라는 규정이 없는 이상 복합설이 타당하다. 또한 법260조 자체를 보아도 복합설이 타당함을 엿볼 수 있다. 물론 특수행위설이라고 한다면 항소심에서도 당사자의 변경이 가능하겠지만, 항소심이 되어(1심판결 후에) 당사자를 잘못 지정한 것이 판명된다는 것도 사실상 상정하기 힘들다.

5. 요 건

(1) 피고가 아닌 원고의 변경가능성

요건을 규정하는 법 260조의 해석상 먼저 문제가 되는 것은 변경되는 당사자는 피고에 한하는지 여부이다. 조문에는 피고를 경정한다고 되어 있으므로 변경할 수 있는 당사자는 피고에 한한다고 해석하는 것도 가능하다. 실제로 변경의 필요가 발생하는 것도 적극적으로 소를 제기하는 원고보다 소극적으로 이에 대응하는 피고의 경우가 대부분이다. 그러나 원고의 변경 가능성도 부정할 수 없다. 원고의 이익에 합치할 뿐만 아니라 피고에게도 이중의 응소 부담을 제거하고 1회적으로 분쟁을 처리할 수 있기 때문이다(판례[대판 1994.5.24, 92다50232]는 반대). 다만, 소의 제기이므로 신원고의 동의는 필수적이다. 동일한 이치로 법문상은 원고만이 당사자의 변경을 신청할 수 있지만, 반대로 피고의 신청도 가능하다고 풀이해야 할 것이다. 피고에게도 적격당사자와의 관계에서 1회에 분쟁을 종료시킬 이익이 있기 때문이다.

(2) 구피고에 대한 취하의 요건

구소의 취하가 전제되는 이상, 구피고에 대한 취하의 요건을 갖추어야 한다. 이것은 소의 취하에 관한 조문을 적용하여 충분히 대처할 수 있지만, 변론종결시까지라는 요건과 법260조1항 단서에서의 피고 동의의 필요성, 그 밖에 동의의 간주 등(260Ⅳ), 명확성을 기하기 위해 상세한 조문을 두고 있다. 반대로 신소의 제기에 관한 요건은 법원이 변경을 허가했을 때 갖추면 된다(261Ⅱ).

(3) 당사자를 잘못 지정한 것이 명백한 때

법260조1항은 "법원은 당사자를 잘못 지정한 것이 명백한 때 허가한다"고 규정한다. 잘못 지정한 것이 명백하다는 의미는, "청구취지나 청구원인의 기재내용으로 보아 원고가 법률평가를 그르치거나 또는 법인격의 유무에 착오를 일으킨 것이 명백한 경우"(대결 1997.10.17, 97마1632. Case Note[12-16] 참조)로서, 적격자가 아니므로 용이하고 명백하게 소각하를 할 수 있다고 판단되는 경우이다. 즉, 잘못 지정한 것이 명백하므로 본안에 관한 판단 등 엄격한 절차를 거치지 않고 쉽게 당사자를 변경할 수 있어야 하고, 그렇지 않으면 종국판결로 판단해야 하기 때문이다. 또한 당사자의 지정이 명백히 잘못 되었다면 법원에게는 당사자의 변경에 관한 석명권을 행사할 의무가 있다(대판 1990.1.12, 89누1032).

○ 집단소송
....

1. 증권관련집단소송

(1) 의 의

증권관련집단소송법(이하 '증집법'으로 약칭)이 제정되어 특별한 형태의 공동소송을 이용할 수 있게 되었다. 증집법이 정하는 증권관련집단소송(이하 '증권소송'이라 약칭)이란 유가증권의 거래과정에서 다수인에게 피해가 발생한 경우, 그중의 1인 또는 수인이 대표당사자가 되어 수행하는 손해배상청구소송을 말한다(증집법2조1호). 증권소송은 대표당사자라는 용어에서 보듯이 대표소송으로서 기존의 제도와 비교하면 선정당사자의 특별한 형태이다.

(2) 절 차

증권소송은 유가증권신고서 및 사업설명서의 허위기재, 사업보고서·반기보고서 및 분기보고서의 허위기재, 미공개정보의 이용, 시세조작 그리고 감사인의 부실감사를 원인으로 하는 손해배상청구에 한하여 인정된다(증집법3조1항). 그 대상이 되는 것은, 증권거래법2조13항3호의 규정에 의한 주권상장법인 또는 같은 법2조15항의 규정에 의한 협회등록법인이 발행한 유가증권의 거래로 인한 경우에 한한다(증집법3조2항).

증권소송에서는 전문성과 복잡성을 고려하여 변호사강제주의가 채택되었고(증집법5조1항), 최근 3년간 3건 이상의 증권소송의 대표당사자 또는 소송대리인으로 관여했던 자는 증권소송의 대표당사자 또는 원고측 소송대리인이 될 수 없다(증집법11조3항).

증권소송은 피해집단의 구성원이 50인 이상으로서 피고 회사의 발행 유가증권총수의 1만분의 1 이상을 보유해야 하고 법률상 또는 사실상의 중요한 쟁점이 모든 구성원에게 공통되며, 당해 소송이 총원의 권리실현이나 이익보호에 적합하고 효율적인 수단인 경우에 허용된다(증집법12조1항). 법원은 증권소송의 소장과 소송허가신청서가 제출되면 이를 공고한 후 구성원 중에서 대표당사자를 선정하도록 하고 대표당사자가 총원의 이익을 적절히 대표하고 있지 못하거나 그 밖에 중대한 사유가 있는 때에는 직권 또는 신청에 의하여 대표당사자의 소송수행을 금지할 수 있다(증집법10조, 22조).

또한 피해집단인 구성원들의 권익을 보호하기 위해 증권소송의 허가결정, 총원범위의 변경, 소취하·화해·청구포기·상소취하 및 판결이 있으면, 법원은 이를 구성원 모두에게 주지시킬 수 있는 적당한 방법으로 고지한 후, 전국을 보급지역으로 하는 일간신문에 게재하여야 한다(증집법18조2항·3항, 27조4항, 35조3항, 36조4항 및 38조1항).

증권소송에 의한 확정판결의 기판력은 대표당사자 이외의 구성원에게도 미치므로 이를 원하지 않는 구성원은 서면으로 법원에 제외신고를 해야 한다(증집법28조, 37조). 판결 후의 분배절차에서 법원은 직권 또는 대표당사자의 신청에 의해 분배관리인을 선임하도록 하고, 분배관리인은 법원의 감독 하에 권리실행으로 취득한 금전 등의 분배업무를 행한다(증집법41조1항, 2항). 구성원은 권리신고기간 내에 분배관리인에게 권리를 신고하도록 하고 구성원이 책임 없는 사유로 권리신고기간 내에 신고를 하지 못한 때에는 그 사유가 종료된 후 1월 이내에 신고할 수 있다(증집법49조).

2. 소비자단체소송

소비자기본법에서는 일정한 범위 내에서 단체소송을 도입하였다. 이 소비자단체소송은 선정당사자와 유사한 임의적 소송담당으로서 소비자피해구제를 강화하기 위해 일정한 요건을 갖춘 소비자단체·사업자단체·비영리민간단체에게 당사자적격을 부여한 것이다.

같은 법 제70조 내지 제76조에서는 위와 같은 소비자단체에게 다수 소비자의 생명·신체·재산 등 소비자의 권익을 침해하는 사업자의 위법행위에 대해, 법원에 금지·중지를 청구하는 소비자단체소송을 제기할 수 있는 적격을 부여하고, 소제기의 당사자요건, 소송허가신청 및 확정판결의 효력 등 소비자단체소송의 요건·절차에 관한 사항을 규정하고 있다.

제12장 상소와 재심

제12장에서는 재판에 대한 불복방법을 다룬다.
재판이 확정되기 전에 할 수 있는 상소와 확정 후에 할 수 있는 재심으로
나누어 각각의 내용과 절차를 살펴본다.

I. 서 – 재판에 대한 불복절차 개관

　　이미 종료된 사건을 재심리하여 원재판의 취소나 변경을 구하는 절차를 재판에 대한 불복절차라고 한다. 불복절차에는 통상불복절차와 특별불복절차가 있다. 통상불복절차는 재판이 확정되기 전의 절차이고 상소와 이의가 있다. 상소는 재판을 내린 심급의 상급심 법원이 처리하는 불복신청이고, 이의는 상급심이 아닌 동일 심급의 법원이 처리하는 불복신청을 말한다. 특별불복절차는 재판이 확정된 후의 절차로서 재심의 소가 있다. 특별항고(449)는 재판의 확정과 관계없이 그 취소를 구하는 점에서 통상이 아닌 특별불복절차와 유사하다. 헌법소원도 넓은 의미에서는 불복절차이지만, 법원의 판결 자체에 대해서는 불가능하기 때문에 법이 정하는 본래의 불복절차가 아니다.

II. 상소제도

1. 서

(1) 의 의

상소란 원재판이 확정되기 전에 상급법원에 불복신청을 하는 것이고 여기에는 항소, 상고, 항고, 재항고가 있다. 상소가 제기되면 원재판의 확정이 차단되는 효력 및 사건의 계속이 상급심으로 올라가는 이심의 효력이 발생한다. 상고를 제기하기 위한 상고심리속행의 신청도 확정차단효가 인정되므로 상소의 일종이다. 반대로 제권판결에 대한 불복소송(490)이나 중재판정취소의 소(중재법36조)는 확정차단효나 이심의 효력을 갖지 아니하는, 말하자면 동일절차 내에서의 불복신청이 아니므로 상소가 아니다.

(2) 목 적

권리구제

재판에는 오류가 있을 수 있고 당사자의 권리구제를 위해 불복신청권을 인정해야 한다. 그러나 상소를 인정하면 할수록 재판의 확정이 늦어지고 그만큼 승소한 당사자의 권리실현이 제한된다. 이러한 상충되는 이익을 고려하여, 상소심은 제1심과 동일하게 사실문제와 법률문제를 모두 심리하는 항소심(제2심)과 법률문제만을 심리하는 상고심(제3심)으로 구분된다. 항소심에서 다시 상고심으로 불복신청을 하면 그만큼 상소의 가능성이 제한되는 것이다.

법령해석의 통일

또한 상소의 목적으로는 법령해석의 통일이 있다. 법령해석의 통일은 모든 법원에서의 통일적인 법적용을 확보한다는 것으로 사건처리의 실효성과 법적 안정성을 높이는 데에 의의가 있다. 특히 법률심이고 상고심인 대법원이 최고법원으로서 상고사건을 다룰 때는 법령해석의 통일이라는 기능에 많은 역할이 요구된다.

권리구제와 법령해석통일의 관계

상소의 목적에는 위에서 본 것처럼 당사자의 권리를 구제한다는 면이 있고, 당사자의 권리구제와 법령해석의 통일 중 어느 것이 우선되는지 문제된다. 당사자의 권리구제는 구체적 정의라는 면을 법령해석의 통일은 법적 안정성이라는 면을 내포하고 있다. 당사자가 신청하지 않으면 법령해석의 통일은 불가능하고 재판은 국민의 권리구제를 위해 존재한다는 1차적인 목적에서 본다면, 전자에 보다 무게를 두어야 할 것이다.

(3) 종 류

상소에는 위에서 보았듯이 항소, 상고 그리고 항고(재항고 포함)가 있다. 이 구분은 불복의 대상인 재판의 종류에 따른 것이다. 항소와 상고는 종국판결에 대한 상소를, 항고는 결정과 명령에 대한 상소를 말한다. 또한 항소는 제1심판결에 대한, 상고는 항소심판결에 대한 상소이다. 다만, 예외적으로 항소심을 거치지 않은 비약상고(390 Ⅰ 단서)와 제1심인 고등법원의 판결에 대한 상고가 인정되는 경우가 있다. 당사자가 위와 같은 구분에 따르지 않고 상소를 제기했다면 그것은 부적법한 상소(위식의 상소)가 되지만, 단순히 표시만을 잘못 기재한 경우에는 적법한 상소로서 처리된다(대결 1975.11.14, 75마313 참조).

(4) 위식의 재판에 대한 상소

법원이 판결로 재판해야 할 사건을 결정이나 명령으로 한 위식의 재판에 대해서는 항고로 불복을 제기할 수 있다(440). 이때 항고심에서는 당해 재판을 취소하여 원심으로 환송하는 절차를 취해야 한다. 반대로 결정이나 명령으로 재판해야 할 사건에 대해 판결을 내리면 당해 판결에 대해 항소나 상고로 불복할 수 있다. 당사자의 권리가 침해되었다기보다는 보호받은 것이 되므로, 원판결이 당연히 취소되는 것은 아니다.

2. 상소의 요건

(1) 의 의

상소심이 원판결의 당부를 판단하기 위해서는 일반적인 소제기에서와 같이 상소 자체가 그 요건을 갖추어야 한다. 상소의 요건에 대해서는 각각의 상소 부분에서 상술하지만, 일반적으로 상소제기행위의 유효성, 상소기간의 준수, 불복이 가능한 재판, 불상소합의나 상소권포기의 부존재, 상소(불복)의 이익의 존재가 그 요건이 된다. 여기서는 그중 상소의 이익에 대해 자세히 살펴보기로 한다.

(2) 상소의 이익

① 상소의 이익 판단기준

상소의 이익 유무를 어떻게 판단하는지에 대해서는 형식적 불복설, 실질적 불복설 그리고 신실체적 불복설이라는 3가지 견해가 있다.

형식적 불복설은 당사자의 신청내용과 판결주문을 비교하여 당사자가 형식적으로 불이익한 판결을 받았다면 불복의 이익이 있다는 입장이다. 원고가 1억 원의 지급을 구하는 소를 제기하였는데 청구기각이나 1억 원에 이르지 않은 금액의 지급을 인정하는 판결을 받았다면, 불복의 이익이 인정되는 것을 말한다. 다만, 신청액과 인정액을 명확히 비교하기 곤란한 경우가 있으므로 판결주문의 금액에 대해서는 원고의 청구액과의 관계에서 구체적으로 비교할 필요가 있다(대판 1994.11.4, 94다21207). 판례(대판 1983.10.25, 83다515 등)와 통설이 형식적 불복설에 따른다.

실질적 불복설은 상소심에서 1심판결보다 유리한 판결을 구할 이익이 있다면 상소의 이익이 인정된다는 입장이다. 사실상 당사자의 주관적 판단에 의해 불복의 유무가 결정되므로 불복 이익 불요설이라고도 말할 수 있다. 이 설을 취하는 학설은 보이지 않는다.

신실체적 불복설은 판결효에 의해 무엇인가 별개의 청구를 주장할 기회를 박탈당하게 되면, 상소의 이익을 인정해야 한다고 주장한다. 이 견해는 일본의 경우 이혼소송에서 청구기각판결을 받은 피고는 승소판결의 결과로 반소로 제기할 수 있었던 청구를 별소로 제기할 수 없게 되는데(일본의 구인사소송법25조2항), 피고가 그러한 별소 제기의 기회를 확보하기 위해 상소를 제기할 이익을 인정해야 한다는 점에서 나온 주장이다. 그러나 일본법과 같은 조문이 가사소송법에는 없는 관계로 우리나라에서는 신실체적 불복설을 인정할 실익은 희박하다. 상소의 이익에 대해서는 판례와 통설에서와 같이 형식적 불복설에 의하면서 다음에서 보는 그 예외를 합리적으로 인정하면 충분하다.

② 형식적 불복설의 예외

판결주문에 의해 불이익하지 않다고 판단되는 전부승소에 대해 형식적 불복설에 따르면 상소의 이익이 없게 된다. 그러나 실질적 불복설을 가미한 몇 가지 예외가 인정된다.

**소각하판결을
받은 피고**

소각하판결을 받은 피고는 당해 각하판결에 대해 상소를 제기할 이익이 있다(대판 1985.4.23, 84후19). 청구기각판결을 받기 위해서이다. 그러나 피고가 특히 소각하를 구했음에도 청구기각판결이 내려지면 소송요건이 직권조사사항이라는 점에서 그 기각판결에 대해서는 상소의 이익이 없다. 다만, 재판권의 흠결이나 법률상의 쟁송에 관한 사항 등 보정이 불가능한 소송요건, 또는 중재합의의 항변을 이유로 소각하를 구했는데 청구기각판결이 내려진 경우에는, 피고에게는 당해 기각판결에 대해 상소를 제기할 이익이 있다. 원고가 소송요건을 보정하여 다시 소를 제기할 가능성을 단절시킬 수 있는 점에 피고의 이익이 인정되기 때문이다.

**상계의 항변으로
청구기각판결을
받은 피고**

또한 판결이유 중에 판단된 반대청구의 존부에 예외적으로 기판력이 발생하는 경우(216Ⅱ)로서, 피고가 예비적 상계로 주장한 청구가 인정되어 내려진 청구기각판결에 대해 피고는 상소의 이익을 갖는다(대판 1993.12.28, 93다47189). 피고는 실질적으로 상계의 항변이 아니면 패소했다는 내용의 기판력을 받은 것이 되고 반대청구를 소멸시키지 않고서 청구기각판결을 받을 이익이 있기 때문이다. 유사한 예로 청구의 예비적 병합시, 주위청구기각·예비청구인용의 판결에 대해서는 원고와 피고 모두에게 상소의 이익이 있다.

**취소환송판결의
경우**

그 밖에 항소인이 특정한 이유를 주장하여 1심판결의 취소환송판결을 구하였는데 다른 이유에 의해 취소환송판결이 내려진 경우, 항소인은 상고를 제기할 이익이 있다. 취소환송판결에는 일정한 구속력(법원조직법8조, 436Ⅱ 참조)이 발생하고 항소인이 주장한 특정 이유에 대해서는 제1심판결이 취소되지 않았으므로, 위에서 본 상계의 항변의 경우와 마찬가지로 상소(상고)의 이익이 인정된다.

(3) 일부청구와 상소의 이익

일부청구와 다른 청구를 단순병합한 원고가 전자에 대해서는 전부승소하고 후자에 대해서는 청구기각판결을 받은 다음, 후자의 청구기각부분에 대해 항소하면서 일부청구 인용부분도 오로지 그 금액을 확장하기 위해 항소를 제기하였다면 항소의 이익이 있는지 문제된다.

판례의 해석 판례(대판 1994.6.28, 94다3063. Case Note[13-1] 참조)는 불복의 이익이 있다고 해석한다. 그 이유는 청구의 단순병합에 의해 전부승소부분의 판결이 확정되지 않고, 후술(Ⅲ2(2))하는 부대항소의 예에서 보듯이 청구확장의 가능성이 인정되며, 나아가 실질적으로 하나의 손해로서 그 금액을 확장하는 것이므로 피고에게도 불이익하지 않다는 점이다. 만일 항소의 이익을 부정하고 청구취지의 확장을 허용하지 않으면, 원고는 판결이 확정되기도 전에 나머지 부분을 청구할 기회를 절대적으로 박탈당하게 되어 부당하다고 해석하는 것이다. 이 점에서 판례의 입장은 앞서 본 신실체적 불복설이라 불리는 입장과 유사하다. 학설에서는 이에 대해 충분히 논의되고 있지 않지만, 소수의 학설이 판례에 찬성하고 있다.

판례의 해석이 타당하지 않은 이유 그러나 다음과 같은 점에서 판례의 해석은 타당하지 않다. 첫째로, 판례는 청구의 단순병합시 상소하지 않은 판결이 확정되지 않는다고 하지만, 상소심에서의 심리 범위는 상소인이 불복한 부분에 제한되게 되는 점(407Ⅰ)을 간과하고 있다. 둘째로, 이 문제는 일부청구에 대한 전부승소판결을 받은 후 청구확장을 위해 상소가 제기된 것이므로, 일부청구의 기판력과 관련하여 논의할 필요가 있다. 즉, 원고가 일부청구임을 명시하였다면 잔부를 별소로 제기할 수 있으므로 항소의 이익을 인정할 필요가 없다. 반대로 명시하지 않았다면 이미 청구 자체의 만족을 얻은 것이므로 항소의 이익을 인정할 필요가 없다고 해석해야 한다. 셋째로, 신실체적 불복설의 주장에도 타당한 점(형식적 불복설의 예외에 해당하는 예에서 본 상계의 항변이나 파기환송판결에 관한 경우)이 있지만, 그와 달리 원고가 불리한 판결을 받았다고는 볼 수 없다.

III. 항 소

1. 서

(1) 의 의

항소는 제1심 종국판결에 대한 상소이다(390). 중간적 재판에 대해서는 독립하여 상소를 제기할 수 없고 종국판결에 대한 항소에서 같이 불복을 제기해야 한다(392). 일부판결도 종국판결로서 독립하여 항소할 수 있으므로, 만일 일부판결에 대해 항소하지 않고 잔부판결에 대한 항소를 하면서 일부판결에 대해서도 불복을 제기하는 것은 허용되지 않는다(392). 또한 소송비용 및 가집행에 관한 재판에 대해서도 독립한 항소가 불가능하다(391).

(2) 항소권

제1심 종국판결 후 항소를 제기할 수 있는 권리인 항소권은 항소제기기간의 도과나 당사자의 불항소합의 또는 항소권의 포기(394)에 의해 소멸된다. 항소권만 포기하고 바로 상고를 제기한다는 비약상고는 항소권의 포기와 상고권의 발생을 의미한다(390 I 단서).

불항소합의 당사자의 불항소합의는 보통 종국판결 후에 당사자 쌍방이 하는 항소권의 포기를 말한다. 불항소합의에 대해서는 관할합의의 규정이 준용되고(390 II) 서면으로 해야 한다(대판 1995.4.28, 95다7680). 만일 제1심 종국판결이 내려지기 전에 당사자 쌍방이 불항소합의를 하면 처음부터 항소권은 발생하지 않는다. 이러한 종국판결 전의 불항소합의는 종국판결 후의 불항소합의의 경우에 준해 처리되고, 일방만이 항소를 하지 않는다는 합의는 공평을 해치는 것으로 무효이다(대판 1987.6.23, 86다카2728).

항소권의 포기 한편, 당사자가 스스로 항소를 하지 않겠다는 항소권의 포기는 항소전이라면 제1심법원에 항소 후라면 항소법원에 서면으로 해야 한다(395). 다만, 공동소송인 중의 1인은 합일확정이 적용되는 한 포기할 수 없다(그 밖에 항소권의 포기방식에 관해서는 395 참조).

(3) 항소의 제기

① 방 식

항소는 항소장을 원심인 제1심법원(397)에 제출함으로써 한다. 항소장이 직접 항소심법원에 제출되면 원심으로 이송해 주는 것이 타당하다(통설). 항소장은 제1심 판결서(그 밖에 이와 동일한 효력을 갖는 조서 등을 포함)의 송달을 받은 날로부터 2주일 이내에 제출해야 한다(396. 이 항소기간은 불변기간이고 추후보완이 가능하다). 또한 항소는 제1심판결 선고 후 그 송달 전이라도 제기할 수 있다(396 I 단서).

제1심판결 선고 전의 항소제기
제1심판결이 선고되기 전에 항소를 제기하면 그 후에 항소의 대상인 판결이 선고됨으로써 하자가 치유된다고 해석해야 할 것이다. 다만, 판례(대결 1967.10.5, 67마816)는 항소가 아닌 항고의 경우인데 하자가 치유되지 않는다고 해석한다.

항소장의 기재사항
항소장의 필요적 기재사항은 당사자와 법정대리인, 원판결의 표시 및 이에 대해 항소를 제기한다는 취지이다(397 II). 물론 항소장에는 필요적 기재사항이 아닌 불복의 범위와 불복의 원인을 기재할 수 있고, 이것은 준비서면으로서의 역할을 갖는다(398).

② 항소장의 처리

원심의 처리
항소장이 제출되면 원법원은 항소의 적법성(법397조2항의 규정 준수와 인지)을 심사하고 부적법하면 항소인에게 상당한 기간을 정하여 그 기간 이내에 흠을 보정하도록 명해야 한다(399 I. 이 명령은 법원사무관등이 하게 할 수 있다). 이 흠이 보정되지 않거나 항소기간 도과가 분명한 때에는 명령으로 항소장을 각하한다(399). 이 명령에 대해서는 즉시항고가 가능하다(399 III). 반대로 원심이 항소장각하명령을 하지 않으면 원칙적으로 항소장이 제출된 날로부터 2주 이내에 소송기록을 항소심에 송부해야 한다(400).

항소심의 처리
항소심에서는 다시 소장에 준한 항소장의 심사를 하고(402 I), 필요적 기재사항의 유무나 수수료의 납부가 없으면 보정을 명하며(법원사무관등에게 보정명령을 하게 할 수 있다), 보정명령에 따라 보정되지 않거나 원심재판장이 항소장을 각하하지 아니한 때에는 항소심재판장은 명령으로 항소장을 각하한다(402Ⅱ). 이에 대해서는 즉시항고를 할 수 있는데(402Ⅲ), 이것은 대법원에 대한 재항고가 된다(법원조직법14조2호 참조). 또한 항소심은 항소기간 도과 후에 제기된 항소 등 항소가 부적법하고 보정될 수 없으면, 변론을 거치지 않고 판결로 항소를 각하할 수 있다(413).

③ 항소제기의 효과 – 항소불가분의 원칙

항소를 제기하면 제1심판결의 확정차단효(498)와 상급심으로의 이심의 효력이 발생한다. 이것을 항소불가분의 원칙이라 한다. 이러한 효력은 원칙적으로 항소의 대상인 제1심판결 전부에 미치고 불복하지 않은 청구에 관한 부분도 확정이 차단된다. 다만, 불복의 대상이 되지 않은 청구는 확정되지 않지만, 항소심의 심리 대상이 될 수 없으므로 항소심은 신청에 의해 그에 대한 가집행을 선고할 수 있다(406). 당사자가 불복하지 않은 청구를 심리의 대상으로 하려면 항소인은 항소의 범위를 확장하거나 피항소인은 부대항소를 제기해야 한다. 한편, 항소권 포기나 불항소합의가 있는 경우 또는 소의 주관적 병합에서 공동소송인 독립의 원칙이 적용되는 경우에는 항소되지 않은 부분은 차단되지 않는다(분리확정).

④ 항소의 취하

방식 항소인은 판결확정이 아닌 항소심 종국판결이 선고되기 전까지 항소를 취하할 수 있다(393). 항소의 취하는 원칙적으로 항소심법원에 서면을 제출함으로써 한다(393Ⅱ에 의한 266Ⅲ의 준용). 서면으로 항소를 취하하는 경우에는 서면이 상대방에게 송달된 때가 아닌 제출시에 효력이 발생한다. 상대방의 동의가 요구되지 않기 때문이다. 당사자가 항소심에 결석하면 소의 취하에서와 마찬가지로 항소의 취하가 간주된다(268Ⅳ). 그 밖의 항소취하의 방식이나 효과 등은 소의 취하와 같다.

항소취하의 효과 항소의 취하는 원판결을 확정시킨다는 점에서 소의 취하와 차이가 있고, 이러한 소취하와의 차이 때문에 피항소인의 동의가 요구되지 않는 것이다. 또한 항소심의 종국판결 후에는 항소취하가 불가능하지만 소의 취하는 가능하다. 항소가 취하되면 소급하여 항소가 제기되지 않은 것이 되고, 만일 취하가 있은 후 항소제기기간이 남아있다면 다시 항소를 제기할 수 있다(대판 1991.4.23, 90다14997). 항소심에서 청구가 감축(일부취하)되었는데 항소를 기각해야 하는 경우라면, 주문에서 항소기각 이외에 청구의 일부가 감축된 사실을 명확히 해야 한다(대판 1992.4.14, 91다45653 참조).

항소취하와
기일지정신청의
처리 한편, 종국판결이 있은 후 소송기록을 항소법원으로 송부하기 전에 항소취하서가 원심법원에 접수되었는데, 항소취하의 효력을 다투는 기일지정신청이 제기되었을 때의 처리방법이 문제된다. 실무에 의하면 그 기일지정신청을 항소법원이 처리해야 하고 기일지정신청서가 원심법원에 제출되어도 소송기록에 기일지정신청서를 첨부하여 항소법원으로 송부하게 된다(이때 원심 재판장의 항소장의 심사는 생략).

2. 부대항소

(1) 의 의

부대항소는 피항소인이 항소인의 항소제기 후에 원판결을 자신에게 유리하게 변경할 것을 요구하며 제기하는 항소를 말한다(403). 그 목적은 항소에 부수하여 청구에 관한 원판결을 다시 자신에게 유리하게 변경할 것을 요구하는 점에 있다. 부대항소에 의해 항소심의 심판범위는 원래의 항소 범위를 벗어나 부대항소의 한도로 확장된다.

취지 부대항소는 일부인용(패소)판결에 대한 당사자의 항소 기회를 부여해 주기 위해 인정된다. 일부승소자는 상대방의 태도를 보고 만일 상대방이 항소를 제기한다면 자신도 항소를 제기하지만, 반대로 상대방이 항소를 제기하지 않는다면 자신도 제1심판결에 만족한다는 경우가 있다. 이러한 경우 항소의 제기를 기다려 불복을 신청하려는 당사자의 이익을 보호할 필요가 있기 때문이다. 피항소인은 자신이 항소권을 포기하는 등 항소권이 소멸해도 부대항소를 제기할 수 있다(403).

(2) 부대항소와 불복의 이익의 요부

부대항소는 통상의 항소에서와 같이 불복이익이 필요한지, 예를 들면 전부 승소자가 부대항소를 통해 청구의 확장이 가능한지 문제된다.

불복이익불요설 판례(대판 1967.9.19, 67다1709 등)와 통설은 부대항소는 불복의 이익을 전제로 하는 항소의 성격을 갖지 않고, 따라서 불복이익이 필요 없기 때문에 전부승소자가 부대항소로 청구를 확장할 수 있다고 해석한다.

불복이익필요설 반대로 불복이익필요설은 부대항소도 불복신청의 하나로서 불복의 이익이 필요하고, 전부승소자의 청구 확장을 위한 부대항소는 불가능하다고 해석한다. 그 논거로는 ① 법403조의 문언은 부대항소인도 항소의 이익을 가져야 한다는 것을 전제로 하는 점, ② 이하에서 보는 독립부대항소(항소제기기간 내에 제기된 부대항소[404 단서])도 항소제기기간 내의 부대항소를 의미하는 이상 항소의 이익이 필요하다는 점, 그리고 ③ 원래 항소의 이익을 가졌지만 항소권을 상실한 피항소인에게 불복신청의 기회를 부여하는 것이 목적이라는 점이다. 이러한 논거에 추가하여 부대항소도 불복신청이라는 점을 부인할 수 없는 이상은 불복이익필요설이 타당하다.

(3) 부대항소의 방식

피항소인은 항소심의 변론종결 전까지 항소의 방식에 따라 부대항소를 제기할 수 있다(403). 부대항소장도 따라서 원심에 제출해야 한다. 그러나 부대항소는 항소의 제기와는 달리 항소심 변론종결시까지 가능하므로 항소심에 직접 부대항소장을 제출하는 것도 가능하다고 해석해야 한다. 부대항소는 앞서 보았듯이 피항소인의 항소제기기간 경과 후에도 가능하고 항소권이 소멸된 경우에도 가능하지만, 피항소인이 항소권이 아닌 부대항소권 자체를 포기했다면 불가능하다. 또한 부대항소인은 앞서 불복이익의 필요성에서 보았듯이 불복신청이라는 점에서 부대항소에 따른 수수료를 납부해야 할 것이다(민사소송등인지규칙26조 참조).

(4) 부대항소와 항소의 취하가능성

항소심의 종국판결이 선고되기 전까지 항소인은 피항소인의 동의 없이 항소를 취하할 수 있다(393). 이때 부대항소가 제기된 경우에도 그 전제가 된 항소를 취하할 수 있는지, 또한 항소와 부대항소에 대해 내려진 항소심판결이 상고심에서 파기환송된 후에도 마찬가지로 항소의 취하가 가능한지 문제된다.

① 판례와 학설

판례(대판 1995.3.10, 94다51543. Case Note[13-2] 참조)는 항소의 취하가 항소인의 고유권한이고, 그로 인해 부대항소도 그 이익을 잃게 되는 것은 그 이익이 본래 상대방의 항소에 의존한 은혜적인 것이므로 부득이한 것이라고 해석한다. 따라서 파기환송 후의 항소 취하에 대해 파기환송에 의해 항소심 종국판결이 없었던 것이 되므로 법393조에 의해 항소의 취하가 가능하고, 또한 항소가 취하되었다면 사건 자체를 소송종료선언으로 종결해야 한다고 판단한다. 학설도 일반적으로 위와 같은 부대항소 제기 후의 항소취하를 인정하는 판례의 견해에 찬성한다. 결국 항소취하가 인정된다면 법404조 본문에 의해 부대항소도 실효되는 것으로 해석하는 것이라고 말할 수 있다.

② 항소의 취하가 가능한 이유

부대항소의 종속성

부대항소는 원래 항소인이 항소를 제기하지 않는다면 피항소인도 항소를 제기하지 않는다는 피항소인의 의사를 존중하여 인정된 것이다. 그렇다면 부대항소에 의해 항소취하의 가능성을 봉쇄하는 것은 타당하지 않고 항소가 취하되거나 소각하되면 부대항소도 효력을 상실한다고 해석해야 한다. 이러한 점은 법404조 본문이 규정하는 바이고 특히 부대항소의 종속성이라고 표현하고 있다.

파기환송 후의 항소취하가능성

또한 항소심의 종국판결 후에 상고가 제기되고 파기환송된 경우에도 항소를 취하할 수 있는지에 대해서는, 이것은 마치 항소심의 종국판결 후의 항소취하에 해당되는 것처럼 보이지만, 파기환송에 의해 항소심에서는 아무런 종국판결도 내려지지 않은 것이 되므로 항소의 취하를 인정하는 것이 타당하다. 이것은 파기환송이 내려지게 된 상고를 제기한 것이 부대항소인이라고 해도 마찬가지이다. 애당초 부대항소인은 항소할 의사가 없어 특별히 불공평한 것이라고는 할 수 없기 때문이다.

독립부대항소의 경우 ┃ 그러나 부대항소라도 부대항소인의 항소제기기간 내에 제기된 부대항소(404 단서)는 독립부대항소로 불리고, 항소로서의 효력을 갖게 된다. 따라서 항소가 취하되거나 각하되어도 실효되지 않는다. 반면으로 부대항소도 항소에서와 같이 취하가 인정되고 부대항소인은 항소인의 동의 없이 부대항소를 취하할 수 있다.

3. 항소심의 심판

(1) 심리의 대상

항소심은 항소요건인 항소의 적부, 본안의 문제로서 항소인이 주장한 불복의 당부에 대해 심리한다(407 I). 불복의 당부란 항소인이 제1심판결에 대해 주장한 불복의 범위 내에서의 당부를 말한다.

(2) 심리의 구조

심리구조에 관한 입법례 ┃ 항소심은 아래에서 보듯이 제1심에서의 자료와 독자적으로 수집한 자료를 토대로 불복의 당부를 심리하게 된다. 이러한 원칙을 속심주의라고 한다. 입법례로는, 항소심에서의 새로운 자료만을 이용하여 재심리를 할 수 있다는 복심주의, 제1심에서의 자료만을 이용하여 재심리를 할 수 있다는 제한항소주의가 있다. 속심주의는 이 중간에 위치하는 것이다. 그 밖에도 원판결의 판단이 제1심의 자료를 토대로 보았을 때 적법한지 여부만을 심리한다는 사후심주의가 있다.

항소심에서의 변론 ┃ 항소심은 항소의 대상에 관해 원칙적으로 변론을 열어 심리해야 한다(408. 다만, 흠을 보정할 수 없는 부적법한 항소의 경우에는 변론 없이 항소를 각하한다[413]). 항소심의 변론은 항소인이 제기한 불복의 한도 내에서만 가능하다(407 I). 제1심에서 한 소송행위는 항소심에서도 유효하고(409), 항소심에서는 제1심에서 수집된 자료를 항소심의 변론에 상정한다는 변론의 갱신을 한다(407Ⅱ). 변론의 갱신을 거치지 않은 제1심의 재판자료 이용은 절대적 상고이유가 된다(424Ⅰ①). 물론 항소심에서는 독자적으로 필요한 자료를 수집할 수도 있다.

 그러나 항소심에서 제1심을 거치지 않고 새로운 공격방어방법을 제출하는 것은 실기한 것으로 각하될 수 있다(408에 의한 149 준용. 물론 제1심 소송절차의 경과를 감안하여 판단한다[대판 1992.2.25, 91다490 등 참조]). 제1심에서 변론준비절차를 거친 경우에도 그 효력이 항소심에 미친다(410). 반대로 제1심에서의 자백간주는 해당 심급에 한정된 변론결석의 효과이므로 항소심에서 당사자가 다투면 그 성립이 부정된다(대판 1968.3.19, 67다2677). 항소심의 소송절차에는 특별한 규정이 없는 한 제1심 소송절차의 규정이 준용된다(408. 다만, 항소심에서의 반소의 경우에는 특칙이 있다[412]).

(3) 종국판결

항소심은 심리를 하여 중간적 재판을 하는 경우가 아닌 한 항소각하, 항소기각, 항소인용이라는 3가지 형태의 종국판결을 내려야 한다.

① 항소각하와 기각

항소각하는 항소요건을 흠결하고 보정할 수 없는 경우에 내리는 판결이다. 항소기각은 항소에 이유가 없어 제1심판결을 상당하다고 인정하는 경우(414Ⅰ), 원판결의 이유가 부당하더라도 다른 이유에서 원판결의 결론을 유지할 수 있는 경우에 내린다(414Ⅱ).

② 항소인용

항소에 이유가 있고 제1심판결이 부당하거나 제1심판결절차가 법률에 위반되면 원판결을 취소한 후 다음의 처리를 한다(416, 417).

자판 첫 번째는 자판이다. 항소심은 사실심이므로 제1심판결을 취소하면 자판하는 것이 원칙이다. 특히 앞의 소의 변경에서 보았듯이 항소심에서 청구의 교환적 변경이 있으면 판결결론이 같더라도 청구(소송물)에 변경이 있으므로 원판결을 취소하고 신청구를 인용하는 자판을 해야 한다.

두 번째는 환송이다. 소를 각하한 제1심판결을 취소하는 경우에는 심급의 이익을 보호하기 위해 필수적 환송절차가 요구된다(418 본문). 다만, 제1심에서 본안판결을 할 수 있을 정도로 심리가 된 경우 또는 당사자의 동의가 있는 경우에는 항소법원은 자판할 수 있다는 예외가 인정된다(418 단서). 항소심에서의 임의적 환송절차는 폐지되었다.

그러나 필수적 환송에도 예외가 인정되듯이 해석상 임의적 환송을 인정할 수도 있을 것이다. 예를 들면 제1심에서 인정된 자백간주의 효력을 부정해야 하는 경우, 제1심이 청구의 원인에 대해서만 심리하여 청구를 기각했지만 항소심이 청구의 원인에 이유가 있다고 인정한 경우이다.

항소심이 내린 환송판결은 종국판결이므로 상고의 대상이 된다(대판(전) 1981.9.8, 80다3271). 환송판결이 내려지면 제1심 절차가 속행되고, 제1심 법원은 항소법원이 내린 환송판결의 기속력을 받는다(법원조직법8조).

이송

세 번째는 이송이다. 항소법원은 관할위반의 경우에 전속관할위반을 이유로만 제1심 판결을 취소하고(411), 사건을 당해 전속관할법원에 직접 이송해야 한다(419).

4. 불이익변경금지의 원칙

(1) 의 의

불이익변경금지의 원칙은 항소심의 심판원칙으로서 그 심판의 범위가 항소인의 불복범위에 한정되고, 항소인의 입장에서는 상소를 함으로써 상소를 안 한 것보다 불리한 판결을 받지 않는다는 원칙을 말한다(415). 불이익변경금지의 원칙은 처분권주의와도 일맥상통한 원칙이고 불복을 하는 항소인의 불이익을 구제한다는 상소의 목적에서 도출되는 원칙이기도 하다. 이 원칙의 적용 여부는 원심 판결의 기판력과 상소심 판결의 기판력을 비교하여 판단한다. 즉, 이익 또는 불이익의 여부는 판결효를 기준으로 기판력이 발생하는 판결의 주문에 의한다.

반면에 판결이유 중의 판단을 기준으로 한 불이익 여부는 상계의 항변 등 예외적인 경우에만 문제된다. 결국 판결주문에 의해 형식적으로 판단하는 것인데 이것은 상소의 이익에서 본 형식적불복설과 동일한 구조를 갖는다.

일반적인 불이익의 예 예를 들면 제1심판결이 1,000만 원의 청구 중 500만 원의 일부인용을 한 경우, 원고가 패소부분 중 400만 원의 항소를 제기하면 항소심의 심판범위는 이 400만 원에 국한되고 1,000만 원의 청구권이 존재하지 않는다고 판단해도 제1심판결을 취소하여 청구를 기각할 수 없으며 항소를 기각함에 그친다. 이것이 불이익변경금지의 원칙이다. 반대로 500만 원 전부에 대해 청구권의 존재를 인정해도 400만 원 한도에서 청구를 인용할 수 있다. 이것을 이익변경금지의 원칙이라고 한다. 따라서 불이익변경금지와 이익변경금지라는 원칙은 표리의 관계라고 말할 수 있다.

(2) 소각하판결에 대한 청구기각의 가능성

소각하판결에 대해 상소한 경우, 그 청구 자체에 이유가 없다면 항소심은 청구기각을 해도 불이익변경금지의 원칙에 해당되지 않는지 문제된다.

① 판례와 학설

판례 판례(대판 1983.12.27, 82누491. Case Note[13-3] 참조)는 소각하에서 청구기각으로의 변경은 불이익변경에 해당한다고 해석한다. 형식적으로 본다면 항소인의 입장에서는 소각하판결보다 청구기각판결이 불리한 판결이다. 소각하판결은 기판력으로써 청구권 자체를 부정하는 것이 아니고 다시 그 청구권에 의해 제소할 가능성이 남아있기 때문이다.

학설 한편, 학설은 판례의 해석과는 달리 청구기각으로의 변경은 항소심의 심판범위에서 본다면 반드시 불이익변경이라고 해석할 수 없다는 입장이 다수설이다. 다수설은 소각하 판결에 대한 불복을 다루는 항소심의 심판범위는 소각하의 당부를 심판하는 것에 국한되는 것이 아니고, 청구에 관한 본안판결을 구하는 항소인의 신청을 심판하는 것도 포함되며, 따라서 청구에 이유가 없다면 청구기각을 하는 것도 가능하다는 주장이다. 또한 소수설로서 청구의 인용이 인정되는 한도 내에서 청구기각이 가능하다는 해석도 있다.

② 항소심의 심판범위에 따른 구분

소각하판결에 대해 항소인이 요구하는 것은 그 당부에 관한 판단에 의해 파기환송이나 청구인용을 받으려는 점에 있다. 항소심도 필요적 파기환송이나 충분한 심리 또는 당사자의 동의라는 이유를 고려하여 청구인용 여부를 판단한다(418). 그렇다면 소각하판결에 대해 항소심에서 청구를 인용한다면 이는 이익변경금지의 예외를 인정하는 것이라고 할 수 있고(418 단서), 이 한도에서는 불이익변경금지의 예외도 인정할 수 있을 것이다. 따라서 청구기각을 하는 것도 가능하다고 해석하는 소수설에 찬성한다.

(3) 원판결이 상계의 항변을 인정한 경우

상계의 항변을 받아들여 청구를 기각한 제1심판결에 대해 항소가 제기된 경우, 판결이유 중의 판단에 기판력이 발생하는 관계로 항소심의 처리방법이 문제된다.

① 원고만의 항소

청구기각판결을 받은 원고만이 항소를 제기한 경우, 항소심은 반대채권(자동채권)의 존재가 인정되고 소구채권(수동채권)이 존재하지 않는다는 판단을 하더라도 항소기각만을 판결해야 한다. 만일 원판결을 취소하고 소구채권이 존재하지 않는다는 이유로 원고의 청구를 기각하면, 제1심판결에서 상계로 피고의 반대채권도 존재하지 않게 되었다는 효력이 실효되어 항소한 원고에게 불리하게 판결을 변경한 것이 되기 때문이다. 즉, 상계로 무승부판결을 받은 원고가 항소하였는데 오히려 전부패소판결을 받게 되어 불이익변경금지원칙에 반한다. 다음으로 반대채권은 존재하지 않지만 소구채권도 존재하지 않는다는 판단을 하게 되는 경우에도, 항소심은 마찬가지로 항소기각만을 판결해야 한다.

② 피고만의 항소

반대로 피고만이 항소를 제기한 경우, 항소심이 소구채권이 존재하지 않는다는 판단(상계의 항변이 아닌 변제 항변의 효력을 인정한 경우 등)을 하게 되면, 원판결을 취소하고 새로이 청구기각판결을 한다(유사한 예로 확인의 이익을 흠결하여 소각하 판결을 받은 원고가 항소하였는데 항소심은 당사자능력흠결을 판단하게 되면, 마찬가지로 원심판결을 취소하고 소각하판결을 하게 된다). 원심판결이 확정되면 그로써 상계항변이 인용되어 반대채권이 존재하지 않는다는 기판력이 발생하게 되므로, 이러한 판단을 제거하기 위한 원고에 대한 청구기각(피고에 대한 항소인용)을 해야하기 때문이다.

이와 달리 소구채권이 존재한다는 판단을 하면 설사 반대채권이 존재하지 않는다는 판단을 해도 항소심은 단순히 항소기각만을 판결한다. 본래 소구채권이 존재하고 반대채권이 존재하지 않게 되면 원심판결을 취소하고 청구를 인용해야 하는데, 이것은 항소를 제기한 피고에게 불이익하게 변경하는 것이 되기때문이다(대판 1995.9.29, 94다18911).

(4) 적용이 문제되는 그 밖의 예

① 원본채권과 지연손해금채권의 경우

금전채무불이행을 원인으로 발생하는 원본채권과 지연손해금채권은 별개의 소송물이므로, 불이익변경에 해당하는지 여부는 원금과 지연손해금 부분을 각각 따로 비교하여 판단해야 하고 별개의 소송물을 합산한 전체 금액을 기준으로 판단해서는 아니 된다(대판 2009.6.11, 2009다12399).

② 동시이행의 항변권이 제출된 경우

제1심에서는 동시이행(상환이행)의 판결을 내리고 이에 대해 원고가 항소를 제기한 경우, 항소심에서 반대급부의 내용을 원고에게 불리하게 변경하면 불이익변경금지 원칙에 반하는지 문제된다.

판례 판례(대판 2005.8.19, 2004다8197,8203)는, 항소심은 당사자의 불복신청범위 내에서 제1심판결의 당부를 판단할 수 있고 설사 제1심판결이 부당하다고 인정되어도 그 판결을 불복당사자의 불이익으로 변경하는 것은 허용되지 않는다고 해석한다. 그리고 불이익하게 변경된 것인지 여부에 대해 기판력의 범위를 기준으로 하지만, 동시이행의 판결에 있어서는 원고가 그 반대급부를 제공하지 아니하고는 판결에 따른 집행을 할 수 없어, 비록 피고의 반대급부이행청구에 대해 기판력이 생기지 아니하더라도 반대급부의 내용이 원고에게 불리하게 변경되면 불이익변경금지 원칙에 반한다고 판단한다.

판례의 타당성 이러한 판례의 해석은 타당하다. 그 이유는 항소를 제기한 원고가 불이익한 항소심판결을 받았다는 점은 바로 상소의 이익 여부라는 점에서 찾을 수 있다. 즉, 원고가 피고를 상대로 3,000만 원의 선이행을 조건으로 등기청구를 구하는 소를 제기하였는데 판결은 원고가 피고에게 2,000만 원의 선이행을 조건으로 등기청구를 인용하면, 원고는 전부승소를 한 것이 되므로 상소의 이익이 없게 된다. 선이행이라는 반대이행의 부분은 기판력이 발생하지 않지만 실질적으로 항소인에게 불이익하게 되는 점을 쉽게 알 수 있을 것이다.

③ 직권조사사항인 경우

직권조사사항에 대해서는 항소심이 속심으로서 당사자의 신청이 없어도 원판결을 변경할 수 있다. 따라서 일부인용 판결에 대해 원고가 제기한 항소심에서 직권조사사항의 흠결을 이유로 취소·각하판결이 내려져도 불이익변경이 되지 않는다. 또한 예를 들어 불법행위로 인한 손해배상사건에서 과실상계사유에 관한 사실인정이나 그 비율을 정하는 것은 사실심의 전권사항에 속한다. 따라서 제1심판결에 대해 쌍방이 항소하고 항소심에서 원고의 과실과 관련된 새로운 소송자료가 제출되지 않아도, 항소심은 속심이므로 이미 제출된 소송자료를 통하여 과실상계사유에 관한 사실인정이나 그 비율을 제1심과 다르게 정할 수 있다 (대판 2008.7.10, 2006다43767).

IV. 상 고

1. 의 의

상고는 항소심의 종국판결에 대해 최고법원인 대법원에 불복하는 상소를 말한다(422 I). 상고심은 항소심과는 달리 사후심으로서 법률판단의 오류라는 법률문제만을 다루는 법률심이다. 우리나라에서 상고법원이 되는 것은 항상 대법원이지만, 외국에서는 제1심이 소액사건이면 상고법원을 고등법원으로 하는 예도 있다.

2. 상고이유

(1) 서

상고가 적법하기 위해서는 불복의 이익이나 제기기간의 준수도 필요하지만, 법률심으로서 보다 중요한 적법요건은 상고이유의 존재이다. 상고이유가 단순한 상고의 적법요건이 아닌 이유는 그로 인해 원판결이 파기될 수 있기 때문이다. 이러한 상고이유는 일반적 상고이유와 절대적 상고이유로 나누어진다. 전자는 그 사유와 판결주문과의 인과관계를 필요로 하는 이유를 말하고(423), 후자는 무조건이고 절대적으로 상고이유가 되는 것을 말한다(424). 다만, 이하에서 다루는 상고심리속행제도에 의해 절대적 상고이유가 있더라도 상고가 기각되는 경우가 있다.

(2) 절대적 상고이유

① 판결법원의 구성의 위법

법관의 자격이나 임명절차를 거치지 않은 자가 구성원이 된 판결, 합의제에 관한 요건을 갖추지 않은 채 내려진 판결 등은 판결법원구성의 위법으로 상고이유가 된다(424 I ①). 직접주의를 위반한 판결도 같다(대판 1966.4.26, 66다315).

② 판결에 관여할 수 없는 법관의 판결관여

판결법원의 구성원인 개개의 법관에게 제척원인이 있거나 기피재판이 내려진 경우 등 판결에 관여할 수 없는 법관이 판결에 관여하면 상고이유가 된다(424 I ②).

③ 전속관할위반

법정의 전속관할은 공익을 위해 존재하는 것이므로 그 위반은 상고이유가 된다(424 I ③). 다만, 임의관할위반은 제1심에서만 주장할 수 있으므로(411) 상고이유가 되지 않는다.

④ 대리권 등의 흠결

당사자의 절차권을 보장하기 위해 법정대리권이나 소송대리권의 흠결은 상고이유가 된다(424 I ④. 다만, 추인한 경우는 제외된다[424 II]). 따라서 대리권흠결 이외에도 변론에서 공격방어방법의 제출기회를 부당하게 받지 못하는 등 절차권 보장을 받지 못한 경우에는 이 상고이유를 유추할 수 있다. 예를 들어 소장 부본이 공시송달의 방법으로 송달되어 피고가 귀책사유 없이 소나 항소가 제기된 사실조차 모르는 상태에서, 피고의 출석 없이 변론기일이 진행된 사유는 법424조1항4호를 유추적용하여 절대적 상고이유가 된다(대판 2011.4.28, 2010다98948).

⑤ 변론공개규정의 위반

재판의 공개는 헌법109조의 요청이고 그에 위반하면 상고이유가 된다(424 I ⑤). 변론의 공개는 변론조서의 형식적 기재사항이므로(153⑥), 조서에 공개하였다는 취지의 기재가 없는 한 공개의 사실은 없었다고 인정된다(158). 여기서 말하는 변론이란 구술변론을 말하고, 변론준비절차에서는 공개를 제한하여도 상고이유가 되지 않는다(158 참조).

⑥ 이유불비·이유모순

판결에는 이유를 기재해야 하므로(208 I ④), 이유가 없거나 모순되어도 상고이유가 된다(424 I ⑥). 그 예로는 아무런 이유도 기재하지 않는 경우, 판결에 영향을 미치는 중요한 사항에 대한 판단을 누락한 경우(대판 1969.6.10, 68다1859)가 있다. 또한 이유가 명확하지 않은 경우, 즉 주문의 취지가 명확하지 않거나 주문과 이유가 일치하지 않은 경우에도 이유가 없는 것이 된다. 그 밖에 사실인정에서 주문에 이르기까지의 판단과정이 명확하지 않은 경우(대판 1995.3.3, 92다55770. Case Note[13-4] 참조)라면, 중요한 사항에 관한 이유가 서로 모순되어 결론이 어떻게 도출되었는지 알 수 없는 이유모순에 해당된다. 다만, 증거의 취사선택에 관한 이유불비는 일반적 상고이유인 채증법칙이라는 법령위반의 문제이다.

이유불비와 이유모순은 형식적으로 구분되지만, 이유불비에 해당하는 주문에 이르기까지의 판단과정상의 불명확은 이유모순에도 해당할 수 있다. 그러나 특정 사유를 이유불비와 이유모순으로 명확히 구별하여 사용하지 않는 것이 보통이다.

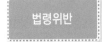

판례는 심리미진이라는 용어도 사용하고 있다. 심리를 충분히 하지 않았다는 것을 의미하는데 그 자체로는 독립한 상고이유가 될 수 없고, 그것이 이유불비나 이유모순에 해당하면 절대적 상고이유가 된다. 또는 심리미진이 법령위반에 해당하면 일반적 상고이유가 될 수 있다.

⑦ 그 밖의 절대적 상고이유

재심사유 중 절대적 상고이유로 규정되지 않은 사유(451 I ④ 내지 ⑪)도 법령위반으로서 일반적 상고이유가 된다는 것이 판례(대판 1962.8.2, 62다204)와 통설이다. 그러나 법451조1항4호가 규정하는 재심사유(재판에 관여한 법관이 그 사건에 관하여 직무에 관한 죄를 범한 때)는 사유의 성격상 중대한 절차위반이라는 점에서 절대적 상고이유로 다루어야 할 것이다. 나머지 재심사유는 법령위반으로서 일반적 상고이유가 된다.

(3) 일반적 상고이유

위와 같은 절대적 상고이유가 없더라도, 상고심은 법률심이므로 원판결에 법령위반이 있고, 그 위반이 없으면 판결 주문의 결론이 달라질 것이라는 인과관계가 있는 경우에는 일반적 상고이유로 인정된다(423. 다만, 일반적 상고이유는 이하에서 보는 상고심리속행제도에 의한 제한이 따른다). 판결에 영향을 미친 헌법·법률·명령 또는 규칙(이를 포괄적으로 '법령'이라 부른다) 위반이 있는 경우를 말한다. 법령에는 그 밖에도 조례, 조약 및 관습법 등이 포함된다.

경험칙 경험칙도 법규는 아니지만 그 해석을 통일해야 한다는 점에서 법규로서 취급된다. 물론 경험칙 위반이 법령의 해석·적용의 오류를 초래하는 경우(법률문제에서의 경험칙 이용)는 당연히 해당되고 증명력의 판단 등에서와 같이 경험칙 위반이 사실인정의 오류를 초래하는 경우(사실문제에서의 경험칙 이용)에는 그것이 상식과 어긋난 사실인정을 하는 등 예외적으로 상고이유로서 법령위반이 된다.

판례위반 등 반대로 판례는 법령에 해당되지 않고 약관, 노동협약, 취업규칙 등도 마찬가지이다. 다만, 그러한 규범의 해석이 법령을 적용하는 장면에서 법령위반으로서 상고이유가 되는 경우도 있다.

3. 상고의 제기와 심리속행제도

(1) 상고의 제기

상고와 상고심의 소송절차에는 특별한 규정이 없으면 항소심에 관한 규정이 준용된다(425). 상고의 제기는 항소심판결의 송달을 받은 날로부터 2주 이내에 상고장을 원심법원에 제출함으로써 한다(425, 397). 상고절차에 대해서는 이하에서 보는 '상고심절차에 관한 특례법'(이하 '특례법'이라 약칭)에 의한 절차가 우선적으로 적용된다(특례법2조).

원심의 처리 원심재판장은 상고장의 필요적 기재사항 등의 형식적 요건을 심사하고, 그 흠이 있으면 보정명령을 내리며 보정하지 않거나 상고제기기간 도과 후라면 명령으로 상고장을 각하한다(425). 상고장이 각하되지 않으면 원심법원의 사무관 등은 소송기록을 상고장 제출 후 2주 내에 상고법원에 송부하고 송부를 받은 상고법원의 사무관 등은 지체 없이 당사자에게 이를 통지해야 한다(426).

상고이유서	상고인은 상고장에 상고이유를 기재하거나 소송기록접수의

통지를 받은 날로부터 20일 이내에 상고이유서를 제출해야 한다(427. 상고이유서 제출기간은 불변기간이 아니므로 추후보완신청을 할 수 없다[대판 1964.6.2, 64다306]). 당사자가 그 기간 내에 상고이유서를 제출하지 않으면 변론 없이 판결로 상고가 기각된다(429). 상고심에서는 이유서에 기재된 상고이유만을 판단하게 된다.

(2) 상고심리속행의 판단

① 심리속행제도의 의의

상고가 제기되면 상고심은 먼저 대법원판사 3인 이상(통상 4인)으로 구성되는 재판부에서 대법원의 소부에서 다루는 사건에 대해 심리속행사유의 유무를 심리한다(특례법6조1항). 이를 특례법상의 심리속행제도라 하고 상고심의 업무부담을 줄이기 위해 특별법으로 상고를 제한하는 제도이다.

② 속행사유

상고심리를 속행하려면 원칙적으로 헌법·법령위반, 판례위반이나 판례가 없는 경우, 그리고 절대적 상고이유에 해당하는 상고이유가 있어야 한다(특례법4조1항1호 내지 6호). 또한 재항고, 특별항고 및 보전처분판결에 대한 상고의 경우에는 보다 신속한 처리를 위해 심리불속행사유를 확대하였다(특례법4조2항, 7항). 나아가 위의 각 사유를 포함하는 상고이유라도 그 주장 자체로 보아 이유가 없는 때 또는 원심판결과 관계가 없거나 원심판결에 영향을 미치지 않는 때에는 상고심리를 속행하지 않는다(특례법4조3항).

③ 심리속행 여부의 심판방법

상고심은 심리속행사유가 없다고 하여 상고를 기각하는 경우와 상고이유서를 기한 내에 제출하지 않았다고 하여 상고를 기각하는 경우, 이유를 기재하지 않고 판결을 내릴 수 있다(특례법5조1항). 이러한 상고기각이 가능한 것은 상고심이 원심법원으로부터 상고기록의 송달을 받은 날로부터 4개월 이내이다(특례법6조2항). 또한 위와 같은 특례법5조1항의 상고기각의 판결은 원심판결의 조기 확정을 위해 통상의 선고가 아닌 상고인에게 당해 판결이 송달되면 효력이 발생한다(특례법5조2항). 이 판결의 원본은 법원사무관등에 의해 당사자에게 송달되지만 전술한 4개월 이내라는 기간을 명확히 하기 위해 법원사무관등은 교부를 받은 후 바로 영수일시를 부기하고 날인하여 송달해야 한다(특례법5조3항).

4. 상고심의 심리와 판결

(1) 심 리

심리속행의 판단 후에 상고의 심리를 속행할 필요가 있으면 통상의 상고심 심리절차가 진행된다. 상고이유서의 제출을 받은 상고법원은 지체 없이 그 부본이나 등본을 상대방에게 송달해야 하고, 상대방은 이 송달을 받은 날로부터 10일 내에 답변서를 제출할 수 있으며, 이 답변서의 부본이나 등본은 상고인에게 송달되어야 한다(428).

사후심·
법률심으로서의
심리방식

상고심의 심리는 사후심이며 법률심으로서의 특별한 심리 방식을 제외하고는 항소심의 심판절차에 관한 규정이 준용된다(425). 상고심은 상고장, 상고이유서, 답변서 그 밖의 소송기록에 의해 변론 없이 판결할 수 있다(431 I). 임의적 변론이고 주로 서면으로 절차가 진행되며 불복신청의 한도에서 원판결의 당부가 심리된다. 또한 법률심으로서 원판결이 적법하게 확정한 사실인정에 구속된다(432). 따라서 자백의 취소도 불가능하다(대판 1998.1.23, 97다38305). 다만, 직권조사사항에 대해서는 새로운 사실을 참작하거나 증거조사를 할 수 있고, 당사자는 이에 관한 주장과 증명을 할 수 있다(대판 1989.10.10, 89누1308).

상고심은 소송관계를 분명하게 하기 위해 필요하다고 인정하는 경우에는 특정한 사항에 관한 변론을 열어 참고인의 진술을 들을 수 있다(430 II). 또한 국가기관과 지방자치단체는 공익과 관련된 사항에 대해 대법원에 재판에 관한 의견서를 제출할 수 있고, 상고심은 이들에게 의견서를 제출하게 할 수 있으며, 또한 소송관계를 분명하게 하기 위하여 공공단체 등 그 밖의 참고인에게 의견서를 제출하게 할 수 있다(규칙134의2).

(2) 판 결

상소요건의 흠이 있으면 상고각하판결을 한다. 심리의 결과
상고이유가 인정되지 않거나 또는 인정되더라도 다른 이유
에 의해 원판결을 정당하다고 하면 변론을 열지 않고 판결
로써 상고를 기각한다(425에 의한 414 준용).

상고이유가 인정되면 원판결을 취소하는데 이를 파기라고
한다. 파기 후에 다시 사실심리를 해야 할 경우에는 원법원
으로 환송하고 경우에 따라서는 동등한 다른 법원으로 이송
한다(436 I). 이와 같이 상고심은 원칙적으로 파기환송을 하고 자판(437)은 예외
적이다.

환송이나 이송의 판결이 있는 때에는 법원사무관등은 2주 내에 그 판결의
정본을 소송기록에 첨부하여 환송이나 이송을 받을 법원에 송부해야 한다(438).
환송이나 이송을 받은 법원은 다시 변론을 열고 재판하는데, 이 경우 아래에서
다루는 파기판결의 기속력에 의해 상고법원이 파기이유로 한 사실상과 법률상의
판단에 구속을 받고(436 II), 원심판결에 관여한 판사는 환송 후의 재판에 관여하
지 못한다(436 III). 환송심에서는 절차가 새롭게 진행되고 판결의 결과가 불리해
질 수도 있다(대판 1969.12.23, 67다1664).

환송 후 원심의 소송절차는 환송 전 항소심의 속행이므로 당사자는 원칙적
으로 새로운 사실과 증거를 제출할 수 있고, 소의 변경, 부대항소의 제기뿐만 아
니라 청구의 확장 등 그 심급에서 허용되는 모든 소송행위를 할 수 있다(대판
1991.11.22, 91다18132). 만일 환송심에서 소를 교환적으로 변경하면, 제1심판결은
소취하로 실효되고 항소심의 심판대상은 교환된 청구에 대한 새로운 소송으로
바뀐다(대판 2013.2.28, 2011다31706). 또한 환송심의 심판범위는 환송 전의 항소심
에서 상고인이 패소한 부분에 한정되는 것이 원칙이다. 예를 들어 반소가 제기
된 사건에서 항소심은 본소청구 및 반소청구를 각각 일부 기각(패소)하였고, 이
에 대해 반소원고만이 상고하였는데, 상고심은 이 상고를 받아들여 원심판결 중
본소 및 반소에 관한 각 반소원고의 패소 부분을 파기환송하였다면, 환송심의
심판 범위는 환송 전 항소심에서 반소원고가 각 패소한 부분에 한정되는 것이다
(대판 2013.2.28, 2011다31706).

5. 파기판결의 기속력

(1) 의 의

파기환송에 의해 환송을 받은 법원은 상고법원이 파기이유로 한 법률상 및 사실상의 판단에 기속되어 환송받은 사건을 다시 심판해야 한다(436 II 단서). 이러한 효력을 보통 파기판결의 기속력이라고 한다. 파기환송판결에 기속력을 부여하는 이유는 동일한 문제에 관해 하급심과 상급심 사이에 견해의 차이가 발생하여 사건의 종결을 기대할 수 없는 사태(상고와 파기환송의 반복)를 방지하기 위해서이다. 법원조직법8조도 이 점을 일반적으로 규정하고 있다.

(2) 파기판결의 법적 성격

중간판결인가 종국판결인가　파기판결은 그것이 중간판결인지 종국판결인지 논의된다. 이에 대해서는 심급을 이탈시킨다는 점에서 종국판결인 점에 이론이 없다(대판(전) 1995.2.14, 93재다27,34. Case Note[13-5] 참조). 중간판결은 장차 종국판결이 내려지게 되는 것을 전제로 내려지는 것이므로, 상고법원이 더 이상 사건을 심리하지 않고 파기환송한다는 점에서 종국판결로 해석해야 하기 때문이다.

기판력설과 특수효력설　파기판결이 종국판결이라면 그 다음 문제는 종국판결인 파기판결의 기속력은 어떠한 성격의 효력인지 문제된다. 이에 대해서는 기판력이라는 견해와 특수효력이라는 견해가 있다. 판례는 이에 대해 언급하고 있지 않지만 학설상 다툼이 있다.

학설에서는 주로 특수효력설이 기판력설의 난점을 공격한다. 즉, 기판력설에 의하면 파기판결은 이유 중의 판단에도 기판력이 발생한다(파기이유로 한 법률상 및 사실상의 판단에 기속력이 발생한다)는 점, 그리고 전소와 후소의 관계가 아닌 동일한 심급 내(상급심과 하급심)의 관계라는 점을 설명할 수 없다고 한다. 따라서 특수효력설은 파기판결의 기속력을 심급제를 유지하기 위해 필요한 특수한 효력이라고 파악하고 있다. 현재는 특수효력설이 통설이라고도 할 수 있다.

파기판결의 의의

그러나 위의 어느 설에 의하건 직접적으로 해석론에 영향을 미치는 경우가 발생하는 예는 드물고(위와 같은 효력이 발생한다는 점에는 차이가 없다), 설명을 위한 이론상의 다툼, 즉 기판력설에 의하면 그러한 효력을 충분히 설명할 수 없다는 논쟁이다. 따라서 2개 학설의 차이를 지나치게 강조하는 것은 타당하지 않다. 그렇다면 파기판결이란 결국 종국판결로서 법436조2항 단서에 의해 하급심법원을 구속하는 효력을 갖는다고 이해하면 충분하다. 따라서 동일 심급 내의 효력으로서 상급심 판례의 구속력을 의미하지 않는다.

반대로 상고법원도 스스로 판단한 파기의 이유에 구속된다. 이 점에서 대법원의 소부에서 한 파기판결에 대해서는 대법원도 이에 구속되므로, 대법원의 전원합의체가 단순히 판례변경의 방법으로 그와 다른 판단을 하는 것은 허용되지 않을 것이다(대판 1995.5.23, 94재누18). 그러나 파기판결의 내용 자체에 중대한 하자가 있다면, 대법원은 전원합의체를 통한 판례의 변경이라는 방법으로 그 구속력을 받지 않고 파기판결과는 다른 판단을 내릴 수 있다(대판(전) 2001.3.15, 98두15597).

(3) 기속력이 발생하는 사실상의 판단과 법률상의 판단

파기판결에서 기속력이 발생하는 사실상의 판단이란, 상고심이 파기를 하게 된 절차위반을 판단하면서 인정한 사실을 말하고 본안인 사실을 포함하지 않는다. 따라서 소송능력 등의 직권조사사항에 관한 판단을 위해 인정한 사실(대판 1977.2.8, 76다2802; 대판 1988.11.22, 88누6), 그 밖에 상고이유로서 재심사유가 주장되어 재심사유를 인정하였을 때의 재심사유에 해당되는 사실에 기속력이 발생한다. 또한 기속력이 발생하는 법률상의 판단이란 파기이유를 말하고 원판결의 판단을 부당하다고 판단한 점에 대해서만 기속력이 발생한다. 다만, 상고심이 직접 파기의 이유로 한 부정적 판단만이 아니라 논리상 당연히 그 전제가 되는 간접적 또는 긍정적 판단에도 기속력이 발생한다(대판 1991.10.25, 90누7890).

(4) 파기판결에 대한 재심의 소

판례의 입장

파기판결이 재심의 소의 대상이 되는지에 관한 전원합의체 판결(대판(전) 1995.2.14, 93재다27,34)에서는 다수의견, 별개의

견, 반대의견의 3가지 견해가 각각 약간씩 뉘앙스를 달리 하며 의견을 제시하고 있다. 즉, 다수의견은 파기판결이 재심의 소의 대상인 '확정된 종국판결'은 아니라고 하여 재심의 소를 각하하였다. 그리고 별개의견은 대법원의 파기환송판결도 재심의 소의 대상이 될 수 있으나 판례의 저촉은 재심사유가 아니므로 재심의 소를 각하해야 한다고 하였다. 한편, 반대의견은 대법원의 파기환송판결은 재심의 소의 대상이므로 재심사유의 존부 및 당부판단을 해야 한다고 하였다.

○ 파기판결에 대한 재심을 인정해야 하는 이유

파기판결이 재심의 소의 대상이 되는지에 대해서는, 기본적으로 대법원의 판결은 선고와 동시에 형식적으로 확정되고 따라서 상소를 통한 불복을 할 수 없으므로 결국 재심의 소만이 남아 있는 불복절차가 되는 점에 주의해야 한다. 이 점을 전제로 하면서 다음과 같이 재심을 인정할 수 있다고 해석해야 할 것이다.
① 원래 재심의 소는 확정된 종국판결에 대해 제기할 수 있다. 종국판결이면 가능하므로 본안판결만이 아니라 소송판결도 대상이 되고, 기판력이나 집행력, 형성력이 없어도 가능하다. 따라서 파기판결도 어차피 확정된 종국판결이라고 해야 하고 반대의견처럼 재심의 소를 인정하는 것이 타당하다. 또한 이러한 해석이 논리적이고 명확하며 단순명료한 해석이 되기 때문이다.
② 확정된 종국판결의 내용에 대해 다수의견에서와 같은 예외를 인정한다면, 기본적으로 그러한 재판은 처음부터 종국판결이 아니라고 인정하는 것이 타당할 것이다. 이것은 한편에서는 종국판결이라 하면서 다른 한편에서는 원래의 종국판결과는 다르다는 것을 인정하는 것으로, 원래의 종국판결과 다르다면 애당초 종국판결이라고 해석할 필요가 전혀 없다는 것을 반증하는 것이 되기 때문이다.
③ 파기환송판결에 대해 재심의 소가 봉쇄되면 파기환송판결의 기속력은 결국 모든 법원을 구속하고 앞서 보았듯이 전원합의체가 판례변경의 방법을 통해서 바꿀 수 있는 길밖에 없어 당사자의 불복수단으로서 충분하지 않다.

V. 항 고

1. 의 의

항고는 판결이 아닌 결정과 명령에 대한 불복신청으로 인정된 독립된 상소를 말한다(439). 항고는 모든 결정·명령에 대해 인정되는 것이 아니고 소송절차에 관한 신청을 기각한 결정 또는 명령(439. 해석상 필요적 변론을 거치지 않은 재판에 대해서도 인정된다), 결정이나 명령으로 재판할 수 없는 사항에 대해 내려진 위식의 결정 또는 명령(440), 그 밖에 항고할 수 있다는 특별한 규정이 있는 경우(즉시항고)에만 가능하다.

2. 종 류

(1) 최초의 항고와 재항고

심급에 따른 구분으로 항소에 대응하는 최초의 항고와 상고에 대응하는 재항고가 있다. 재항고의 이유는 상고이유와 같고 상고의 규정이 준용된다(443Ⅱ).

(2) 통상항고와 즉시항고

최초의 항고는 다시 통상항고와 즉시항고로 구분된다. 전자는 항고제기기간의 제한이 없어 항고의 이익이 있는 한 언제든지 제기할 수 있고, 항고제기에 의한 집행정지효도 없어 원재판의 집행정지를 위해서는 따로 집행정지재판을 받아야 한다(448). 후자는 신속히 재판을 확정할 필요에서 그 제기기간을 재판의 고지를 받을 날로부터 1주일(불변기간)로 한 것이고(444), 원재판의 집행정지효를 갖는다(447). 재항고도 그것이 통상항고인지 즉시항고인지 구별해야 되는데, 통상항고의 재판에 대한 재항고는 통상항고이고 즉시항고의 재판에 대한 재항고는 즉시항고이다.

(3) 준항고

수명법관이나 수탁판사의 재판에 대해 불복하는 당사자는 수소법원에 이의를 신청할 수 있고, 이것은 그 재판이 수소법원의 재판이라면 항고할 수 있는 것인 때에 가능하다(441 I. 상고심이나 제2심법원에 계속된 사건에 대한 수명법관이나 수탁판사의 재판이라면, 그러한 재판이 수소법원이 하였을 때 항고할 수 있는 경우에도 수소법원에 대한 이의신청이 가능하다[441 Ⅲ]). 이러한 이의를 준항고라고 한다. 준항고에 대해 내려진 재판에 대해서는 항고할 수 있다(441 Ⅱ). 이의신청은 본안소송이 종료되기까지 언제든지 할 수 있는 것이 원칙이지만, 이의신청의 대상인 재판을 수소법원이 내렸을 때, 즉시항고의 대상이라면 당해 이의신청도 즉시항고기간인 1주일 내에 해야 한다.

(4) 특별항고

특별항고는 불복할 수 없는 결정이나 명령에 대해 재판에 영향을 미친 헌법위반이 있거나, 재판의 전제가 된 명령·규칙·처분에 관한 헌법 또는 법률의 위반 여부에 대한 판단이 부당하다는 것을 이유로 하는 때에 대법원에 제기하는 항고를 말한다(449). 특별항고는 재판이 고지된 날부터 1주일이라는 불변기간 안에 해야 하고(449 Ⅱ, Ⅲ) 그 소송절차는 법448조와 상고에 관한 규정이 준용된다(450).

3. 항고심의 절차

(1) 심 리

항고(재항고 포함)절차에는 항소(상고)절차가 준용된다(443).

항고심의 당사자 항고권자는 당해 결정이나 명령에 의해 법률상의 불이익을 받는 당사자나 제3자(예를 들면 문서제출명령을 받은 제3자)이다. 항고는 엄격한 당사자대립구조를 취하지 않으므로 상대방이 존재하지 않을 수도 있지만(254 Ⅲ의 소각하명령에 대한 즉시항고 등), 보통은 항고인과 이해가 대립되는 자가 상대방이 된다.

재도의 고안 항고는 항고장이라는 서면을 원법원에 제출함으로써 한다(445). 결정이나 명령의 원본이 법원사무관등에게 교부되어

성립했으나 아직 당사자에게 고지되지 않아 효력이 발생하지 않은 상태라도, 그 결정에 불복하여 제기한 항고는 적법하다(대결(전) 2014.10.8, 2014마667). 항고가 제기되면 원법원이 원재판을 스스로 변경할 수도 있다(재도의 고안. 446). 사건의 신속한 처리와 상급심의 부담경감을 위한 규정이다. 재도의 고안은 적법한 항고를 전제로 하고(대결 1967.3.22, 67마141), 즉시항고의 대상이 되는 재판에 대해서도 또한 재항고의 경우에도 인정되지만 특별항고의 경우에는 인정되지 않는다.

> **심리절차** 항고심은 결정절차로 진행되고 심리의 범위는 항고에 의한 불복신청에 한정된다. 심리절차는 임의적 변론이고, 변론을 열지 않는 경우라면 당사자나 이해관계인에 대해 심문할 수 있다(134 Ⅱ).

(2) 재 판

항고법원은 결정의 형식으로 재판한다. 결정의 내용은 항소에서와 같이 항고각하, 항고기각 또는 항고인용이다. 항고인용 시에도 원재판취소, 자판 또는 원법원으로의 환송 중 어느 하나가 된다.

> **재항고** 항고법원·고등법원 또는 항소법원의 결정 및 명령에 대해서는 재판에 영향을 미친 헌법·법률·명령 또는 규칙의 위반을 이유로 드는 때에만 재항고할 수 있다(442). 재항고절차는 상고심절차를 준용하고 독립한 재항고이유서의 제출이 요청된다(대판 1963.5.16, 63다151).

Ⅵ. 재 심

1. 의 의

재심은 판결확정 후 당해 판결을 내린 법원에 그 취소를 구하는 비상의 불복절차를 말한다(451).

재심은 판결에 대한 불복신청이지만 확정되지 않은 판결에 대한 불복방법인 상소, 판결에 의한 집행력의 배제를 구하는 청구이의소송(민집44), 그리고 판결의 효력을 부정하는 판결의 무효와 각각 구별된다. 일단 확정된 판결을 확정 전으로 돌린다는 점에서 재심은 상소의 추후보완과도 유사하지만, 상소의 추후보완은 판결 후의 상소제기의 장해를 이유로 하는 점에 차이가 있다.

재심은 확정된 종국판결에 대한 불복수단이다. 확정된 종국판결이 각 심급마다 존재하는 경우라면 어느 확정판결에 대해 재심의 소를 제기해야 하는지 문제된다. 예를 들면 항소심에서는 항소기각판결이 내려졌으며 이에 대한 상고가 기각된 경우, 재심의 소의 대상은 어느 심급의 확정판결인지 문제되는 것이다. 여기서는 항소심에서 본안판단으로 제1심법원의 판결의 당부를 재심판한 것이므로 당해 항소심판결에 대해 재심의 소를 제기해야 한다(451Ⅲ). 이러한 원칙이 적용되지 않는 한, 각 확정판결이 개별적으로 재심의 대상이 된다(453Ⅲ). 재심은 위와 같이 재심의 소가 원칙이지만, 결정이나 명령을 대상으로 하는 준재심이 있고 이에 대해서는 마지막에 다루기로 한다.

2. 재심사유

(1) 의 의

재심은 법적 안정성보다도 구체적 타당성을 위해 확정판결의 취소를 인정한 것이므로 중요한 하자가 있어야만 인정된다. 이러한 점에서 법451조에서는 11가지의 재심사유를 규정하고 있다. 같은 조에 규정된 재심사유에 대해서는 한정열거적이라고 해석(대판 1990.3.13, 89누6464)하는 것이 보통이다. 그러나 당사자의 권리구제를 위해서도 예시열거적이라고 해석해야 할 것이다. 해석에 의한 확대가능성의 예로는 대리권 흠결이나 사해재심을 생각할 수 있다. 특히 법451조1항3호의 대리권흠결이라는 재심사유는 일반적으로 절차권보장의 흠결이라는 사유로서 이해되고 있는 점에서 그러하다.

재심사유 중 법451조1항 1호 내지 4호 및 11호는 중요한
절차상의 하자에 해당하는 것이고, 그 사유와 판결의 결론
의 관계라는 인과관계를 묻지 않는 사유이다. 나머지는 재
판의 기초에 관한 하자에 속하는 것으로 인과관계가 필요하다.

당사자는 상소에 의해 재심사유를 주장하였거나 이를 알고
도 주장하지 않은때에는 재심의 소를 제기할 수 없다(451 I
단서). 이를 재심사유의 보충성이라고 한다. 이것은 재심사
유를 주장할 수 있는 기회가 보장되었음에도 그것을 하지 않은 당사자의 이익보
다 재심의 남용을 방지하고 상대방당사자의 지위보장이라는 이익이 더 크기 때
문이다. 다만, 유죄의 확정이라는 재심사유는 사유의 성격상 후술하는 바와 같
이 재심사유의 보충성에 대한 예외가 있다.

(2) 재심사유의 종류

① 법 451조1항1호 내지 3호, 11호

절대적 상고이유에 상당하는 사유이다. 적법한 법원에서 재판받아야 하는
점, 그리고 절차권을 보호해야 한다는 점을 고려한 것이다. 우편집배원의 배달
착오로 상고이유서를 제출하지 않아 상고가 기각된 경우에도 3호 사유에 해당된
다(대판 1997.8.29, 95재누91). 다만, 무권대리인이 한 소송행위가 판결확정 후에
추인되면 재심사유도 소멸한다(451 I ③ 단서).

② 법 451조1항4호 내지 7호

판결의 기초자료에 범죄와 관련된 중대한 하자가 있는 사유를 말한다. 이러
한 사유는 각각의 행위에 대한 유죄의 확정이 요구된다(451 II). 유죄가 확정되지
않은 경우라면 재심의 소를 각하해야 하는지 아니면 기각해야 하는지 문제되는
데, 재심의 소의 적법요건에 해당하므로 각하해야 한다(대판 1989.10.24, 88다카
29658). 다만, 유죄가 확정된다 하더라도 재심사유의 존부에 대해서는 형사상의
판결이나 처분내용에 구애받지 않고 독자적으로 심리판단을 할 수 있다(대판
1989.10.24, 88다카29658. Case Note[13-6] 참조).

③ 법 451조1항8호 내지 10호

판결의 기초가 된 재판이나 행정처분이 변경된 경우(8호), 직권조사사항인지 변론주의에 따르는 사항인지에 관계없이 당사자가 제출한 공격방어방법을 판결이유 중에 판단하지 않았다는 판단누락(9호), 그리고 이미 확정된 판결과 저촉하는 경우(10호)가 있다. 확정판결과 저촉되는 경우란 전에 선고한 확정판결의 효력이 재심대상판결 당사자에게 미치는 경우로서 두개의 판결이 저촉되는 때를 말한다. 전에 선고한 확정판결이 재심대상판결과 내용이 유사한 사건에 관한 것이라도 당사자들을 달리하여 판결의 기판력이 재심대상판결의 당사자에게 미치지 않는 때에는, 재심사유에 해당되지 않는다(대판(전) 2011.7.21, 2011재다199).

(3) 유죄판결의 확정을 둘러싼 문제

① 유죄의 증명

재심원고는 유죄의 확정형사판결을 받아 그 판결이 확정되었다는 것을 증명하거나 또는 유죄의 확정형사판결을 받을 가능성이 있었는데 피의자가 사망하거나 공소시효가 완성되었거나 기소유예처분을 받았거나 하여 유죄의 확정형사판결을 받을 수 없었다는 것을 증명해야 한다(451Ⅱ. 대판 1989.10.24, 88다카29658). 유죄형사판결의 확정을 받았음을 증명하는 것이 아니라면 모두 범죄의 혐의가 충분함에도 유죄의 확정형사판결을 얻을 수 없는 것을 말한다. 예를 들어 피의자의 소재불명으로 범죄수사가 불능인 경우는 해당되지 않는다. 소재불명이라면 증거흠결 이외의 이유인지 여부를 판단하는 것 자체가 곤란하기 때문이다(대판 1959.7.23, 4291민상444). 또한 허위공문서작성의 피의사건을 들어 판결에서 증거가 된 문서 그 밖에 물건이 위조나 변조되었다고 하여 재심사유로 주장하는 재심원고는, 피의사건에 대한 검사의 불기소처분이 있었던 사실뿐만 아니라, 공소시효가 완성되지 않았다면 그 피의자가 유죄의 확정형사판결을 받았을 가능성도 증명해야 한다(대판 1990.8.14, 89다카6812).

유죄의 확정이 없는 경우의 처리방법

유사한 문제로서 법451조1항4호 내지 7호가 규정하는 유죄의 확정이 요구되는 재심사유의 경우, 법451조2항에 의해 유죄가 확정되지 않았다면 그 재심의 소를 각하해야 하는지

기각해야 하는지 문제된다. 판례(대판 1989.10.24, 88다카29658. Case Note[13-6] 참조)는 명확히 재심의 소의 적법요건에 해당하므로 그 흠결시에는 재심의 소를 각하해야 하는 것이 원칙이라고 해석하고 있다.

유죄가 확정된 경우의 처리방법 그러나 유죄가 확정된다 하더라도 전술하였듯이 재심사유의 존부에 대해서는 확정판결이나 처분내용에 밝혀진 판단에 구애받지 않고 독자적으로 심리판단을 할 수 있으므로, 재심의 소를 기각할 수 있다. 왜냐하면 재심법원은 범죄사실의 유무에 대한 실질적 판단에 대해서는 자유로운 입장이기 때문이다.

② 재심기간의 기산점

후술하듯이 재심의 소를 제기하려면 재심기간이라는 기간의 제한이 있다. 유죄형사판결의 확정이 요구된다면, 재심사유의 존재를 안 날로부터 30일 이내라는 불변기간 또는 판결확정 후 5년 이내라는 제척기간의 기산일은 어떻게 되는지 문제된다.

불변기간의 기산일 먼저 불변기간의 기산일에 관한 것은 재심사유의 존재를 안 날인지 또는 유죄형사판결의 확정을 안 날인지 어느 쪽이 기산일인지 문제된다. 이에 대해서는 후자가 기준일이 된다고 해석해야 할 것이다. 유죄형사판결의 확정이 재심의 소의 적법요건이 되므로 당사자가 구제를 요구할 수 있는 시점을 기준으로 해야 하기 때문이다.

제척기간의 기산일 다음으로 제척기간에 있어서는 불변기간에서와 같이 유죄형사판결이 확정된 날이 기산일이 된다. 한편, 유죄형사판결의 확정만이 아니라 유죄의 확정형사판결을 받을 가능성이 있었는데 피의자가 사망하거나 공소시효가 완성되었거나 기소유예처분을 받았을 때의 기산일에 대해서는, 그러한 사유가 재심의 대상인 판결(민사)확정 전에 발생했다면 확정시가 되고, 확정 후라면 그러한 사유의 발생시가 된다고 해석해야 할 것이다. 유죄의 확정형사판결을 받을 가능성의 존재가 재심요건이 되는데, 그러한 가능성은 유죄의 확정형사판결을 받을 수 없는 사유의 발생시에 이미 존재해야 하는 점을 전제로 하기 때문이다.

③ 재심의 보충성

유죄의 확정형사판결이 판결확정 후에 성립한 경우, 판결확정 전의 소송에서 재심사유의 존재를 알고 있으면서 이를 주장하지 않으면 재심의 보충성에 반하는지 여부도 문제된다. 이에 대해서는 재심사유의 존재를 알리는 확실한 증거가 없다면, 유죄형사판결의 확정이 재심의 적법요건에 해당하는 이상 유죄형사판결의 확정 후에 재심사유의 주장을 기대할 수 있으므로, 재심의 보충성에 반하지 않는다.

또한 유죄의 확정형사판결을 받을 가능성이 있었는데 피의자가 사망하거나 공소시효가 완성되었거나 기소유예처분을 받은 경우라면, 다음과 같이 해석해야 할 것이다. 즉, 유죄의 확정형사판결을 받을 가능성의 존재를 판결확정 후에 알았다면, 재심사유의 존재와 유죄의 확정판결을 받을 수 없게 된 이유의 존재를 판결확정 전의 소송에서 알고 있으면서 이를 주장하지 않더라도, 마찬가지로 재심의 적법요건을 판결확정 후에 알게 된 것으로 재심의 보충성에 반하지 않는다.

3. 재심의 소의 심리

(1) 재심소송의 소송물

재심은 확정판결의 취소와 본안의 재심리를 함께 요구하는 것이다. 본안의 재심리에서의 소송물은 그 대상인 실체법이 정하는 청구권의 성격이나 내용에 의해 결정된다.

소송물이 문제되는 경우 소송법상의 형성소송이라 해석되는 재심소송의 소송물이 문제되는 것은 확정판결의 취소에 관한 부분이다. 이에 대해서는 각 재심사유마다 하나의 소송물이 성립한다는 견해가 있다(대판 1970.1.27, 69다1888). 그러나 이혼소송에서도 보듯이 당사자는 하나의 확정판결의 취소라는 하나의 법률관계의 형성을 요구한다는 점에서 소송물은 하나라고 해석해야 할 것이다. 다만, 이와 같이 해석해도 앞의 재심기간에서도 보았듯이 알지 못했기 때문에 주장할 수 없었던 재심사유는 후소로 주장할 수 있다는 보완이 필요하다.

(2) 재심의 소의 제기

재심의 소의 관할은 재심의 대상인 판결을 내린 법원의 전속관할이다(453 I).

재심의 소의 제기기간

재심의 소는 대리권흠결과 확정판결의 저촉을 이유로 하는 경우에는 제기기간이 없지만(457), 그 밖의 재심사유에 의한 경우에는 판결확정 후 재심사유의 존재를 안 날로부터 30일의 불변기간 내에 제기해야 하고, 판결확정 후 5년이 경과하면 불가능해진다(456). 5년은 제척기간으로서 추후보완이 불가능하고(대판 1988.12.13, 87다카2341), 기산일은 당해 재심사유가 발생한 날이다(456Ⅳ). 유죄판결의 확정의 경우에는 앞서 보았듯이 예외가 있다.

재심의 소의 당사자

재심원고는 원판결에 의해 불이익을 받는 전부 또는 일부패소한 당사자나 그 판결효를 받는 변론종결 후의 승계인(다만, 청구의 목적물의 소지인은 독자적인 이익이 없으므로 제외된다)으로서 확정판결의 취소·변경에 불복의 이익을 갖는 자이다. 이와 동일한 이치로 재심피고는 원판결의 취소에 의해 불이익을 받는 승소 당사자나 그 승계인 등이다(가사소송에서는 상대방이 되어야 할 자가 사망하면 검사가 피고가 된다[가사소송법24조3항]).

소장과 집행정지효

재심원고는 재심의 소의 소장에 필요적 기재사항(당사자와 법정대리인, 재심할 판결의 표시와 재심을 청구하는 취지, 재심사유[458])을 적어 관할법원에 제출한다. 그중 재심사유는 소제기 후 변경할 수 있다(459Ⅱ). 이 소장은 통상의 소에서와 같이 다루어지고 재심소장 제출에 의해 재심사유에 대한 기간 준수의 효력이 생기지만, 재심의 소를 제기해도 그 대상이 된 확정판결의 집행정지효가 발생하는 것은 아니므로 별도로 집행정지를 위한 결정을 받아야 한다(500).

(3) 재심의 소의 진행

재심의 소송절차에서는 각 심급의 소송절차에 관한 규정이 준용된다(455).

재심의 소가 제기되면 법원은 재심의 소송절차에서 재심의
소의 적법성 여부와 재심사유의 존부에 대한 심판을 본안에
대한 심판과 분리하여 먼저 시행할 수 있다(454 I). 이 경우
에 재심사유가 있다고 인정되면 중간판결을 한 다음 본안에 대하여 심판한다
(454 II). 재심의 소의 적법요건(확정된 종국판결에 대한 재심, 출소기간의 준수, 당사자
적격의 구비 그리고 재심사유의 존재)을 흠결하면 재심의 소가 각하된다.

재심의 소가 적법하면 재심사유의 존부에 관해 심리하는데, 재심사유가 존
재하지 않으면 재심의 소를 기각하고 재심사유가 존재하면 그러한 내용의 중간
판결을 한 후 본안에 대해 심판한다. 이때 주장된 재심사유가 존재하는지 여부
는 직권조사사항에 해당되므로, 재심법원이 상고법원이라도 재심사유의 존부에
대해서는 사실심리가 가능하다.

다음 단계인 본안의 심판은 구소의 부활을 의미하고 당사자
가 불복한 한도 내에서(459 I) 본안이 재심리된다. 심리절차
는 재심을 다루는 심급의 절차에 의한다. 구소의 부활이므
로 변론의 속행이 되고 종전의 소송자료도 이용할 수 있을 뿐만 아니라, 원판결
이 취소되었으므로 기판력에 관계없이 공격방어방법을 제출할 수 있다(대판
1965.1.19, 64다1260). 이와 같이 본안에 대해 심리한 후 원판결을 부당하다고 판
단하면 그것을 취소한 다음 새로운 판결을 내린다. 반대로 재심사유가 있더라도
원판결의 결론을 바꿀 필요가 없으면 재심청구를 기각한다(460). 재심의 소의 종
국판결에 대해서는 다시 그 심급에 따라 항소나 상고를 할 수 있다.

4. 준재심

(1) 의 의

재심은 위와 같이 확정판결을 대상으로 하는 이외에 즉시항고에 의해 불복
을 신청할 수 있는 결정이나 명령 그 밖에 확정판결과 동일한 효력을 갖는 조서
에 대해서도 재심에 준한 비상불복절차가 인정된다(461). 이를 준재심이라고 한
다. 판결의 기본인 재판(종국판결이 전제가 되는 중간판결이나 소송절차상의 결정이나
명령)에 대해서는 종국판결에 대한 재심을 인정하고 있으므로(452), 준재심에서

말하는 결정이나 명령은 종국판결과 관계없이 독립해서 확정되는 것을 말한다.

조서에 대한 준재심

원래 준재심은 확정된 결정이나 명령에 대해 재심의 신청을 하는 것을 말하였다. 이 점은 1960.4.4. 제정된 민사소송법 431조에 나타나 있었는데, 1961.9.1. 민사소송법 일부 개정으로 법431조가 '제206조의 조서' 부분을 추가하는 것으로 개정되었다. 이것이 조문번호만 변경되어 현행 461조로 그대로 이어져 오고 있다. 이러한 조문을 갖는 우리의 준재심은 그 모델이 된 독일법이나 일본법과는 달리 본래의 준재심의 대상과는 이질적인 '조서'도 그 대상으로 된 점에 특징이 있다. 따라서 준재심을 논의할 때에는 조서에 관한 재심의 소와 그 밖의 결정·명령에 대한 재심신청이라는 두 가지로 구분하여 설명하는 것이 보통이다. 준재심이 통상의 재심의 소와 항상 동일한 것은 아니지만, 제도 자체의 목적은 재심이 갖는 본래의 기능을 수행한다는 점에 차이가 없다.

(2) 기 능

① 준재심의 소

재심의 소가 되는 준재심은 확정판결은 아니지만 그와 동일한 효력, 즉 기판력을 갖는 것에 대한 재심이라고 해석하는 것이 일반적이다. 바로 판례가 기판력을 인정하는 화해조서 등이 여기에 해당된다. 민사소송법은 확정판결이 아닌 경우에도 재심의 소가 가능하다는 점을 입법적으로 명확히 한 것이지만, 재심의 소로서 처리된다는 점에는 확정판결의 경우와 원칙적으로 차이가 없다. 또한 화해조서 등이 준재심의 대상이 되므로 그 밖에 동일한 효력을 갖게 되는 것도 마찬가지로 준재심으로서 재심의 소가 인정된다. 조정조서, 제소전 화해조서, 화해권고결정조서와 조정에 갈음하는 결정조서, 조서와 별도로 작성되는 화해권고결정 및 조정에 갈음하는 결정 등이다. 이러한 것들은 화해조서와 동일한 효력을 갖는 것이고 확정판결과 동일한 효력을 갖는다는 것을 의미한다.

② 준재심의 신청

준재심으로서 재심의 신청이 인정되는 재판은 법문상으로는 "즉시항고로써 불복할 수 있는 결정이나 명령"이 대상이 된다. 이 점에서 알 수 있듯이 먼저 재심신청의 대상이 되는 것은 종국적인 재판에 해당하는 것이고 중간적인 재판에 해당하는 것은 포함되지 않는다. 그러한 경우에는 그 종국판결에 대해 재심의 소를 제기함으로써 구제받을 수 있기 때문이다.

대상이 되는 결정·명령 문제가 되는 것은 즉시항고로 불복할 수 있는 결정이나 명령만이 대상이 되는지 여부이다. 조문을 엄격히 해석한다면 대법원이 한 결정이나 명령, 그 밖의 즉시항고를 할 수 없는 결정이나 명령은 준재심의 대상이 될 수 없게 될 것이다. 그러나 이에 대해서는 즉시항고의 대상 여부는 준재심(재심신청)의 요건이 되지 않는다는 것이 판례(대판 1987.3.26, 86사3)이고 학설도 판례에 찬성하는 견해가 대부분이다. 따라서 즉시항고로 불복할 수 없는 결정이나 명령도 준재심의 대상이 될 수 있다.

○ 이행권고결정에 대한 준재심

   판례는 확정된 이행권고결정(소액사건심판법5의3)에 대해 준재심의 소를 제기할 수는 없다고 판단하였다(대판 2009.5.14, 2006다34190). 판례는 당사자가 준재심으로서 재심의 소를 제기한 것이므로 재심의 소가 인정되지 않는다고 판시한 것인데, 준재심의 소가 아닌 준재심의 신청으로서 인정해 주어야 할 것이다. 준재심의 소가 인정되지 않더라도 준재심의 신청이 인정될지 여부는 별개의 문제이고, 하자 있는 재판을 시정하고 당사자를 구제한다는 점에서 본다면 이행권고결정도 하나의 재판이고 법원은 그러한 재판을 적정하게 운영해야 한다는 점은 다른 재판에서와 차이가 없기 때문이다. 따라서 이행권고결정에 재심사유에 해당되는 사유가 있다면 마땅히 재심(준재심의 신청)을 인정해야 할 것이다.

■ 찾아보기

[저자 약력]

김 상 수

고려대학교 법과대학 졸업
일본 나고야대학 대학원 법학석사, 법학박사
나고야대학 법학부 조교수
동국대학교 법과대학 교수
변호사시험 위원
변리사시험 위원
공인노무사시험 위원
입법고시 위원
5급(행정) 공개경쟁채용시험 위원
(현) 서강대학교 법학전문대학원 교수
(현) 서강대학교 법학전문대학원장

스터디 민사소송법

초판발행	2019년 7월 26일
지은이	김상수
펴낸이	안종만·안상준
편 집	윤혜경
기획/마케팅	조성호
표지디자인	이미연
제 작	우인도·고철민
펴낸곳	(주) **박영사**
	서울특별시 종로구 새문안로3길 36, 1601
	등록 1959. 3. 11. 제300-1959-1호(倫)
전 화	02)733 6771
f a x	02)736-4818
e-mail	pys@pybook.co.kr
homepage	www.pybook.co.kr
ISBN	979-11-303-3431-8 93360

copyright©김상수, 2019, Printed in Korea

정 가   32,000원